FUNDAMENTOS DO GERENCIAMENTO DE SERVIÇOS DE TI

Marcos André dos Santos Freitas ITIL® Expert

FUNDAMENTOS DO GERENCIAMENTO DE SERVIÇOS DE TI

Segunda Edição

BRASPORT

1ª edição: 2010
Reimpressões: 2011, 2012
2ª edição: 2013
Reimpressões: 2014, 2015

Editor: Sergio Martins de Oliveira
Diretora Editorial: Rosa Maria Oliveira de Queiroz
Gerente de Produção Editorial: Marina dos Anjos Martins de Oliveira
Revisão: Maria Helena A.M. Oliveira
Editoração Eletrônica: Abreu's System Ltda.
Capa: Use Design

Técnica e muita atenção foram empregadas na produção deste livro. Porém, erros de digitação e/ou impressão podem ocorrer. Qualquer dúvida, inclusive de conceito, solicitamos enviar mensagem para **brasport@brasport.com.br**, para que nossa equipe, juntamente com o autor, possa esclarecer. A Brasport e o(s) autor(es) não assumem qualquer responsabilidade por eventuais danos ou perdas a pessoas ou bens, originados do uso deste livro.

ITIL® é marca registrada do Cabinet Office no Reino Unido e em outros países.

Alguns textos e diagramas são reproduções íntegras do conteúdo dos livros *ITIL® Service Strategy, Service Design, Service Transition, Service Operation e Continual Service Improvement* e são representados em itálico seguidos do texto: "Reproduzido dos livros ITIL® sob licença do *Cabinet Office*".

Este livro foi submetido a um processo de revisão e avaliação internacional pelo APMG do Reino Unido e foi licenciado como um produto ITIL® oficial. O livro também foi revisado e avaliado internacionalmente pelo EXIN na Holanda como material de treinamento ITIL® oficial.

F862f Freitas, Marcos André dos Santos
Fundamentos do gerenciamento de serviços de TI / Marcos André dos Santos Freitas - 2.ed. - Rio de Janeiro: Brasport, 2013.

ISBN: 978-85-7452-587-7

1. Serviços de informação - Administração 2. Tecnologia da informação - Administração I. Título.

CDD: 004.068

Ficha Catalográfica elaborada por bibliotecário – CBR7 6355

BRASPORT Livros e Multimídia Ltda.
Rua Pardal Mallet, 23 – Tijuca
20270-280 Rio de Janeiro-RJ
Tels. Fax: (21) 2568.1415/2568.1507
e-mails: brasport@brasport.com.br
vendas@brasport.com.br
editorial@brasport.com.br

site: **www.brasport.com.br**

Filial
Av. Paulista, 807 – conj. 915
01311-100 – São Paulo-SP
e-mail: filialsp@brasport.com.br

Dedico este livro aos meus pais, que me transmitiram, através do seu exemplo de vida, os valores éticos e filosóficos que são a base das minhas realizações pessoais e profissionais. Dedico também ao meu filho Pedro Henrique, por ter me ensinado que existem coisas melhores do que o mundo para abraçar e me motivou a ser mais produtivo e eficiente no trabalho para poder estar mais tempo ao seu lado.

Agradecimentos

Gostaria de agradecer a Sergio e Rosa da Brasport pela confiança e paciência em aguardar a revisão do livro. Agradeço também a todos os profissionais com quem tive o prazer de trabalhar nos projetos de adoção das práticas de Gerenciamento de Serviços de TI baseadas no ITIL® ao longo de minha carreira. Cada sucesso foi mérito de todos que acreditam na melhoria contínua dos serviços. Cada dificuldade e erro foi uma oportunidade para que eu aprimorasse minhas habilidades de gestão e definisse meus limites de até onde podemos ser flexíveis sem deixarmos de ser éticos e perdermos nossa identidade. Muito obrigado aos meus alunos: vocês são a fonte da minha inspiração para continuar estudando e poder contribuir com o seu crescimento profissional.

O que move os homens geniais não são as novas ideias, mas a sua obsessão pela ideia de que o que já foi feito ainda não é o suficiente.

Eugene Delacroix

Se os fatos não se adequam à teoria, mude os fatos.

Albert Einstein

Não prestamos para nada se só formos bons para nós próprios. Todo homem é responsável pelo bem que ele não fez.

Voltaire

Nota do Autor à Segunda Edição

A idéia de escrever este livro nasceu no ano de 2006. Atuando em projetos com gerentes, consultores e auditores certificados ITIL®, percebi que gastava aproximadamente 30% do meu tempo em reuniões explicando os conceitos básicos como a diferença entre incidentes e problemas ou entre uma mudança emergencial e uma mudança padrão. Apesar dos profissionais serem certificados ITIL®, isso era uma dúvida muito comum entre eles, o que me levou a questionar a qualidade dos treinamentos disponíveis no Brasil. Percebi que muitos treinamentos estavam se tornando quase como cursos pré-vestibulares, focando somente em preparar o aluno a passar na prova de certificação, sem prepará-lo para o Gerenciamento de Serviços de TI. A falta de uma tradução dos livros ITIL® em língua portuguesa também contribuía para a proliferação de materiais de baixa qualidade na internet, além de ser uma barreira para a adoção do ITIL® no país. Escrevi este livro com o intuito de compartilhar um pouco da minha experiência profissional em projetos de adoção ITIL® e ajudar os profissionais que estavam buscando compreender a aplicação e os benefícios do Gerenciamento de Serviços de TI. Desde o planejamento em 2006, somente consegui concluir o livro em 2010. Passei quatro anos esboçando o livro na minha mente, cada capítulo e cada exemplo prático. Quando sentei para escrever não pensei em escrever um livro, e sim em tentar simular uma conversa com um aluno que estivesse interessado em aprender um pouco sobre ITIL®. O processo de transportar o que estava na minha mente para o editor de textos durou cerca de um mês. Muitas pessoas se assustaram com o curto tempo em que o livro foi escrito. Na verdade ele não foi escrito em um mês, estava nascendo desde 2006 através de cada projeto, treinamento, consultoria, nas lições práticas aprendidas sobre o que se deve fazer e sobre o que não se deve fazer, nas reuniões, relatórios, análises de viabilidade, planos de melhoria e nas reflexões com meus amigos e minha esposa. O resultado esperado era um material que pudesse ao mesmo tempo auxiliar os profissionais a se preparar para a prova de certificação ITIL® Foundation e a entender como utilizar ITIL® no dia a dia. Para minha surpresa, o resultado foi além do que eu poderia ter imaginado: a falta de bibliografia em língua portuguesa era um entrave para o ensino de ITIL® nas universidades brasileiras. Atualmente o ITIL® é cadeira de cursos de graduação e o livro está na biblioteca das principais universidades do país, além de ser material complementar de empresas de treinamento no Brasil inteiro. Mas o maior reconhecimento não veio do Brasil. O livro foi chancelado como material oficial reconhecido e credenciado pelo instituto holandês EXIN e pelo APMG do Reino Unido, órgão licenciador dos direitos autorais do ITIL®. Hoje o livro, que agora está em sua segunda edição, é um material oficial licenciado e figura entre a lista de materiais complementares dos livros oficiais ITIL®. Para mim é um orgulho, como brasileiro, poder fazer parte dessa lista. Não só pelo reconhecimento e credenciamento, mas porque escrevi este livro pensando nos alunos e clientes e não em mim mesmo. Qualquer resultado atingido com o livro para mim é a prova de que o que fazemos de forma altruísta, desapegada e com amor tem um resultado mais gratificante do que aquilo que fazemos por interesse. Espero que esse pequeno esforço possa contribuir para o seu sucesso pessoal e profissional!

Marcos André

Sumário

Introdução

Cada vez mais as áreas de negócio das empresas estão utilizando os Serviços de Tecnologia da Informação (TI) para suportarem suas atividades estratégicas e operacionais. Na contramão desse crescimento, pesquisas com executivos ao redor do mundo estão indicando que a qualidade dos serviços entregues pelas áreas de TI estão aquém das expectativas estratégicas de negócio das empresas. Enquanto a dinâmica de negócio no mercado está mudando rapidamente, a TI ainda não consegue entregar serviços básicos dentro do prazo acordado, a um custo controlado e justificado e agregando valor ao negócio.

Com a disseminação no mercado de boas práticas de Governança e Gestão de TI, cada vez mais o ITIL® vem se destacando como padrão para o Gerenciamento de Serviços de TI, com o objetivo de prover recomendações sobre como planejar, implementar, gerenciar, controlar e melhorar Serviços de TI necessários ao negócio das empresas.

À medida que o mercado adota o ITIL® como padrão para o Gerenciamento de Serviços de TI, é necessário que os profissionais de TI tenham conhecimento sobre as práticas propostas pelo ITIL® e, em alguns casos, é imprescindível a comprovação desses conhecimentos através das certificações ITIL® de reconhecimento internacional.

Este livro não substitui os livros originais ITIL®, e para um melhor entendimento, aprofundamento e aprimoramento nos conteúdos abordados no ITIL® é recomendada a leitura dos próprios livros ITIL® que contêm a íntegra das práticas propostas. Os livros ITIL® podem ser encontrados em:

<http://www.itil-officialsite.com>

Este livro tem como objetivo ser um material de conscientização e apresentação das práticas propostas pelo ITIL®, voltado para profissionais, Gerentes de TI, Gerentes de Negócio e pessoas-chave para os processos de negócio nas empresas que desejam compreender os conceitos, processos e funções do Gerenciamento de Serviços de TI baseados no ITIL® e melhorar os Serviços de TI nas empresas. Esses conhecimentos auxiliam o leitor a se preparar para a realização da prova de certificação *ITIL® Foundation.*

A certificação *ITIL® Foundation* tem como objetivo medir se o candidato obteve conhecimento sobre:

- Gerenciamento de Serviço como uma prática.
- Ciclo de Vida do Serviço de TI.
- Princípios e modelos-chave do ITIL®.
- Processos, Funções e Papéis integrantes do ITIL®.
- Esquema de Qualificação ITIL®.

O livro está dividido em quatorze capítulos organizados da seguinte maneira:

No capítulo 1 serão abordados os temas Governança Corporativa e Governança de TI apresentando o cenário de Gestão Empresarial e Planejamento Estratégico nas empresas e qual é o papel da Tecnologia da Informação dentro da Governança Corporativa.

No capítulo 2 serão apresentados os fatores históricos que contribuíram para a falta de alinhamento de TI com o negócio das empresas e no capítulo 3 faremos uma reflexão sobre qual é o papel de TI dentro do negócio das empresas.

No capítulo 4 demonstraremos qual é o caminho para a melhoria de TI e no capítulo 5 apresentaremos as principais práticas utilizadas mundialmente por TI e como cada uma delas pode auxiliar as empresas.

No capítulo 6 apresentaremos como o ITIL® foi criado, sua evolução, organização, estrutura de certificação profissional e licenciamento.

No capítulo 7 apresentaremos o Ciclo ITIL® de Estratégia de Serviço e os processos Gerenciamento para a Estratégia dos Serviços de TI, Gerenciamento Financeiro, Gerenciamento do Portfólio de Serviço, Gerenciamento da Demanda e Gerenciamento do Relacionamento com o Cliente.

No capítulo 8 apresentaremos o Ciclo ITIL® de Desenho de Serviço e os processos Coordenação do Desenho, Gerenciamento de Nível de Serviço, Gerenciamento de Catálogo de Serviço, Gerenciamento da Capacidade, Gerenciamento da Disponibilidade, Gerenciamento da Continuidade de Serviço de TI, Gerenciamento de Segurança da Informação e Gerenciamento de Fornecedores.

No capítulo 9 apresentaremos o Ciclo ITIL® de Transição de Serviço e os processos Planejamento e Suporte da Transição, Gerenciamento de Mudanças, Gerenciamento da Configuração e Ativo de Serviço, Gerenciamento de Liberação e Implantação, Validação e Teste de Serviço, Avaliação da Mudança e Gerenciamento do Conhecimento.

No capítulo 10 apresentaremos o Ciclo ITIL® de Operação de Serviço e os processos Gerenciamento de Eventos, Gerenciamento de Incidentes, Cumprimento de Requisição, Gerenciamento de Problemas, Gerenciamento de Acesso e as funções Central de Serviço, Gerenciamento Técnico, Gerenciamento da Operação de TI e Gerenciamento de Aplicações.

No capítulo 11 apresentaremos o Ciclo ITIL® de Melhoria Continuada de Serviço e os Sete Passos da Melhoria Continuada.

No capítulo 12 disponibilizamos um simulado oficial da prova de certificação ITIL® Foundation e no capítulo 13 o gabarito do simulado.

No capítulo 14 faço uma recomendação dos próximos passos após a certificação ITIL® Foundation.

Boa leitura!

1. Governança Corporativa e Governança de Tecnologia da Informação

"Tornar o simples complicado é fácil.
Tornar o complicado simples é criatividade."

Charles Mingus

Cenário de Gestão Empresarial

O ambiente empresarial possui estruturas de gestão com cinco atores distintos: proprietários, gestores, área operacional, clientes e mercado. Cabem aos proprietários o rateio dos lucros da empresa e a definição dos planos estratégicos que envolvam decisões de investimentos e análises de mercado para traçar o futuro da empresa. Os gestores são responsáveis por garantir que os desejos e as expectativas dos proprietários sejam colocados em prática pela área operacional através da geração de produtos ou serviços de valor agregado para os clientes, que resultarão em ganhos ou perdas financeiras para a empresa.

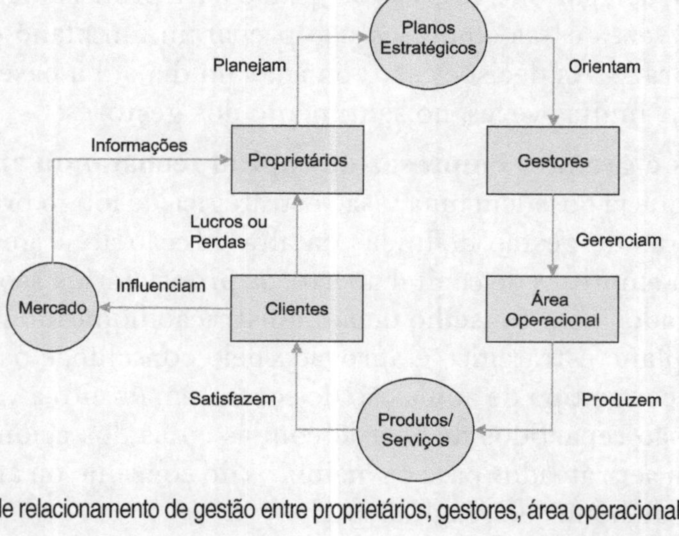

Figura 1.1. Modelo de relacionamento de gestão entre proprietários, gestores, área operacional, clientes e mercado.

Uma empresa com um modelo de gestão ótimo é aquela que possui um planejamento estratégico bem definido, traduzido corretamente pelos gestores em processos empresariais executados pela área operacional, que produzirão bens e serviços com qualidade, atendendo às necessidades dos clientes, contribuindo para a geração de lucro para os proprietários e para a melhoria da imagem da empresa no mercado.

Qualquer empresa possui esses cinco atores em seu cenário corporativo, sejam empresas privadas pequenas, grandes corporações de capital aberto ou até mesmo as empresas estatais ou de serviços públicos. Vejamos como cada um desses tipos de empresas pode trabalhar com seu modelo de gestão:

- **Pequenas e médias empresas de capital fechado ou familiares:** geralmente são empresas que nasceram pequenas e foram crescendo ao longo da sua operação. Os proprietários em algum momento já participaram ou ainda participam tanto dos processos produtivos quanto da gestão da empresa. À medida que a empresa vai crescendo, os proprietários vão delegando tarefas operacionais ou até de gestão. Os gestores também podem ir se distanciando da operação do dia a dia para cuidarem mais da estratégia da empresa. Pode-se identificar claramente o modelo de gestão desse tipo de empresa pelo seu organograma e pela quantidade de gestores que a empresa possui. Algumas empresas familiares, mesmo grandes, tendem a manter a gestão financeira na família e delegar outras áreas de gestão para profissionais contratados. Muitas vezes essas empresas não preparam um plano estratégico de longo prazo. As decisões são tomadas no dia a dia baseadas na experiência e, muitas vezes, no sentimento dos gestores.
- **Médias e grandes empresas de capital fechado ou aberto:** são empresas que já possuem uma visão estratégica de longo prazo e possuem estruturas de gestão definidas da alta direção até a gestão operacional. Em empresas de capital aberto, os proprietários são acionistas representados pelo conselho de administração nomeado para tal. Neste caso o plano estratégico é aprovado pelo conselho, e os acionistas, de acordo com o tipo de aquisição de ações, têm direito a voto ou não. Os lucros são repartidos de acordo com as cotas dos acionistas e podem também ser rateados para os membros do conselho ou alguns gestores através de bônus de resultados.

- **Empresas estatais:** podem ser empresas de serviços públicos ou que geram produtos ou serviços. Empresas que geram produtos ou serviços podem ser unicamente estatais ou de capital misto (onde o governo é acionista junto com a iniciativa privada e pode até mesmo possuir oferta pública de ações). O modelo de gestão das empresas de capital misto se assemelha muito às empresas privadas de capital aberto. Há um conselho de administração nomeado pelos acionistas (governo e acionistas privados) que gerencia a empresa e presta contas aos acionistas. As empresas de capital misto possuem estatuto próprio, sendo sujeitas a auditoria do governo de acordo com o controle acionário que o governo detém sobre a empresa. No caso de empresas puramente estatais e/ou de serviços públicos, a alta direção é composta pelos governantes eleitos por voto direto do povo, sendo o povo ao mesmo tempo "proprietário" da empresa, pois pagam os impostos ao governo, e também clientes da empresa, pois usufruem dos serviços públicos prestados pela estatal. Os gestores são nomeados pelos governantes eleitos e podem ser funcionários da estatal, os chamados "gestores de carreira", ou profissionais do mercado indicados pelo governo para o cargo.

Uma vez identificado que o modelo de relacionamento de gestão entre os atores se aplica a qualquer tipo de empresa, vamos citar alguns problemas que podem ocorrer nesses relacionamentos:

- Planejamentos estratégicos feitos pelos proprietários, acionistas ou gestores sem levar em consideração a capacidade operacional e produtiva da empresa, exigindo resultados que não podem ser atendidos com qualidade, dentro do prazo requerido e gerando custos maiores do que o esperado.
- Falhas ou omissões na gestão da empresa. No caso de falhas ou omissões intencionais, estas podem ser denominadas como "fraudes" e podem beneficiar o gestor que falhou ou foi omisso. No caso de falhas não intencionais, estas podem ser causadas por falta de capacidade gerencial ou má gestão por parte dos responsáveis.
- Falta de definição clara de responsabilidade em casos de falhas ou omissões intencionais ou não.

- Gestão de risco fraca, possibilitando a liberdade para tomadas de decisões que possam impactar o negócio da empresa.
- Processos empresariais desalinhados com os objetivos estratégicos dos proprietários, acionistas ou gestores, gerando resultados diferentes do esperado pela alta direção.
- Produtos e serviços gerados sem qualidade ou em desacordo com alguma lei ou regulamentação vigente, resultando em perdas financeiras para a empresa ou desgaste da imagem da empresa no mercado.

Governança Corporativa

Muito se tem falado nos últimos anos sobre o termo "Governança Corporativa". A Governança Corporativa foi originada no mercado financeiro mundial com o intuito de priorizar a transparência na gestão empresarial em relação ao aumento da rentabilidade e à redução de riscos para os investidores da empresa, garantindo o retorno de seus investimentos através da adoção de códigos de boas práticas de gestão. Boas práticas de gestão incluem esforços empresariais no sentido de minimizar o problema de conflito de interesses entre gestores e proprietários das empresas, definir papéis e responsabilidades para os atores no cenário de gestão corporativa e promover a transparência nos processos organizacionais e nas tomadas de decisões.

O objetivo da governança é criar mecanismos eficientes de gestão, monitoramento e controle para garantir que as decisões dos executivos e os processos empresariais estejam alinhados com os interesses dos proprietários e/ou acionistas. Sendo assim, a boa Governança Corporativa proporciona aos proprietários das empresas a gestão estratégica, efetiva monitoração da direção executiva e transparência na prestação de contas entre acionistas, conselho de administração, diretorias, auditorias independentes, conselho fiscal e governo. O movimento de Governança Corporativa ganhou força nos últimos dez anos e foi impulsionado por escândalos financeiros envolvendo grandes empresas multinacionais e grandes auditorias contábeis nos Estados Unidos e Europa. Um dos exemplos mais marcantes da adoção de Governança Corporativa foi a promulgação da lei norte-americana de autoria do senador Paul Sarbanes e do deputado Michael Oxley, denominada lei de "Proteção aos Investidores e Reforma dos Relatórios Financeiros" ou

"Ato de Responsabilidade Corporativa e de Auditoria". Essa lei ficou mais conhecida popularmente como lei Sarbanes-Oxley ou SOX. Mundialmente foram promulgadas leis similares à SOX. Podemos citar:

- *Bill 198* do Canadá.
- *J-SOX* do Japão.
- *German Corporate Governance Code* da Alemanha.
- *CLERP9* da Austrália.
- *Loi sur la Sécurité Financière* da França.
- L262/2005 (*Disposizioni per la Tutela del Risparmio e la Disciplina dei Mercati Finanziari*) da Itália.
- *King Report on Corporate Governance* da África do Sul.

No Brasil, o movimento de Governança Corporativa surgiu devido à necessidade de atrair capital e fontes de investimentos externos para as empresas brasileiras, evento este que foi acelerado pelo processo de globalização e privatizações no país. O risco dos investimentos passou então a ser medido também pelo grau de conformidade da empresa com alguma prática de Governança Corporativa adotada pelo mercado. A adoção de boas práticas garante a transparência nos processos de gestão empresarial, integridade e confiabilidade das informações financeiras e o grau de alinhamento entre os objetivos dos investidores, plano estratégico e práticas operacionais, definindo responsabilidades claras e atendimento de objetivos de controle.

Como exemplos de recomendações de boas práticas de Governança Corporativa no Brasil, o Banco Central do Brasil criou a Norma 3.380 em junho de 2006, onde prevê a implementação de estrutura de risco operacional para instituições financeiras no Brasil. A Comissão de Valores Mobiliários publicou a Cartilha de Governança Corporativa e a BOVESPA (Bolsa de Valores de São Paulo) implantou em dezembro de 2000 os níveis diferenciados de Governança Corporativa chamados "Nível 1", "Nível 2" e "Novo Mercado". A adesão das empresas aos níveis depende do grau de compromisso assumido com a BOVESPA e é formalizada por meio de um contrato assinado. Podemos então classificar as regulamentações de Governança em dois tipos:

- **Regulamentações compulsórias:** aquelas que são promulgadas como lei ou são obrigatórias para o exercício da atividade empresarial.
- **Regulamentações de mercado:** estas não são obrigatórias, mas fornecem diferencial competitivo por reconhecimento do mercado. Podemos citar como exemplo as normas ISO, da qual falaremos mais no capítulo 5. As normas ISO não são obrigatórias para as empresas, mas o mercado reconhece como diferencial competitivo que uma empresa ateste seu sistema de qualidade através de um processo de auditoria independente — uma vez atestado que a empresa possui níveis de qualidade comprovados, esta recebe uma certificação, sendo reconhecida pelo mercado como uma empresa que comprovadamente possui transparência e gestão sobre o escopo a que foi auditada.

A adoção de boas práticas de Governança Corporativa aumenta a confiança e a disposição dos investidores em adquirirem as ações de empresas com governança comprovada e valoriza a oferta das ações desta empresa no mercado.

O papel da Tecnologia da Informação (TI) dentro da Governança Corporativa

Cada vez mais as empresas estão extraindo funcionalidades da Tecnologia da Informação para suportar os seus objetivos de negócio. A retórica da Governança Corporativa não pode ser eficiente se a empresa não dispuser de mecanismos de gerenciamento dos recursos de TI responsáveis pela geração, pelo tratamento e pela disponibilização das informações empresariais.

Um exemplo prático de como a Tecnologia da Informação está diretamente ligada à Governança Corporativa está descrito na SOX através da sua seção 404. Esta seção determina que as empresas devam comprovar, através de procedimentos detalhados, a integridade dos processos e componentes de Tecnologia da Informação envolvidos na geração, no armazenamento e na divulgação das informações contábeis e financeiras da empresa. Sob esse escopo incluem-se todos os procedimentos de desenvolvimento e manutenção de sistemas, aquisição e manutenção de ativos de TI, redes de comunicação e segurança da informação, envolvidos na geração, na comunicação e no armazenamento dos dados financeiros e contábeis da empresa.

O Gerenciamento de Serviços de TI proporcionará recomendações e práticas para atender aos requisitos da Governança Corporativa, como poderá ser visto ao longo do livro, porém não vamos nos aprofundar no tema Governança Corporativa. Para tal, recomendo a leitura de outros materiais sobre o tema, como:

- COSO (*Committee of Sponsoring Organizations of the Treadway Commission*). Maiores informações disponíveis em: <www.coso.org>.
- Acordo de Capital de Basiléia. Maiores informações disponíveis em: <www.bis.org>.
- Lei Sarbanes-Oxley. Maiores informações disponíveis em: <www.sec.gov>.
- Norma 3.380 do BACEN (Banco Central do Brasil). Maiores informações disponíveis em: <www.bcb.gov.br>.
- Código das Melhores Práticas de Governança Corporativa do IBGC (Instituto Brasileiro de Governança Corporativa). Maiores informações disponíveis em: <www.ibgc.org.br>.
- Cartilha de Governança Corporativa da CVM (Comissão de Valores Mobiliários). Maiores informações disponíveis em: <www.cvm.gov.br>.

Após o advento da Governança Corporativa, não demorou muito e o mercado mundial cunhou o termo "Governança de TI" para nomear as práticas de gestão de TI desenvolvidas para garantir o alinhamento de TI às iniciativas de Governança Corporativa.

A "Governança de TI" possui duas justificativas ou linhas de ação, a saber:

- O objetivo de propiciar insumos para o atendimento das especificações de Governança Corporativa.
- Melhoria dos processos de Gestão de TI (Gerenciamento de Serviços de TI).

No primeiro caso, a Governança de TI surge como um componente fundamental para a obtenção da Governança Corporativa. No segundo caso, a Governança de TI surge como instrumento de aprimoramento, aconselhamento e auditoria da qualidade de serviços de TI. Tais melhorias aumentam o grau de confiança nos recursos tecnológicos e têm como objetivo integrar as atividades de gestão de TI com os objetivos estratégicos das empresas.

Segundo Peter Weill, autor do livro "Governança de TI" (2004) e pesquisador chefe do Centro de Pesquisa para Sistemas de Informação do MIT Sloan School of Management, a Governança de TI é um *framework* para a tomada de decisões e definição de responsabilidades para encorajar comportamentos desejáveis no uso de TI. Em 2010, o mesmo Weill afirmou:

> "Acredito que a Governança de TI está com os dias contados. A expectativa é de que não haja Governança de TI no futuro. Em corporações maduras existe a tendência de incorporar todos os controles departamentais em um único modelo de Governança Corporativa."

O que Peter Weill, considerado no mercado uma referência no tema "Governança de TI", quer dizer com acreditar que a Governança de TI "está com os dias contados" é que a Governança não é um movimento isolado unicamente da TI. O tema Governança, em empresas maduras, está inserido em toda a organização.

Atualmente está disponível no mercado a norma ISO/IEC 38500 – Governança Corporativa da Tecnologia da Informação. A norma ISO/IEC 38500 oferece princípios para orientar os gestores das organizações (incluindo proprietários, membros do conselho de administração, diretores, parceiros e executivos seniores) sobre o uso eficaz, eficiente e aceitável da TI dentro de suas organizações. A ISO/IEC 38500 é aplicável a empresas de todos os portes, incluindo empresas públicas e privadas, e possui seis princípios considerados essenciais para uma boa Governança Corporativa de TI:

- Responsabilidade.
- Estratégia.
- Aquisição.
- Performance.
- Conformidade.
- Comportamento humano.

Resumo

- Qualquer empresa, independentemente de tipo e porte, deve ter:
  - Um planejamento estratégico bem definido.
  - Processos operacionais alinhados ao plano estratégico.
- Problemas que podem ocorrer nas empresas:
  - Planos estratégicos feitos sem levar em conta a capacidade produtiva da empresa.
  - Falhas ou omissões na gestão da empresa causadas por má gestão ou falta de capacidade gerencial por parte dos gestores.
  - Indefinição de responsabilidades.
  - Falta de gestão de risco para identificar os impactos das decisões no negócio.
  - Processos empresariais desalinhados com os objetivos da empresa.
  - Geração de produtos e/ou serviços sem qualidade.
- O objetivo da Governança Corporativa é criar mecanismos eficientes de gestão, monitoramento e controle para garantir que as decisões dos executivos e os processos empresariais estejam alinhados com os interesses dos proprietários e/ou acionistas.
- A Governança Corporativa não pode ser eficiente se a empresa não dispuser de mecanismos de gerenciamento dos recursos de TI que são responsáveis pela geração, pelo tratamento e pela disponibilização das informações empresariais.
- O Gerenciamento de Serviços de TI proporciona recomendações e práticas para atender aos requisitos de Governança Corporativa.
- Governança de TI foi o nome atribuído às atividades de Gestão de TI realizadas para garantir o alinhamento de TI às iniciativas de Governança Corporativa.

2. Problemas com o Modelo de Gestão de TI Atual

"Aqueles que não conseguem identificar os erros do passado estão condenados a repeti-los."

George Santayana

Já vimos que a Governança Corporativa prevê a maturidade dos controles gerenciais e a transparência dos processos de gestão nas empresas. Conforme o aumento do grau de Governança em uma empresa, maior a necessidade de controles e transparência de processos também na área de TI. Um erro básico na gestão das empresas é acreditar que modelos de governança "governam" a empresa. A Governança Corporativa por si só não resolve os problemas de uma empresa, e sim orienta e recomenda a implementação de mecanismos de gerenciamento e controle que contribuirão para a melhoria das empresas. Há grandes diferenças entre "Governança Corporativa" e "Gestão do negócio". A Governança provê mecanismos de controle e transparência, enquanto a Gestão do negócio define, acompanha, mede e direciona como a empresa deve funcionar. Uma coisa complementa a outra, mas não são semelhantes. Já ouvi muitos gestores achando que o problema nas empresas é falta de governança. Isso é um erro grosseiro! O problema na verdade é falta de gestão ou gestão inadequada. A governança mede e orienta sobre como a empresa pode melhorar a sua gestão. O mesmo exemplo também pode ser aplicado à TI. A Governança Corporativa ou de TI não realiza suporte em uma rede de comunicação nem especifica um hardware para instalação de um sistema crítico para o negócio da empresa, mas recomenda práticas que irão minimizar os riscos de TI para o negócio e garantir a eficiência e o controle de custos operacionais e de projetos de TI.

Recentes estudos elaborados por instituições de pesquisa internacionais vêm relatando que outros problemas comuns também estão sendo identificados no mercado de TI:

- Os profissionais de tecnologia não conhecem a operação de negócio da empresa e se comportam como prestadores de serviços em vez de agentes facilitadores do negócio.
- As decisões gerenciais também não levam em consideração as tecnologias existentes na empresa e sua capacidade de suporte, criando demandas que não podem ser atendidas pela área de tecnologia.
- A área de TI planeja as suas atividades sem levar em consideração os planos estratégicos da alta direção.
- Muitas vezes a área de TI não está preparada para as mudanças requeridas pelo negócio e sente dificuldades em se adaptar às novas necessidades e demandas do mercado.

Resumindo as quatro constatações anteriores, resultado de pesquisas especializadas internacionais, podemos identificar que o modelo de gestão da área de TI está distante do modelo de gestão do negócio da empresa. Essa distância foi denominada pelo mercado como "falta de alinhamento entre TI e o negócio".

Não podemos creditar a identificação da necessidade de alinhamento entre TI e o negócio ao recente movimento de Governança Corporativa. A Governança somente identificou as necessidades primárias de conformidade com questões de risco operacional e integridade do negócio e veio reforçar a necessidade de melhoria urgente no modelo de gestão de TI que vinha sendo conduzido, se é que existe um modelo de gestão de TI em algumas empresas até hoje. Não só devido ao advento da governança, mas a necessidade de melhoria do modelo de gestão de TI também é fruto da maturidade da área de TI. Se analisarmos historicamente, a TI é uma área de gestão relativamente nova. A utilização dos computadores em escala nas empresas somente foi adotada a partir da década de 80, enquanto outras áreas como finanças, engenharia, administração e logística possuem mais tempo de evolução. O primeiro sistema de empréstimos financeiros internacionais data da época das cruzadas, com os cavaleiros Templários. Planejamentos de logística podem ser identificados desde a época das grandes navegações, que culminaram nas descobertas de continentes.

Fatores históricos que contribuíram para a falta de alinhamento entre TI e o negócio

A falta de alinhamento entre TI e o negócio não foi um fato repentino, e sim resultado de anos e anos de eventos que contribuíram para o estágio em que nos encontramos hoje. De acordo com minha experiência pessoal atuando em projetos em empresas de todos os portes, fazendo consultoria para diretores e gerentes e ministrando aulas na graduação e pós-graduação, cheguei à conclusão de que três fatores principais contribuem para a falta de alinhamento entre TI e o negócio:

- O avanço da tecnologia.
- Capacitação dos profissionais de TI.
- Comunicação organizacional fraca.

O avanço da tecnologia

O desenvolvimento de novas tecnologias permitiu o avanço da utilização dos computadores nas empresas. O termo Informática vem do francês *Informatique*, que é composto pela junção das palavras *informer* (informação) e *mathématique* (matemática), e foi criado pelo professor universitário Philippe Dreyfus em 1962 para denominar a ciência que estuda o processamento matemático da informação pelo computador. Com o avanço da tecnologia, de mera máquina de calcular, o computador passou a ter papéis cada vez mais fundamentais nas cadeias de produção das empresas, permitindo que cada vez mais setores fossem automatizados. Além de cálculos matemáticos, a informática passou também a incorporar o planejamento da utilização dos computadores envolvendo planos de desenvolvimento, aquisição, suporte, manutenção e gestão operacional e financeira da informática, passando então a ser denominada como Tecnologia da Informação ou simplesmente TI. Para entendermos melhor esse cenário evolutivo complexo, vamos analisar historicamente a utilização dos computadores nas empresas.

Na década de 70 os computadores ficavam em salas restritas denominadas CPD (Centro de Processamento de Dados) e sua utilização restringia-se a cálculos matemáticos complexos e em grande escala. Somente os operadores do CPD tinham acesso aos equipamentos, e os usuários solicitavam as tarefas aos operadores do CPD através de pedidos em papel. Todas as tarefas eram realizadas com um tempo de espera, sendo esse tipo de processamento denominado processamento em lotes ou *Batch*. Era comum nessa época uma tarefa ser solicitada e a resposta somente ser disponibilizada no dia seguinte, e impressa em papel. O cenário de suporte de informática nessa época era bem simples: somente era responsabilidade do pessoal de informática o que estivesse dentro do CPD.

No final da década de 70, os computadores ganharam terminais de acesso sem capacidade de processamento conhecidos como "terminais burros". Os terminais burros somente acessavam o computador central e permitiam que os usuários interagissem e executassem tarefas diretamente nos computadores centrais, sem a necessidade de pedidos aos operadores do CPD e de impressão dos resultados. Esse tipo de processamento foi denominado processamento de tempo compartilhado ou *Time-sharing*. Ao mesmo tempo em que os usuários passaram a executar suas rotinas diretamente nos computadores centrais através dos terminais, o escopo do suporte dos técnicos de informática ganhou uma abrangência maior, sendo estes responsáveis agora por também suportarem os terminais instalados nas mesas dos usuários fora dos limites do CPD.

Na década de 80 houve o advento dos computadores pessoais ou PC (*Personal Computers*), que passaram a ter processadores e discos rígidos, permitindo que informações fossem armazenadas localmente, descentralizando o acesso ao computador central. Com o avanço da mobilidade e a abrangência maior do acesso aos computadores pessoais, que eram menores e mais baratos que os computadores centrais, e aliado ao desenvolvimento de novas linguagens de programação, cada vez mais tarefas e atividades das empresas passaram a ser automatizadas. Nessa época era comum os técnicos de informática não terem conhecimento sobre sistemas críticos instalados em uma área ou departamento da empresa e não estarem prontos para suportá-lo, seja por despreparo (o que por muitas vezes era resultado da aquisição do sistema ser feita pelo próprio departamento que escolhia o sistema levando em consideração suas necessidades próprias e não a compatibilidade tecnológica com outros sistemas da empresa e a capacidade de suporte da área de TI), ou por desinteresse em buscar a aproximação com as áreas de negócio.

Nessa época, o departamento de Informática enfrentou um desafio: centralizar no CPD alguns sistemas críticos da empresa que estavam descentralizados nos departamentos para poder conhecer e documentar os sistemas e entender as necessidades dos departamentos para prover um suporte eficiente. Nessa época o departamento de Informática passou a ser denominado TI.

A partir da década de 90, com o avanço das tecnologias de redes de computadores e o surgimento da Internet, cada vez mais a informação passa a ser compartilhada e rompe as fronteiras do ambiente da empresa, interligando fornecedores e clientes e permitindo o acesso a outros usuários remotos.

Do ponto de vista do gerenciamento dos serviços de TI, os anos 70 foram marcados pelo controle dos ativos de TI sob o mesmo teto dos operadores. Os computadores, muitas vezes imensos, ocupando salas inteiras, eram facilmente identificados e os técnicos ficavam no mesmo ambiente, ou seja, o escopo do suporte de TI era claro e definido: suportar o que estivesse na mesma sala. Na década de 80 os usuários passam a ter computadores em suas mesas de trabalho, inicialmente como terminais de acesso, passando posteriormente a computadores pessoais. De qualquer forma, o escopo do suporte de TI passa a contemplar também o suporte aos usuários e a realização de suas tarefas através dos computadores e sistemas. A partir da década de 90, com o surgimento da Internet, emergem novas possibilidades de utilização da tecnologia nas empresas. O acesso remoto de longa distância a sistemas, a troca eletrônica de documentos e a utilização de computadores móveis ligados à Internet quebram as barreiras de espaço e localização e levantam um ponto crucial para a área de TI: qual é o escopo atual dos serviços de gerenciamento de TI? Os técnicos agora não se preocupam mais simplesmente com o que está na mesma sala ou com o que está dentro do mesmo prédio, mas com outros dispositivos que podem estar dentro de *Datacenters*, fornecedores, clientes, filiais, ou qualquer outro tipo de acesso feito através da Internet.

Nos últimos anos vemos a proliferação de serviços distribuídos através da Internet, os chamados *Web Services*, que podem estar instalados em servidores locais na empresa, dentro de *Datacenters*, parceiros de negócio ou até funcionarem através de computação distribuída em nuvem (*Cloud Computing*), onde cada função de um sistema pode ser separada e estar instalada em um local diferente. O crescimento do uso de serviços distribuídos pelas empresas quebra com o conceito de "sistemas de informação" da forma como estamos acostumados a prestar suporte. Um sistema é na verdade o resultado de pequenos códigos que executam funções distintas, e cada função pode estar instalada em locais diferentes. Nesse modelo não existe mais a figura de um sistema instalado em um servidor, e sim serviços sendo executados em servidores diferentes que podem estar instalados em qualquer lugar acessível via rede ou Internet. Um sistema empresarial poderá, em um futuro próximo, ser contratado por serviços e não mais por códigos e licenças. Dentro desse contexto, onde está o escopo do suporte de TI? A área de TI de uma empresa suporta somente os serviços que estão instalados em seu parque tecnológico ou todos os serviços distribuídos que podem estar fora da empresa? Como implementar "governança" em serviços distribuídos? Enquanto debatemos essas questões e avaliamos novas tecnologias emergentes, os processos empresariais, que são o "coração operacional" das empresas, precisam funcionar de acordo com os requisitos do negócio para manter a empresa funcionando normalmente. Se ainda estamos passando por problemas de alinhamento da Gestão de TI com o negócio da empresa, não adianta pensarmos somente em inovação tecnológica se o básico da gestão de TI ainda não está funcionando bem.

Capacitação dos profissionais de TI

A história da utilização dos computadores mostra como a área de suporte de TI teve que se adaptar à utilização dos computadores e sistemas de informação nas empresas. Em paralelo ao crescimento da demanda de utilização dos computadores, houve uma necessidade crescente de capacitação profissional em tecnologia para que os funcionários das empresas pudessem atender a essa demanda. No início da utilização dos computadores, as tecnologias eram proprietárias de determinados fornecedores de tecnologia. Um determinado computador somente funcionava em rede conectado a outro computador do mesmo fabricante seja por compatibilidade de protocolos de rede, compatibilidade de hardware, de sistemas operacionais ou de linguagens de programação. Não havia cursos superiores de tecnologia e os operadores de computador eram pessoas especialistas no negócio que eram treinadas pelo fornecedor da tecnologia utilizada. O compartilhamento de conhecimento sobre tecnologia nas empresas era baseado em manuais de utilização da tecnologia do fornecedor e disseminação de conhecimento dos profissionais treinados e mais experientes para os demais profissionais da empresa. Acima de tudo, os profissionais eram especialistas em suas áreas de negócio e aprendiam sobre como utilizar a tecnologia para automatizar suas atividades.

Com a padronização de protocolos de rede no modelo OSI e posteriormente no conjunto de protocolos TCP/IP, diversos fornecedores de tecnologia perceberam que o mercado estava caminhando para a interoperabilidade e compatibilidade e aboliram o modelo proprietário de tecnologia. Nessa época surgem os cursos superiores de Processamento de Dados, que eram muito semelhantes aos cursos de Administração, com matérias de gestão estratégica, organização e métodos, finanças, economia, direito, contabilidade, entre outras. A única diferença era que, de um determinado período do curso em diante, o aluno somente via matérias técnicas como redes de computadores, algoritmos, linguagens de programação e bancos de dados. Essa abordagem permitia que o aluno conhecesse a operação de uma empresa e posteriormente como utilizar a "Informática" para automatizar as atividades da empresa.

Com a descentralização dos computadores centrais e o desenvolvimento de novas linguagens de programação, surgem no mercado diversos sistemas de informação automatizando cada vez mais áreas das empresas. Em paralelo surgem os cursos superiores de Análise de Sistemas, onde o foco maior era o desenvolvimento de sistemas de informação. O profissional formado em Análise de Sistemas passava a conhecer mais sobre programação em linguagens diferentes e menos sobre o negócio da empresa. O conhecimento sobre redes e componentes de hardware se torna básico e, caso o aluno optasse por aprofundar os conhecimentos em um dos dois componentes, necessitava realizar um curso técnico nos fornecedores da tecnologia. Surgem então as certificações dos fornecedores de tecnologia. Durante algum tempo, o mercado passaria a reconhecer a capacidade técnica dos profissionais, mais pelas certificações técnicas que o usuário possuía do que pelo diploma de curso superior. Com a certificação, a empresa tinha a garantia de que o profissional estava apto a utilizar determinada tecnologia na prática, enquanto no curso superior o profissional via, em um nível menos profundo, várias tecnologias.

Com o crescimento da área de TI, surgem cada vez mais cursos superiores onde o aluno tem a opção de cursar Análise de Sistemas, Engenharia de Sistemas, Engenharia da Computação, Ciência da Computação, entre outros cursos superiores que ainda surgem a cada dia nas universidades. Com o conteúdo dos cursos cada vez mais técnico, temos formado profissionais com cada vez mais conhecimentos técnicos e menos conhecimentos sobre o negócio das empresas. É comum identificarmos que o técnico que suporta um servidor de aplicação não tem a noção de que naquele servidor estão as informações de contas a pagar e contas a receber que alimentam a escrituração contábil da empresa, apuradas no período mensal de fechamento contábil. Não é preciso ser formado em contabilidade para entender o funcionamento básico da área de contabilidade, assim como não é preciso ser administrador para entender o cenário de gestão empresarial apresentado no início do capítulo.

Se analisarmos o currículo dos principais diretores da área de TI no mundo, veremos que todos possuem uma formação multidisciplinar aliando tecnologia à formação em gestão, administração, finanças ou outra competência que complemente suas capacidades necessárias para gerenciar a área de tecnologia com a visão de "TI alinhada ao negócio." Como os profissionais de tecnologia, ao terminarem a faculdade, buscam pós-graduações também em tecnologia e certificações também em tecnologia, temos, com isso, profissionais no mercado cada vez mais técnicos. A solução encontrada foi capacitar gestores de negócio em tecnologia para que eles gerenciassem a área de TI com a visão das necessidades do negócio. Com isso voltamos a um problema identificado nas páginas anteriores: os gestores não conhecem a tecnologia e acabam tomando decisões somente com a visão de negócio, sem levar em consideração as capacidades de TI.

Comunicação organizacional fraca

Este é um problema que assola a maioria das empresas no mundo e fica evidente quando uma empresa tenta adotar qualquer modelo de gestão, seja estratégico, operacional ou de governança. A falta de comunicação clara pode contribuir inclusive para o fracasso dos projetos de implementação de melhorias nas empresas. Vamos analisar o desenho a seguir e, após, faremos algumas constatações.

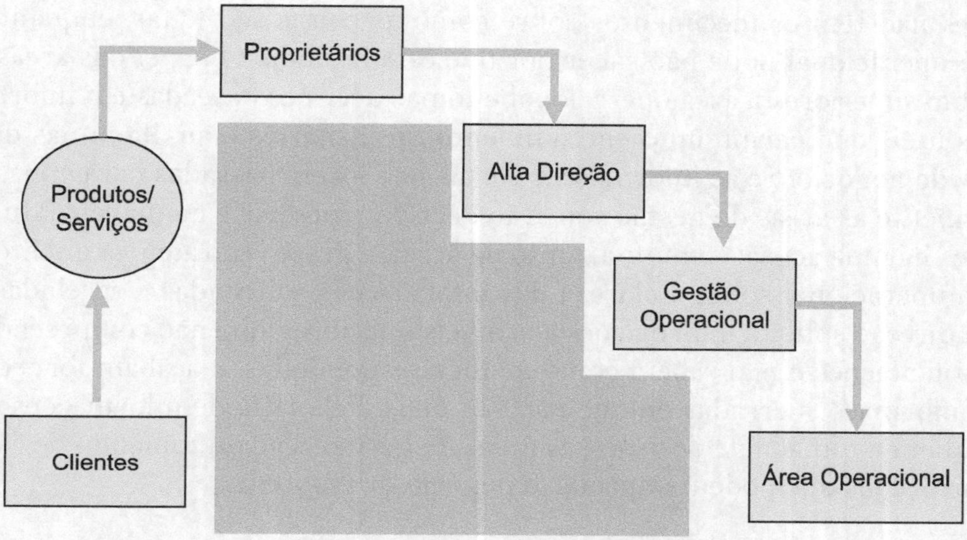

Figura 2.1. Problemas na cadeia de comunicação corporativa das empresas.

Os clientes somente visualizam os produtos e serviços oferecidos pela empresa no mercado. Toda a estrutura empresarial interna de gestão e processos operacionais não é visível pelos clientes. Os proprietários estão no topo da cadeia de comunicação e conseguem ter uma visão de como os seus produtos e serviços estão sendo oferecidos no mercado e sobre os resultados financeiros oriundos da compra dos seus produtos e serviços por parte dos clientes. Os proprietários não têm uma visão clara da área operacional, somente possuem algumas informações que são fornecidas pela alta direção. Esta, por sua vez, se comunica com a área de gestão operacional e também tem uma visão parcial da área operacional. A gestão operacional, por estar próxima à área operacional, consegue visualizar como esta trabalha. A área operacional trabalha com as informações que chegam da área de gestão operacional e demais informações estratégicas podem não chegar completas no nível de baixo.

Nessa ilustração podemos simular que um projeto estratégico definido pelos proprietários e pela alta direção pode falhar pela falta de entendimento da alta direção sobre as capacidades produtivas das áreas operacionais e, em contrapartida, a área operacional também pode não receber as informações necessárias para executar o projeto de acordo com o esperado pela alta direção. Traduzindo essa questão, podemos concluir que: a alta direção muitas vezes não tem conhecimentos sobre como as coisas são feitas, enquanto a área operacional pode não saber por que está fazendo. O papel das áreas de gestão superiores à área operacional é tomar decisões baseadas em informações úteis que permitam o entendimento dos cenários e auxiliem nas decisões de negócio. Se as informações certas não forem passadas para cima, dificilmente as áreas de gestão tomarão decisões corretas e confiáveis. Muitas vezes há uma acusação mútua, tanto da área de gestão estratégica quanto da área operacional sobre a clareza das informações solicitadas e recebidas. A alta direção solicita informações aos níveis inferiores, que não compreendem as solicitações e não sabem como melhor respondê-las, e acabam fornecendo informações erradas ou que não são úteis. Pela falta de informações que auxiliem a tomada de decisões, as áreas de gestão acabam tomando decisões equivocadas que podem impactar o negócio da empresa.

Resumo

- A Governança Corporativa ou de TI não resolve todos os problemas das empresas. Ela somente orienta e recomenda a implementação de mecanismos de gerenciamento e controle que contribuirão para a melhoria das empresas.
- Falta de alinhamento entre TI e o negócio foi o nome atribuído à falta de direcionamento das práticas de TI ao modelo de gestão do negócio.
- Fatores que contribuíram para a falta de alinhamento entre TI e o negócio:
    - A tecnologia avançou mais rapidamente do que o modelo de operação e Gerenciamento de TI.
    - A capacitação em TI tem se tornado mais técnica e menos estratégica.
    - A alta gerência, média gerência, gerência operacional e áreas de produção não se comunicam corretamente. Decisões são tomadas e planos realizados sem o claro entendimento dos envolvidos.

3. TI no Divã

> "Nós geralmente descobrimos o que fazer percebendo aquilo que não devemos fazer. E provavelmente aquele que nunca cometeu um erro nunca fez uma descoberta."
>
> Samuel Smiles

Qual é o papel de TI no negócio da empresa?

Para a área de TI buscar a melhoria operacional e conseguir estar alinhada ao negócio da empresa, primeiro temos que fazer um questionamento interno: por que a TI existe? Se tentarmos responder a essa pergunta com a visão técnica de TI, responderemos que somos responsáveis por manter os sistemas de informação funcionando. Sob a ótica do negócio, os sistemas de informação são somente ferramentas de apoio aos processos empresariais e facilitadores da tomada de decisão. Tente perguntar a um técnico qual é o seu papel dentro da empresa e não se assuste se escutar como resposta o nome de meia dúzia de tecnologias.

Caso Real

Uma determinada empresa estava com problemas para acessar a Internet. O diretor da empresa entrou no departamento de TI e perguntou o que estava ocorrendo. Um técnico respondeu que estavam tentando instalar no *Proxy* uma ferramenta que implantaria algumas *Policies* através de *Black Lists*. Isso causou alguns eventos de falso-positivo, proibindo o acesso à Internet a alguns sites que continham palavras parecidas com os termos bloqueados pela *Black List*. A empresa estava participando naquele momento de uma licitação no modelo pregão *on-line* para um contrato de terceirização em uma grande empresa do mercado. Caso fosse vencedora, aumentaria o seu faturamento anual em 30%. A direção da empresa estava planejando a participação nesse leilão há meses. Inclusive haviam feito um esforço recente para reduzir os seus custos de produção visando garantir preços menores e mais competitivos para ganhar o pregão virtual. No momento do pregão, a área de TI resolveu implantar uma ferramenta que não havia sido testada anteriormente e da qual não possuía conhecimento técnico ainda. A ferramenta não permitiu que o acesso ao site de leilão virtual fosse realizado e a empresa não conseguiu participar do leilão. Posteriormente a direção ficou sabendo que o ganhador do leilão ofereceu um preço muito superior ao que a empresa poderia ter oferecido. Se tivessem conseguido participar do leilão, com certeza ganhariam o contrato. Um simples erro da TI impossibilitou a empresa de crescer 30% no ano.

Um ponto de partida para entendermos por que a TI existe é identificarmos o que é um "Serviço de TI". Se perguntarmos para a área de TI e para as áreas de negócio será que teremos respostas semelhantes? Vamos tomar como exemplo o caso real do leilão virtual descrito anteriormente. Um serviço de TI seria então a disponibilização do acesso à Internet através de um link de comunicação, de um roteador, um *Firewall* e um *Proxy*, conectados à rede local através de um *Switch*? Se perguntarmos à área de negócio da empresa, eles dirão que o serviço de TI é o acesso à Internet para que a empresa possa se comunicar com parceiros, fornecedores e clientes. Qual das duas visões está correta? A resposta da área de TI com certeza sempre virá acompanhada de nomes técnicos e da descrição de atividades técnicas, enquanto a resposta da área de negócio será como eles percebem os serviços de TI e o que eles executam com esses serviços. Vamos então identificar primeiramente o que é um serviço: um serviço é composto de uma solicitação, um conjunto de atividades a serem realizadas e de um resultado ou uma entrega para quem solicitou o serviço.

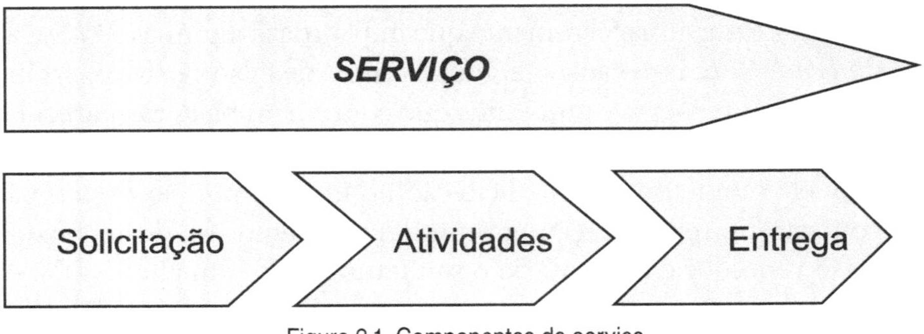

Figura 3.1. Componentes do serviço.

No caso do leilão descrito anteriormente, o serviço seria na verdade o que o solicitante percebe como serviço. Nesse caso, acertou quem afirmou que o serviço de TI era a disponibilização do acesso à Internet. As atividades técnicas são simplesmente meios para entregarmos os serviços aos clientes e a tecnologia auxilia a execução dessas atividades. Esse pequeno exemplo mostra na prática como estamos desalinhados com o negócio da empresa. Enquanto achamos que nossa razão de ser é puramente técnica, as áreas de negócio possuem expectativas de entregas de serviços pelas quais a área de TI pode nem suspeitar que seja responsável. Um bom exemplo é o caso real descrito, onde a área de TI foi responsável pela perda financeira de 30% do faturamento anual da empresa porque desconhecia que prestava um serviço de acesso à Internet para que a empresa participasse de pregões virtuais. Não adianta colocarmos a culpa nas áreas de negócio sob o argumento de que eles não comunicam à área de TI sobre as decisões de negócio. Nós de TI é que precisamos sair do nosso mundinho tecnológico e buscarmos o entendimento das demandas de serviços dos nossos clientes. As áreas de negócio somente irão comunicar as decisões de negócio à área de TI quando perceberem que ela está pronta para discutir sobre a estratégia da empresa e não somente sobre termos técnicos.

Quanto ao grau de maturidade e alinhamento com o negócio da empresa, as organizações de TI podem ser divididas em três tipos:

- **TI Reativa:** esta área de TI age sob demanda. Somente realiza o que é pedido. A estratégia da empresa e as demandas do negócio são uma surpresa constante. Geralmente reclamam que estão atolados de tarefas e a cada dia surgem novas demandas. Chegam a inviabilizar estratégias de negócio, pois sabem que não conseguirão atendê-las. Colocam sempre a culpa nos clientes porque estes não possuem conhecimentos técnicos e sempre pedem coisas novas. Os clientes e usuários de TI não estão satisfeitos com os serviços e já não acreditam mais nos prazos informados por TI. Sempre que possível, os clientes buscam alternativas no mercado para não utilizarem a estrutura de TI interna e sempre rondam boatos de que a TI pode ser terceirizada. Este tipo de organização de TI é sempre visto como custo para a empresa.
- **TI Eficaz:** esta área de TI já consegue atender às demandas do negócio. Buscam entender os processos empresariais. Estão sempre ten-

tando melhorar. A satisfação básica dos clientes e usuários é atendida, porém ainda possuem oportunidades de melhoria. Gostariam de implantar as melhorias, mas faltam recursos de pessoal ou financeiro para tal. Possuem dificuldades em aprovar o orçamento para implantar as melhorias, pois não conseguem ainda justificar os investimentos em projetos de melhoria de TI sob a ótica do negócio.

- **TI Eficiente e Proativa**: esta área de TI é o sonho de consumo das áreas de negócio. Ela não só entende os processos empresariais como também a estratégia e o direcionamento da empresa. Participa ativamente do planejamento estratégico através da avaliação de viabilidade de projetos e faz recomendações para a estratégia da empresa. Supera as expectativas dos clientes e da alta direção. Geralmente esta área de TI acaba acumulando outras gerências, por seu alto desempenho e resultados. O orçamento de TI é bem justificado e inclui projetos de melhorias para o negócio da empresa, como redução de custos operacionais ou aumento de produtividade.

As empresas que conhecemos atualmente podem estar classificadas em um dos três tipos de organizações de TI descritas ou, em alguns casos, podem possuir algumas características de mais de um tipo simultaneamente. As organizações de TI reativas estão muito distantes do negócio e possuem muitas oportunidades de melhoria. As organizações eficazes geralmente são aquelas que já possuem algumas iniciativas de melhoria interna na gestão de TI, enquanto que as organizações eficientes já possuem maturidade de processos de gestão de TI.

Ponto para reflexão

Com o aumento da utilização de recursos de TI nas empresas, os orçamentos de TI têm aumentado consideravelmente nos últimos anos. As necessidades e dependências do negócio em relação a TI também têm aumentado consideravelmente. Os riscos de negócio associados a TI também têm aumentado; em contrapartida, a qualidade dos serviços de TI tem diminuído. Algumas organizações de TI reativas ou eficazes afirmam que se a empresa investisse mais em

TI poderiam se tornar eficientes. O problema da qualidade de TI, como visto até aqui, é somente financeiro ou também depende da postura da área de TI em relação ao negócio da empresa? Se o orçamento de TI aumentar resolverá o problema da falta de alinhamento entre TI e o negócio ou a TI simplesmente terá mais orçamento para continuar sendo cada vez mais técnica?

Uma tendência futura é que os investimentos em TI serão cada vez mais condicionados à habilidade da área de TI em agregar valor ao negócio. Nesse sentido, a área de TI deverá estar não somente "alinhada ao negócio", mas "integrada aos planos estratégicos e processos produtivos da empresa".

Resumo

- A área de TI acha que sua razão de ser é puramente técnica e esquece que o seu objetivo é apoiar o negócio da empresa.
- Um Serviço de TI é um conjunto de atividades técnicas realizadas para entregarmos os Serviços de Negócio aos clientes.
- As organizações de TI podem estar divididas em três tipos quanto a sua maturidade e ao grau de alinhamento com o negócio:
    - **TI Reativa:** somente age sob demanda. Conhecida como "Gestão de TI Bombeiro", pois somente age quando o incêndio já começou.
    - **TI Eficaz:** busca entender os processos empresariais e consegue atender as demandas básicas do negócio.
    - **TI Eficiente e Proativa:** entende e participa ativamente do planejamento estratégico da empresa.
- É uma tendência futura que os investimentos em TI serão cada vez mais condicionados à habilidade da área em suportar os objetivos do negócio.

4. O Caminho para a Melhoria de TI

"Para quem não sabe para onde quer ir, qualquer caminho serve."

Lewis Carroll em Alice no País das Maravilhas

Quando uma empresa está preparando seu plano estratégico, ela tem que identificar a sua missão, visão e objetivos. A missão de uma empresa seria a sua razão de ser, o motivo da sua existência ou seu propósito. Por exemplo, uma fábrica de calçados pode ter como missão: ser uma empresa que produz calçados com qualidade. A visão da empresa é onde ela pretende chegar com a sua missão, ou seja, qual é a sua meta futura de longo prazo. Nesse caso, a visão da fábrica de calçados pode ser se tornar uma empresa reconhecida como a fabricante dos calçados mais confortáveis e com mais durabilidade do mercado. Os objetivos da empresa são metas tangíveis de curto prazo que estão alinhadas com a missão e contribuem para o alcance da visão da empresa. Podemos citar como exemplos de objetivos dessa mesma fábrica de calçados: manter a qualidade dos processos de produção de calçados, garantir o retorno dos investimentos dos acionistas, produzir calçados de acordo com as leis ambientais vigentes, contribuir para o desenvolvimento do país etc.

Sendo assim, uma empresa sempre deve saber para onde quer ir e o que precisa fazer para alcançar seus objetivos. Trazendo esses exemplos para o mundo de TI, precisamos conseguir responder ao questionamento: qual é o objetivo da TI? Antes que você comece a preparar uma declaração de missão, visão e objetivos da área de TI, tenha em mente que a área de TI não é uma organização separada dentro da empresa. TI é uma área operacional e, se possível, de apoio estratégico aos objetivos de negócio da empresa. O modelo de gestão de TI deve atender ao plano estratégico da empresa através de práticas de gestão e práticas operacionais que contribuam para atender à missão, à visão e aos objetivos **do negócio**. É muito comum vermos áreas de TI que preparam "planejamentos estratégicos de TI" como se eles tivessem mais importância do que o negócio da empresa. A única exceção é quando o negócio da empresa é a própria TI. Se quiséssemos mesmo descrever a missão da área de TI, esta seria mais ou menos assim: prestar serviços de TI com a qualidade requerida para atender às expectativas e demandas do negócio da empresa. E a visão seria: superar as expectativas dos clientes de TI e auxiliar no plano estratégico da empresa.

Se a sua área de TI já é eficiente e proativa, identificar qual é o objetivo de TI dentro do plano estratégico da organização não é uma tarefa das mais difíceis. Entretanto, se a sua área de TI está entre reativa e eficaz, talvez identificar qual é o objetivo de TI dentro do negócio da empresa seja uma atividade um pouco complexa para descrever e ainda mais difícil de ser realizada. Dados os exemplos de problemas de gestão de TI descritos anteriormente, um ponto importante em nossa caminhada rumo à melhoria da gestão de TI é aceitarmos que temos pontos a serem melhorados. Muitas vezes as equipes ou gestores sentem dificuldades em identificar oportunidades de melhorias e não sabem por onde começar. Nesses casos específicos, o objetivo primário de TI será "melhorar a gestão de TI atual".

Um modelo básico de planejamento de mudança e melhoria na área de TI pode ser adotado para atingir esse objetivo:

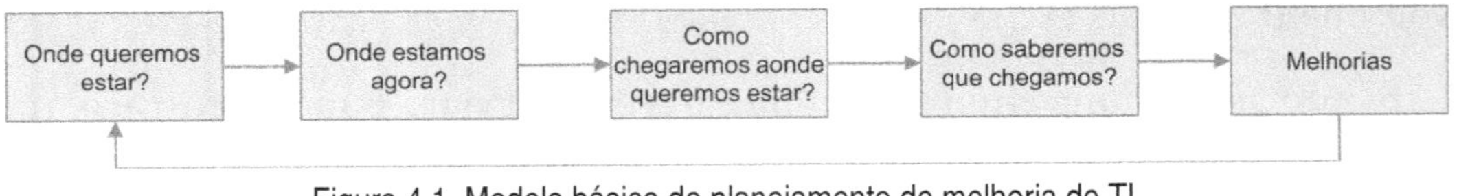

Figura 4.1. Modelo básico de planejamento de melhoria de TI.

Onde queremos estar?

Se a sua organização de TI ainda não conhece os objetivos de negócio e não sabe o quão distante seu modelo de operação está dos objetivos de negócio hoje, o primeiro passo será identificarmos onde a área de TI deveria estar. Comece com um debate interno com a equipe de TI e identifique oportunidades de melhorias. Sugiro também uma pesquisa de satisfação com os gerentes das áreas de negócio da empresa e com alguns usuários dos serviços de TI sobre o que eles acham da área de TI. Pergunte a eles sobre suas principais queixas e sobre como a área de TI poderia melhorar. A dica aqui é: escute, simplesmente escute. Uma lida no plano estratégico da empresa ou busca de interação com os principais projetos das áreas de negócio também são boas iniciativas. Após, compile todas essas informações, analise e identifique quais atividades de TI podem ser melhoradas para atender às exigências e demandas das áreas de negócio. Lembre-se da diferença entre um serviço de TI e as atividades internas de TI. O que os clientes percebem são os serviços. Tenha em mente que se você melhorar as atividades internas de TI relacionadas aos serviços estará melhorando os serviços que os clientes percebem. Se você não consegue chegar a essa informação sozinho, aqui entram as boas práticas de gestão de TI. Elas podem ser utilizadas como base para saber quais são as práticas de gestão adotadas pela maioria das empresas no mercado. Lendo sobre quais atividades são recomendadas pelas boas práticas de mercado, podemos facilmente identificar se estamos realizando essas atividades ou não. A abordagem de comparar sua empresa com as práticas de gestão de TI no mercado deve servir como aconselhamento e não como requisito de objetivos da área de TI. Os objetivos da área de TI nunca podem ser direcionados para o atendimento total a uma boa prática de mercado. Caso contrário, a área de TI estará despendendo recursos que poderiam ser mais bem utilizados para obtenção de resultados de curto prazo para o negócio da empresa. No advento da recessão financeira de 2009 que assolou o mercado, conheci vários diretores e gerentes de TI que perderam seus empregos porque, em vez de planejarem estratégias de redução de custos a curto prazo, investiram ainda mais dinheiro em projetos de governança de TI simplesmente porque acreditavam que, estando em aderência total com uma prática de mercado, ou, como o mercado gosta de falar, "*compliant*" com um modelo de governança, por si só trariam resultados para a empresa. Essa é uma abordagem muito complexa que daria assunto para um livro inteiro. Busco abordar esse aspecto em minhas palestras explicando que o retorno de estar em conformidade com uma prática de mercado pode demorar mais do que adotar um conjunto de recomendações específicas para uma deficiência específica da TI. Adotar somente um processo ou conjuntos de atividades correlacionadas do ITIL® em vez da biblioteca ITIL® inteira, pode dar, a curto prazo, mais resultados do que aumentar os custos da TI com burocracias fundamentadas em "obrigatoriedade" de conformidade de modelos de governança de TI. Quem mais se beneficia em projetos de conformidade de governança que demoram muito tempo são as empresas de consultoria que cobram para atestar essas conformidades. Atender a todas as recomendações de uma boa prática pode ser um desejo futuro, mas se, e somente se, a área de TI já consegue atender às expectativas e demandas do negócio.

Onde estamos agora?

Uma vez identificado onde queremos estar, precisamos saber agora o que temos feito hoje ou como estamos gerenciando TI atualmente. Para sabermos o que temos feito, precisamos identificar todas as atividades que estão sendo realizadas pela área de TI. A relação dessas atividades pode ser descrita através de mapeamento e modelagem de processos. Um processo é um conjunto de atividades que são realizadas para atingir um resultado desejável. Os resultados dos processos são denominados "produtos" ou "entregáveis". Dentro de um processo são relacionadas sequências de atividades que devem ser realizadas para gerar os entregáveis do processo. Quando há processos relacionados que geram um entregável em comum, esses processos agrupados recebem a denominação de "macroprocesso".

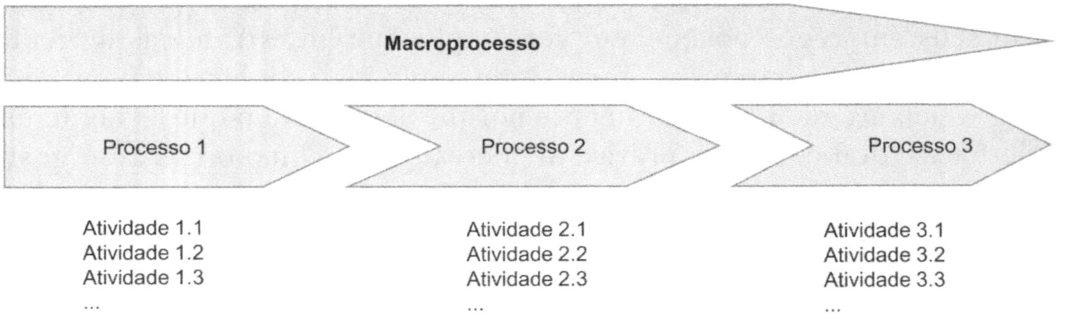

Figura 4.2. Estrutura de macroprocessos, processos e atividades.

Vejamos o exemplo dos processos de desenvolvimento de um sistema. São necessárias várias atividades para que um sistema possa ser desenvolvido. Quando as atividades geram um entregável único, agrupamos essas atividades em um processo. Os processos agrupados são os macroprocessos, que neste exemplo seria denominado como "Desenvolvimento de Sistemas".

Sistemas são desenvolvidos após levantamento, análise e validação de requisitos dos clientes. Os requisitos de desenvolvimento documentados e aprovados pelos clientes visam garantir que os desejos dos clientes sejam claramente interpretados pela equipe de desenvolvimento e que o produto final (sistema) esteja alinhado com os objetivos do cliente. Uma vez validados, os requisitos iniciam o processo de aquisição de software que analisará a capacidade de desenvolvimento da equipe e recursos disponíveis internos ou a subcontratação de serviços de fábrica de software de terceiros externos à área de TI da empresa. O resultado do processo de aquisição é o Plano de Desenvolvimento de Sistema que servirá de base para o desenvolvimento de software e como métrica para o planejamento de testes e qualidade de software. O processo de desenvolvimento de software deve estabelecer ambientes de codificação, teste, homologação e produção. A definição dos ambientes distintos depende não somente de processos e atividades, mas também de definições de políticas de configuração, controles de versão, gerenciamento de mudanças e segurança de acesso a produtos de desenvolvimento (códigos-fonte). Uma vez desenvolvido, o software deve passar por processos de teste de software que garantirão que os produtos de software codificados estejam funcionais de acordo com o Plano de Desenvolvimento de Software. Se houverem divergências, o software voltará ao ambiente de desenvolvimento para correção. Se for validado, será homologado pelo cliente e entrará em produção.

Vejamos então como este exemplo pode ser definido sob a ótica de desenho de processos:

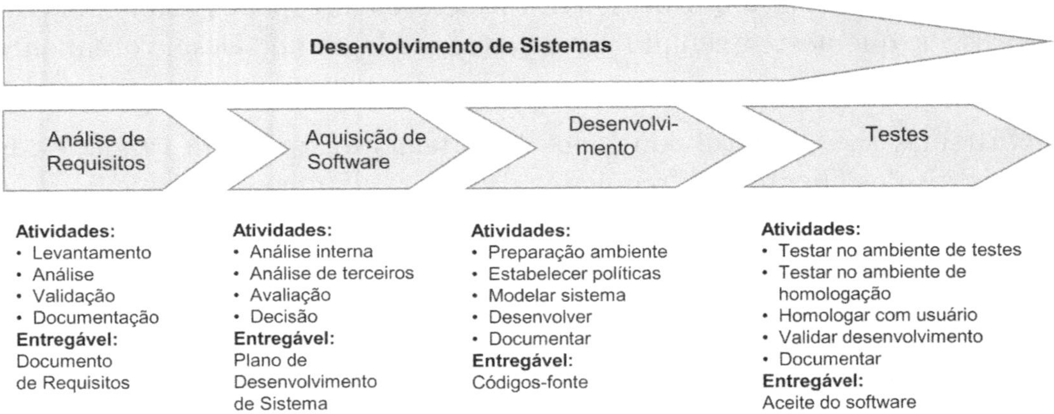

Figura 4.3. Exemplo de desenho de processos de desenvolvimento de sistemas.

Um processo deve possuir também os seguintes elementos:

- Identificação dos responsáveis pela execução das atividades do processo.
- Indicadores de desempenho para medir o processo, como nível de qualidade das atividades, quantidade, prazo de execução, custo etc.

Utilizaremos como exemplo os processos de desenvolvimento e testes. A responsabilidade do processo de desenvolvimento é dos programadores e do processo de testes é da equipe de testes. O processo de desenvolvimento pode ser medido pelo prazo de execução das atividades e o processo de teste, pela qualidade do teste realizado e pela quantidade de erros encontrados nos testes. Um indicador de desempenho pode não só medir a atividade relacionada, como também a qualidade das atividades anteriores. Por exemplo, a quantidade de erros encontrados nos testes evidencia a qualidade das atividades do desenvolvimento. Quanto mais erros forem encontrados nos testes, isto significa que o desenvolvimento não foi bem feito.

Outra forma muito comum de desenho de processos é identificar as atividades através de sua sequência lógica e representá-la com seus responsáveis. Veremos os processos de desenvolvimento e testes sob essa ótica:

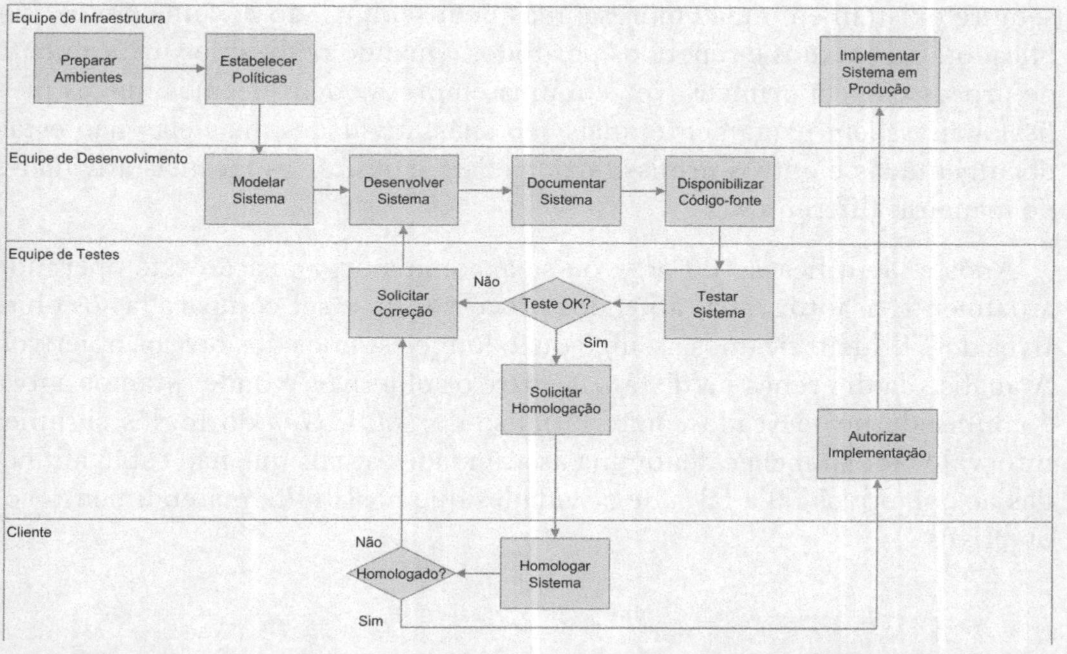

Figura 4.4. Exemplo de desenho de processos de desenvolvimento e testes em sequência de atividades.

Existem várias formas de desenho e modelagem de processos que podem ser utilizadas pelas empresas. Ao padrão de desenho e modelagem é atribuído o nome de padrão de notação de processos. Atualmente o padrão de notação mais utilizado mundialmente é o BPMN (*Business Process Modeling Notation*), desenvolvido pelo OMG (*Object Management Group)*. Maiores informações sobre BPMN podem ser encontradas em: <www.omg.org>.

Mais importante do que a forma como os processos são desenhados e apresentados é que a empresa tenha processos definidos. A notação, o sistema de desenho, a forma de publicação de processos e o formato de documentação são fatores fundamentais para um gerenciamento de processos efetivo, mas o mais importante é que os processos existam e sejam seguidos por todos os envolvidos.

Dentro das práticas de mapeamento e modelagem de processos, a situação atual é conhecida como *as is*, que traduzido do inglês significa "como é", ou seja, como são os processos hoje. Algumas empresas afirmam que não existem processos atuais em sua operação. Isso é uma inverdade. Os processos sempre existem em uma empresa, mas nem sempre são documentados, publicados, executados e repetidos por todos. Quando realizamos mapeamento de processos pela primeira vez em uma empresa, identificamos que os profissionais sabem exatamente quais são suas atividades, mas elas não estão documentadas e outros profissionais podem executar as mesmas atividades de maneiras diferentes.

Após a identificação do *as is*, ou seja, como a organização está operando atualmente, a "fotografia" atual dos processos deve ser comparada aos objetivos de TI. Identificamos assim o quão longe estamos dos nossos objetivos. A análise da diferença ou distância entre os objetivos e onde estamos agora é conhecida no mercado como "Análise de *Gap*". *Gap* do inglês significa intervalo ou distância e denomina as atividades atuais que não estão alinhadas aos objetivos ou a falta de atividades que possibilite o atendimento aos objetivos.

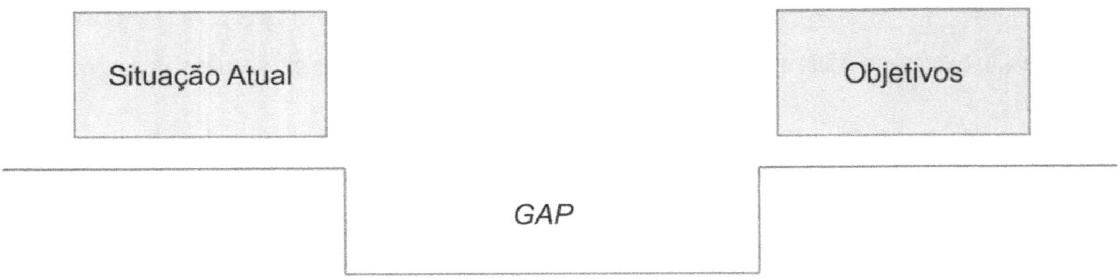

Figura 4.5. *Gap* entre os objetivos e a situação atual.

Caso Real

Em uma análise de *Gap* realizada em um projeto de melhoria da qualidade dos sistemas de TI em uma empresa, os usuários estavam se queixando de que os sistemas, depois de desenvolvidos, não atendiam às suas necessidades. A área de TI identificou como objetivo para o semestre que a TI deveria melhorar o nível de aprovação e satisfação dos usuários de TI em relação aos sistemas desenvolvidos. No mapeamento da situação atual ou *as is*, foram identificados os seguintes pontos:

- As reuniões de levantamento de requisitos não estavam sendo feitas com as pessoas certas e os requisitos de desenvolvimento não estavam sendo documentados.
- Os programadores não estavam utilizando o documento de requisitos como base para o desenvolvimento de sistemas e para os testes.
- Os homologadores dos sistemas não eram as pessoas que realmente utilizavam os sistemas no seu dia a dia.

Podemos concluir então que os requisitos de desenvolvimento não eram documentados e o desenvolvimento não estava sendo feito baseado no que realmente os usuários dos sistemas necessitavam. Além disso, o aceite final do sistema era feito por pessoas que não utilizariam o sistema no dia a dia. Somente conseguimos identificar esses pontos porque de um lado temos o objetivo, que neste caso específico era melhorar a relação com os usuários dos sistemas, e do outro lado temos as atividades que estão sendo realizadas hoje. Tomando como base recomendações mundiais de desenvolvimento de sistemas contidas no CMMi (*Capability Maturity Model Integration*), criado pela Universidade Carnegie Mellon dos Estados Unidos, sabemos que o levantamento de requisitos deve envolver as pessoas certas. Os requisitos devem ser documentados para servirem de base para os demais processos, e quem homologa um sistema deve ser quem usa ou usará o sistema. Esses seriam então os nossos *Gaps* identificados.

Como chegaremos aonde queremos estar?

Agora que sabemos onde estamos, onde queremos estar e conhecemos nossos *Gaps*, vamos partir para a próxima etapa de nossa caminhada rumo à melhoria: o que temos que fazer para resolver nossos *Gaps* ou o que temos que fazer para atingir nossos objetivos.

Em mapeamento e modelagem de processos chamamos a situação futura de *to be*. *To be* ou "como será" é a situação desejada após identificarmos nossos *Gaps* e planejarmos como resolvê-los. A situação futura será composta das mudanças necessárias na situação atual para atingirmos os nossos objetivos.

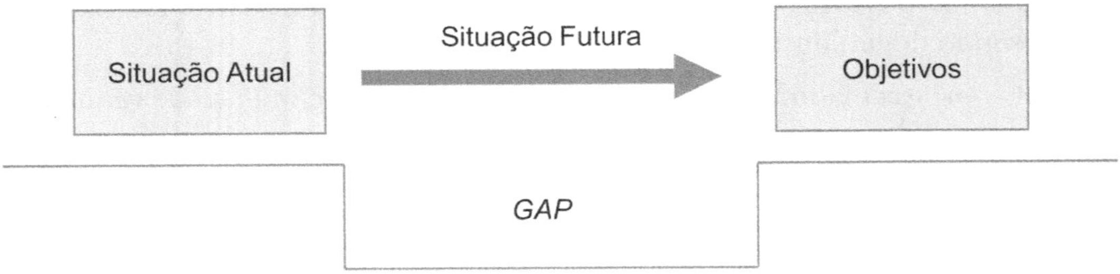

Figura 4.6. Situação futura resolvendo o *Gap* entre os objetivos e a situação atua.l

Qualquer iniciativa de melhoria em um processo é caracterizada como um projeto. Um projeto, assim como um processo, é um conjunto de atividades com um objetivo definido. A única diferença entre os dois é que, enquanto um processo é repetitivo, um projeto é único e possui início e fim predefinidos. Um projeto é único, pois nunca haverá outro igual. Um projeto possui objetivos, recursos utilizados, orçamento, data de início e fim definidos, padrões de documentação, entregáveis etc. Esses componentes não se repetem com a mesma característica ou capacidade. Por exemplo, as atividades de um processo de testes deverão ser executadas sempre da mesma maneira, independentemente do tipo de sistema. Um projeto de desenvolvimento pode utilizar processos de desenvolvimento, mas o resultado do desenvolvimento nunca será igual a outro. Se o mesmo cliente solicitar um sistema semelhante, ainda assim, esta será uma versão diferente. Se outro cliente solicitar o mesmo sistema, será o mesmo processo de desenvolvimento de sistemas, só que utilizado para outro cliente. Podemos combinar todas as possibilidades e sempre encontraremos particularidades em cada projeto. Cenários de negócio externos ao projeto como variação do dólar, inflação, valor de negociação das ações, comportamentos do mercado, entre outros, também podem ser exemplos de requisitos de projeto que os tornarão únicos. Toda iniciativa de mapeamento e modelagem de processos ou melhoria de processos será um projeto. Quando esses processos já estão implementados, eles simplesmente se repetem, sempre padronizados. Como todo bom projeto, devemos definir nosso escopo e identificarmos os recursos necessários para a execução desse projeto. Devemos planejar nosso cronograma e orçamento do projeto e realizar análises de risco sobre o impacto da mudança que esse projeto causará na situação atual. Planejamos nossas medidas de contenção de riscos de impactos negativos no projeto e aprovamos o plano de projeto com os interessados nos resultados do projeto. Em seguida iniciamos o projeto de acordo com nosso cronograma e controlamos o projeto para ele sair conforme planejado no plano de projeto aprovado. Por fim, documentamos e encerramos o projeto.

Continuação do Caso Real Anterior

As três melhorias identificadas na análise de *Gap* dos processos de desenvolvimento e testes indicavam que seria necessário evidenciar o documento de requisitos, garantir que o desenvolvimento fosse realizado de acordo com os requisitos e que a homologação fosse realizada pelas pessoas que efetivamente utilizarão o sistema. Identificamos que era necessário um repositório de documentos para o ciclo de desenvolvimento e nesse repositório seriam anexados os documentos de requisitos como produto final da fase de levantamento de requisitos e como entrada para a fase de desenvolvimento. Uma entrada identifica que um documento ou atividade serve como evidência para que a outra atividade seja iniciada. Uma saída ou entregável é o insumo para a entrada em outra atividade ou processo seguinte. Muitos processos, apesar de bem desenhados e com responsáveis identificados são falhos porque não possuem entradas e saídas bem definidas. Nosso projeto de melhoria identificou que, além da criação de um repositório de documentos, nossos processos deveriam explicitar que uma atividade somente podia ser iniciada após a evidência da atividade anterior. Sendo assim, nossa situação futura das atividades de levantamento de requisitos, desenvolvimento e testes passou a ser:

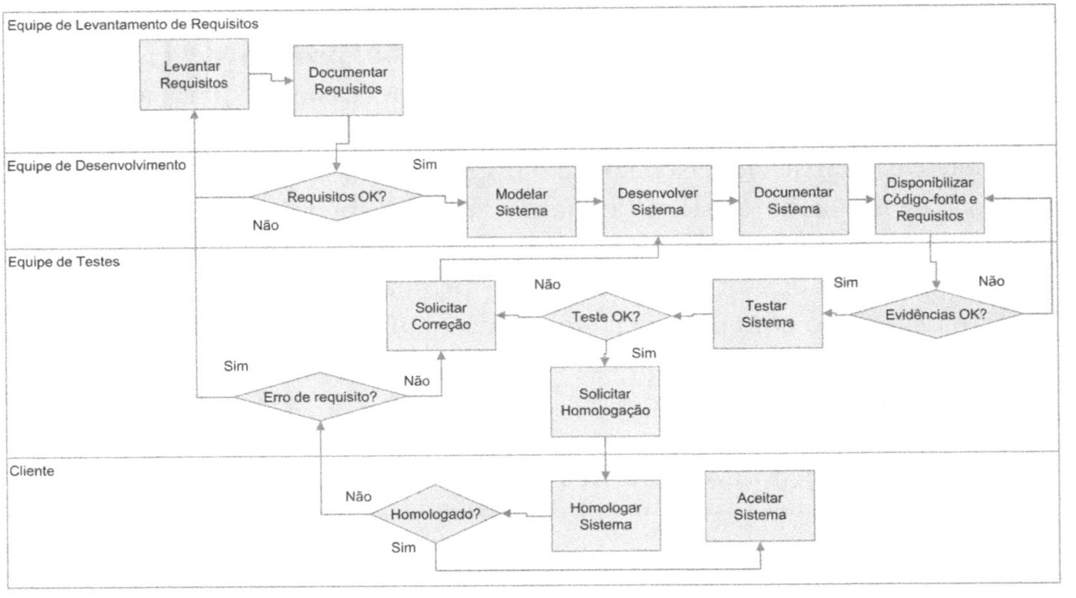

Figura 4.7. Exemplo de Situação Futura resolvendo os Gaps encontrados nos processos de Análise de Requisitos, Desenvolvimento e Testes.

Vemos que neste exemplo de situação futura já prevemos a resolução da documentação de requisitos e da garantia de que os testes serão realizados de acordo com os requisitos. Como solução, incluímos uma validação da entrada da atividade antes de executarmos a próxima atividade. O desenvolvimento somente começa se o documento de requisitos for elaborado conforme planejado. Os testes somente são realizados se junto com o código-fonte estiverem disponibilizados também os requisitos do sistema. Podemos incluir nesses requisitos de sistema os chamados "casos de uso" de teste. Um caso de uso é um conjunto de atividades que simulam a operação padrão de um determinado sistema. Por exemplo, um caso de uso de teste de um sistema de estoques pode ser em sequência: cadastrar produto no estoque, consultar produto no estoque, selecionar produto no estoque, separar produto do estoque, dar baixa do produto no estoque e consultar o *status* do produto. Se ao final da baixa do produto no estoque o resultado da consulta do produto exibir que o produto não está mais no estoque, podemos concluir que o caso de uso foi testado com sucesso.

Como saberemos que chegamos?

Para sabermos se atingimos os nossos objetivos precisamos definir métricas e explicitar evidências de entregáveis que nos permitam identificar que chegamos lá. Essas definições podem ser realizadas ainda na fase de identificação de objetivos ou podemos incluir métricas ao longo da análise de *Gap* ou do desenho da situação futura. Na prática, precisamos saber se, após modelarmos a situação futura e implementarmos as melhorias no processo, chegamos aonde queríamos estar.

No caso descrito da melhoria da satisfação dos usuários com os sistemas, o resultado de uma pesquisa de satisfação indicando que os usuários estão mais satisfeitos com os sistemas, ou a redução da quantidade de homologações reprovadas por erros nos requisitos, são indicadores de que o nosso processo de desenvolvimento de sistemas melhorou. O trabalho realizado nesta fase consiste em somente verificar, ao final do projeto de melhoria, se os objetivos iniciais foram alcançados. O sucesso desta etapa consiste na definição das métricas corretas que permitam avaliar a qualidade dos produtos ou entregáveis dos processos.

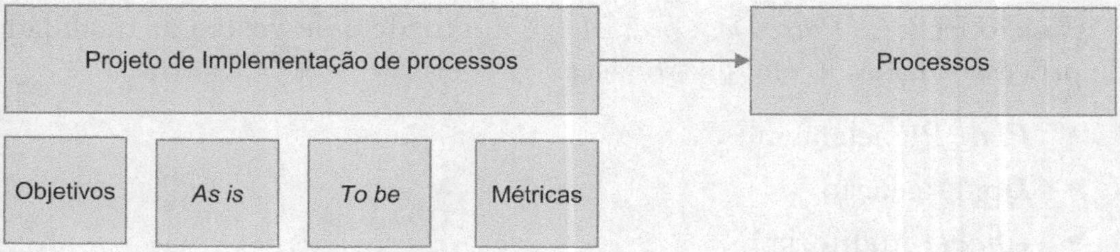

Figura 4.8. Relação entre Projetos e Processos.

Melhoria contínua

Os cenários demonstrados anteriormente ilustram uma organização de TI mapeando seus processos e buscando a melhoria de TI pela primeira vez. Quando as quatro etapas anteriores forem concluídas, não paramos por aí. Podemos ter que alterar os objetivos da área de TI por demandas do negócio ou porque a TI irá melhorar continuamente. Melhorar continuamente significa que a TI, além de entregar os serviços de TI de acordo com as expectativas do negócio, pode superar essas expectativas através da agregação de valor a entrega dos serviços. A revisão dos objetivos e realização de novas análises de *Gap* não devem ser atividades isoladas realizadas uma única vez pelo advento de um projeto. Essas são atividades que devem fazer parte da operação de qualquer empresa. São as chamadas atividades de "auditoria de qualidade". Os cenários de negócio mudam constantemente. A tecnologia também muda. Seria imprudência se a TI pensasse que não precisa revisar sempre se o que está sendo feito continua atendendo ao negócio. Aí está a grande questão de por que algumas empresas sempre estão realizando projetos e mais projetos de melhoria reativamente, enquanto outras conseguem identificar as oportunidades de melhorias antes de se tornarem urgentes e conseguem planejar proativamente suas soluções.

O ciclo de Deming

Na década de 50, período após a segunda guerra mundial, Willian Edwards Deming, estatístico e professor universitário, trabalhou na melhoria dos processos produtivos do Japão e foi responsável direto pela introdução e inovação japonesa no mercado mundial do século XX. Um dos seus trabalhos mais notórios foi o chamado "Ciclo de Deming" ou "Ciclo PDCA".

O ciclo PDCA (*Plan, Do, Check, Act*) é um modelo de gestão de qualidade de processos baseado em quatro fases:

- ***Plan***: Planejamento
- ***Do***: Execução
- ***Check***: Auditoria
- ***Act***: Ação

A fase de planejamento consiste em identificar a sua missão, visão e objetivos e planejar onde os seus processos devem estar. Nosso projeto de melhoria visto anteriormente se encaixa dentro desta fase. A fase de execução diz respeito à realização das atividades dos processos propriamente ditas. Nesta fase nos preocupamos em executar as atividades dos processos tal qual elas foram desenhadas. Na fase de auditoria, são verificados as métricas e os indicadores de qualidade planejados para medir as atividades dos processos e são elaborados relatórios demonstrando se estamos conseguindo realizar as atividades dos processos de acordo com o planejado. São os chamados relatórios de conformidade. Na fase de ação, identificamos as causas que estão provocando desvios nos nossos processos ou erros de execução das atividades. Após essa identificação, retornamos à fase de planejamento para planejarmos novos processos, corrigindo os desvios ou modelando atividades que resolvam os erros de execução das atividades. Se uma empresa consegue trabalhar de acordo com os seus processos implementados, não serão encontrados erros, desvios ou *Gaps* na auditoria. O ciclo para na fase de auditoria (*Check*) e continua medindo a conformidade dos processos continuamente. Caso a empresa encontre desvios ou erros, ela precisa "agir" para resolver esses problemas. A ação de correção de desvios ou erros passa pela análise do ocorrido e identificação da origem do desvio ou erro, e é feita então uma proposta de solução para esse processo. A proposta de solução deve então retornar à fase inicial de planejamento para que os objetivos sejam revistos e planejados para serem implementados. Uma vez implementados, passam a fazer parte dos processos atuais e serão medidos pelo processo de auditoria e assim por diante. Chamamos de ciclo de melhoria contínua porque continuamos auditando os processos e, uma vez identificadas não conformidades, sempre buscamos a melhoria dos erros ou desvios.

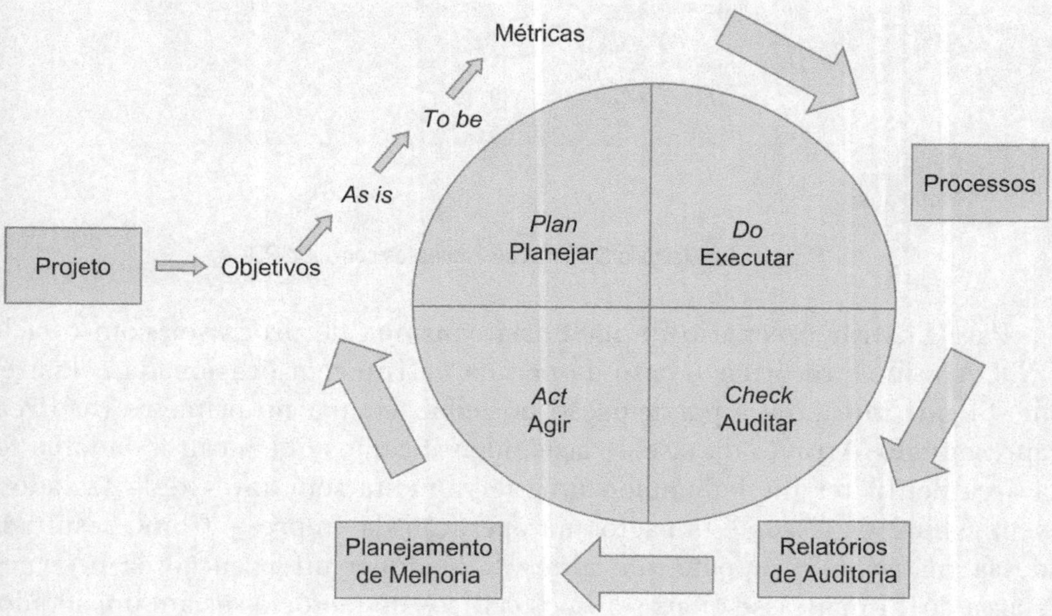

Figura 4.9. Ciclo PDCA.

A cada vez que auditamos e encontramos não conformidades, passamos para a fase de ação e replanejamento. Uma vez que implementamos a melhoria no processo, esta será incorporada ao processo atual, e o risco da não conformidade ocorrer novamente poderá ser reduzido, a não ser que o processo atual não seja seguido. Se imaginarmos uma ladeira abaixo do ciclo PDCA, a cada vez que o ciclo "roda" subimos um estágio. Chamamos esses estágios de "maturidade de processos".

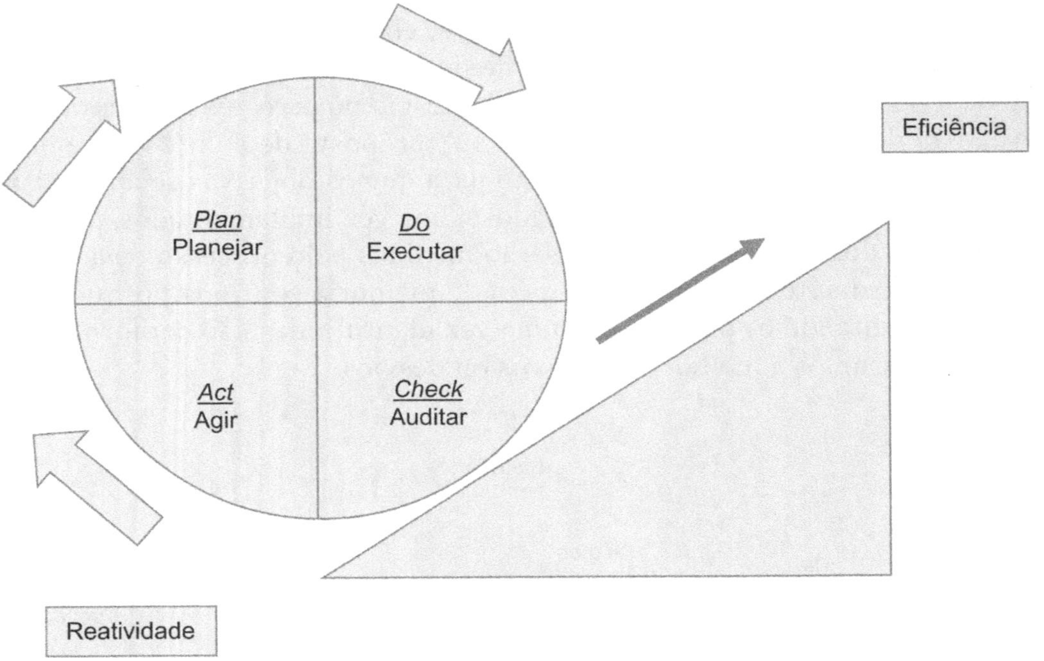

Figura 4.10. Melhoria Contínua de Processos com ciclo PDCA.

Para ilustrar o cenário de melhoria contínua de processos com o ciclo PDCA, vamos recordar o caso da parada na Internet ocasionada pela área de TI que impactou a participação no leilão virtual no primeiro caso real apresentado. Através da fase de ação, identificamos que a causa da falha foi a área de TI ter implementado uma ferramenta sem antes tê-la testado e sem avaliar os riscos e impactos na operação da empresa. Como resultado dessa análise, foi proposto que, antes de qualquer intervenção na Internet, a área de TI mapeasse quais serviços críticos do negócio seriam impactados com a parada da Internet e negociaria com as áreas de negócio da empresa o melhor momento de intervenção. Se esse procedimento estivesse implementado, antes de testar qualquer nova solução, a área de TI buscaria a informação sobre o melhor momento para realizar testes. Com certeza os testes não seriam realizados no momento do leilão. Esse procedimento simples evitará que novas situações semelhantes ao infeliz evento do leilão virtual ocorram novamente. Identificamos uma falha e agimos para que ela não ocorra de novo. Se aprendermos com nossos erros e tomarmos ações para que esse aprendizado seja materializado em medidas que previnam a ocorrência desse erro novamente, então podemos afirmar que melhoramos nosso processo. Melhoria contínua consiste em justamente estarmos sempre identificando oportunidades de melhorias e agindo para melhorar nossos processos.

O ciclo PDCA hoje serve de base para os principais modelos de gestão e boas práticas no mundo corporativo.

Resumo

- Uma empresa sempre deve saber para onde quer ir e o que precisa fazer para alcançar seus objetivos.
- A área de TI não é uma organização separada dentro da empresa. TI é uma área de apoio aos objetivos de negócio da empresa.
- Se fôssemos descrever a missão e visão da área de TI, estas seriam:
    - **Missão:** prestar serviços de TI com a qualidade requerida para atender às expectativas e demandas do negócio da empresa.
    - **Visão:** superar expectativas dos clientes e auxiliar no Plano Estratégico da empresa.
- Para iniciarmos nosso plano de melhoria de TI precisamos identificar:
    - **Onde queremos estar:** definição dos objetivos de TI.
    - **Onde estamos agora:** mapeamento de processos atuais e análise da situação atual.
    - Resultado da análise de *Gap* entre os objetivos e a situação atual.
    - **Como chegaremos aonde queremos estar:** planejamento de projetos de melhoria e definição da situação futura.
    - **Como saberemos que chegamos:** definição e monitoramento de métricas e indicadores de performance dos processos.

- Devido a mudanças constantes nos objetivos de negócio e pelo avanço da tecnologia, a análise de *Gap* não deve ser uma atividade isolada, mas um processo cíclico realizado frequentemente para identificar se a TI continua alinhada ao negócio.
- O Ciclo de Deming ou Ciclo PDCA é um modelo de gestão da qualidade de processos baseado em quatro fases:
    - **Plan (Planejamento):** identifica a missão, visão e objetivos e planeja onde os seus processos devem estar.
    - **Do (Execução):** Realiza as atividades dos processos.
    - **Check (Auditoria):** mede os indicadores de qualidade planejados para aferir a qualidade das atividades dos processos e elabora relatórios demonstrando se estamos conseguindo executar os processos de acordo com o planejado.
    - **Act (Ação):** identifica as causas dos desvios ou erros nos processos e propõe soluções para as não conformidades encontradas.
- O conceito de "Melhoria Contínua" consiste em aprendermos com nossos erros e garantirmos que este aprendizado seja materializado em medidas que previnam a ocorrência desse erro novamente.

5. Boas Práticas e Recomendações Mundiais Utilizadas por TI

"Nenhum problema pode ser resolvido pelo mesmo estado de consciência que o criou."

Albert Einstein

Antes do advento da Governança já existiam iniciativas de recomendações ou padronizações em diversas áreas no mercado. Boas práticas de mercado orientam e aconselham os processos de gestão e operacionais das empresas. Geralmente são desenvolvidas por centros de pesquisa ou instituições sem fins lucrativos que agrupam profissionais de determinadas áreas de conhecimento para trocarem experiências sobre o que pode dar certo ou errado no mundo corporativo. O resultado desse trabalho em grupo resulta na publicação de guias ou recomendações que podem servir como referência para as empresas buscarem a excelência nos seus processos. O início da adoção das boas práticas de mercado serviu como recomendação de melhoria nos processos das empresas e atualmente está alcançando um nível de maturidade tornando-se instrumento de regulação de mercado ou pré-requisito de qualificação e concorrência entre as empresas. Podemos citar como boas práticas de mercado mais utilizadas por TI atualmente:

- ISO 9000
- PMBOK®
- COBIT®
- ITIL®

Veremos a aplicação de cada uma delas na área de TI e como podem ser utilizadas em nosso caminho rumo à melhoria de TI.

Uma das entidades internacionais mais importantes na área de padronizações e normas é a ISO (*International Organization for Standardization*) ou Organização Internacional de Padronização. A ISO é uma entidade de definição e publicação de normas técnicas internacionais, fundada em 1947, que agrega as principais entidades de normas e controle de qualidade de 170 países ao redor do mundo, sendo representada no Brasil pela ABNT (Associação Brasileira de Normas Técnicas). As normas ISO certificam as empresas através de auditorias realizadas nos processos de gestão e operacionais das empresas. Ao término da auditoria, a empresa obtém a certificação nos seus processos de acordo com o atendimento as normas exigidas pela ISO. Maiores informações sobre as normas ISO podem ser obtidas em: <www.iso.org> e <www.abnt.org.br>.

Existe também a IEC (*International Eletrotechnical Commission*) ou Comissão Eletrotécnica Internacional, criada em 1906, que tem seu foco em normas técnicas relacionadas a tecnologias elétricas e eletrônicas. Para as normas técnicas que são comuns tanto à ISO quanto à IEC, seu desenvolvimento é feito em conjunto, e a norma técnica é identificada pela sigla ISO/IEC, como por exemplo:

- ISO/IEC 12207 Processos do Ciclo de Vida de Software.
- ISO/IEC 20000-2 Código de Prática para o Gerenciamento de Serviços de Tecnologia da Informação.
- ISO/IEC 27002 Código de Prática para o Gerenciamento de Segurança da Informação.
- ISO/IEC 38500 Governança Corporativa de Tecnologia da Informação.

ISO 9000

No meio corporativo, a norma ISO mais utilizada é a ISO 9000 Sistemas de Gestão da Qualidade. A ISO 9000 foi criada em 1987 a partir da norma inglesa da *Britsh Standards* denominada BS 5750. A ISO 9000 é uma norma que recomenda a estruturação de um modelo de gestão interno nas empresas, com foco no cliente, visando melhorar a gestão de processos empresariais por meio das seguintes iniciativas:

- Definição de responsabilidades da direção da empresa para manter a política de qualidade da empresa documentada, implementada e seguida.

- Definição da estrutura de controle de processos e todas as atividades da empresa através de documentação e divulgação da informação dos processos aos envolvidos nas atividades.
- Avaliação e controle de fornecedores e contratos que fazem parte do processo produtivo para entrega de produtos ou serviços aos clientes.
- Definição de indicadores e da sistemática de aferição da qualidade dos produtos ou serviços entregues aos clientes e avaliação da conformidade com as políticas de qualidade da empresa.
- Definição de políticas de ações corretivas para análise das causas de produtos ou serviços não conformes e adoção de medidas para prevenir a reincidência dessas não conformidades.

O modelo de gestão proposto pela ISO 9000 está fortemente baseado no ciclo PDCA, e podemos concluir que ele se assemelha muito ao caminho para a melhoria de TI proposto no capítulo 4. Identificamos nossos objetivos, definimos o modelo de gestão, implementamos a gestão da qualidade e medimos e melhoramos o modelo de gestão da empresa.

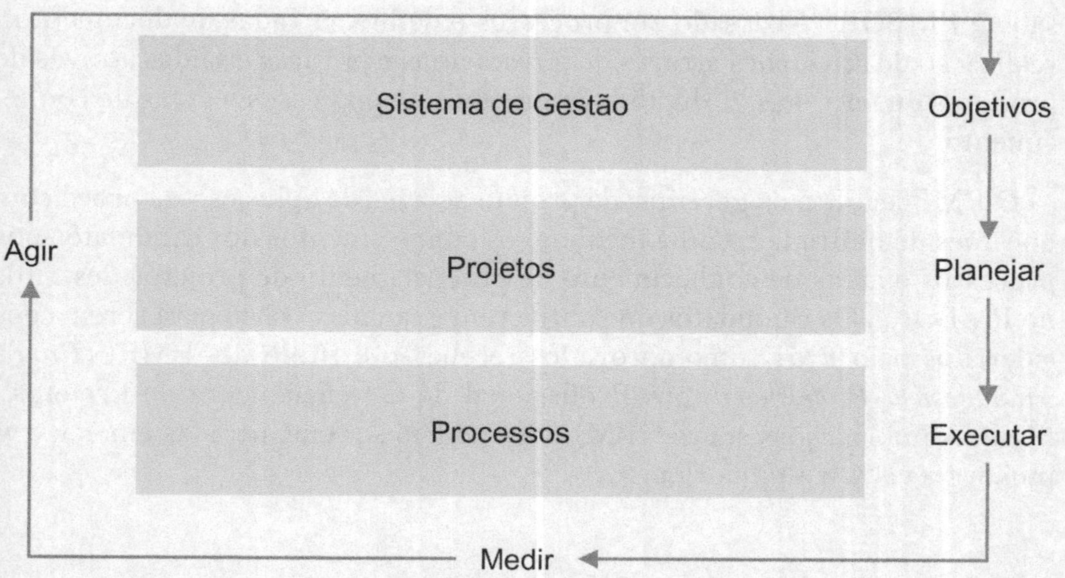

Figura 5.1. Sistema de Gestão da Qualidade.

A maioria das empresas ainda sente dificuldades em se certificar ou manter a certificação ISO 9000, quando, na verdade, um sistema de gestão de qualidade deveria ser um item fundamental em qualquer empresa. Podemos dizer que a ISO 9000 é um primeiro passo, mas com certeza não será o suficiente para alcançarmos a melhoria dos serviços de TI. A ISO 9000 somente garante que há processos definidos e que eles estão sendo seguidos pela empresa, mas não garante que esses processos foram definidos da melhor forma possível. Para isso, existem outras recomendações de mercado mais específicas a determinadas áreas de conhecimento, como, por exemplo, na área de gerenciamento de projetos, onde o PMBOK® é mais específico.

PMBOK®

PMBOK® é a sigla para *Project Management Body of Knowledge* ou Guia de Conhecimento para Gerenciamento de Projetos criado pelo PMI (*Project Management Institute*). Em 1987 o PMI publicou um artigo sobre práticas para o gerenciamento de projetos e em 1996 transformou esse artigo na primeira versão do PMBOK®. Atualmente ele se encontra em sua quinta versão. O PMBOK® é baseado em processos e define entradas de documentos, realização de atividades através de ferramentas e práticas e saídas através de produtos ou entregas. É dividido em grupos de processos e áreas de conhecimento.

O PMI certifica os gerentes de projeto através da aplicação de prova com questões de múltipla escolha medindo os conhecimentos dos candidatos nos processos e áreas de conhecimento de gerenciamento de projetos descritos no PMBOK®. Os candidatos que obtiverem grau necessário para serem considerados pelo PMI como aprovados receberão o título de "PMP" (*Project Management Professional*) ou "Profissional de Gerenciamento de Projetos". Maiores informações sobre o PMBOK® podem ser encontradas em: <www.pmi.org> e <www.pmi.org.br>.

Conforme dito anteriormente, qualquer iniciativa de mapeamento, modelagem ou melhoria de processos sempre será um projeto. Sendo assim, as práticas do PMBOK® devem ser aplicadas quando:

- Iniciarmos o planejamento de nossos projetos de gestão de qualidade.
- Iniciarmos o projeto de mapeamento e implementação dos nossos processos.
- Iniciarmos o planejamento das melhorias dos nossos processos.
- Iniciarmos o projeto de implementação das melhorias dos nossos processos.

ISO 9000 e PMBOK® são boas práticas genéricas que podem ser adotadas para qualquer área da empresa. Um Sistema de Gestão da Qualidade de acordo com a ISO 9000 deve ser adotado por uma empresa para garantir a conformidade das atividades e práticas de gestão com o modelo de qualidade proposto para atender ao plano estratégico da empresa. As iniciativas de planejamento, implementação ou melhorias na gestão da empresa são gerenciadas através de programas ou projetos. Programas são conjuntos de projetos que estão relacionados por compartilharem recursos semelhantes e atenderem a objetivos comuns. Um exemplo de um programa pode ser a implementação do modelo de gestão da empresa. Ele não é exclusivo de uma única área e pode ser subdividido em projetos dentro de cada área. O objetivo continua sendo único, mas algumas atividades podem ser específicas de algumas áreas. Outro exemplo de programa é uma iniciativa de redução de custos na empresa toda. Cada área pode desenvolver planos de redução de custos próprios, mas o objetivo do programa de reduzir custos é comum a todos os projetos internos.

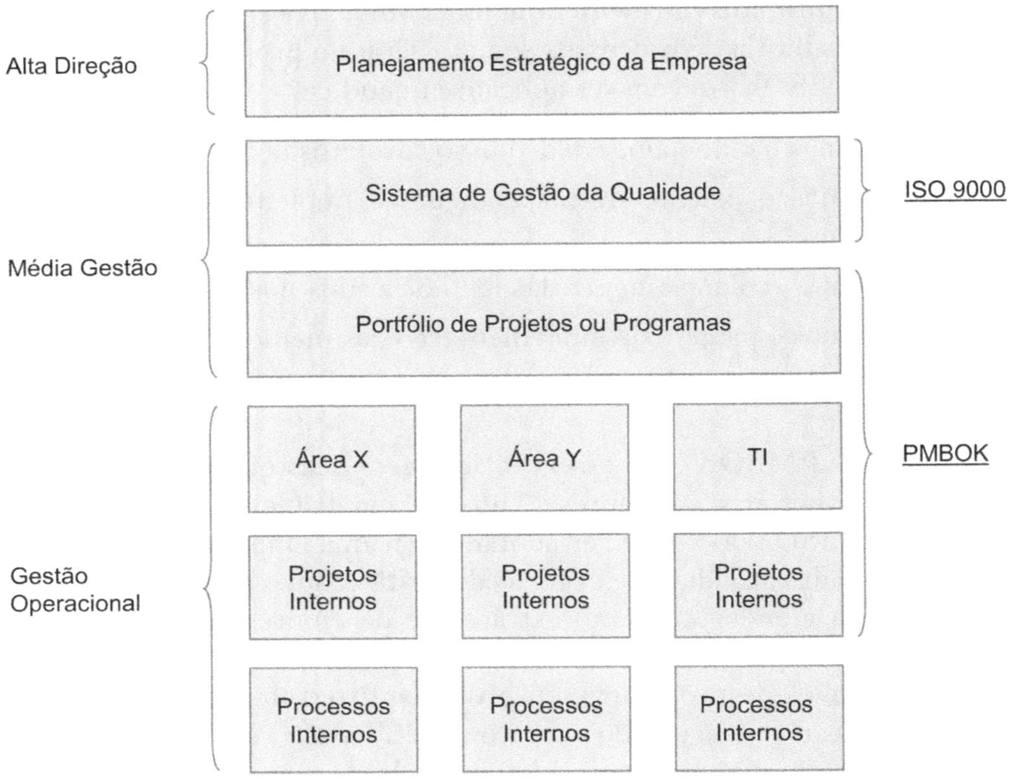

Figura 5.2. Práticas e recomendações e sua abrangência na empresa.

ISO 9000 e PMBOK® não são práticas exclusivas de TI. Apesar de serem úteis à TI, não trazem particularidades sobre a gestão de tecnologia e sobre as atividades técnicas desempenhadas no dia a dia de uma área de TI. Para atender à especificidades de TI existem boas práticas específicas sobre o tema TI. Podemos destacar entre elas COBIT® e ITIL®.

COBIT®

O COBIT® (*Control Objectives for Information and related Technology*) ou "Objetivos de Controle para a Informação e Tecnologia Relacionada" é um modelo de referência para a gestão de TI criado em 1994 por pesquisadores das universidades de Amsterdã, Califórnia e Austrália e atualmente é mantido pelo ISACA (*Information Systems Audit and Control Association*). É dividido em domínios contendo processos de alto nível e objetivos de controle. O

COBIT® é um modelo de controles de objetivos de TI e mapas de auditoria que ajudam os gestores a desenvolverem políticas para identificarem e controlarem os *Gaps* entre TI e o negócio, práticas internas de TI e riscos de TI para o negócio.

Como o próprio nome diz, o COBIT® é um conjunto de *control objectives*, ou objetivos de controle de TI, que prevê a verificação de evidências que garantam o atendimento aos objetivos sugeridos. Os profissionais podem comprovar conhecimentos básicos sobre os objetivos de controle propostos pelo COBIT® através de prova de quarenta questões de múltipla escolha agendada no site do ISACA. Para os profissionais que obtiverem 70% de acertos na prova, será atribuído o título de profissional certificado COBIT® *Foundations*. O ISACA possui também outros níveis de certificação, como o CISA (*Certified Information Systems Auditor*), CISM (*Certified Information Security Manager*) e CGEIT (*Certified in the Governance of the Enterprise IT*). Maiores informações sobre COBIT®, CISA, CISM e CGEIT podem ser obtidas em: <www.isaca.org> e <www.isaca.org.br>.

Utilizando como exemplo de objetivos de controle do COBIT®, no domínio "Entregar e Prestar Suporte" e no processo "Assistir e Assessorar Clientes" há cinco objetivos de controle requeridos:

- Estabelecer um *Help Desk* para atender aos usuários de TI.
- Registrar todas as solicitações dos clientes.
- Estabelecer procedimentos de escalação de solicitações dos usuários para a equipe de TI específica.
- Monitorar e avaliar os prazos de atendimento de solicitações.
- Prover relatórios e analisar tendências de causas raiz de problemas.

Para atender aos cinco objetivos do COBIT® listados anteriormente, a área de TI deve comprovar que possui processos definidos, documentados e seguidos por todos os envolvidos nessas atividades para garantir que atenda a esses cinco objetivos de controle. O COBIT® não desenvolve procedimentos nem recomenda atividades operacionais específicas para atender aos objetivos de controle. Para tal, veremos mais adiante a utilização do ITIL®. Neste exemplo específico, o ITIL® recomenda, através dos processos Gerenciamento de Incidentes e Gerenciamento de Problemas e das funções Central de Serviços, Gerenciamento Técnico e Gerenciamento de Aplicações, atividades a serem seguidas que atenderão aos objetivos requeridos pelo COBIT®.

O grande ganho da adoção do COBIT® é a orientação de objetivos de controle baseada em objetivos mapeados mundialmente para atender aos principais modelos mundiais de Governança Corporativa citados no capítulo 1 e servir de base para o planejamento de redução de riscos de TI ao negócio, além de ajudar na identificação e definição de onde a área de TI deveria estar. Ou seja, o atendimento aos objetivos de controle do COBIT® pode ser utilizado como instrumento de medição do grau de maturidade atual da área de TI com o negócio da empresa e com modelos de governança mundiais. Atender a todos os objetivos de controle do COBIT® é recomendável e desejável, mas a necessidade do negócio atual pode ser mais urgente do que determinar que a meta de TI seja atender a todos os controles do COBIT®. Nesse sentido, o recomendável é que haja a medição do grau de maturidade da empresa utilizando o COBIT®, mas também sejam avaliados quais objetivos do negócio da empresa devem ser atendidos ou melhorados primeiro, visando suportar a estratégia da empresa. Muitos projetos de adoção do COBIT® falham por não trazerem os resultados esperados para o negócio da empresa dentro de um prazo ou custo desejado porque muitas áreas de TI entram em projetos complexos de implantação de boas práticas e se esquecem de continuar atendendo ao negócio. Existem muitas iniciativas onde os gestores acham que ao término do projeto todos os problemas da empresa estarão resolvidos. Só que eles esquecem que os requerimentos do negócio mudam e que, se os processos de TI não contemplarem as mudanças do negócio, o projeto de melhoria já nascerá obsoleto. O problema com as boas práticas de mercado não são a sua complexidade, mas sim a interpretação e o uso que as pessoas fazem delas.

Relacionamento entre ISO, PMBOK®, COBIT® e ITIL®

Uma dúvida muito comum dos profissionais de TI sobre boas práticas de mercado é como relacionar as práticas entre si ou identificar qual é o papel e a aplicabilidade de cada uma. Podemos encontrar diversos cenários:

- Empresas que somente tenham ISO 9000.
- Empresas que tentam implementar tudo ao mesmo tempo.
- Empresas que acham que uma prática é melhor do que a outra.
- Empresas que acham que o objetivo maior é atender a uma boa prática e não ao negócio da empresa.

Pela falta de entendimento de alguns gestores sobre o assunto, aliado ao oportunismo de alguns consultores (que prometeram melhorias que não são capazes de entregar), o mercado atual está mais cético em relação aos benefícios prometidos pelas boas práticas de mercado. O modismo de dizer que estava participando de um projeto de Governança de TI causou algumas sequelas em alguns gestores, que se viram obrigados a justificar investimentos em TI que não trouxeram o retorno esperado para o negócio. A conjunção das siglas ISO, PMBOK®, COBIT® e ITIL® formam uma sopa de letrinhas que se não for bem preparada será difícil de digerir e pode até causar problemas na saúde das empresas. Particularmente, sou favorável a esse ceticismo do mercado. Mesmo assim, vemos cursos de Governança de TI ministrados por profissionais sem experiência prática no assunto e projetos e mais projetos sendo gerenciados por profissionais "curiosos" ou oportunistas em Governança de TI.

Dúvidas comuns no mercado sobre boas práticas:

- Qual caminho minha empresa deve seguir: ISO, PMBOK®, COBIT®, ITIL®?
- Minha empresa já possui iniciativas em um modelo específico. Para que precisamos do outro modelo?
- Conseguimos os mesmos resultados utilizando somente uma delas?

Todas essas perguntas são facilmente respondidas quando entendemos a aplicabilidade de cada boa prática em TI.

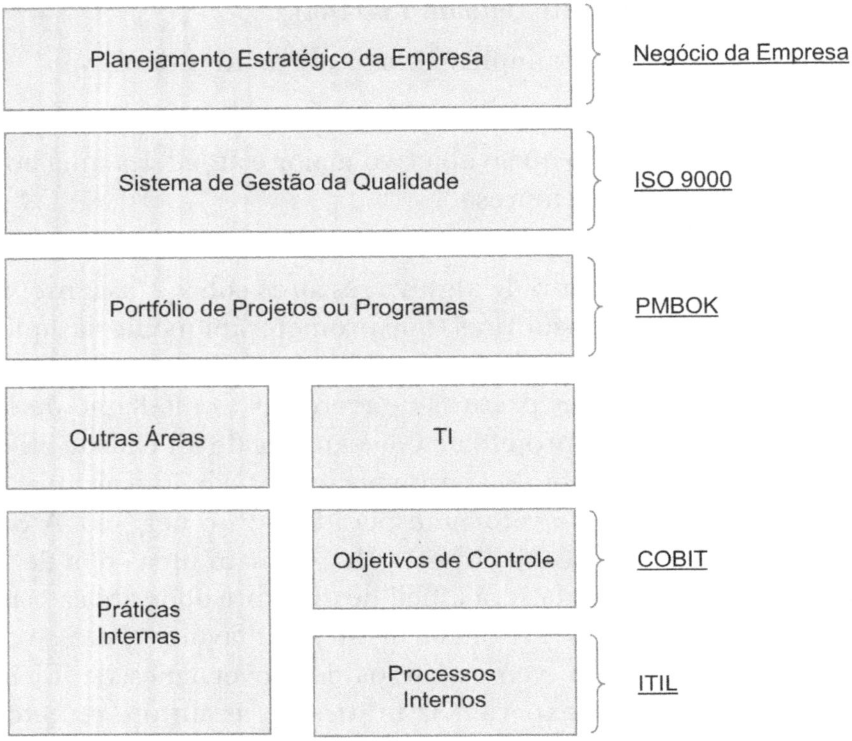

Figura 5.3. Aplicação das boas práticas de TI.

ISO, PMBOK®, COBIT® e ITIL® não são modelos exclusivos e funcionam melhor se utilizados em conjunto. Um sistema de gestão baseado na ISO 9000 auxilia a empresa a trabalhar em uma estrutura de gestão por processos. O PMBOK® auxilia os profissionais de projetos a gerenciarem os programas e projetos da empresa com qualidade. O COBIT® estabelece objetivos de controle que servem como base para medir a maturidade e conformidade de TI com o negócio. Veremos no próximo capítulo qual é o papel do ITIL® e o que é Gerenciamento de Serviços de TI.

Resumo

- Podemos citar como boas práticas de mercado mais utilizadas por TI atualmente:
  - ISO 9000

   - PMBOK® (*Project Management Body of Knowledge*).
   - COBIT® (*Control Objectives for Information and related Technology*).
   - ITIL® (*Information Technology Infrastructure Library*).
- ISO 9000 é uma norma de Sistemas de Gestão da Qualidade que recomenda um modelo de gestão nas empresas baseado na definição de responsabilidades gerenciais para manter a política de qualidade da empresa, definição de estrutura de processos empresariais, avaliação de fornecedores e contratos para a entrega de produtos ou serviços aos clientes, definição de indicadores e aferição da qualidade dos produtos ou serviços, medição do nível de conformidade com as políticas de qualidade da empresa e definição de políticas de ações corretivas ou de melhorias para os produtos ou serviços entregues não conformes.
- PMBOK® é um Guia de Conhecimento para Gerenciamento de Projetos dividido em cinco grupos e nove áreas de conhecimento que define entradas de documentos, realização de atividades através de ferramentas e práticas e saídas através de produtos ou entregas.
- ISO 9000 e PMBOK® não fazem recomendações específicas para TI, e sim práticas genéricas que podem ser utilizadas por qualquer área de negócio.
- As práticas de TI mais utilizadas mundialmente são: COBIT® e ITIL®.
- COBIT® é um modelo de controles de objetivos de TI e mapas de auditoria dividido em domínios, processos de alto nível e objetivos de controle.
- Para identificar qual prática deve ser adotada na empresa é preciso que haja um claro entendimento dos objetivos, aplicabilidades e benefícios de cada prática específica para decisão de qual ou quais práticas serão adotadas.
- ISO 9000, PMBOK® e COBIT® funcionam melhor se utilizados em conjunto. Devemos atentar para o fato de que eles são meios e não fins.

6. ITIL®

"Querer ser do seu tempo é estar já ultrapassado."

Eugene Ionesco

ITIL® é a sigla de *Information Technology Infrastructure Library* e significa Biblioteca de Infraestrutura de Tecnologia da Informação. Uma dúvida muito comum a respeito do ITIL® é sobre o gênero do artigo que precede a palavra ITIL®. O conceito de "biblioteca" para denominar um conjunto de livros, no Brasil, é mais utilizado quando queremos nos referir ao local onde são armazenados os livros. Não costumamos chamar de biblioteca um conjunto de livros simplesmente. Eu particularmente classifico ITIL® como "o" ITIL®, por estar me referindo a um "conjunto de livros". Do contrário chamaremos de "a" ITIL® por causa do termo "biblioteca", mas quando nos referirmos a um livro específico chamaremos de "o" livro Estratégia de Serviço, por exemplo. Qualquer outra justificativa para o uso de "o" ou "a" deriva de anglicismos utilizados para denominar ITIL®, como por exemplo: o *framework* ITIL®, a *best practice* ITIL®, etc. Indiferentemente do gênero utilizado para ITIL®, o mais importante são as recomendações e práticas contidas no interior dos livros. Se a sua empresa está utilizando essas práticas e elas estão trazendo resultados ao negócio, não importa muito se é "o" ou "a" ITIL®. Somente atente para o fato de que ITIL® não é de maneira nenhuma uma METODOLOGIA. Até coloquei de propósito o termo em letras maiúsculas para reforçar a sentença. Uma metodologia é um conjunto de regras utilizadas em uma determinada disciplina. As palavras "regras" e "disciplinas" denotam uma rigidez de aplicação e soam como obrigação de conformidade. ITIL® não é uma regra obrigatória a ser seguida, é um conjunto de recomendações baseadas em boas práticas de Gerenciamento de Serviços de TI.

Outra dúvida muito comum diz respeito à pronúncia do nome ITIL®. Como ele é um nome inglês, pronuncia-se o "I" com som de "Ái" e o restante como se lê. Pronunciamos então: "Ái-til". Se preferir falar o nome em português, a pronúncia então fica como se lê: "I-TIL".

História do ITIL®

Na década de 80 no Reino Unido, a CCTA (*Central Computer and Telecommunications Agency*) ou Agência Central de Computadores e Telecomunicações desenvolveu o GITIM (*Government Information Technology Infrastructure Method*) ou Método de Governo de Infraestrutura de Tecnologia da Informação. O objetivo do GITIM era atender à crescente dependência do governo em TI no que diz respeito à padronização de práticas de TI. O governo do Reino Unido percebeu que havia um risco de que o mercado e principalmente as empresas privadas que mantinham contratos com o governo utilizassem suas próprias práticas de gestão de TI, e que isso poderia gerar esforços duplicados e desentendimentos que resultariam em custos excessivos de TI. Em 1989, o GITIM foi renomeado para ITIL® por causa da palavra "método" no nome GITIM. Essa iniciativa foi resultado do crescente interesse de outras entidades externas ao governo britânico nas práticas propostas e tinha como objetivo refletir a visão de que o ITIL® não era uma regra, e sim uma recomendação ou guia.

O ITIL® versão 1 ou ITIL® V1 era composto por 31 livros que abordavam aspectos fundamentais para a provisão dos serviços de TI e foi utilizado principalmente no Reino Unido e na Holanda. Sua abrangência ia do cabeamento ao planejamento de contingência.

A partir do ano 2000, o ITIL® foi revisado e foi publicada a sua segunda versão. O ITIL® V2 consistia em sete livros que cobriam os aspectos relativos aos processos de Gerenciamento de Serviços de TI com uma forte orientação em processos e melhoria contínua (ciclo PDCA). O conteúdo dos 31 livros foi organizado em uma função e dez processos relacionados entre si. O V2 foi difundido e aceito mundialmente, sendo reconhecido como padrão mundial de Gerenciamento de Serviços de TI.

Em abril de 2001, a CCTA foi integrada ao OGC (*Office of Government Commerce*) ou Câmara de Comércio do Governo. No mesmo ano, foi fundado no Reino Unido o itSMF (*Information Technology Service Management Forum*) ou Fórum de Gerenciamento de Serviços de TI. A determinação de que as iniciais "it" sejam em minúsculo são propositais, para reforçar o conceito de que TI é somente um meio de entregarmos serviços aos clientes, daí a ideia de que a TI é menos importante do que os serviços de negócio das empresas. A função do itSMF mundialmente é auxiliar no desenvolvimento e na promoção do Gerenciamento de Serviços de TI e estabelecer um fórum para troca de informações e compartilhamento de experiências entre usuários, fornecedores, empresas, organizações governamentais e instituições de ensino envolvidos com o Gerenciamento de Serviços de TI. Atualmente o itSMF está presente em mais de cinquenta países através de suas representações regionais, contando com mais de seis mil empresas afiliadas mundialmente.

Em 2002, foi oficialmente publicada a norma BS 15000. Desenvolvida através do itSMF e do BSI (*Britsh Standards Institute*), ou Instituto de Padronização Britânico, a BS 15000 foi a primeira norma de Gerenciamento de Serviços de TI baseada no ITIL® V2. Em dezembro de 2005 foi publicada a norma ISO/IEC 20000, desenvolvida a partir da BS 15000. O objetivo da publicação das práticas do ITIL® como uma norma era promover a adoção mundial de processos de Gerenciamento de Serviços de TI para atender aos requerimentos do negócio. Tal objetivo poderia ser alcançado, não somente utilizando o ITIL® como recomendação, mas também auditando e certificando os processos da empresa para garantir o atendimento às recomendações do ITIL®. Nesse aspecto, quando utilizamos as práticas do ITIL® sob uma norma, elas deixam de ser recomendações e passam a ser evidências necessárias para a obtenção da certificação na norma ISO/IEC 20000.

Entre 2007 e 2008 foi lançada a versão 3 do ITIL®. O ITIL® V3 é composto de cinco livros nos quais a visão de processos da V2 foi organizada em ciclos de vida contendo cinco fases. Muitas pessoas afirmam erroneamente que o ITIL® foi reduzido de conteúdo na versão 3 em comparação com a V2, pois o número de livros caiu de sete para cinco. Na verdade, o conteúdo do ITIL® V3 é maior do que o da V2, somente o número de livros foi reduzido em função dos processos terem sido reorganizados e agrupados nos cinco ciclos de vida.

Em 2011, os direitos de propriedade intelectual do ITIL® foram transferidos do OGC para o *Cabinet Office*. Também em 2011, o ITIL® passou por uma revisão e o seu conteúdo foi ampliado e aprimorado, gerando o "ITIL® V3 Edição 2011".

Estrutura e licenciamento do ITIL®

O nome ITIL® e o conteúdo dos livros atualmente são propriedade intelectual do *Cabinet Office*. O uso das recomendações do ITIL® é de domínio público e as práticas podem ser adotadas pelas empresas, mas o nome ITIL® não pode ser utilizado para fins comerciais sem a devida autorização do *Cabinet Office*. Sempre que o nome ITIL® for citado em algum texto, deverá vir seguido da indicação de direitos autorais "®" e deve ser adicionada uma nota de rodapé ou referência indicando o seguinte texto:

"ITIL® é uma marca registrada do *The Cabinet Office* no Reino Unido e em outros países."

O material dos livros e todas as publicações derivadas do ITIL® devem seguir as regras de propriedade intelectual da marca ITIL® definidas pelo *Cabinet Office*. As instituições que desejarem obter a licença de uso da marca ITIL® devem se submeter ao processo de licenciamento do *Cabinet Office* ou a seu acreditador autorizado APM Group. A licença pode ser concedida como EI (*Examination Institute*), que significa Instituto de Exames e denomina as instituições que são responsáveis pela aplicação de provas de certificação ITIL®, ou como ATO (*Accredited Training Organization*). Os ATOs são instituições de treinamento ligadas a um EI e são autorizadas a utilizarem a marca ITIL® em treinamentos e em seu material de treinamento.

Atualmente existem Institutos de Exame (EIs) no mundo autorizados pelo *Cabinet Office* a licenciar a marca ITIL®:

- BCS-ISEB (*British Computer Society-Information Systems Examination Board*).
- EXIN (*Examination Institute for Information Science*).
- LCS (*Loyalist Certification Services*).
- *TÜV SÜD Akademie*.

Este livro é licenciado como material de treinamento autorizado, tendo sido submetido ao processo de avaliação internacional junto ao EXIN e à APMG, e podendo ser distribuído pela Editora Brasport como provedor oficial de material ITIL® de treinamento.

Existem muitas organizações que usam a marca ITIL® ilegalmente sem a devida licença de uso. O *Cabinet Office* recomenda ao mercado que verifique se o material ou a instituição de ensino são órgãos acreditados e autorizados, para garantir a qualidade dos materiais e dos treinamentos ITIL®. Um processo de acreditação e validação verifica se o material está de acordo com os livros oficiais ITIL® e se o seu conteúdo agrega valor ao mercado. Infelizmente já vi muito material de centros de treinamento não oficiais, palestras ministradas e materiais na Internet com erros de conceitos e interpretações.

ITIL® V2

O ITIL® V2 era dividido em sete livros:

- *Business Perspective* (Perspectiva do Negócio).
- *Planning to Implement Service Management* (Planejamento para a Implementação do Gerenciamento de Serviços).
- *Security Management* (Gerenciamento da Segurança).
- *ICT Infrastructure Management* (Gerenciamento da Infraestrutura de Tecnologia da Informação e Comunicação).
- *Application Management* (Gerenciamento de Aplicações).
- *Service Delivery* (Entrega de Serviços).
- *Service Support* (Suporte de Serviços).

O livro Perspectiva do Negócio abrangia as questões relacionadas ao entendimento dos serviços de TI como parte dos requerimentos de negócio. O livro Planejamento para a Implementação abordava os passos necessários para tangibilizar os benefícios da adoção do ITIL® e auxiliava as empresas a identificarem os seus pontos fortes e fracos, traçando uma estratégia para desenvolver os pontos fortes e fortalecer os pontos fracos da gestão de TI. O livro Gerenciamento da Segurança tinha como foco a implementação de requerimentos de segurança para garantir a entrega dos serviços de TI. O livro Gerenciamento da Infraestrutura de TIC abordava temas como gerenciamento de redes, gerenciamento de processamento, instalação de computadores e gerenciamento de sistemas. O livro Gerenciamento de Aplicações cobria o ciclo de desenvolvimento de software abordando questões de definição de requerimentos das aplicações para atender às necessidades do negócio, desenvolvimento, teste e suporte das aplicações.

Considerado como o "coração" do ITIL® V2, os livros Entrega de Serviços e Suporte de Serviços definiam processos e atividades do gerenciamento e da operação dos serviços de TI. Conforme podemos visualizar na figura 6.1, o livro Entrega de Serviços estava mais próximo do negócio, enquanto o livro de Suporte de Serviços estava mais próximo da infraestrutura de TI. Esta visão era proposital visto que os processos táticos referentes à interface entre TI e o negócio são previstos no macroprocesso Entrega de Serviços, enquanto os processos operacionais de TI estavam dispostos no macroprocesso Suporte de Serviços.

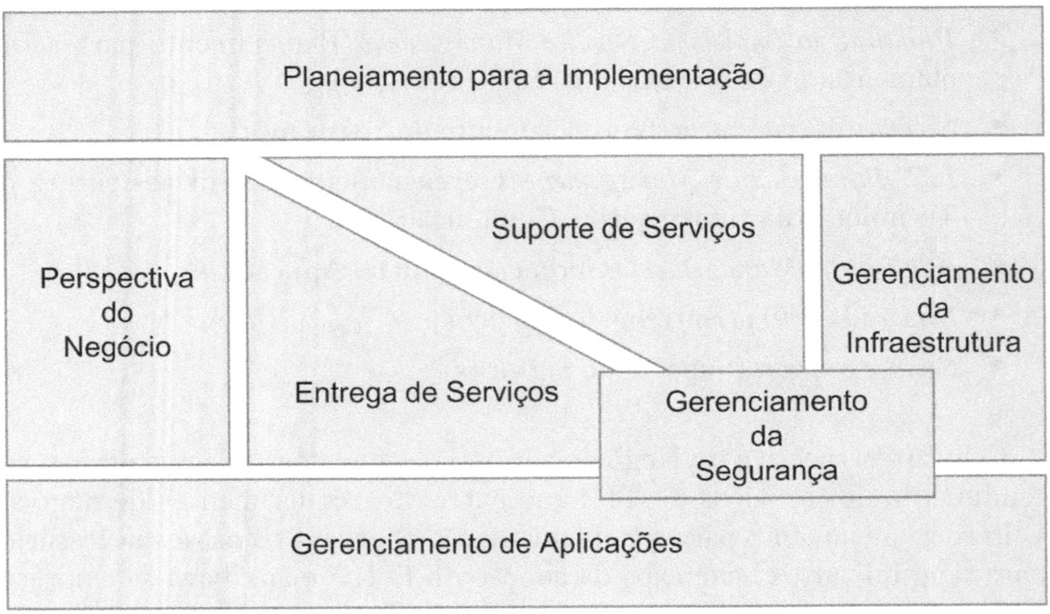

Figura 6.1. Livros ITIL® V2.

Os macroprocessos de Entrega e Suporte de Serviços possuíam objetivos e públicos diferentes. Os processos táticos da Entrega de Serviços eram direcionados para os clientes dos serviços de TI e os processos de Suporte de Serviços eram direcionados para os usuários dos serviços de TI. Os clientes dos serviços de TI são os gerentes da média e alta gerência que comissionam ou pagam pelos serviços de TI. Os usuários são aqueles que utilizam os serviços de TI no dia a dia. Essa definição é importante para identificarmos que clientes e usuários possuem objetivos e necessidades diferentes. Os usuários estão preocupados com a performance e a disponibilidade dos recursos de TI. Se a tela de um sistema demora a abrir ou se alguma operação no sistema não funciona, estes são exemplos de motivos pelos quais os usuários reclamam dos serviços de TI. Os clientes geralmente estão mais preocupados com o custo e o retorno do investimento em TI e com a capacidade de TI em suportar as demandas do negócio. Com a diferenciação entre clientes e usuários é possível orientar as atividades dos processos de entrega e suporte de serviços para atender a cada objetivo específico de ambos.

O livro Entrega de Serviços possuía os seguintes processos:

- *Service Level Management* (Gerenciamento de Nível de Serviços).
- *Capacity Management* (Gerenciamento de Capacidade).
- *Availability Management* (Gerenciamento de Disponibilidade).
- *Service Continuity Management* (Gerenciamento de Continuidade dos Serviços de TI).
- *Financial Management for IT Services* (Gerenciamento Financeiro dos Serviços de TI).

O livro Suporte de Serviços possuía a seguinte função e os seguintes processos:

- *Service Desk* (Função Central de Serviços).
- *Incident Management* (Gerenciamento de Incidentes).
- *Problem Management* (Gerenciamento de Problemas).
- *Change Management* (Gerenciamento de Mudanças).
- *Release Management* (Gerenciamento de Liberações).
- *Configuration Management* (Gerenciamento da Configuração).

Cada processo de entrega e suporte de serviços estava relacionado de alguma forma, ou seja, possuíam entradas e saídas relacionadas entre si. Apesar do nome dos processos serem denominados como "gerenciamento", um processo não necessariamente denota uma estrutura hierárquica gerencial. No livro Suporte de Serviços, além dos processos, existe uma função. A diferença entre uma função e um processo é que um processo é temporal e é iniciado através de uma entrada no processo, enquanto uma função é caracterizada como uma equipe ou conjunto de recursos que estão disponíveis para serem utilizados. A função Central de Serviços está disponível para que os usuários possam solicitar serviços de TI. Ela existe enquanto estrutura e não somente quando há uma entrada. Se um usuário solicitar um serviço ou reportar um incidente, a Central de Serviços, como ponto único de contato com os usuários de TI, estará disponível para receber a solicitação. Já o processo de Gerenciamento de Incidentes somente será iniciado após a Central de Serviços receber o incidente e encaminhá-lo para o início do processo. A mesma pessoa que estava alocada na Central de Serviços pode iniciar o tratamento e a análise do incidente. Os papéis e as responsabilidades são as fronteiras entre a função e os processos. Cada um traz atividades distintas predefinidas. Neste caso em específico, a Central de Serviços recebe, registra, classifica e encaminha o incidente para a equipe de suporte competente. O processo de Gerenciamento de Incidentes recebe o incidente, analisa e atende ao incidente. Os processos não distinguem pessoas. Uma mesma pessoa pode estar na Central de Serviços e também atuar no Gerenciamento de Incidentes. Para melhor ilustrar, costumamos dizer que essas fronteiras de papéis e responsabilidades entre a função e os processos são como bonés que colocamos na cabeça. A Central de Serviços é como se fosse um boné constante, o profissional alocado na Central de Serviços sempre está com ele, somente tira o boné quando inicia as atividades de outro processo. Quando iniciamos as atividades do Gerenciamento de Incidentes, trocamos o boné de Central de Serviços para o boné de Gerenciamento de Incidentes e executamos as atividades de acordo com o boné que estamos na cabeça no momento. Essa troca depende de vários fatores, como complexidade dos serviços, tamanho da empresa, volume de demandas em TI etc. Em uma empresa grande, é comum existirem equipes diferentes para cada processo. Em uma empresa pequena, uma mesma equipe pode colocar vários bonés ou desempenhar atividades de vários processos.

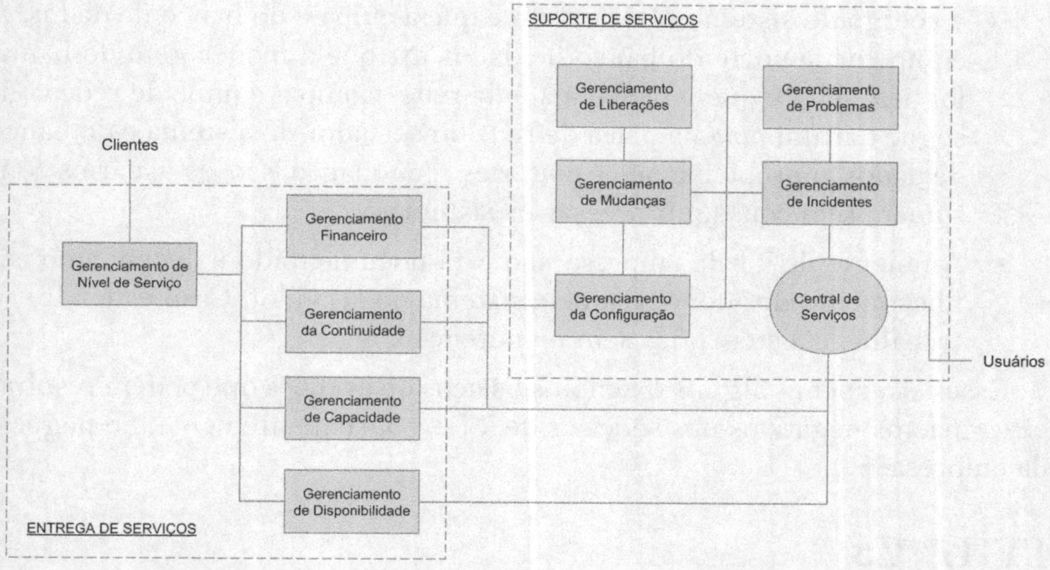

Figura 6.2. Relacionamentos entre os processos de Entrega e Suporte de Serviços do ITIL® V2.

A visão de processos proposta pelo ITIL® é útil, pois, sem a definição de papéis e responsabilidades das atividades, as solicitações encaminhadas à TI ficavam sem dono e sem resolução dentro de um nível de qualidade requerido pelo negócio. A definição de papéis e responsabilidades deixa claro que, enquanto um boné está sendo usado, ou seja, um determinado processo está sendo executado, as atividades relacionadas àquele processo estão sendo realizadas. Se o boné for trocado, as atividades a serem realizadas também mudam. As equipes de TI passam então a trabalhar de acordo com as atividades dos processos e de acordo com as suas responsabilidades dentro do processo do qual fazem parte. A responsabilidade do suporte não é mais de uma pessoa, e sim do "processo". As pessoas são recursos que trabalham nos processos e são responsáveis pelas atividades enquanto estiverem alocadas naquele processo. Vejamos alguns exemplos de falhas comuns no suporte de TI causadas pela indefinição de processos, papéis e responsabilidades claras:

- Equipes sem padrão de execução de atividades, onde cada um trabalha da sua maneira.
- Muitas "bolas divididas" entre as equipes técnicas. Um exemplo clássico é a indefinição de responsabilidades entre as equipes de desenvolvimento, banco de dados e redes. Os programadores sempre dizem que

o código do sistema está correto e que a culpa é do banco de dados. A equipe de suporte do banco de dados diz que a modelagem do banco foi bem feita e que o problema é da rede. Como a equipe de rede consegue dar um *ping* na placa de rede do servidor do sistema e do banco de dados, o problema não é com eles e, enquanto isso, os usuários continuam sem conseguir acessar os sistemas.

- Ambiente de TI da empresa não está documentado e depende do conhecimento do "dono" daquele sistema ou servidor. Caso este falte ao trabalho, o sistema fica sem manutenção.

Esses são apenas alguns exemplos básicos de eventos que podem resultar em impactos negativos nos serviços de TI e, consequentemente, no negócio da empresa.

ITIL® V3

Ciclo de Vida do Serviço de TI

A adoção do ITIL® V2, principalmente no Brasil, se baseava mais nos conteúdos dos livros Entrega e Suporte de Serviços, apesar da existência de outros livros como Perspectiva do Negócio e Planejamento para a Implementação. Os outros livros eram pouco lidos e explorados e a maioria das empresas que adotaram as práticas propostas pelo ITIL® V2 somente utilizava o livro Suporte de Serviços (justamente por ser um livro mais operacional do que tático e estratégico, mais uma evidência de que a TI continua sendo somente técnica). Uma dúvida muito comum sobre a utilização do ITIL® V2 era por onde começar. Os processos do ITIL® V2 eram bem definidos e relacionados, mas não era claro por onde prioritariamente entravam as demandas de serviços ou que processos deveriam ser implementados para obtermos uma melhoria específica. Um exemplo prático para ilustrar este ponto seria o dimensionamento de atividades realizadas para a implementação de um novo Serviço de TI. Identificando as recomendações do ITIL® V2 em um nível macro, basicamente as atividades começavam no planejamento da capacidade de TI para absorver esse novo sistema. Uma vez identificadas as capacidades de TI, o plano de disponibilidade era desenvolvido. A partir do plano de disponibilidade era desenhado o plano de recuperação de falhas, e os níveis de serviços de TI eram negociados com as áreas clientes do sistema. A operação de suporte era desenhada então para atender aos requisitos de nível de serviço aprovados e o Serviço de TI era colocado em produção através da implementação do sistema pela área técnica. Identificando os processos e a função do ITIL® V2 utilizados neste exemplo, teríamos então:

Atividade	**Processo ITIL® V2**
Planejamento da Capacidade de novos serviços	Gerenciamento da Capacidade
Planejamento de Disponibilidade	Gerenciamento de Disponibilidade
	Gerenciamento de Segurança
Planejamento de Recuperação de Falhas	Gerenciamento de Disponibilidade
	Gerenciamento de Continuidade
Planejamento para Operação de Suporte	Central de Serviços
	Gerenciamento de Incidentes
	Gerenciamento de Problemas
	Gerenciamento de Mudanças
	Gerenciamento de Liberações
Planejamento dos Níveis de Serviços	Gerenciamento de Nível de Serviços
Planejamento da Implementação do serviço	Gerenciamento de Mudanças
	Gerenciamento de Liberações
	Central de Serviços
Implementação do serviço em produção	Gerenciamento de Mudanças
	Gerenciamento de Liberações
	Gerenciamento de Configuração

Figura 6.3. Atividades e processos ITIL® V2.

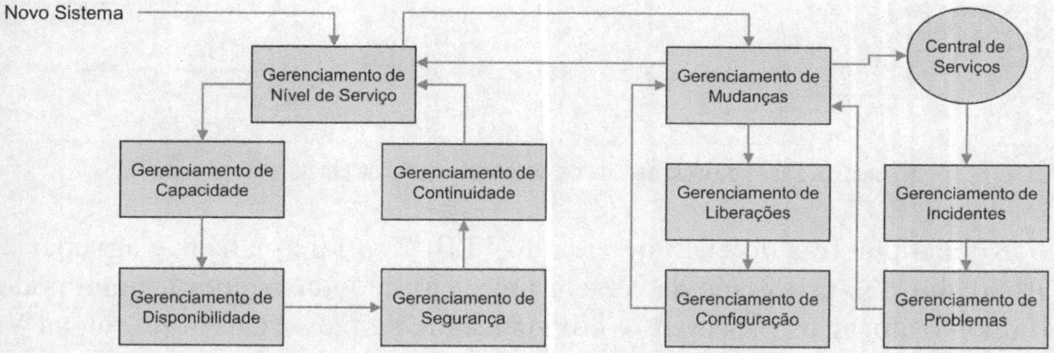

Figura 6.4. Fluxo entre os processos do ITIL® V2 para planejamento de um novo serviço de TI.

Se desenhássemos este fluxo de atividades, teríamos:

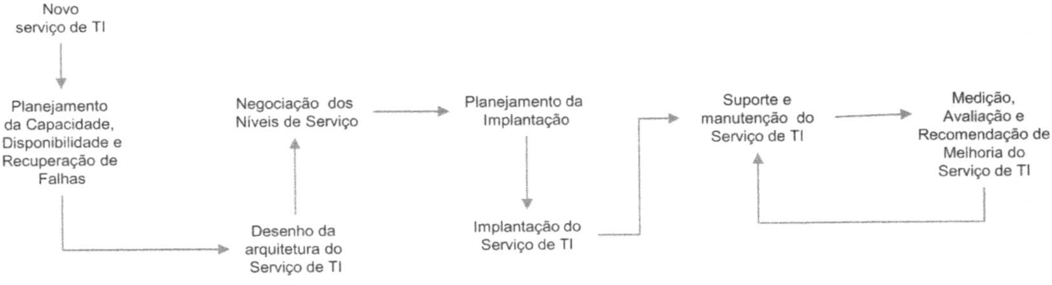

Figura 6.5. Sequência lógico-temporal das atividades dos processos ITIL® V2.

Agora vamos tentar organizar essas atividades utilizando como base o ciclo PDCA. O ciclo inicial seria o planejamento das atividades (*Plan*). Depois a implementação do sistema (*Do*), depois a avaliação e medição se o sistema está funcionando corretamente (*Check*) e o planejamento da correção do sistema se for identificado algum incidente (*Act*).

Por um instante vamos esquecer os nomes dos processos e vamos colocar as atividades dos processos em uma sequência lógico-temporal:

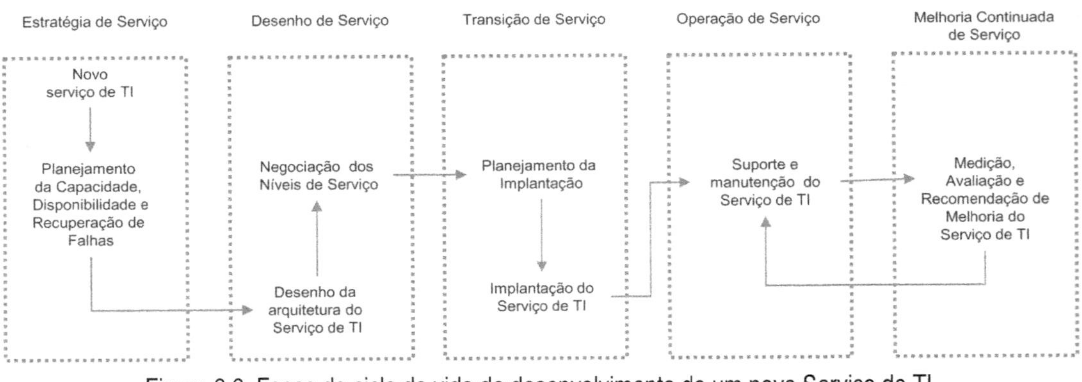

Figura 6.6. Fases do ciclo de vida de desenvolvimento de um novo Serviço de TI.

A idéia por trás do ciclo de vida do ITIL® V3 foi atualizar e agrupar as atividades dos processos da V2 em um ciclo de vida temporal onde poderíamos realocar os processos e atividades da V2 para ficarem juntos na V3 de acordo com a sua aplicação. Agora vamos nomear as fases desse ciclo de desenvolvimento de um novo Serviço de TI:

Esses são os nomes adotados para os cinco ciclos de vida do ITIL® V3:

- *Service Strategy* (Estratégia de Serviço).
- *Service Design* (Desenho de Serviço).
- *Service Transition* (Transição de Serviço).
- *Service Operations* (Operação de Serviço).
- *Continual Service Improvement* (Melhoria Continuada de Serviço).

Cada livro do ITIL® V3 cobre uma etapa do ciclo de vida do serviço conforme podemos verificar no desenho a seguir:

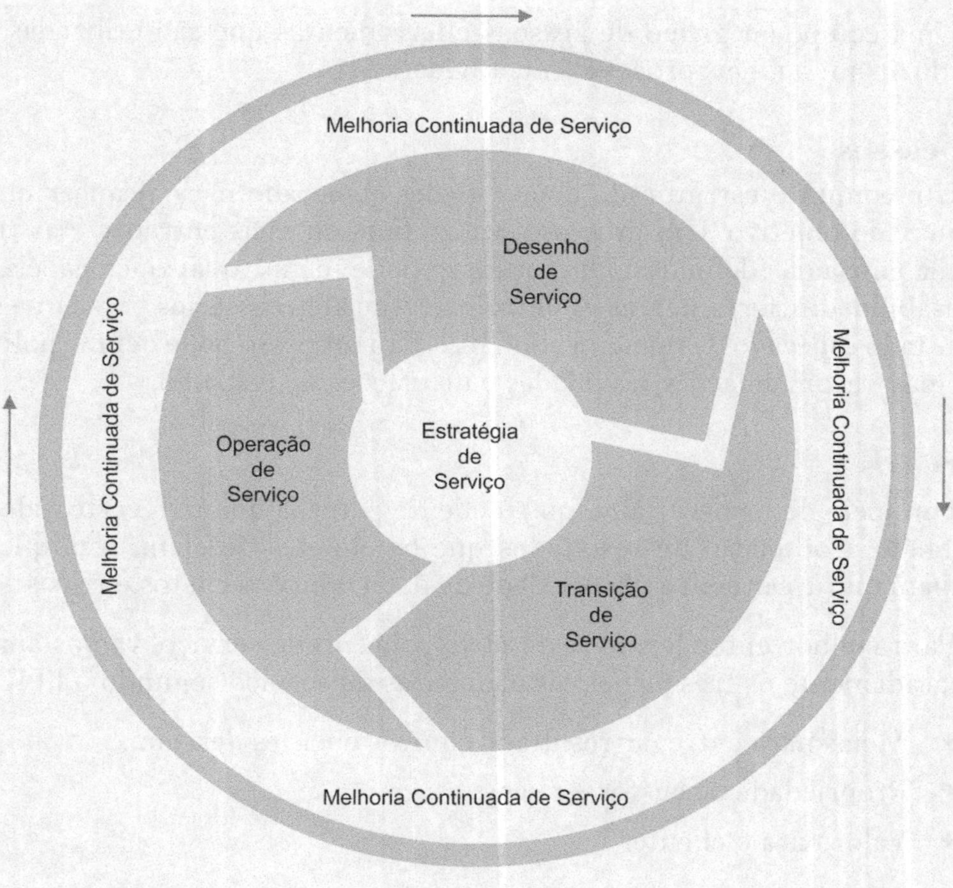

Figura 6.7. Ciclos de vida do ITIL® V3.

Como podemos identificar, a maior mudança do ITIL® V3 em relação ao ITIL® V2 foi a organização de processos e atividades em ciclos de vida. Todos os processos e atividades do ITIL® V2 continuam existindo no ITIL®, porém algumas atividades estão dispersas em ciclos de vida distintos devido a sua particularidade e aplicação em um determinado momento. Novos processos e atividades foram criados no ITIL® e seu conteúdo foi expandido.

Conceitos do ITIL® V3

Alguns conceitos do ITIL® V2 foram revistos e atualizados no ITIL® V3. Vejamos os três principais conceitos amadurecidos no ITIL® V3:

Função

Uma equipe ou grupo de pessoas e ferramentas que são utilizadas para conduzir um ou mais processos ou atividades.

Processos

Um conjunto estruturado de atividades elaborado para alcançar um determinado objetivo. Um processo utiliza uma ou mais entradas e as transforma em saídas definidas. Um processo pode incluir quaisquer papéis, responsabilidades, ferramentas e controle gerencial necessários para entregar o resultado esperado de maneira confiável. Um processo pode definir políticas, normas, recomendações, atividades e instruções de trabalho.

Serviços

Um meio de fornecer algo que o cliente perceba que tem certo valor, facilitando a obtenção de resultados que os clientes desejam, sem que eles tenham que arcar com a propriedade de determinados custos e riscos.[1]

Para melhor entendermos este novo conceito de serviço, vamos analisar separadamente os três principais elementos do serviço segundo o ITIL®:

- Meios para entregar resultados que os clientes desejam.
- Propriedade de custos e riscos.
- Valor para o cliente.

---

[1] Reproduzido do livro ITIL® *Service Strategy* sob licença do *Cabinet Office*

Meios para entregar resultados que os clientes desejam

Quando um cliente deseja um produto, ele se dirige a uma loja, escolhe o produto, paga pelo produto e leva o produto. O serviço para o cliente é a aquisição de um produto. Para a empresa que vendeu o produto existem inúmeros serviços que são relacionados direta e indiretamente à entrega do produto ao cliente, como, por exemplo, a compra do produto no fornecedor ou a fabricação do produto, o armazenamento e estocagem, a disponibilização de meios de pagamento eletrônico, a embalagem, o estacionamento, etc. Todos esses serviços internos contribuem para o fornecimento do serviço ao cliente. Outro exemplo é o pagamento de contas por meio de boletos bancários. Se um cliente deseja pagar suas contas, o pagamento das contas é o serviço que o cliente percebe. A forma como o pagamento será realizado, seja por meio de pagamento no caixa do banco, pelo *Internet Banking*, nos caixas eletrônicos, pago em lotéricas, supermercados, por telefone ou qualquer outro meio disponibilizado pelo banco para tal, são meios de entregar o serviço aos clientes. Os clientes dos serviços de TI não são os clientes finais do serviço. Os clientes de TI são as áreas de negócio da empresa, pois os serviços de negócio são habilitados pelos serviços de TI.

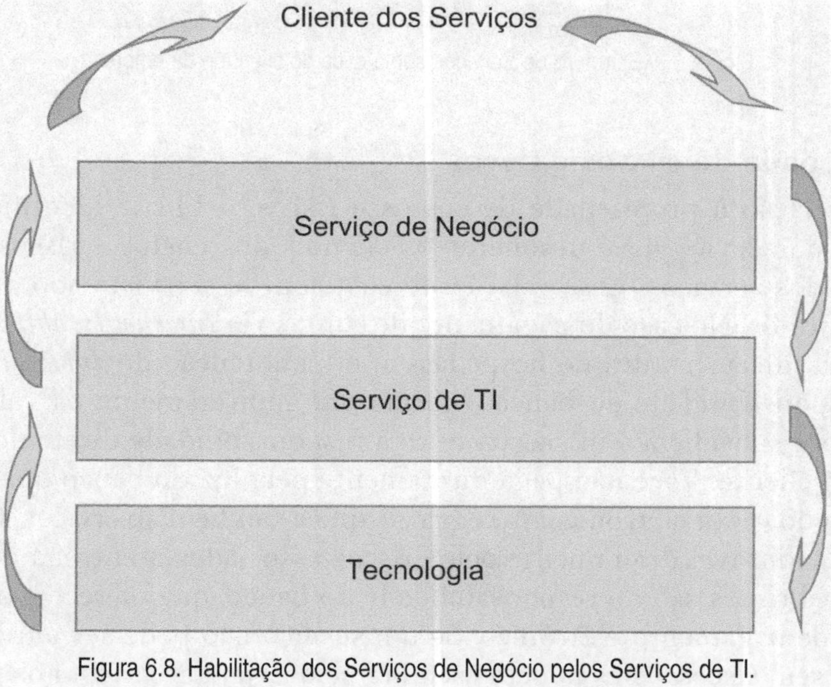

Figura 6.8. Habilitação dos Serviços de Negócio pelos Serviços de TI.

Agora vamos analisar sob essa ótica os dois exemplos citados:

No caso da compra do produto, TI é responsável pelo sistema de controle de compras, estoque, vendas e contas a receber da empresa. Os serviços de TI não são esses sistemas e sim a garantia de que os sistemas permitirão a compra do produto pelos clientes. No caso do pagamento das contas, não importa para o cliente se o pagamento está sendo realizado de maneira A ou B, e sim que a conta foi paga. O serviço de TI neste caso é garantir que todos os meios de pagamento disponíveis pelo banco estejam funcionando para que os clientes possam pagar as suas contas. Esses são exemplos claros de TI alinhada ao negócio da empresa. Os serviços de TI são somente meios de entregar os serviços aos clientes.

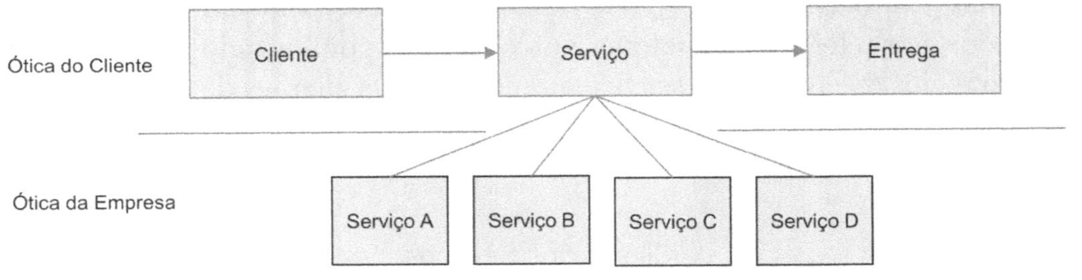

Figura 6.9. Estrutura de Serviços sob a ótica do cliente e da empresa.

Propriedade de custos e riscos

Em relação à propriedade de custos e riscos, o ITIL® identifica que a entrega do serviço deve desonerar os clientes dos custos e riscos sobre a entrega dos serviços. Essa relação de custos deve ser vista sob a ótica de custos diretos. No caso do pagamento de contas via *Internet Banking*, o custo direto da infraestrutura de hospedagem e manutenção do *Internet Banking* é de responsabilidade do banco. Mesmo que indiretamente os valores das transações subsidiem a infraestrutura, a responsabilidade direta dos custos não é do cliente. Você não paga diretamente pela luz do banco quando saca dinheiro no caixa eletrônico. A regra se aplica também aos riscos. O cliente não é responsável diretamente pelos riscos associados à entrega dos serviços. Esses riscos são de responsabilidade do banco, que oferece e entrega o serviço de pagamento eletrônico. Se um serviço não pode ser entregue aos clientes sem riscos, estes podem escolher se desejam arcar com os riscos ou não. Se os clientes tiverem noção dos riscos envolvidos em um serviço e analisarem produtos de dois concorrentes, com certeza escolherão os serviços com menores riscos.

As relações econômicas sobre os custos e riscos empresariais dos serviços foram muito bem materializadas pelo economista britânico Ronald Coase através da sua Teoria dos Custos de Transação, que lhe rendeu o prêmio Nobel de Economia em 1991. Coase defendeu que existem outros custos envolvidos na entrega de serviços aos clientes além dos custos de produção. Existem custos associados aos serviços de busca da informação sobre o serviço, custo de negociação e decisão, custo de oportunidade e custo de governança do serviço. Sendo assim, as decisões estratégicas empresariais devem avaliar todos os custos e riscos envolvidos na entrega dos serviços e analisar as alternativas sobre produzir e manter internamente os serviços ou contratar os serviços de terceiros externos à empresa. Essa análise é conhecida no mercado como *Make or Buy* (fazer ou comprar). Existem três estratégias gerais utilizadas pelas empresas:

- **Fazer e manter internamente**: esta estratégia é utilizada quando a empresa detém competências e recursos para tal. Geralmente utilizada quando a empresa desenvolve seus produtos e/ou possui capacidade de inovação no mercado.
- **Contratar serviços de terceiros:** esta estratégia é utilizada quando a empresa não possui competências e recursos disponíveis para fazer e manter internamente os serviços e quando os custos para montar a estrutura para tal superam os custos de contratação dos serviços no mercado.
- **Estratégia híbrida:** esta estratégia resulta da análise dinâmica do mercado em relação ao ambiente econômico e às capacidades acumuladas da empresa para fazer e manter os serviços em comparação aos custos de transação da contratação de serviços no mercado. Como resultado dessa análise, alguns serviços podem ser internalizados e outros podem ser terceirizados. A decisão pode ser tomada baseada em aspectos estratégicos para a empresa como: capacidade de inovação, custos internos, concorrência no mercado e aumento das margens de lucro através da redução de custos.

Baseado nas três estratégias apresentadas e retornando ao exemplo do serviço de pagamento bancário, um banco pode optar por desenvolver e manter internamente toda a infraestrutura de TI necessária para entregar o serviço de pagamento de contas ao cliente, pode terceirizar com um fornecedor externo a disponibilização e entrega do serviço de pagamento ou pode manter internamente alguns serviços e terceirizar outros. Se levarmos em consideração os serviços de TI necessários à entrega do serviço de pagamento bancário, podemos destacar os serviços de telecomunicações, manutenção de servidores e desenvolvimento/manutenção de sistemas.

Um banco poderia optar por ter infraestrutura própria de telecomunicações, adquirir todos os servidores e desenvolver seus próprios sistemas. Ou poderia hospedar toda a infraestrutura de servidores em um *Datacenter*, pagando mensalmente pela utilização dos servidores e sistemas e pela mão de obra de manutenção, ou então mesclar as duas opções baseado em uma análise de custo e benefício dos serviços.

Quando Coase se refere a custos de transação, está se referindo principalmente aos custos de governança dos serviços. Muitas empresas estão optando por terceirizar serviços de TI ou até terceirizaram toda a área de TI baseadas somente em custos de produção dos serviços. Nesse aspecto estão sendo analisados somente os custos de mão de obra e os custos de ativos de hardware, software e comunicação. Quando há algum problema com o serviço, como queda de performance na entrega do serviço ou má qualidade do serviço, as empresas optam por cancelar o contrato e buscar outro fornecedor ou, em uma atitude drástica, retornar novamente a infraestrutura de TI para dentro da empresa. Na verdade esses acontecimentos são resultados de três falhas que vêm se repetindo constantemente no mercado de TI em relação à contratação de serviços externos, os chamados *outsourcing*:

- As empresas não identificam e nem avaliam previamente todos os custos de transação envolvidos nos serviços.
- As empresas não identificam e nem avaliam todos os riscos associados aos serviços.
- Os contratos de terceirização não contemplam os custos de transação e os riscos associados aos serviços para determinar os níveis de serviços que devem ser exigidos do fornecedor.

É explicitamente sobre isso a que o ITIL® se refere quando fala sobre a propriedade de custos e riscos dos serviços. Cada serviço possui custos e riscos associados e as decisões sobre fazer ou contratar esses serviços devem levar em conta esses indicadores.

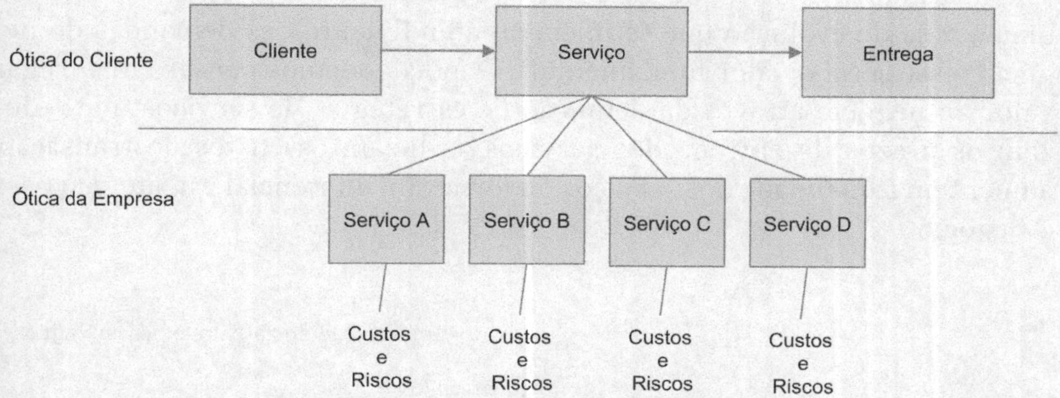

Figura 6.10. Estrutura de custos e riscos dos serviços.

Valor para os clientes

A palavra "valor" referindo-se aos serviços origina-se no termo "valor agregado" que define os benefícios percebidos pelos clientes ao receberem um serviço. Esses benefícios são complementares aos serviços e, como o próprio nome diz, agregam valor aos serviços propriamente ditos. Por exemplo, se um cliente deseja pagar uma conta e opta por fazê-lo através do *Internet Banking*, além de receber o seu serviço, que é a conta paga, ainda tem a comodidade de realizá-lo de qualquer lugar com acesso à Internet, podendo fazê-lo de casa ou através do seu *smartphone*. O valor agregado seria então a comodidade e a velocidade da realização do serviço de pagamento. Quando você recebe um serviço como ele deveria ter sido entregue, não houve agregação de valor, o serviço somente atendeu o seu propósito. Por incrível que pareça, o nível de qualidade de alguns serviços no mercado é tão imaturo que achamos que, se ele foi realizado conforme esperado, isso erroneamente é chamado e de agregação de valor.

Se pensarmos no conceito de valor conforme descrito pelo Marketing, valor seria algo que excede e supera as expectativas dos clientes. Um serviço por si só atende a um cliente, mas um valor agregado é um atributo de qualidade de um serviço que o torna diferente e justifica a sua aquisição, considerando a relação de custos e riscos do serviço em relação a um serviço concorrente.

No caso dos valores que a TI entrega aos serviços, podemos pensar em uma escala de evolução que se inicia no atendimento das demandas do negócio (esse seria o valor fundamental). Depois podemos pensar em agregar valor ao negócio através da definição de estratégias de serviços que reduzam os prazos de entrega dos serviços, reduzam os custos de transação, aumentem a qualidade dos serviços ou forneçam diferencial estratégico para o negócio.

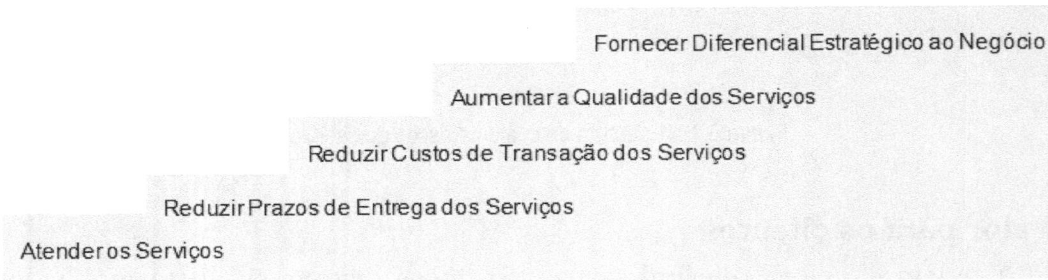

Figura 6.11. Escala de evolução dos serviços de TI.

É importante salientar que fornecer diferencial estratégico conforme exposto nesta escala de evolução tem a ver com um diferencial que somente esta empresa possui em um determinado momento. Tem a ver com capital intelectual, tecnológico ou industrial que torna a empresa diferente dos seus concorrentes e a coloca à frente em seu nicho de mercado. Não podemos ter como meta sempre alcançar o último estágio da evolução dos serviços de TI. O custo de aumentar a qualidade de um serviço pode ser desproporcional ao retorno que a empresa terá com esse investimento. Se a percepção de valor de um cliente sugere que o serviço deve ser entregue com o mínimo de qualidade requerida em um prazo menor, este será o atributo de valor reconhecido pelo cliente que tornará esse serviço melhor do que os dos seus concorrentes. Neste caso, se a TI conseguir reduzir o prazo de entrega do serviço, já terá agregado valor aos clientes.

Um bom exemplo para ilustrar a entrega de valor aos clientes foi a melhoria dos processos das cadeias de suprimento (*Supply Chain*) através de integração dos sistemas de compras, estoques, logística, vendas, contas a pagar e contas a receber das empresas. Especificamente, essa melhoria foi motivada pela venda de produtos através da Internet e pela interligação direta dos sites de *e-commerce* com os sistemas de estoques de fabricantes e fornecedores, bancos, operadoras de cartão de crédito e empresas de logística. Atualmente, quando compramos produtos em alguns grandes sites de *e-commerce*, não estamos consultando o estoque desses sites (na verdade alguns sites nem possuem estoque físico), estamos consultando diretamente o estoque dos fornecedores ou fabricantes. Quando pagamos, estamos realizando transações financeiras com bancos ou operadoras de cartão de crédito e, depois de finalizada a compra, uma empresa de logística é automaticamente acionada para entregar o produto ao cliente. O site é somente um canal de venda direta, o chamado B2C (*Business to Consumer*). Este exemplo reduziu consideravelmente o prazo de entrega de um produto ao cliente e aumentou a qualidade do serviço garantindo a entrega do produto através da venda somente de produtos que estivessem verdadeiramente em estoque. Empresas que alcançaram o último degrau na evolução dos serviços de TI entendem como a tecnologia pode trabalhar em prol da inovação estratégica da empresa, contribuindo para sua diferenciação no mercado. É diferente de somente atender aos serviços. Podemos citar alguns exemplos onde a tecnologia foi um diferencial competitivo que agrega valor aos negócios, como a criação do canal de vendas diretas de computadores ao consumidor pela Dell, os downloads de músicas para iPod feitas através do iTunes da Apple, a prospecção de petróleo em águas profundas pela Petrobras, entre outros.

Esses exemplos demonstram como os serviços de TI podem fornecer diferencial estratégico para a empresa através da criação de valor nos serviços dos clientes. Há algum tempo a TI tem se preocupado mais em simplesmente atender aos serviços de TI, talvez por causa de sua maturidade e dificuldade em estar integrada ao negócio. Quando a TI não consegue ser um agente facilitador do negócio, acaba sendo vista como custo para a empresa e, dados os cenários de concorrência no mercado, acaba sendo imposto que TI, assim como outras áreas da empresa, corte custos sem planejamento prévio para tal.

Caso Real

Uma empresa do ramo de distribuição de produtos alimentícios para grandes redes de supermercados, bares, restaurantes e lanchonetes possuía 150 vendedores distribuídos por áreas de atuação. Todos possuíam carro da empresa e se locomoviam até os clientes, onde anotavam os pedidos em papel. Nas quintas-feiras os 150 vendedores se dirigiam à sede da empresa e entregavam os pedidos em papel, que eram digitados por uma equipe de digitadores. Enquanto os pedidos eram digitados, os vendedores aproveitavam para realizar reuniões na sede da empresa. Esse processo de vendas consumia combustível dos automóveis para deslocamento até a sede da empresa e os pedidos de alimentos somente eram entregues na semana seguinte ao pedido ter sido digitado no sistema. As condições de pagamento somente podiam ser negociadas após a digitação do pedido no sistema e consulta do histórico do comprador. Com isso, a empresa estava perdendo pedidos por causa do longo prazo de entrega e os supermercados estavam ocupando suas prateleiras com os produtos do concorrente para não ficarem com espaços vazios. A solução proposta pela área de TI foi entregar celulares *smartphones* para todos os vendedores. O celular continha uma versão cliente do sistema de pedidos da empresa e os vendedores agora podiam cadastrar os pedidos diretamente no sistema da empresa através de conexão à Internet. Essa solução agilizou os pedidos, permitindo também a consulta em tempo real do estoque da empresa e o histórico de compras dos clientes para informar, no ato da venda, o prazo real de entrega e o prazo de pagamento concedido. Os vendedores passaram também a ter acesso a informações dos cadastros dos clientes, como datas de aniversário, preferências pessoais e histórico de compras anteriores, prestando assim um atendimento personalizado a cada cliente. As visitas semanais de todos os vendedores à sede da empresa foram suspensas e agora eles realizam conferências via *smartphone* quando desejam discutir alguma informação entre a equipe de vendas, permitindo que passem menos tempo cuidando de questões administrativas e se dediquem mais às vendas. As vendas aumentaram e os custos com deslocamento dos vendedores à sede da empresa reduziram.

Se analisarmos este caso sob a ótica da evolução dos serviços de TI, perceberemos que essa estratégia reduziu os prazos de entrega dos serviços, reduziu os custos de transação dos serviços, aumentou a qualidade do serviço e por um tempo forneceu diferencial estratégico para a distribuidora de alimentos. Digo por certo tempo porque o avanço constante da tecnologia tem permitido que as soluções tecnológicas estejam disponíveis para todas as empresas com recursos para adquiri-las. O diferencial tecnológico somente se sustenta por um curto prazo, pois os concorrentes não ficarão atrás e buscarão também a tecnologia para equipararem os seus serviços aos do concorrente. Hoje em dia é comum ver vendedores de qualquer produto com *smartphones* nos supermercados ou em bares.

Em se tratando de *e-commerce*, atualmente todos os grandes sites de vendas *on-line* já estão interligados aos sistemas de seus parceiros de negócio e, se repararmos bem, todos parecem utilizar as mesmas tecnologias, pois são muito similares. A grande questão aqui é: inovação deve ser uma estratégia constante nas empresas e não um evento único. Se a TI ainda não consegue ajudar uma empresa a inovar, ela deve no mínimo atender aos serviços de TI e ter como meta a melhoria contínua de serviço visando futuramente reduzir os custos, riscos, prazos, aumentar a qualidade, e, aí sim, um dia, fornecer diferencial estratégico para as empresas.

Em maio de 2003, o editor da *Harvard Business School Press*, Nicholas Carr, publicou um artigo na revista *Harvard Business Review* intitulado *"IT Doesn't Matter"* (TI não Importa). Nele, Carr discorre sobre a questão da TI estar deixando de ser estratégica para o negócio em decorrência do crescente processo de "comoditização" de TI. O termo "comoditização" tem origem na palavra inglesa *commodity*, que denomina produtos ou serviços básicos da economia que possuem características uniformes, são produzidos em grandes quantidades e são entregues aos clientes de forma padronizada. Um dos exemplos de *commodity* é a energia elétrica. Pagamos um valor mensal pelo uso da energia e a recebemos da mesma forma que outros clientes. Segundo Carr, se a TI não auxilia na definição da estratégia da empresa ou não trabalha de maneira a melhorar os serviços de TI, então TI somente se preocupa em atender aos serviços básicos. Ele conclui então que serviços de TI entregues sem valor agregado se transformarão em serviços básicos que serão entregues dentro de um nível básico de serviço exigido pelos clientes mediante pagamento de uma taxa pelo serviço, assim como a energia. Se você acha que estamos profetizando o "apocalipse de TI", procure informações no mercado sobre os fenômenos crescentes de "SaaS" (*Software as a Service*), "IaaS" (*Infrastructure as a Service*), fábricas de software ou BPO (*Business Process Outsourcing*).

Baseado neste fenômeno descrito por Carr, desenvolvi um modelo de decisão de atendimento de serviços com base na estratégia de fazer internamente ou contratar serviços externos que pode ser visto a seguir:

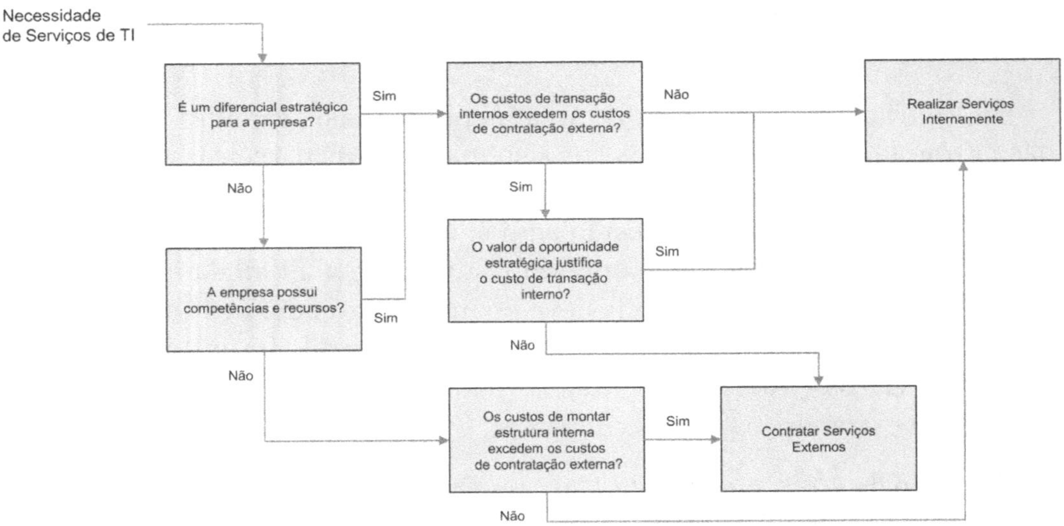

Figura 6.12. Modelo de decisão da estratégia de atendimento aos serviços de TI.

A decisão estratégica de uma empresa, em utilizar os serviços de TI internos ou externos, deve se basear na capacidade da área de TI em agregar valor aos serviços solicitados. Não é errado imaginar que serviços sem valor agregado possam facilmente ser contratados externamente sem prejuízo para o negócio da empresa. Faça um pequeno exercício: se pergunte se você agrega valor nas atividades que executa. Se a resposta for negativa ou se você levar mais do que cinco minutos para conseguir responder, não é errado imaginar que suas atividades podem facilmente ser transferidas para outra pessoa.

Ponto para reflexão

Por que estamos acostumados a receber serviços de baixa qualidade? Será que nos desacostumamos a esperar a entrega de serviços com qualidade por sabermos que os fornecedores não serão capazes de entregar o que solicitamos?

Gerenciamento de Serviços

Gerenciamento é uma estrutura de políticas, processos e funções que visam atender aos objetivos da empresa. Já estudamos anteriormente que os serviços são meios de fornecermos valor para os clientes. O Gerenciamento de Serviços então é responsável por utilizar políticas, processos e funções para realizar os serviços das empresas. Segundo o ITIL®, Gerenciamento de Serviços é:

Um conjunto especializado de habilidades organizacionais para fornecer valor a clientes na forma de serviços.[2]

Essas habilidades organizacionais estão distribuídas nos ciclos de vida do serviço descritas no ITIL® através de processos, métodos, funções, papéis e responsabilidades para entregar os serviços aos clientes.

Papéis e responsabilidades no ITIL®

No ITIL® V2 existiam os papéis de responsáveis pelos processos ou envolvidos nos processos. Ou os membros de TI eram os "gerentes" do processo ou faziam parte das equipes que estavam alocadas nos processos. Os clientes dos serviços de TI somente eram envolvidos na fase de mapeamento dos processos ou na entrega dos resultados dos processos. Essa abordagem era fraca, pois existiam outros atores envolvidos nos processos que não eram identificados pelo ITIL® V2. Sendo assim, o ITIL® V3 utilizou-se de uma técnica muito popular no mercado para gerenciamento de projetos e processos, recomendada pelo PMBOK®, COBIT® e outras práticas de mercado, denominada Matriz RACI. A sigla RACI vem do inglês:

---

[2] Reproduzido do livro ITIL® *Service Strategy* sob licença do *Cabinet Office.*

- **R =** ***Responsible*** **(Responsável)**: são responsáveis pela execução das atividades.
- **A =** ***Accountable*** **ou** ***Approver*** **(Prestador de Contas ou Aprovador)**: na teoria, um Prestador de Contas seria o responsável pelo sucesso ou fracasso de uma atividade. Alguns autores dizem que o *Responsible* seria o executor e aprovador de uma atividade, cabendo ao Prestador de Contas a apresentação dos resultados. Na prática, não conheço nenhum profissional que seja responsável pela apresentação de um resultado sem antes validar este resultado a ser apresentado com um gerente ou responsável superior. Por esse motivo prefiro utilizar o termo *Approver* para designar o profissional que irá aprovar ou validar e apresentar os resultados. Além disso, o conceito de que um executor aprova o trabalho que realiza vai contra as diretrizes de conflito de interesses preconizado nas práticas de auditoria e governança.
- **C =** ***Consulted*** **(Consultado)**: fornecem informações para a realização das atividades.
- **I =** ***Informed*** **(Informado)**: são comunicados sobre o andamento das atividades.

A Matriz RACI descreve claramente os papéis e responsabilidades dos processos através de uma matriz onde na coluna esquerda são descritas as atividades dos processos e na linha horizontal são descritos os papéis dos executores das atividades. Os elementos da matriz atividades x papéis são identificados como as responsabilidades que formam a sigla RACI.

Para exemplificar a construção de uma Matriz RACI, vamos supor um cenário no qual um cliente solicite um serviço de desenvolvimento de um sistema. Como já vimos anteriormente no capítulo 4, as atividades básicas para o desenvolvimento de um sistema são: levantamento e análise de requisitos, análise da estratégia de desenvolver ou comprar pronto, desenvolver (no caso da opção por desenvolvimento), testar o sistema desenvolvido, homologar o sistema, documentar o sistema e instalar o sistema no ambiente de produção. Para a realização dessas atividades temos os seguintes papéis: cliente, equipe de desenvolvimento, equipe de testes e equipe de infraestrutura de TI. Veremos agora como fica a nossa Matriz RACI com este exemplo:

Responsabilidades	Cliente	Equipes de TI		
Atividades		**Desenvolvimento**	**Testes**	**Infraestrutura**
Levantamento e análise dos requisitos	Consultado	Responsável	Informado	Consultado
Aprovação dos requisitos	Aprovador	Responsável	Informado	Consultado
Análise de *Make or Buy*	Aprovador	Responsável	Informado	Consultado
Desenvolvimento e testes do sistema	Informado	Responsável	Aprovador	Consultado
Homologação do sistema	Aprovador	Responsável	Consultado	Informado
Documentação do sistema	Informado	Responsável	Consultado	Aprovador
Instalação do sistema em produção	Informado	Aprovador	Consultado	Responsável

Figura 6.13. Matriz RACI do processo de desenvolvimento de sistemas.

Tomando como exemplo a atividade de análise de fazer ou contratar, a equipe de desenvolvimento é responsável por avaliar os cenários de desenvolvimento interno ou contratação do sistema externo. A equipe de infraestrutura é consultada sobre informações de viabilidade e capacidade tecnológica para absorver o novo sistema. A equipe de testes é informada sobre o andamento da análise para que ela possa se preparar para uma possível decisão futura e o cliente analisa e escolhe o melhor cenário para atender às necessidades do negócio.

Dono do Processo

Um papel responsável por garantir que um processo é adequado para o propósito. As responsabilidades do Dono de Processo incluem patrocínio, desenho e gerenciamento de mudança e melhora continuada do Processo e suas Métricas. Este papel é frequentemente atribuído à mesma pessoa que executa o papel de Gerente de Processo, mas os dois papéis podem estar separados em organizações maiores.

Gerente do Processo

De acordo com o ITIL®, "Gerente" do Processo não caracteriza um cargo ou hierarquia organizacional. Trata-se de um papel responsável pelo gerenciamento operacional de um processo. O Gerente do Processo é responsável pelo planejamento, pela coordenação, pela execução e pelo monitoramento do processo. De acordo com o tamanho e a complexidade da empresa, pode haver mais de um gerente de processos dividido por setores, regiões ou por tipos de serviços. Algumas empresas optam por criar estruturas hierárquicas de Gerentes de Processo, mas tal abordagem é opcional de acordo com a decisão de cada empresa.

Dono do Serviço

Um papel responsável por tomar as decisões sobre a entrega do Serviço. O Dono do Serviço geralmente é o maior interessado no resultado do Serviço e aprova, rejeita ou solicita melhorias no Serviço. Geralmente o Dono do Serviço é o cliente do Serviço.

Objetivos dos ciclos de vida do ITIL®

Cada ciclo de vida definido pelo ITIL® possui objetivos distintos. São eles:

- **Estratégia de Serviço:** transformar o Gerenciamento de Serviços em Ativos Estratégicos para atender aos objetivos estratégicos da empresa.
- **Desenho de Serviço:** orientar a concepção dos Serviços de TI para garantir a qualidade do serviço, a satisfação do cliente e a relação custo e benefício na prestação de serviços.
- **Transição de Serviço:** orientar o desenvolvimento de recursos para a implementação de serviços novos ou modificados na operação de TI e garantir que os objetivos definidos pela Estratégia de Serviço e planejados no Desenho de Serviço estão sendo efetivamente realizados nos serviços em operação para controlar e minimizar riscos de fracassos ou rupturas dos serviços.
- **Operação de Serviço:** orientar sobre como alcançar a eficácia e eficiência na entrega e no suporte dos serviços, para garantir o valor esperado pelo cliente e o atendimento dos objetivos estratégicos da empresa.

- **Melhoria Continuada de Serviço:** identificar resultados e orientar sobre a melhoria dos serviços unindo esforços com os ciclos de Estratégia, Desenho, Transição e Operação de Serviços para criar ou manter o valor dos serviços.[3]

Estrutura de feedback

Conforme visto no capítulo 4, um conjunto de processos relacionados recebe o nome de macroprocesso. Os ciclos de vida do ITIL® V3 podem ser vistos como macroprocessos, e cada processo contido nos ciclos de vida possuem entradas e saídas entre si e entre os macroprocessos. Por exemplo, a definição da estratégia do serviço é o resultado do ciclo Estratégia de Serviço e a entrada para o ciclo Desenho de Serviço. Cada ciclo de vida pode interagir com o ciclo anterior através de *feedbacks* de lições aprendidas ou recomendações de melhoria. Sendo assim, as saídas e entradas sempre são realizadas de acordo com a sequência do ciclo de vida do serviço, mas os *feedbacks* podem ser realizados com todos os ciclos anteriores. A cada melhoria identificada em um determinado ciclo que possa contribuir para a melhoria do serviço ou para a evolução do valor do serviço, deve corresponder uma informação a todos os ciclos de vida que dependam ou utilizem esta informação nas suas tomadas de decisão. O ciclo de Melhoria Contínua do Serviço é a única exceção, pois, pela sua natureza de identificar e recomendar melhorias nos serviços, possui interfaces com todos os outros ciclos de vida.

---

[3] Adaptado do livro ITIL® *Service Strategy* sob licença do *Cabinet Office.*

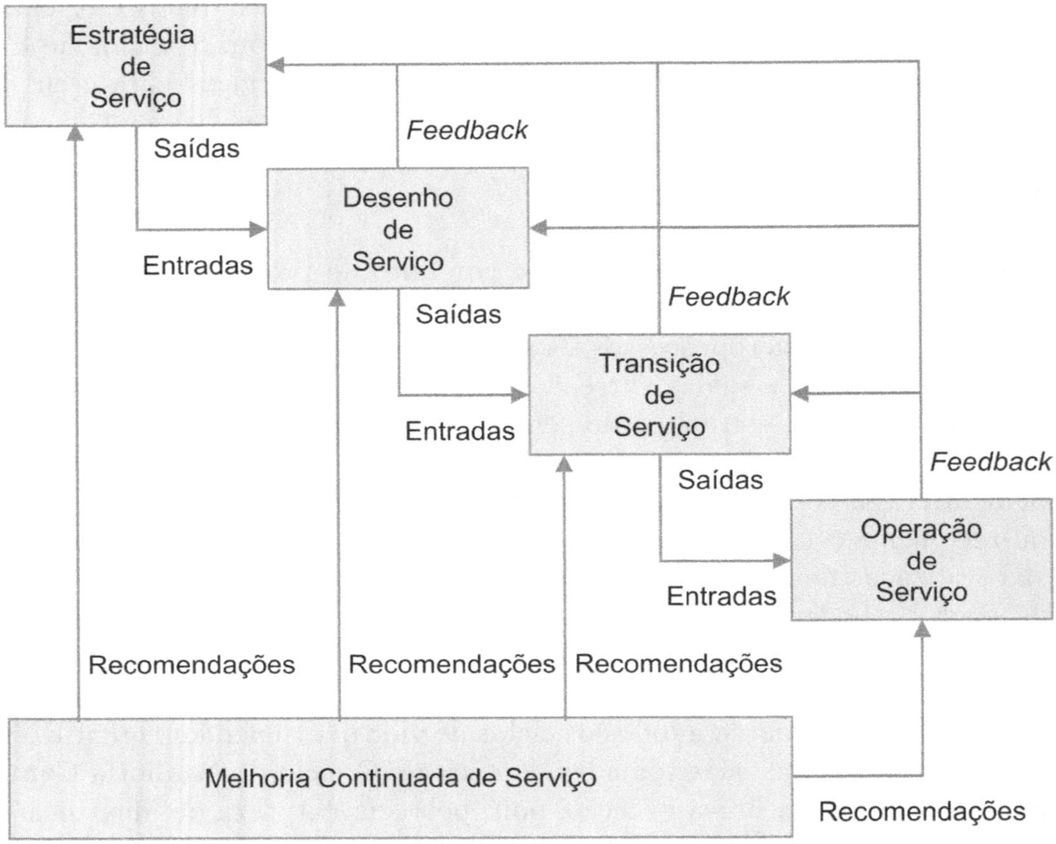

Figura 6.14. Estrutura de *feedback* do ciclo de vida do serviço.

Funções e processos do ITIL®[4]

As funções e os processos do ITIL® estão distribuídos dentro dos ciclos de vida dos serviços. Conforme apresentado anteriormente, todos os processos e atividades do ITIL® V2 continuam existindo no ITIL® V3 e alguns nomes de processos foram atualizados e/ou reagrupados nos ciclos de vida. No ITIL® Edição 2011, alguns processos novos foram criados, outros renomeados e algumas atividades foram transferidas de processos. Veremos a partir do capítulo 7 os detalhes de cada ciclo de vida e dos processos e funções existentes. Os novos processos e funções do ITIL® Edição 2011 são:

[4] Adaptado do livro ITIL® *Service Strategy* sob licença do *Cabinet Office*

- Estratégia de Serviço
  - Processo Gerenciamento da Estratégia para os Serviços de TI.
  - Processo Gerenciamento do Portfólio de Serviço.
  - Processo Gerenciamento Financeiro para os Serviços de TI.
  - Processo Gerenciamento da Demanda.
  - Processo Gerenciamento do Relacionamento com o Negócio.
- Desenho de Serviço
  - Processo Coordenação do Desenho.
  - Processo Gerenciamento de Nível de Serviço.
  - Processo Gerenciamento de Catálogo de Serviço.
  - Processo Gerenciamento da Capacidade.
  - Processo Gerenciamento da Disponibilidade.
  - Processo Gerenciamento da Continuidade de Serviço de TI.
  - Processo Gerenciamento de Segurança da Informação.
  - Processo Gerenciamento de Fornecedores.
- Transição de Serviço
  - Processo Planejamento e Suporte da Transição
  - Processo Gerenciamento de Mudanças.
  - Processo Gerenciamento da Configuração e de Ativos de Serviço.
  - Processo Gerenciamento de Liberação e Implantação.
  - Processo Validação e Teste de Serviço.
  - Processo Avaliação da Mudança.
  - Processo Gerenciamento do Conhecimento.
- Operação do Serviço
  - Processo Gerenciamento de Eventos.
  - Processo Gerenciamento de Incidentes.
  - Processo Cumprimento de Requisição.
  - Processo Gerenciamento de Problemas.
  - Processo Gerenciamento de Acesso.
  - Função Central de Serviços.
  - Função Gerenciamento Técnico.
  - Função Gerenciamento da Operação de TI.
  - Função Gerenciamento de Aplicações

- Melhoria Continuada do Serviço
  - Sete Passos para o Processo de Melhoria.

Certificação ITIL®

A certificação ITIL® possui os seguintes níveis:

- *Foundation* (Fundamento).
- *Intermediate* (Intermediário).
- *Expert* (Experiente).
- *Master* (Mestre).

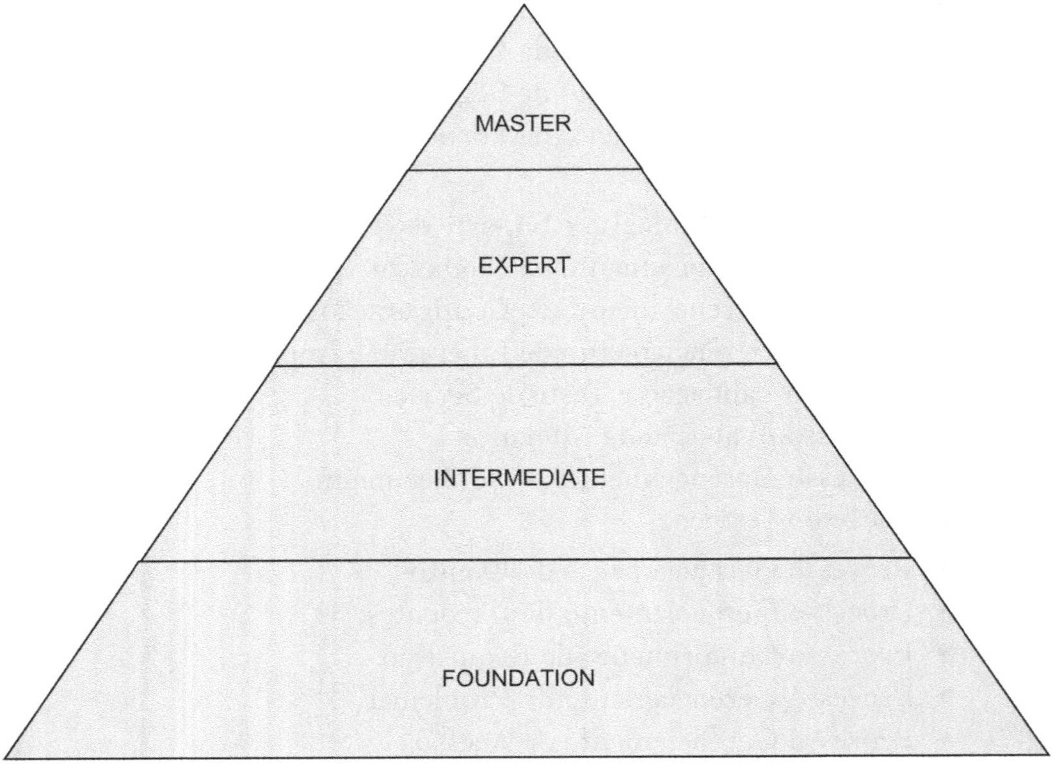

Figura 6.15. Estrutura de certificação ITIL®

ITIL® Foundation

A certificação ITIL® *Foundation* pode ser obtida a partir do estudo do candidato no conteúdo dos cinco livros do ITIL®. A prova contém quarenta questões múltipla escolha que devem ser respondidas em uma hora. O candidato deve acertar pelo menos 26 questões (65%). O objetivo da certificação ITIL® *Foundation* é medir se o candidato entendeu a terminologia, a estrutura, os conceitos básicos e a aplicação do ITIL® para o Gerenciamento de Serviços de TI. A certificação *Foundation* é pré-requisito para os demais níveis de certificação. A prova de certificação pode ser realizada em um centro de treinamento credenciado pelos institutos de exame – no entanto, esse requisito, apesar de recomendável, não é obrigatório. A prova pode também ser realizada *on-line* diretamente no EXIN através do EXIN *Anywhere*®. Neste caso, o candidato pode estudar por conta própria através deste livro oficial credenciado e agendar a sua prova através do site do EXIN. Para os outros níveis de certificação ITIL® avançados, é obrigatório que o curso seja realizado em um centro de treinamento oficial para a realização da prova de certificação.

ITIL® Intermediate

Para obter a certificação ITIL® *Intermediate* é obrigatório ser certificado ITIL® *Foundation* e realizar o curso de preparação em uma organização de treinamento acreditada.

O nível de certificação *Intermediate* é modular e dividido em duas áreas:

- *Service Lifecycle* (Ciclo de vida do Serviço).
- *Service Capabilities* (Habilidades do Serviço).

A certificação *Intermediate Lifecycle* é voltada para a aplicação prática dos princípios, funções, processos e atividades de cada ciclo de vida do ITIL®. Cada ciclo de vida é uma certificação *Intermediate Lifecycle.* Sendo assim, as certificações são: Estratégia de Serviço, Desenho de Serviço, Transição de Serviço, Operação de Serviço e Melhoria Continuada de Serviço. A duração mínima do curso é de 21 horas. A prova consiste em oito questões complexas de múltipla escolha baseadas em um estudo de caso, que deve ser respondida em uma hora e meia. O candidato deve acertar pelo menos 70% das questões para ser aprovado. O critério de correção pode variar entre "correto", "parcialmente correto", "pouco correto" e "incorreto".

A certificação *Intermediate Capabilities* é voltada para a aplicação prática dos processos e atividades de processos agrupados em quatro áreas. São elas:

- *Service Offerings and Agreements* (Oferta de Serviço e Acordos)
  - Gerenciamento do Portfólio de Serviço.
  - Gerenciamento de Nível de Serviço.
  - Gerenciamento de Catálogo de Serviços.
  - Gerenciamento da Demanda.
  - Gerenciamento de Fornecedores.
  - Gerenciamento Financeiro dos Serviços de TI.
  - Gerenciamento do Relacionamento com o Negócio.
- *Planning, Protection e Optimization* (Planejamento, Proteção e Otimização)
  - Gerenciamento da Disponibilidade.
  - Gerenciamento da Capacidade.
  - Gerenciamento da Continuidade de Serviço de TI.
  - Gerenciamento da Demanda.
  - Gerenciamento de Segurança da Informação.
- *Release, Control e Validation* (Liberação, Controle e Validação)
  - Gerenciamento de Mudanças.
  - Gerenciamento da Liberação e Implantação.
  - Validação e Teste do Serviço.
  - Gerenciamento de Configuração e Ativos de Serviço.
  - Avaliação da Mudança.
  - Gerenciamento de Conhecimento.
  - Cumprimento de Requisição.
- *Operational Support and Analysis* (Suporte Operacional e Análise)
  - Gerenciamento de Eventos.
  - Gerenciamento de Incidentes.

- Cumprimento de Requisição.
- Gerenciamento de Problemas.
- Gerenciamento de Acesso.
- Central de Serviços.
- Gerenciamento Técnico.
- Gerenciamento de Operações de TI.
- Gerenciamento de Aplicações.

A duração mínima do curso é de 30 horas. A prova consiste em oito questões complexas de múltipla escolha baseadas em um estudo de caso que devem ser respondidas em uma hora e meia. O candidato deve acertar pelo menos 70% das questões para ser aprovado. O critério de correção pode variar entre "correto", "parcialmente correto", "pouco correto" e "incorreto".

ITIL® Expert

Cada nível de certificação ITIL® possui uma pontuação específica. A certificação ITIL® *Foundation* concede dois pontos, cada *Intermediate Lifecycle* concede três pontos e cada *Intermediate Capabilities* concede quatro pontos. Após completar dezessete pontos, o candidato está apto a cursar o *Managing Accross the Lifecycle* (Gerenciando através do ciclo de vida). Este é um curso focado nos conhecimentos requeridos para implementar e gerenciar as práticas do ciclo de vida do serviço, envolvendo:

- Gerenciamento de Serviços de TI e Gerenciamento do Negócio.
- Gerenciamento e planejamento da implementação de Gerenciamento de Serviços de TI.
- Gerenciamento de mudanças estratégicas.
- Gerenciamento de risco.
- Funções gerenciais.
- Entendimento de desafios organizacionais.
- Projeto de avaliação do ciclo de vida.
- Entendimento de informações complementares da indústria.

O curso *Managing Accross the Lifecycle* possui duração mínima de trinta horas. A prova consiste em oito questões complexas de múltipla escolha, baseadas em um estudo de caso, e deve ser respondida em uma hora e meia. Cada questão descreve uma situação de negócio ou problemas nos serviços de TI e os candidatos devem escolher as respostas que melhor resolvem os problemas propostos de acordo com as práticas propostas pelo ITIL®. O candidato deve acertar pelo menos 70% das questões para ser aprovado. O critério de correção pode variar entre "correto", "parcialmente correto", "pouco correto" e "incorreto". Ao passar neste exame, o candidato soma cinco pontos aos dezessete que já possuía, e após obter 22 pontos é atribuído o grau de ITIL® *Expert.*

A certificação ITIL® *Expert* somente pode ser obtida através do acúmulo de 22 pontos, onde dois pontos são provenientes do nível *Foundation* e cinco pontos do *Managing Accross the Lifecycle.* Os outros quinze pontos devem ser distribuídos de forma balanceada entre os níveis *Intermediate Lifecycle* (três pontos cada) e *Intermediate Capabilities* (quatro pontos cada).

ITIL® Master

A certificação ITIL® *Master* valida a capacidade do candidato em aplicar as práticas propostas pelo ITIL® através da submissão de documentos que comprovem conhecimento, experiência, métodos de implantação e valor agregado para o negócio em um ou mais projetos que o candidato tenha participado em nível gerencial. Para estar elegível para submissão da proposta de certificação ITIL® *Master*, o candidato deve possuir a certificação ITIL® *Expert* e ter exercido função gerencial de Serviços de TI por no mínimo cinco anos. Os documentos são avaliados por um comitê e também são conduzidas entrevistas com o candidato para atestar as informações fornecidas na proposta.

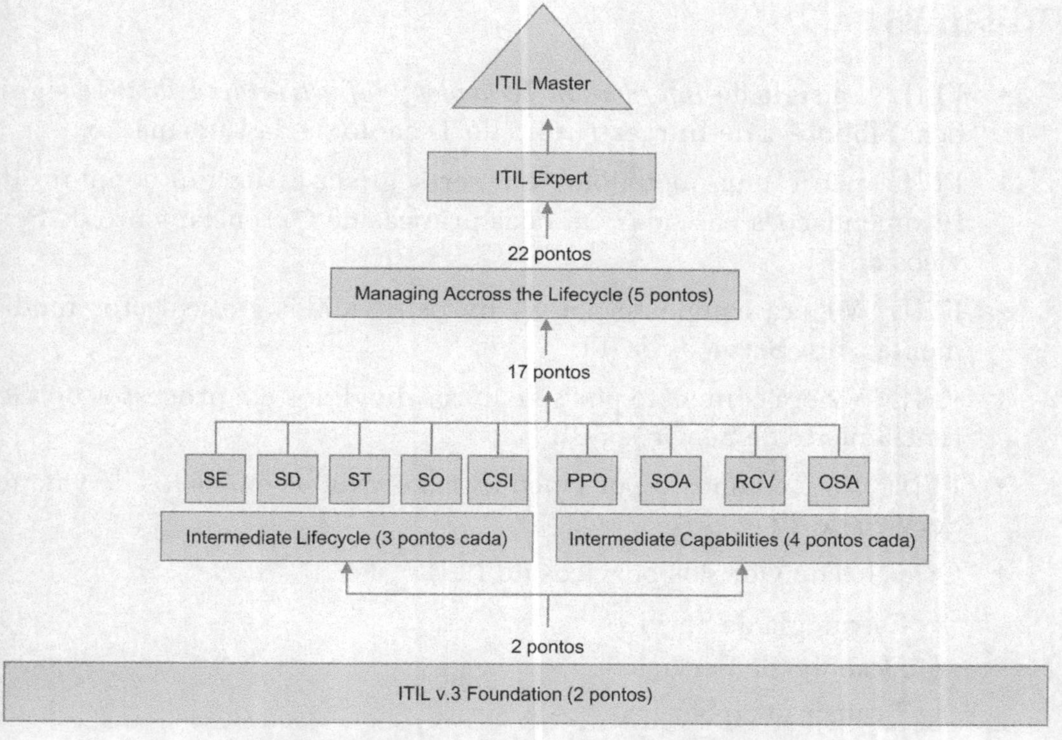

Figura 6.16. Estrutura de certificação e pontuação ITIL®[5]

É importante frisar que as certificações ITIL® não perdem a validade nem expiram. Uma vez certificado em ITIL®, o certificado vale para a vida toda. Em caso de novas versões, o candidato pode se atualizar através dos cursos *Bridges* (pontes), geralmente lançados logo após uma atualização de versão, com duração por tempo limitado, garantindo assim o investimento feito na certificação ITIL®. Os cursos ITIL® V2 foram descontinuados em 2010, e os cursos *Bridges* V2 para V3 foram descontinuados em 2011. Porém, como informado, as certificações não perdem a validade.

Nos próximos capítulos somente falaremos do ITIL® V3. Portanto, não será mais atribuída a versão 3 após a palavra ITIL®. Sempre que for citada a palavra ITIL® entenda-se como ITIL® V3 Edição 2011.

[5] Adaptado do ITIL® *Qualification Schema* sob licença do *Cabinet Office.*

Resumo

- ITIL® é a sigla de *Information Technology Infrastructure Library* e significa: Biblioteca de Infraestrutura de Tecnologia da Informação.
- ITIL® não é uma metodologia a ser seguida e sim um conjunto de recomendações baseadas em boas práticas de Gerenciamento de Serviços de TI.
- ITIL® V1 era composto por 31 livros divididos em aspectos fundamentais dos Serviços de TI.
- ITIL® V2 era composto por sete livros divididos em processos do Gerenciamento de Serviços de TI.
- ITIL® V3 é composto por cinco livros divididos em ciclos de vida do Serviço de TI.
- Os ciclos de vida dos Serviços do ITIL® são:
  - Estratégia de Serviço
  - Desenho de Serviço
  - Transição de Serviço
  - Operação de Serviço
  - Melhoria Continuada de Serviço
- As maiores mudanças do ITIL® V3 em relação ao ITIL® V2 foram a organização dos processos em ciclos de vida e a inclusão de novos processos, funções e atividades. Todos os processos e atividades do ITIL® V2 continuam existindo no ITIL® V3. O ITIL® V3 Edição 2011 reorganizou as atividades em processos relacionados e agregou novos processos.
- Função é uma equipe ou grupo de pessoas e ferramentas que são utilizadas para conduzir um ou mais processos ou atividades.
- Processos são um conjunto estruturado de atividades elaborado para alcançar um determinado objetivo. Um processo possui entradas, atividades, saídas, papéis, responsabilidades e controles gerenciais.
- Serviços são um meio de fornecer algo que um cliente perceba como tendo certo valor, facilitando a obtenção de resultados que os clientes desejam sem que eles tenham que arcar com a propriedade de determinados custos e riscos.

- Gerenciamento de Serviços é um conjunto especializado de habilidades organizacionais para fornecer valor a clientes na forma de serviços.
- A Matriz RACI descreve papéis e responsabilidades dos processos através de uma matriz identificando:
    - Responsáveis pela execução das atividades.
    - Prestadores de contas ou Aprovadores das atividades.
    - Consultados sobre informações para a realização das atividades.
    - Informados sobre o andamento das atividades.
- Dono do Processo é um papel responsável por garantir que um processo é adequado para o seu propósito. Inclui patrocínio, desenho e melhorias do processo.
- Gerente do Processo é um papel responsável pelo gerenciamento operacional de um processo. Inclui planejamento, coordenação, execução e monitoramento do processo.
- Dono do Serviço é um papel responsável por tomar as decisões sobre aprovação, rejeição ou solicitação de melhorias no serviço.

7. Estratégia de Serviço

"Os resultados são obtidos pelo aproveitamento das oportunidades e não pela solução de problemas. Os recursos precisam ser destinados para as oportunidades e não para os problemas."

Peter Drucker

Objetivo do ciclo Estratégia de Serviço

Entender a estratégia da empresa e definir como os Serviços de TI irão entregar valor para o negócio através da identificação de oportunidades de atendimento da estratégia a um custo justificável, garantindo a manutenção do relacionamento entre os clientes e o provedor de serviços de TI.

Conceitos e definições

Estratégia

A palavra "estratégia" deriva do grego *strategos,* que significa:

- *strate* = exército.
- *agos* = liderança.

O conceito de estratégia, originado no meio militar, significava a arte de liderar exércitos para vencer os inimigos. Mais tarde seu contexto foi levado para outros campos como política, economia e gestão empresarial. Do significado original, que tinha como objetivo conduzir um exército à vitória utilizando instrumentos para garantir a superioridade sobre o inimigo, a estratégia ganhou significado, no meio empresarial, de gerenciar recursos para atingir um determinado objetivo. Se os serviços são meios de oferecermos algo de valor para um cliente, é imprescindível que a TI planeje seus recursos para garantir a entrega dos serviços para os clientes. O ciclo Estratégia de Serviço auxilia TI a desenvolver as habilidades necessárias para garantir a entrega dos serviços aos clientes respondendo aos seguintes questionamentos:

- Que serviços serão oferecidos por TI e para quem?
- Quais são os valores dos serviços perceptíveis pelos nossos clientes?
- Como a área de TI interna irá se diferenciar das alternativas de mercado?
- Como a TI criará realmente valor para os clientes?
- Como planejaremos nossos investimentos estratégicos?
- Como serão definidos os critérios de qualidade?
- Como serão alocados eficientemente os recursos através de um portfólio de serviços?
- Como serão priorizados e resolvidos os conflitos de demanda entre serviços compartilhados?

Para responder a essas questões somente conhecimentos de TI não são suficientes. Para isso é necessária uma abordagem multidisciplinar de Engenharia de Produção, Marketing e Finanças. A estratégia do serviço tem a ver com habilidades e recursos que TI dispõe para garantir a entrega dos serviços em níveis aceitáveis de qualidade, custos e riscos para os clientes. As áreas de negócio devem focar na sua estratégia de negócio e os serviços de TI que habilitam as regras de negócio devem ser gerenciados pelos provedores dos serviços de TI para, segundo o ITIL®, desonerar os clientes dos custos e riscos do serviço.

Ativos de serviços

A "estratégia" de serviço tem a ver com as habilidades da área de TI em gerar "ativos de serviços". A palavra "ativo", dentro da contabilidade, significa os bens e direitos que a empresa possui, resultados de transações que gerarão futuros benefícios econômicos para a empresa. Os serviços são classificados como ativos intangíveis, pois não possuem características físicas, mas também geram benefícios econômicos para a empresa. O ITIL® utilizou o significado de "ativos" para determinar que as estratégias dos serviços devem gerar "ativos de serviços" para os clientes, ou seja, os serviços devem gerar valor para os clientes. Os ativos de serviços possuem duas características:

- **Utilidade:** percebida pelo cliente como causadora de um efeito positivo no negócio e deve atender ao seu propósito.
- **Garantia:** relacionada a como os clientes recebem os serviços em termos de utilidade, capacidade, disponibilidade, continuidade e segurança, e deve ser adequada ao seu uso.

De acordo com o ITIL®, existem dois tipos de ativos de serviços em uma organização de TI: habilidades e recursos.

As habilidades estão relacionadas às capacidades organizacionais de gerenciamento, processos, conhecimento e pessoas.

Os recursos estão relacionados aos insumos necessários para a produção de serviços. São identificados como recursos: capital financeiro, infraestrutura, aplicações, informação e pessoas.

Figura 7.1. Ativos de Serviços.

Criação de valor para os serviços

Recursos e habilidades são ativos que, quando combinados, geram utilidades e garantias que agregam valor aos serviços. Gerenciamento, organização, pessoas e conhecimento são utilizados para transformar recursos. As capacidades representam a habilidade da organização em coordenar, controlar e gerar valor aos serviços através dos processos e da tecnologia.

Tipos de provedores de serviços de TI

Há três tipos de provedores de serviços de TI:

- **Provedores de Serviços Internos:** são áreas de TI reconhecidas por atenderem exclusivamente a uma divisão de negócio. Apesar de poderem ser áreas de TI fisicamente separadas das áreas de negócio, sua forma de trabalho é exclusiva de acordo com cada demanda de determinadas áreas. Por exemplo, em um banco, uma área de TI pode ter um procedimento de suporte para uma área de apoio como Recursos Humanos e outro para uma área estratégica como Finanças. A estratégia do provedor de serviços interno é definida de acordo com a prioridade e as demandas de cada área de negócio, podendo se especializar e operar de acordo com cada diretriz imposta pelo negócio.
- **Provedores de Serviços Compartilhados:** são áreas de TI reconhecidas por atenderem a serviços corporativos comuns às áreas de negócio identificadas como áreas de apoio e que não são as mais estratégicas para o negócio. Os serviços de apoio devem ser entregues e mantidos em níveis corporativos de qualidade e não diferenciados, como os serviços fim da empresa ou serviços que agregam diferencial estratégico ao negócio da empresa. A definição de serviços estratégicos e serviços de apoio varia de acordo com o tipo de negócio da empresa. Em uma empresa distribuidora de produtos, a Logística é estratégica, enquanto em um banco Logística é uma área de apoio. Os serviços corporativos são entregues pelos chamados "Centros de Serviço Compartilhados" (CSC). A área de TI, operando como CSC, pode definir a sua própria governança e padronizar a entrega de ser-

viços para várias áreas de apoio através de critérios de qualidade definidos em conjunto pelos clientes, e não específicos para uma área. Um CSC pode operar como uma unidade de negócios autônoma do negócio da empresa, buscando melhorar a entrega dos serviços e agregar valor ao negócio. A entrega dos serviços pode ser padronizada e os serviços comparados em relação à qualidade, custos e riscos com serviços de TI entregues por fornecedores externos. Seus custos são compartilhados com os clientes dos serviços de acordo com sua utilização. Essa abordagem permite que a TI possa buscar a melhoria da entrega dos seus serviços e agregue valor aos serviços corporativos da empresa através da análise de competitividade do seu serviço em relação a fornecedores externos. Essa abordagem é conhecida no mercado como *benchmark* de serviços.

- **Provedores de Serviços Externos:** o negócio da empresa às vezes requer habilidades que os provedores de serviços (interno ou CSC) não possuem e são mais facilmente entregues por fornecedores externos a um menor custo de transação. Os riscos da terceirização dos serviços da empresa são justificados pelos custos de oportunidade de aprendizado, experiência, capacidade e escala de atendimento. Custo de oportunidade tem a ver com o custo que a empresa despenderá com o serviço até alcançar o nível de qualidade que os fornecedores externos já possuem. Pode ser preferível buscar um fornecedor externo apto a entregar o serviço a um custo de transação menor em vez de gastar mais tentando executá-lo internamente e perder competitividade do serviço em relação ao mercado, e consequentemente reduzir a qualidade da entrega do serviço impactando o negócio da empresa. Os provedores de serviços externos podem operar como um grande Centro de Serviços Compartilhados para vários clientes externos.

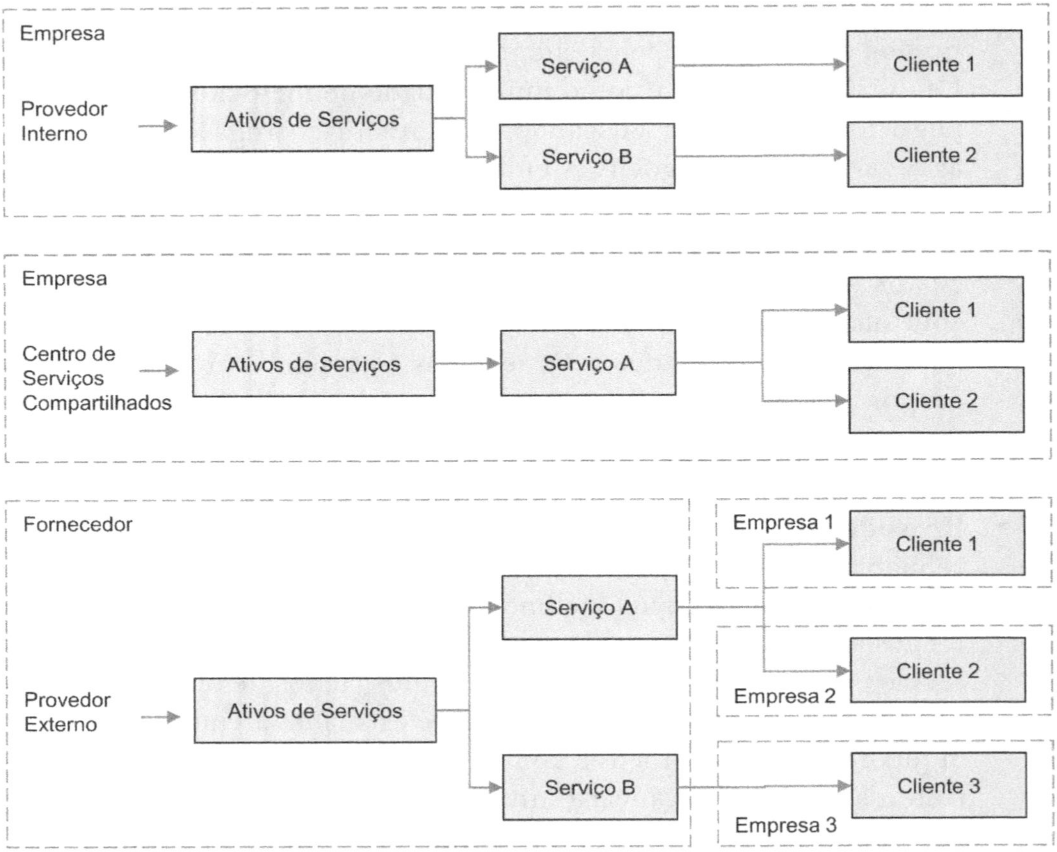

Figura 7.2. Tipos de Provedores de Serviços.

Caso Real

Na era das "empresas pontocom", vários negócios emergentes surgiram na Internet. Algumas empresas montaram infraestrutura interna para hospedar suas páginas na Internet envolvendo caras aquisições de roteadores, servidores, *switches*, *racks*, aluguel de links de comunicação e contratação de técnicos para manutenção da infraestrutura. Esses altos investimentos criaram um dificultador para novos negócios na Internet denominado "custo de entrada". O custo de entrada envolve todos os custos necessários para iniciar o negócio e, no caso da empresa pontocom, envolve a criação da infraestrutura da página na Internet. Esse custo é incluído no plano de negócio da empresa e onera o prazo de retorno do investimento (ROI – *Return of Investment*). Muitos negócios na Internet não duraram muito tempo, pois a operação da empresa não conseguiu retornar os altos investimentos de entrada do negócio em um prazo aceitável pelos investidores. Surgiram então empresas especializadas em oferecer serviços de infraestrutura de hospedagem e manutenção de sites na Internet denominadas *Datacenters*. Os *Datacenters* oferecem toda a infraestrutura necessária de equipamentos, *links* de comunicação e mão de obra especializada a um custo de transação menor do que a criação da infraestrutura interna nas dependências da empresa. Atualmente, não só as empresas pontocom como também grandes empresas estão utilizando os serviços dos *Datacenters*. Algumas terceirizam toda a infraestrutura de TI, os chamados *full outsourcing*, e outras terceirizam somente alguns serviços de apoio.

A decisão sobre que tipo ou quais tipos em conjunto de provedores de serviço serão utilizados pelo negócio das empresas dependerá de vários fatores como:

- Custos de transação envolvidos.
- Custos de oportunidade.
- Riscos do negócio associados.
- Complexidade da execução dos serviços.
- Habilidade das áreas internas em entregar os serviços.
- Frequência de realização dos serviços.
- Cenários estratégicos e econômicos de mercado.

Quatro Ps da Estratégia

Segundo Henry Mintzberg, professor universitário e Ph.D pelo *MIT Sloan School of Management*, a estratégia de uma organização pode ser definida por quatro Ps:

- **Perspectiva:** descreve a visão e direção da empresa. Define a filosofia de interação do provedor de serviços com o cliente e orienta sobre a maneira como os serviços devem ser entregues.

- **Posição:** descreve qual imagem o provedor de serviços passará para os clientes. O provedor pode passar a imagem de organização capaz de atender aos serviços básicos, reduzir o custo de transação dos serviços, aumentar a qualidade dos serviços ou fornecer diferencial estratégico para os serviços.
- **Plano:** descreve como TI passará do *as is* para o *to be*, ou seja, como o provedor de serviços irá atender à sua perspectiva e posição definidas.
- **Padrões:** descreve uma série de decisões e ações consistentes que o provedor de serviço seguirá constantemente para entregar os serviços de acordo com o plano estratégico para atender à perspectiva e posição.

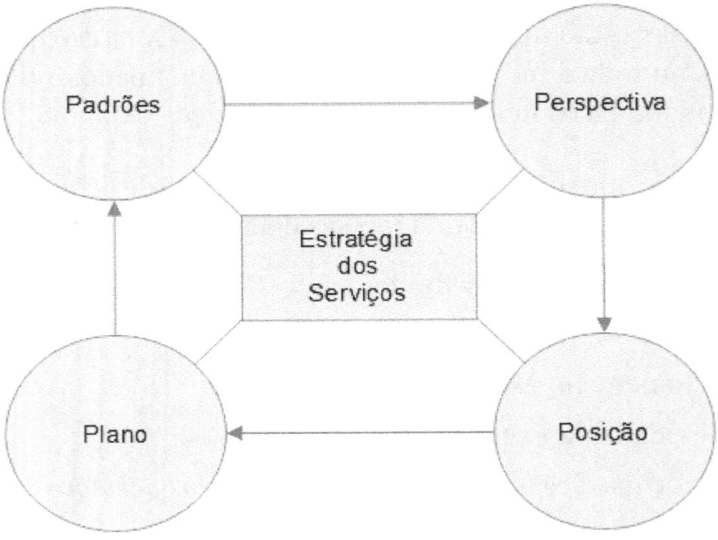

Figura 7.3. Os quatro Ps da Estratégia.[6]

Ponto para Reflexão

Alguns executivos afirmam que TI não consegue entregar os serviços com a qualidade requerida pelo negócio. Como resultado dessa avaliação, decidem terceirizar a TI com provedores de serviços do mercado.

[6] Adaptado do livro ITIL® *Service Strategy* sob licença do *Cabinet Office*.

Após algum tempo identificam que, além de não terem conseguido aumentar a qualidade dos serviços, ainda aumentaram os custos de transação através do aumento do custo de governança dos contratos, pois realizam constantemente reuniões com o provedor de serviços para tentar identificar por que os serviços não estão com a qualidade requerida. Na verdade o erro está em não terem definido os quatro Ps antes de avaliar os serviços internos. Essa análise prévia pode ajudar a identificar os serviços estratégicos e os serviços de apoio, analisar a melhor estratégia de atendimento do serviço (*Make or Buy*) e a desenhar o plano e os padrões de atendimento dos serviços. Muitas vezes o erro não pode somente ser atribuído à TI; os executivos de negócio também não possuem as respostas sobre os 4 Ps claramente definidas antes de decidirem sobre a estratégia dos serviços.

Espaço de mercado

Espaço de mercado é o escopo de todas as oportunidades que um provedor de serviço pode explorar para atender às necessidades dos clientes. O espaço de mercado não é o serviço propriamente dito, mas uma análise e identificação de serviços que um provedor pode desejar considerar fornecer futuramente. Além de fornecer os serviços que atendam ao negócio, um bom provedor de serviços deve também avaliar possibilidades de agregar valor aos serviços através de análises e identificação de novas oportunidades de fornecimentos de serviços aos clientes.

Portfólio de Serviço

É um conjunto de serviços gerenciados por um provedor de serviço. O Gerenciamento do Portfólio de Serviço auxilia as organizações a priorizar investimentos e melhorar a alocação de recursos para a entrega dos serviços. O portfólio se divide em três componentes, de acordo com o ciclo de vida do serviço:

- Funil de Serviço.
- Catálogo de Serviço.
- Serviços Obsoletos.

O Funil de Serviço é uma base de dados ou um documento estruturado listando todos os serviços de TI que estejam sob consideração, avaliação ou desenvolvimento, mas que ainda não estão disponíveis aos clientes. O Funil de Serviço fornece uma visão de negócio de possíveis serviços futuros e é um componente do Portfólio de Serviço que normalmente não fica disponível e visível para os clientes.

O Catálogo de Serviços é uma base de dados ou um documento com informações sobre todos os serviços de TI em produção, incluindo aqueles disponíveis para implantação. O Catálogo de Serviços é visível aos clientes e usuários e é utilizado para suportar a venda e entrega de serviços de TI. Inclui informações sobre entregas, preços, pontos de contato e processos de requisição do serviço. O processo de Gerenciamento de Catálogo de Serviço do ciclo Desenho de Serviço é responsável pelo Catálogo de Serviço.

Os Serviços Obsoletos são os serviços do Catálogo que não estão mais em produção, mas precisam estar documentados em caso de necessidade de reativação do serviço.

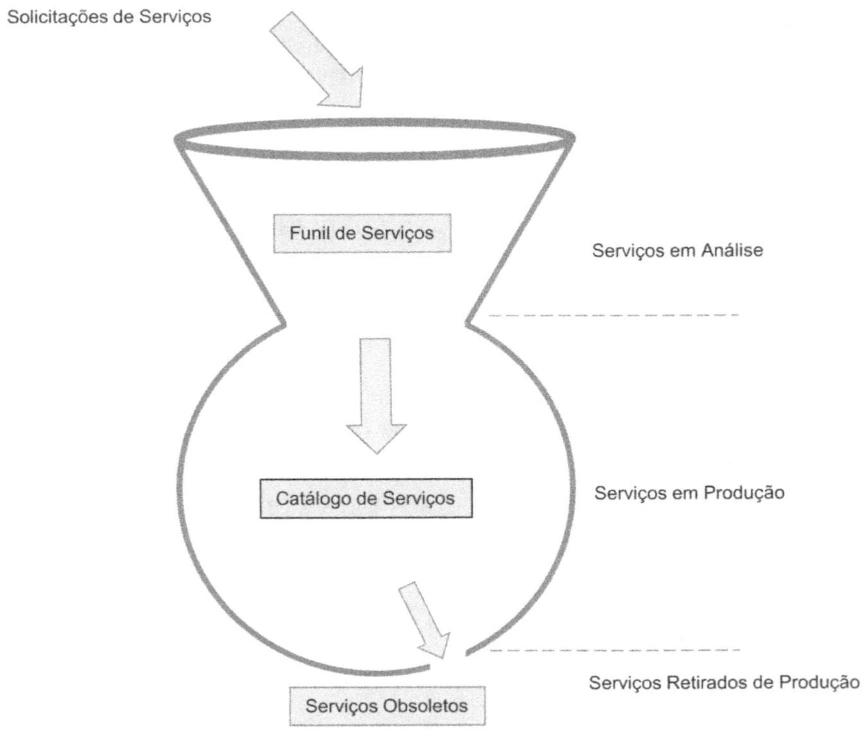

Figura 7.4. Componentes do Gerenciamento do Portfólio de Serviço.[7]

[7] Adaptado do livro ITIL® *Service Strategy* sob licença do *Cabinet Office.*

Processos do Ciclo Estratégia de Serviço

São processos do ciclo Estratégia de Serviço:

- Gerenciamento da Estratégia para os Serviços de TI
- Gerenciamento do Portfólio de Serviço
- Gerenciamento Financeiro para os Serviços de TI
- Gerenciamento da Demanda
- Gerenciamento do Relacionamento com o negócio

Gerenciamento da Estratégia para os Serviços de TI

Objetivo do processo Gerenciamento da Estratégia para os Serviços de TI

Definir e manter os quatro Ps da Estratégia (perspectiva, posição, planos e padrões) dos serviços de TI e articular com a estratégia do negócio como o provedor de serviços de TI irá garantir o atendimento dos objetivos do negócio.

Conceito do Gerenciamento da Estratégia para os Serviços de TI

Não podemos confundir estratégia do negócio com estratégia para os serviços de TI. A estratégia da empresa, conforme já falamos anteriormente, define a razão de ser da empresa. Será que pode existir área de TI sem pensar no negócio da empresa? Então na verdade não existe estratégia de TI. Certa vez ouvi em uma reunião a seguinte citação do gerente de governança de uma grande empresa brasileira do setor de energia: "não existe estratégia de TI, existe focalização de TI na estratégia da empresa." Essas palavras sábias me abriram a mente de que realmente a TI não pode pensar na razão da sua existência se não atender e viabilizar a estratégia do negócio. Este novo processo do ciclo Estratégia de Serviço concebido na Edição 2011 tem um nome muito bem escolhido: "Gerenciamento da Estratégia **para** os Serviços de TI". Se desmembrarmos o nome do processo, seu entendimento fica mais claro: TI deve "**Gerenciar**" o seu entendimento sobre a "**Estratégia**" da empresa **para** melhor definir e manter os seus "**Serviços de TI**". No capítulo 3, TI no Divã, fiz o seguinte questionamento: por que a TI existe? Essa questão pode ser respondida através das atividades do processo Gerenciamento da Estratégia para os Serviços de TI descritas a seguir.

Na maioria dos projetos ITIL® que conduzi, identifiquei que a estratégia da empresa sempre foi um item obscuro e confuso para a TI. Raramente as empresas divulgam claramente sua estratégia para todos os departamentos e, quando o fazem, geralmente são informações superficiais que não são bem entendidas por todos. Vejamos, por exemplo, um direcionamento estratégico de abertura de capital de uma empresa. Para o negócio da empresa significa captar recursos financeiros externos para investir no crescimento da empresa através da concretização dos objetivos estratégicos, elevando o valor das ações e dando retorno financeiro aos investidores. O que isso significa para a TI? Por experiência própria, vou traduzir: excelência técnica para redução de incidentes que possam aumentar o grau de riscos operacionais e custos para o negócio, procedimentos e atividades documentadas, evidenciadas e transparentes, principalmente no que diz respeito a serviços críticos para o negócio, aprovação devida de investimentos e aquisições e garantia de segurança da informação e continuidade do negócio. Por que a direção da empresa não informa claramente a estratégia à área de TI? Simples: porque não é papel do negócio planejar a gestão de TI. O negócio diz para onde quer ir, e a TI deve planejar como viabilizar a estratégia da empresa. Poucas foram as empresas onde fiz consultoria que tinham um alinhamento claro entre o negócio e a área de TI. Justamente por isso são esses tipos de empresas as que menos precisam de consultoria.

Frequentemente pergunto aos meus alunos e clientes se eles podem me dizer quais são as três principais prioridades na cabeça dos presidentes e diretores da sua empresa no momento. Geralmente fica um silêncio na sala de aula ou na sala de reunião. Um exercício interessante quando estou fazendo consultoria é perguntar a mesma coisa aos gerentes de negócio, ao gerente de TI e à equipe técnica de TI e depois mostrar as diferenças de visões para todos. Não é preciso ser especialista para identificar que essa falta de alinhamento pode levar a falhas de interpretação que resultarão em mau uso dos orçamentos de TI ou insatisfação das áreas de negócio em relação aos serviços de TI. Uma vez, um presidente de uma empresa me surpreendeu dizendo que o que ele mais queria de TI era que eles não mentissem em relação a prazos e entregas. Ele já sabia que os prazos nunca eram cumpridos e que não receberia o que foi solicitado. Sua expectativa de agregação de valor em relação a TI já nem existia mais e ele inclusive incluía nas estratégias de negócio a contratação de fornecedores que tivessem seus próprios serviços de TI para evitar utilizar os serviços de TI internos. Por que essa área de TI interna ainda existia então? Somente porque o negócio da empresa não dependia totalmente de TI e o faturamento da empresa era alto, mesmo com essa TI ineficiente. Como dizia um amigo com quem trabalhei em um projeto no mercado financeiro: "de onde menos se espera é exatamente daí que não sai nada mesmo."

E se as áreas de TI analisassem o cenário interno e externo para identificar novas oportunidades de agregação de valor nos serviços de TI através da melhoria dos serviços prestados e focassem na facilitação dos resultados de negócio? E se isso fosse de claro conhecimento de cada técnico de TI? Será que os serviços seriam entregues com mais qualidade?

Estratégia de negócio é uma responsabilidade dos executivos de negócio através da definição de objetivos e priorização de investimentos. A Estratégia para os Serviços de TI nada mais é do que entender a estratégia do negócio, definir objetivos para a TI e priorizar os investimentos de TI para atender à estratégia do negócio.

Atividades do Gerenciamento da Estratégia para os Serviços de TI

São atividades do Gerenciamento da Estratégia para os serviços de TI:

- **Avaliação Estratégica:** análise da situação atual do provedor de serviços de TI. É realizada com base em uma técnica conhecida no mercado como Análise SWOT, acrônimo de *Strengths* (forças), *Weaknesses* (fraquezas), *Opportunities* (oportunidades) e *Threats* (ameaças). Esta técnica foi creditada a Kenneth Andrews e Roland Christensen, professores da Harvard Business School, mas o general Sun Tzu em 500 a.C. já citava em suas epígrafes que devemos nos concentrar nos nossos pontos fortes, reconhecer nossas fraquezas, agarrar as oportunidades e proteger-nos contra as ameaças. A análise SWOT serve para identificar restrições que possam impactar a qualidade e satisfação dos clientes com os serviços de TI e identificar oportunidades de melhoria nos serviços. A avaliação estratégica analisa o ambiente interno da empresa e o mercado externo à empresa.

- **Análise do Ambiente Interno:** identificação das forças e fraquezas do provedor de serviços em relação aos serviços de TI existentes, análises financeiras de custos de serviços de TI e retorno do investimento, análise de capacidades, conhecimentos e alocação dos recursos humanos de TI, identificação de eficiência e efetividade da operação dos serviços, análise de projetos em andamento e do relacionamento atual da TI com o negócio.
- **Análise do Ambiente Externo:** identificação de oportunidades e ameaças externas, incluindo análises e tendências de mercado, identificação de potenciais clientes e suas necessidades, quem são os fornecedores e parceiros disponíveis no mercado, quais são suas qualidades e limitações e como isso pode afetar o provedor de serviço positiva ou negativamente, quais são os cenários competidores atuais, terceirização, *offshore*... Será que há vantagens no mercado melhores do que a TI atual na empresa? Leis e regulamentações vigentes a que a empresa e o provedor de serviços de TI estão sujeitos, cenários socioeconômicos e políticos e o avanço da tecnologia.

- **Definição de Espaços de Mercado:** documentação do resultado da análise interna e externa para análise e decisão da continuidade da prestação de serviços internos, mudanças nos serviços atuais ou decisão de contratação de fornecedores para entregarem serviços com qualidade maior a custos menores. Como dito anteriormente, o Espaço de Mercado não é o serviço propriamente dito, mas o escopo de todas as oportunidades que um provedor de serviço pode vir a explorar para atender às necessidades atuais e futuras dos clientes.
- **Identificação de Fatores Estratégicos da Indústria ou Mercado:** para cada Espaço de Mercado identificado, há fatores externos que determinam o sucesso ou fracasso da estratégia. Esses fatores devem ser identificados na Análise do Ambiente Externo e relacionados com os Ativos de Serviços necessários para sua execução e entrega. Esses Ativos de Serviços combinados com a Análise Interna fornecem uma visão estratégica da capacidade competitiva do provedor de serviços em atender aos objetivos estratégicos da empresa.

- **Estabelecer os Objetivos:** são os resultados das análises anteriores e vão definir como o provedor de serviços irá atender a esses objetivos estratégicos. Esses objetivos documentados podem então ser nomeados como Estratégia dos Serviços de TI. Quanto mais claros forem os objetivos, mais fácil será o entendimento de todos e haverá menos conflitos de interesses em TI. Quando o provedor de serviços não consegue realizar as atividades listadas, na pior das hipóteses não há gestão de TI por objetivos, o que com certeza traz inúmeros riscos e custos desnecessários ao negócio. Quando a TI tenta de alguma forma atender a algum tipo de objetivo sem realizar as atividades citadas, frequentemente pode estar seguindo um modelo de gestão de acordo com os seguintes tipos:
  - **Gestão por crise:** TI acredita na habilidade de resolver problemas e não pensa proativamente, somente age quando ocorre um incidente.
  - **Gestão pela demanda do cliente:** TI não entende os clientes e sua estratégia e age de acordo com as solicitações e reclamações dos clientes.
  - **Gestão pela extrapolação:** TI age da mesma forma porque acha que assim sempre deu certo. Tem aversão à mudança e acha que somente pode fazer algo diferente se forem feitos altos investimentos ou mudanças drásticas.
  - **Gestão pelo melhor esforço:** TI tenta fazer o seu melhor para atender ao cliente. Não há planejamento, somente esforços heroicos dos profissionais. Apesar de fazerem o que foi solicitado, a expectativa dos clientes sempre acaba sendo maior do que o resultado entregue.
- **Geração, Avaliação e Seleção da Estratégia:** após a avaliação dos cenários e definição dos objetivos, a estratégia dos serviços de TI é gerada em relação aos 4 Ps da Estratégia, definindo a visão e a missão de TI e criando o Plano Estratégico, incluindo: sumário executivo, níveis de autorização requeridos, descrição das atividades necessárias para suportar e executar o plano, descrição dos métodos utilizados, visão, missão e declaração de valor, objetivos estratégicos, planos de ação detalhados, planejamento de recursos e orçamento, responsabilidades dos executivos e interessados e plano de comunicação.
- **Execução da Estratégia:** definição de um Plano Tático e condução do projeto de execução da estratégia.

- **Alinhamento entre os Ativos de Serviços e os Objetivos dos Clientes:** garantir que os Ativos de Serviços tenham sido planejados e sejam gerenciados para prover os níveis de serviço apropriados para os clientes.
- **Otimizar Fatores Críticos de Sucesso:** identificar, iniciar e implementar as atividades necessárias para alinhar conhecimento, ferramentas, recursos financeiros, suporte executivo e qualquer outra atividade de outro projeto com a estratégia da empresa.
- **Priorizar Investimentos:** analisar e determinar o nível de investimento requerido e o retorno de investimento pretendido e submeter o investimento para aprovação executiva.
- **Medição e Avaliação:** definição da medição dos níveis de atendimento e satisfação dos clientes e usuários, métricas de processos e atividades, performance dos serviços para avaliação de melhoria contínua e disponibilização de painel de controle executivo para medição da performance da estratégia.

Relacionamentos do Gerenciamento da Estratégia para os Serviços de TI com outros processos

- **Entradas:**
  - Planos estratégicos da empresa.
  - Entrevistas com clientes e executivos de negócio.
  - Informações do Portfólio de Serviço de TI.
  - Relatórios sobre o andamento da estratégia do negócio.
  - Relatórios de auditoria interna e externa.
- **Saídas:**
  - Planejamento Estratégico para os Serviços de TI para o ciclo Desenho e Transição de Serviço.
  - Informações sobre priorização de investimentos para o Gerenciamento do Portfólio de Serviço e Gerenciamento Financeiro para os Serviços de TI.
  - Planos Táticos sobre como a estratégia deve ser executada para todos os ciclos de vida do serviço de TI.
  - Revisões periódicas do Planejamento Estratégico.

Responsabilidades do Gerenciamento da Estratégia para os Serviços de TI

Existe o papel do Gerente do Processo de Estratégia para os Serviços de TI, que é responsável por:

- Formular, documentar e manter a estratégia dos serviços de TI.
- Garantir a execução das atividades do processo Gerenciamento da Estratégia para os Serviços de TI.
- Informar, publicar e divulgar os aspectos principais da estratégia para os serviços de TI para todos os clientes e os grupos relevantes.
- Garantir a implementação e operação da estratégia para os serviços de TI com sucesso.
- Revisar a operação e performance da estratégia para os serviços de TI.
- Coordenar as interfaces entre o Gerenciamento da Estratégia para os Serviços de TI e os outros processos.

Além do Gerente do Processo, existem outros papéis envolvidos no Gerenciamento da Estratégia para os Serviços de TI. São eles:

- **Gerente da Estratégia do Negócio:** responsável por formular, documentar, comunicar, divulgar e manter a estratégia do negócio. É responsável pela prestação de contas da implementação e operação da estratégia do negócio perante os presidentes, diretores, acionistas etc.
- **Comitê de TI:** formado por diretores, gerentes sênior e outros interessados que são consultados para auxílio na tomada de decisões sobre a direção da estratégia de TI e priorização de planos e orçamentos de TI.
- **Diretor de TI ou Gerente dos Serviços de TI:** responsável por estabelecer o escritório de serviços de TI e gerenciar os recursos e processos do Gerenciamento de Serviços de TI.

Gerenciamento do Portfólio de Serviço

Objetivo do processo Gerenciamento do Portfólio de Serviço

Garantir que o provedor de serviços de TI tenha um *mix* de serviços para balancear os investimentos em TI com a habilidade em atender aos resultados do negócio.

Conceitos do Gerenciamento do Portfólio de Serviço

Quando o plano estratégico direciona ações ou os clientes solicitam demandas de novos serviços de TI, o Gerenciamento do Portfólio deve prover um mecanismo para análise e decisão, se os serviços deverão ser providos ou não, de acordo com análises de riscos e retorno do investimento para o negócio. Além da decisão, o Gerenciamento do Portfólio deve, em conjunto com os outros ciclos de vida do serviço, gerenciar os serviços durante o seu ciclo de vida para tomada de decisões de melhoria ou descontinuação dos serviços de acordo com a estratégia para os serviços de TI.

Portfólio de Serviço

O Portfólio de Serviço é um documento contendo os serviços que serão gerenciados por um provedor de serviços. Abrange todo o ciclo de vida do serviço através dos seus três componentes: Funil de Serviço, Catálogo de Serviço e Serviços Obsoletos.

Funil de Serviços

O Funil de Serviços é um documento ou lista contendo os serviços que estão sendo considerados e avaliados, mas ainda não foram desenvolvidos e disponibilizados para os clientes e usuários. As oportunidades de serviços são identificadas no Funil de Serviços, quantificadas em termos financeiros de custo, retorno do investimento e riscos e oportunidades, e após análise e decisão, são selecionadas ou não. Quando uma demanda de serviço é selecionada, então ela se torna disponível no Catálogo de Serviços.

Catálogo de Serviços

O Catálogo de Serviços é um documento ou base de dados publicada e disponível para visualização dos serviços por parte dos clientes e usuários. Enquanto o Funil disponibiliza informações estratégicas sobre decisões de aprovação de desenvolvimento de serviços, o Catálogo somente disponibiliza informações úteis para o uso do serviço no dia a dia por parte dos usuários e informações para suporte dos serviços por parte das equipes de TI. Inclui informações sobre como solicitar o serviço, pontos de contato, janela de disponibilidade e preços por solicitação dos serviços. São exemplos de informações a serem disponibilizadas no Catálogo de Serviços:

- Nome do serviço
- Versão do serviço
- Descrição do serviço
- *Status* do serviço
- Classificação e nível de criticidade do serviço
- Aplicações e dados relacionados
- Processos de negócio suportados
- Clientes do negócio
- Usuários do negócio
- Donos de TI
- Níveis de Serviço
- Níveis de dependência e relacionamento com outros serviços
- Preços do serviço
- Métricas de qualidade do serviço

Serviços Obsoletos

Serviços Obsoletos são serviços de TI que estavam no Catálogo de Serviços e por decisão estratégica não serão mais utilizados. Podem ser serviços que apoiavam uma determinada estratégia que a empresa decidiu não mais seguir ou uma atividade que o negócio não executa mais. Por exemplo, a empresa poderia ter um sistema de controle de manufatura e estoque e, após decisão estratégica, decidir que os produtos serão comprados prontos e estocados em um armazém terceirizado para envio aos clientes através de uma empresa de logística contratada para tal. Neste exemplo, a TI deve continuar mantendo sistemas de controle de manufatura e estoque para serviços que agora são executados por fornecedores externos? Por questões de otimização de custo, os recursos de TI que eram disponibilizados para esses sistemas podem ser realocados para atender a outro serviço avaliado no Funil de Serviços ou ser utilizado como recurso de melhoria da capacidade ou disponibilidade de outros serviços em produção. Neste caso, os serviços serão descontinuados do Catálogo de Serviços e seus recursos realocados. No entanto, o Gerenciamento do Portfólio de Serviços recomenda que os serviços descontinuados sejam retirados do Catálogo, mas não do Portfólio de Serviços. Para isso, foi recomendada uma parte do Portfólio denominada Serviços Obsoletos.

Serviços Obsoletos são informações sobre os serviços que, por decisão estratégica, não estão mais em produção e devem ser armazenadas para uso futuro se necessário. Podemos citar como exemplos: *backup* de dados históricos dos sistemas, cópias dos códigos-fonte, documentações associadas e outras informações relevantes, para o caso do serviço, por decisão estratégica, ser colocado novamente em produção, ou se alguma informação necessitar ser consultada. Alguns tipos de informações de serviços, principalmente as financeiras, devem, por lei, ser armazenados durante um período específico. Outra situação possível é quando, durante o Funil de Serviços, for identificado que uma nova solicitação de serviço pode ser atendida por um serviço, ou parte de um serviço descontinuado – neste caso, o serviço descontinuado pode ser recuperado através das informações armazenadas, para evitar o retrabalho desnecessário em desenvolver um novo serviço. No pior cenário, um serviço novo aprovado no Funil e disponibilizado no Catálogo de Serviços pode apresentar muitas falhas e não atender a todos os requisitos do negócio, e por decisão estratégica seja necessário retornar à produção o serviço descontinuado para não impactar o negócio da empresa.

Ponto de Atenção

Portfólio de Serviço é uma estrutura que abrange o Funil, Catálogo de Serviços e Serviços Obsoletos. Um serviço selecionado ou aprovado no Funil se torna disponível para consulta no Catálogo de Serviços. O "documento" Catálogo de Serviços faz parte do Portfólio de Serviços como um de seus componentes, mas existe um processo específico no ciclo Desenho de Serviço denominado Gerenciamento do Catálogo de Serviço que é responsável por publicar e manter o "documento" Catálogo de Serviços atualizado. Não confunda o documento Catálogo de Serviços, que é parte integrante do Portfólio de Serviços, com o processo Gerenciamento do Catálogo de Serviços, que é responsável por manter o documento Catálogo de Serviços publicado e atualizado.

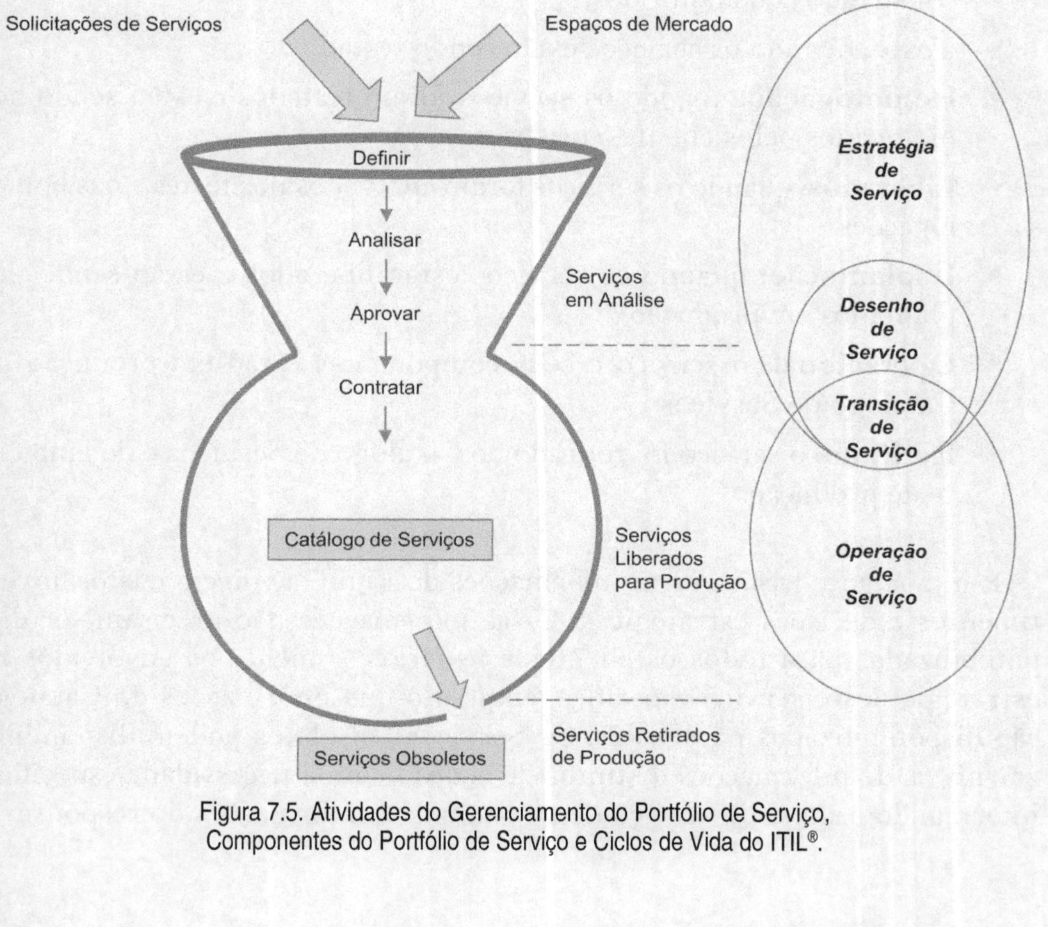

Figura 7.5. Atividades do Gerenciamento do Portfólio de Serviço, Componentes do Portfólio de Serviço e Ciclos de Vida do ITIL®.

O Portfólio de Serviços pode classificar os serviços de acordo com o seu ciclo de vida, utilizando os seguintes *status* do serviço:

- **Requisitos:** quando os requerimentos do negócio foram identificados e documentados.
- **Análise:** quando os requisitos estão sendo analisados e priorizados.
- **Aprovado:** quando os requisitos, após análise, foram aprovados.
- **Contratado:** quando os requisitos aprovados estão sendo comunicados (entraram no Catálogo de Serviços) e estão sendo alocados recursos e orçamento.
- **Desenho:** quando os componentes dos serviços estão sendo desenhados e planejados.
- **Desenvolvimento:** quando os serviços estão sendo desenvolvidos, construídos ou adquiridos.
- **Teste:** quando os serviços estão sendo testados.
- **Homologação:** quando os serviços foram testados e estão sendo homologados pelos clientes/usuários.
- **Liberados:** quando os serviços foram aprovados nos testes e nas homologações.
- **Implantação:** quando os serviços estão liberados e estão sendo implantados em produção.
- **Operacional:** o serviço e seus componentes estão em produção no Catálogo de Serviços.
- **Retirado:** o serviço foi retirado do Catálogo de Serviços e do ambiente de produção.

É importante frisar que as informações do Funil envolvem custos, investimentos e decisões estratégicas. Essas informações não precisam ser disponibilizadas para todos os clientes e usuários, somente os envolvidos na estratégia deste serviço específico, enquanto que informações do Catálogo são disponibilizadas para todos. Os Serviços Obsoletos podem disponibilizar níveis de informações distintos de acordo com a necessidade específica, informando o *status* do serviço descontinuado e informações do responsável do serviço para todos, informações estratégicas do atendimento ao negócio para os envolvidos no Portfólio de Serviços e dados históricos de produção dos serviços armazenados somente para os técnicos envolvidos no suporte do serviço e para os demais usuários quando solicitado de acordo com o nível de aprovação adequado.

O prazo que um serviço deverá ficar armazenado em Serviços Obsoletos pode variar de acordo com a política de retenção de informações da empresa e pode ser influenciado por obrigações de leis e regulamentações ou por limitação de capacidade de recursos para armazenamento.

Modelos de Serviços

São conjuntos de ativos de serviços qualificados em termos de utilidade e garantia e quantificados em termos de capacidade e valor para que os cenários de serviços sejam avaliados para auxílio à decisão no Funil de Serviços.

O Gerenciamento do Portfólio de Serviço tem um papel importante nos outros ciclos de vida do serviço. Os planos, desenhos, decisões, prazos de desenvolvimento, liberação e entrada em produção, assim como prioridades de atendimento do serviço podem ser influenciados por decisões e alterações de estratégia e prioridades definidas durante as avaliações do Funil de Serviços e análises do Catálogo de Serviços.

Caso Real

Em uma empresa do setor financeiro, os serviços de TI que seriam desenvolvidos no ano não eram planejados visando atender à estratégia do negócio e sim em função de objetivos pessoais dos gerentes de TI, que utilizavam os serviços de TI para se autopromoverem. Os serviços que os clientes precisavam eram colocados no Portfólio para planejamento junto com os serviços que os gerentes de TI queriam realizar no ano em benefício próprio. Os cenários, riscos e orçamentos eram manipulados para sempre privilegiarem a escolha dos serviços que os gerentes de TI queriam desenvolver no ano. Para os serviços que os gerentes de TI achavam que não resultariam na devida visibilidade requerida por eles, os planos sempre eram mais difíceis, não havia profissionais disponíveis e os custos e riscos apresentados constantemente eram maiores. Os clientes eram influenciados a aprovar a execução dos serviços "pré-escolhidos" pelos gerentes de TI e as equipes que conduziriam o projeto eram preferencialmente os profissionais da confiança dos gerentes de TI, que, assim como seus chefes, também queriam aparecer. Outros projetos também eram aprovados no Portfólio, porém, como não resultavam em visibilidade para os gerentes de TI, eram deixados de lado, com menos orçamento, recursos e priorização em relação aos projetos "prioritários" dos gerentes de TI. Coincidentemente, os melhores profissionais, que produziam mais do que queriam aparecer, não eram os profissionais de "confiança" dos gerentes de TI, e estes foram alocados nos projetos sem visibilidade. Não demorou muito e o "circo" que foi formado em torno dos projetos com visibilidade se mostrou ineficiente quando as equipes que queriam aparecer mais do que trabalhar atrasaram o cronograma, os desenvolvimentos apresentaram vários erros e os clientes começaram a identificar que esses serviços não trariam o valor esperado para o negócio. Curiosamente, alguns serviços sem visibilidade para os gerentes de TI, que eram desenvolvidos pelas equipes que queriam trabalhar mais do que aparecer, foram reconhecidos pelos clientes como agregadores de valor para o negócio e, por estarem no prazo e com qualidade reconhecida pelos clientes, passaram a ter mais visibilidade para os clientes do que os serviços que, na visão dos gerentes de TI, resultariam em sua promoção no mercado. Os gerentes de TI então reconheceram o trabalho das equipes dos outros projetos e passaram a "vender" também os serviços que antes foram menosprezados, para contabilizar positivamente os desenvolvimentos do Portfólio de Serviços do ano em prol da manutenção de seus cargos.

Atividades do Gerenciamento do Portfólio de Serviço

As atividades do processo de Gerenciamento do Portfólio de Serviço são:

- **Definir:** levanta, documenta e identifica as informações básicas a respeito de um serviço através do preenchimento de Casos de Negócio.

Casos de Negócio, mais conhecidos no mercado como *Business Cases*, são cenários definidos para cada serviço contendo a relação dos Ativos de Serviços requeridos, os investimentos necessários, riscos, impactos e oportunidades de geração de valor para os clientes.

- **Analisar:** analisa os Casos de Negócio de acordo com a Estratégia para os Serviços de TI, informações do Espaço de Mercado, capacidades dos Ativos de Serviço, análises de investimento e orçamento de TI disponível para identificar a capacidade do serviço em agregar valor ao negócio.
- **Aprovar:** autoriza a alocação de investimento e o planejamento tático do desenvolvimento para um Caso de Negócio escolhido.
- **Contratar:** documenta a autorização do Caso de Negócio escolhido e serve como formalização de entrada e insumo para o início do ciclo Desenho de Serviço. Formalmente conhecido no mercado como "Documento de Escopo do Projeto", o ITIL® o denomina como Contrato de Serviço. É recomendado que o Contrato de Serviço contenha as seguintes informações:
    - Descrição do serviço.
    - Justificativa da solicitação (atendimento à estratégia ou solicitação do cliente).
    - Escopo e objetivos do serviço.
    - Padrões, regulamentações ou outras informações relevantes a serem consideradas durante o desenho, a transição e a operação do serviço.
    - Patrocínio do projeto.
    - Riscos e restrições.
    - Recursos a serem alocados no projeto (podendo sofrer alterações durante o Desenho do Serviço).
    - Matriz de responsabilidades.
    - Prazos requeridos pelo negócio.
    - Plano de controle do andamento do projeto.
    - Plano de comunicação do projeto.
    - Orçamento e centro de custo do projeto (se necessário).

Relacionamentos do Gerenciamento do Portfólio de TI com outros processos

- **Entradas:**
  - Planos estratégicos para os serviços de TI
  - Planos de melhoria dos serviços
  - Informações financeiras
  - Requisições dos clientes
  - Sugestões ou reclamações dos clientes
  - Atualizações do andamento dos serviços descritos nos Contratos de Serviço
- **Saídas:**
  - Portfólio de Serviço atualizado
  - Contrato de Serviço atualizado
  - Relatório de *status* dos serviços
  - Relatórios de investimentos realizados no Portfólio de Serviço
  - Retorno do investimento e riscos para a estratégia identificados durante a análise do Portfólio de Serviço

Responsabilidades do Dono do Processo Gerenciamento do Portfólio de Serviços

- Garantir que o processo seja adequado ao seu propósito.
- Trabalhar em conjunto com os donos dos outros processos para garantir uma abordagem integrada para o desenho e a implementação do Gerenciamento do Portfólio de Serviços.

Responsabilidades do Gerente do Processo Gerenciamento do Portfólio de Serviços

- Garantir a execução das atividades do processo.
- Gerenciar e manter o Portfólio de Serviços.
- Divulgar o Portfólio de Serviços para os clientes e potenciais clientes.
- Ajudar a formular os Contratos de Serviço.

Gerenciamento Financeiro para os Serviços de TI

Objetivo do processo Gerenciamento Financeiro para os Serviços de TI

Garantir os recursos financeiros necessários para a entrega dos serviços de TI aos clientes através do orçamento, da contabilização dos serviços e da quantificação do valor da contribuição dos serviços de TI para o negócio.

Conceitos do Gerenciamento Financeiro para os Serviços de TI

Para falarmos de Gerenciamento Financeiro para os Serviços de TI primeiramente temos que entender sua relação com o Gerenciamento Financeiro da empresa. Toda empresa deve ter o controle dos seus custos e receitas. Custos são todas as despesas com que a empresa tem que arcar para manter o negócio funcionando, ou seja, todo o dinheiro que sai da empresa, com exceção dos investimentos, que serão recebíveis a curto, médio ou longo prazos de acordo com o tipo de investimento. São exemplos de custos: folha de pagamento, compras de matéria-prima, pagamento de fornecedores de serviços, contas de luz, impostos etc. Receita é todo o dinheiro que entra na empresa proveniente de faturas de serviços executados ou compra de produtos por parte dos clientes. O Gerenciamento Financeiro da empresa controla custos e receitas, identificando a origem, justificativa, devida aprovação e prazos para pagamento e recebimento, controlando as despesas e a entrada de capital na empresa. Um bom Gerenciamento Financeiro permite que a empresa controle suas despesas para evitar gastos desnecessários e planeje seus recebíveis para tomar decisões de investimento e crescimento da empresa. Uma empresa somente pode planejar sua estratégia quando sabe exatamente com quantos recursos financeiros ela pode contar para viabilizar seus objetivos.

O Gerenciamento Financeiro para os Serviços de TI tem a mesma ótica do Gerenciamento Financeiro da empresa. Deve ser sua responsabilidade identificar todos os custos envolvidos na entrega dos serviços de TI. Quando a TI não é o negócio-fim da empresa, a TI não tem receita, e sim orçamento. Orçamento é o planejamento, anual na maioria das empresas, das despesas da área de TI para o ano seguinte levando em consideração os projetos que serão executados (Portfólio de Serviços) e os recursos necessários para manter os serviços de TI funcionando de acordo com as necessidades da estratégia da empresa. Quando a TI é o negócio-fim do provedor de serviços, ou seja, o negócio da empresa é fornecer serviços de TI para clientes, a TI precifica os seus serviços e cobra dos clientes pela prestação dos serviços de TI de acordo com estratégias de cobrança dos serviços.

Ponto de Atenção

Quando se fala em provedor de serviços de TI, estamos falando de um provedor que entrega serviços e não simplesmente de uma empresa que aloca mão de obra. Muitas empresas que se dizem provedores de serviços de TI na verdade são empresas de recrutamento, seleção e mera alocação de profissionais. Esses tipos de empresas somente cobram pela quantidade de profissionais alocados e não se envolvem com planejamento, acompanhamento, medição e melhoria da qualidade do serviço entregue. O objetivo estratégico da contratação de um fornecedor para entrega dos serviços de TI, conforme explicado anteriormente, é agregar valor ao negócio através do fornecimento de serviços de qualidade, desonerando o cliente de custos e riscos associados à entrega do serviço. Portanto, cobrar pelos serviços de TI não é enviar ao cliente uma fatura contabilizando meramente pessoas alocadas, e sim cobrar pela utilização ou fornecimento de serviços que são habilitadores do negócio.

As decisões estratégicas devem ser orientadas por informações financeiras para avaliação dos custos e benefícios dos serviços. O Gerenciamento Financeiro para os Serviços de TI é uma ferramenta estratégica para todos os tipos de provedores de serviços: os internos, externos ou provedores de serviços compartilhados. Os provedores dos serviços de TI devem operar nos mesmos níveis de visibilidade e contabilidade das outras áreas de negócio. Enquanto algumas áreas das empresas realizam controles acurados sobre os custos e investimentos internos em relação ao retorno do investimento para o negócio, denominado no mercado como ROI (*Return of*

Investment), TI ainda sente dificuldades em planejar os seus orçamentos e justificar os investimentos internos sob a ótica da criação de valor para os serviços.

O Gerenciamento Financeiro auxilia os provedores de serviços de TI a quantificar os valores financeiros dos serviços de TI fundamentados em dados de provisão dos serviços e percepção de valor dos clientes, para, em conjunto com eles, identificar e aprovar o planejamento financeiro de novos serviços e serviços em produção. Essa abordagem prevê os seguintes benefícios para o negócio:

- Melhorar os processos de tomada de decisão.
- Agilizar a mudança estratégica.
- Auxiliar o Gerenciamento do Portfólio de Serviço.
- Aprimorar o controle financeiro de TI.
- Tangibilizar o valor dos serviços de TI.

As empresas utilizam o conceito de "ano fiscal contábil", no qual o ano com doze meses é dividido por quatro, denominando quatro quartis de três meses. O ano fiscal termina no quarto quartil no último dia útil do ano e inicia no primeiro quartil no primeiro dia útil do ano. O término do ano fiscal, em termos legais, deve fechar o balancete anual da empresa, onde são registradas todas as despesas e receitas do ano que fechou. Para o ano que se iniciará é então feita a previsão orçamentária, onde são estimadas as despesas do ano que estará começando. Durante o ano, o controle financeiro da empresa contabiliza as despesas e receitas em andamento e compara os resultados financeiros realizados com o orçamento estimado para garantir que o capital está sendo empregado de acordo com a estratégia da empresa.

1º quartil	2º quartil	3º quartil	4º quartil
Janeiro Fevereiro Março	Abril Maio Junho	Julho Agosto Setembro	Outubro Novembro Dezembro

Figura 7.6. Divisão do ano fiscal em quartis.

Atividades do Gerenciamento Financeiro para os Serviços de TI

As atividades do Gerenciamento Financeiro para os Serviços de TI são:

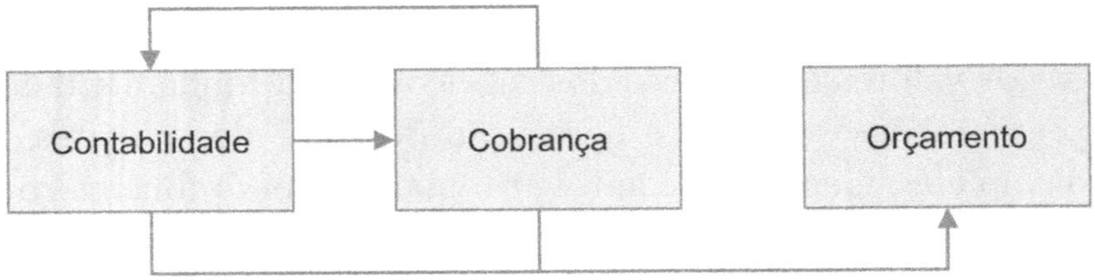

Figura 7.7. Atividades do Gerenciamento Financeiro para os Serviços de TI.

Orçamento

Atividade de estimar e negociar os gastos e recursos necessários de TI para o próximo ano. Na maioria das empresas em que prestei consultoria, o orçamento de TI para o ano seguinte geralmente começava a ser planejado entre o final do terceiro quartil e o início do quarto quartil para devida análise, acordo e aprovisionamento de recursos.

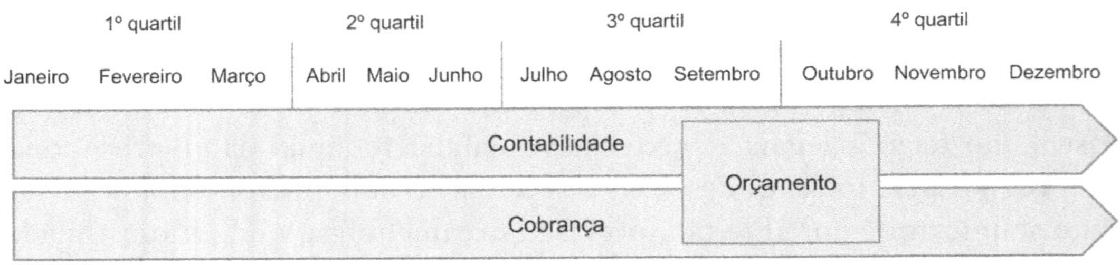

Figura 7.8. Atividades do Gerenciamento Financeiro para os Serviços de TI divididas nos quartis.

O planejamento do orçamento para o próximo ano pode ser realizado levando em consideração os seguintes aspectos:

- Análise do orçamento do ano anterior para identificar tendências, erros de estimativas e lições aprendidas.
- Análise do Portfólio de Serviço para identificar informações financeiras de serviços no Funil de Serviços que foram aprovados para serem realizados no próximo ano e também serviços ainda sob avaliação que podem vir a ser aprovados.

- Análise financeira de propostas de melhorias dos serviços.
- Análise da contabilização financeira de TI.

Contabilidade

Atividade de identificação e alocação de custos dos serviços de TI. Os custos dos serviços ou componentes dos serviços de TI são quantificados em termos financeiros para cálculo dos valores dos serviços entregues aos clientes. Alguns tipos de quantificações financeiras para os serviços de TI identificados são:

- Custo de aquisição de hardware.
- Custo de licenciamento de software.
- Taxa de manutenção de hardware e software.
- Salários dos profissionais de TI alocados para desenvolver e/ou suportar os serviços.
- Pagamentos de utilidades e serviços básicos como energia, mobiliário, etc.
- Custo de projetos de TI.
- Custo de conformidade com regulamentações.

Os custos são classificados e registrados para acompanhamento e avaliação da conformidade da utilização dos recursos financeiros de acordo com o orçamento anual aprovado. Os custos podem ser classificados de acordo com suas características de forma de entrega, atribuição e natureza.

- **Forma de entrega:**
  - **Custos Fixos:** custo fixo para um serviço estipulado para um determinado período de tempo. Exemplo: licença de software anual, compra de hardware ou mensalidade de uso de link de comunicação.
  - **Custo Variável:** custo que varia de acordo com a demanda, utilização e com o tempo de execução do serviço. Exemplo: projetos de desenvolvimento, consultoria externa, manutenções realizadas sem contrato de garantia.

- **Atribuição:**
  - **Custos Diretos**: custos atribuídos diretamente a um cliente ou serviço. Exemplo: horas alocadas no desenvolvimento de um sistema para um cliente específico ou custo de licenciamento do banco de dados do sistema de CRM da empresa.
  - **Custos Indiretos**: custos compartilhados ou rateados entre mais de um cliente ou serviço. Exemplo: custos de serviços compartilhados entre vários clientes como correio eletrônico ou acesso à Internet ou custos de serviços virtuais, em *cluster* ou na nuvem que são utilizados por mais de um serviço de TI.

Ponto de Atenção

Devido ao crescimento de serviços virtuais, em *cluster* ou em nuvem (*cloud computing*), a contabilização financeira desses serviços é feita baseada em rateio de custos indiretos. A identificação dos custos dos componentes é contabilizada e rateada de acordo com uma dinâmica de custo variável. A dinâmica de custo variável analisa e tenta entender a complexidade dos elementos de custos variáveis que estão relacionados ao valor dos serviços, como, por exemplo, custo do servidor na qual a máquina virtual está instalada e rateio do custo do servidor pela quantidade de máquinas virtuais criadas, ou custo da infraestrutura de servidor, *web server*, banco de dados e link de comunicação somado e rateado pela quantidade de serviços (*web services*) que estão disponíveis nesse ambiente.

- **Natureza:**
  - **Custos de Capital:** geralmente conhecidos como CAPEX (*capital expenditure*). São custos de aquisição formal de ativos fixos para a empresa. Exemplo: compra de hardware.
  - **Custos Operacionais:** geralmente conhecidos como OPEX (*operational expenditure*). São custos rotineiros da operação de TI ou custos de serviços. Exemplo: manutenções, suportes ou projetos.

Cobrança

É uma atividade que pode ser realizada mediante a identificação dos valores dos serviços e estabelecimento de preços pela solicitação ou utilização dos serviços. Os preços dos serviços devem ser identificados no Catálogo de Serviço e podem influenciar a utilização dos serviços. Como o objetivo da área de TI não é ser uma entidade com fins lucrativos (a não ser quando o provedor de serviços é externo), a cobrança pode somente recuperar os custos de TI. Em alguns casos, a cobrança pode exceder o valor de custo através do incremento de uma taxa de utilização do serviço, da atribuição de valores fixos para os serviços maiores do que o custo ou a aplicação de preços de mercado para a cobrança do serviço. Nos casos onde os preços dos serviços recuperem os valores e ainda sobrem capitais, estes podem ser utilizados para provisionamento da melhoria dos serviços de TI. A estratégia da cobrança dos serviços de TI deve levar em consideração a política de repasse de custos das operações internas da empresa e pode ser feita somente como informação teórica (quanto custaria se fosse cobrado) ou através de cobrança real.

Caso Real 1

Uma empresa com diversas filiais em estados diferentes realizou um projeto de voz sobre IP para interligar os escritórios remotos. O preço do serviço de ligação pela estrutura de voz sobre IP foi elaborado levando em consideração a amortização dos custos do projeto, os custos da aquisição dos componentes de hardware e software, e adicionado o custo da manutenção mensal da infraestrutura. O custo unitário de uma ligação via voz sobre IP havia reduzido em relação ao custo das ligações interurbanas realizadas anteriormente através da empresa de telefonia. Após o primeiro mês, foi elaborado um relatório onde o total das ligações foi dividido por área de negócios que fizeram as ligações, e foi informado aos gerentes o quanto eles gastavam anteriormente e quanto custaram as ligações via voz sobre IP. Através deste relatório foi facilmente identificada a taxa de retorno do projeto de voz sobre IP através da redução do valor pago mensalmente à operadora telefônica.

Caso Real 2

A área de TI de uma empresa adotou uma política de cobrança pelos serviços de disponibilização de recursos de microinformática aos usuários separando os tipos de solicitações em categorias: microcomputadores básicos, microcomputadores especializados, notebooks básicos e notebooks de gerentes. Os microcomputadores básicos possuíam capacidades de processamento e memória básicas para o uso diário e, além do sistema operacional, vinham com aplicativos básicos como leitor de e-mail, navegador e aplicativos de escritório como editores de texto, planilhas e editor de apresentações. Os microcomputadores especializados eram equipamentos com mais recursos de processamento e memória e, além dos aplicativos básicos, também possuíam aplicativos específicos solicitados por cada área de negócio, como aplicativos de controle de projetos, editores gráficos etc. Os notebooks básicos possuíam as mesmas características dos microcomputadores especializados e os notebooks de gerentes eram equipamentos de primeira linha, com perfil personalizado, disponibilizados aos gerentes da empresa. Para cada tipo de microcomputador ou notebook disponibilizado havia um preço específico cobrado mensalmente da gerência solicitante. Após o primeiro ano da adoção da política e cobrança efetiva com débito do centro de custo do gerente da área solicitante, o número de solicitações de compras de novos notebooks e aquisições de novas licenças de aplicativos especializados reduziu consideravelmente, assim como houve um aumento da realocação de recursos entre as áreas. Algumas áreas abriram mão da utilização de notebooks em função de microcomputadores e a disponibilização de notebooks para os gerentes foi condicionada somente aos gerentes de segundo e terceiro níveis.

Relacionamentos do Gerenciamento Financeiro com outros processos

- **Entradas**: dados dos custos dos serviços de TI de todos os outros processos.
- **Saídas**: informações financeiras sobre o valor dos serviços para auxílio à tomada de decisões em todos os outros processos.

Responsabilidades do Dono do Processo Gerenciamento Financeiro para os Serviços de TI

- Garantir que o processo seja adequado ao seu propósito.
- Identificar, negociar e aprovar os valores dos serviços de TI com os outros Donos de Processo.
- Manter a conformidade com a política de gerenciamento financeiro da empresa.

Responsabilidades do Gerente do Processo Gerenciamento Financeiro para os Serviços de TI

- Garantir a execução das atividades do processo.
- Prestar informações sobre os custos dos serviços de TI.
- Preparar o orçamento anual de TI e submetê-lo à aprovação.
- Controlar os custos de TI no dia a dia e tomar ações corretivas para garantir o alinhamento entre os custos realizados e o orçamento de TI.
- Formular e gerenciar os sistemas de cobrança de TI aplicados.
- Analisar e preparar relatórios financeiros de valor agregado e retorno do investimento dos serviços de TI.

Gerenciamento da Demanda

Objetivo do processo Gerenciamento da Demanda

Entender, antecipar e influenciar a demanda dos clientes para os serviços de TI e trabalhar com o Gerenciamento da Capacidade para garantir que o provedor de serviços possua a capacidade para atender a essa demanda.

Conceitos do Gerenciamento da Demanda

O Gerenciamento da Demanda é um aspecto crítico do Gerenciamento de Serviços. Serviços sem planejamento de demandas são fontes de risco para os provedores de serviço, reduzindo a confiança dos clientes nos serviços.

Caso Real 1

Um grande portal de conteúdo na Internet foi criado e o seu lançamento foi divulgado amplamente na mídia. No dia do lançamento, a quantidade de acessos simultâneos ao conteúdo do portal foi maior do que sua infraestrutura suportava e saiu do ar por lentidão no carregamento das páginas. A empresa dona do portal decidiu retirá-lo do ar e adiar seu lançamento.

Caso Real 2

Uma grande rede de lojas de varejo divulgou na mídia que realizaria uma grande liquidação no final de semana. Formaram-se filas nas portas das lojas aguardando a sua abertura. Uma hora após a abertura das lojas, o sistema integrado de vendas da rede de lojas sobrecarregou o banco de dados, causando lentidão na consulta dos preços dos produtos e registro das vendas nos caixas das lojas. Com a demora para fechamento de uma compra no caixa, vários clientes decidiram deixar os produtos na loja e ir embora.

Caso Real 3

No momento da tão esperada oferta pública de ações de uma grande empresa do mercado, os clientes de uma corretora *on-line* enfrentaram dificuldades para realizar opções de compra de ações. Após meia hora de espera pela normalização do serviço, as ações já haviam valorizado em relação à oferta inicial e eles perderam a oportunidade de comprá-las a um valor menor.

Esses são exemplos de serviços que entraram em operação sem o devido planejamento de demanda. A quantidade de Requisições de Serviços, que nestes casos eram os acessos, vendas ou compras, foi subestimada em relação à capacidade do provedor de entregar esses serviços. Por outro lado, capacidades excessivas geram custos elevados, e os clientes dificilmente se sentirão à vontade para pagar por uma capacidade ociosa sem que esta capacidade gere valor para os serviços. Há situações em que capacidade ociosa é necessária para a garantia da entrega do serviço, como, por exemplo, a contingência de serviços que possam trazer riscos para o negócio em caso de interrupção. Nesses casos, não podemos afirmar que a capacidade está ociosa, mesmo que não esteja sendo utilizada em produção, porque no fundo ela está servindo para um propósito: aumentar a confiabilidade do serviço através da garantia de continuidade do serviço em caso de eventos de risco que possam impactar o negócio.

Ponto para Reflexão

Por que em nossas residências não temos um fogão industrial? A resposta é: porque não cozinhamos em larga escala para muitas pessoas. Mesmo assim, poderíamos comprar um fogão industrial para cozinhar para somente uma família? A resposta é: sim, mas estaríamos investindo em um recurso que não seria utilizado em sua plenitude. Sob a ótica de investimento de negócios, estaríamos utilizando mal os recursos financeiros da empresa. Quando as empresas fazem os orçamentos de suas áreas, há certo tipo de "competição" por orçamento. Ganha mais recursos quem estiver alinhado à estratégia da empresa ou comprovar retorno do investimento. Nesse cenário, quando a TI planeja mal as demandas e a capacidade necessária para atender aos serviços de TI, se planejar para mais, estará superfaturando o orçamento, que poderia ser mais bem aproveitado para outra área que traria mais retorno para o negócio, e se planejar para menos, poderá causar interrupções nos serviços de TI pela falta de capacidade requerida para a utilização desse serviço.

Padrão de Atividade de Negócio (PAN)

É imprescindível que o provedor de TI entenda o negócio do cliente para identificar, analisar e planejar a capacidade requerida do serviço de TI. São inúmeros os requisitos de negócio que podem influenciar a capacidade do serviço, como, por exemplo:

- Aumento do número de usuários.
- Aumento do volume de transações de serviço (crescimento das vendas, acessos, etc).
- Crescimento planejado da oferta de serviço (promoções, queimas de estoque, liquidações, etc).
- Sazonalidade dos serviços (vendas no Natal, fechamento contábil, etc).

A análise do Padrão de Atividade de Negócio deve identificar:

- Os padrões de atividades dos processos de negócio e avaliar a capacidade atual dos serviços disponível.
- Simular a necessidade de capacidade futura dos serviços através da simulação dos padrões dos serviços de acordo com a possível demanda dos serviços, utilizando padrões históricos, análise de tendências e projeções estatísticas.

Caso Real

Uma empresa distribuidora de alimentos que realizava vendas a grandes redes de supermercados identificou, através do seu Catálogo de Serviços, que as vendas eram realizadas de acordo com a seguinte infraestrutura de TI:

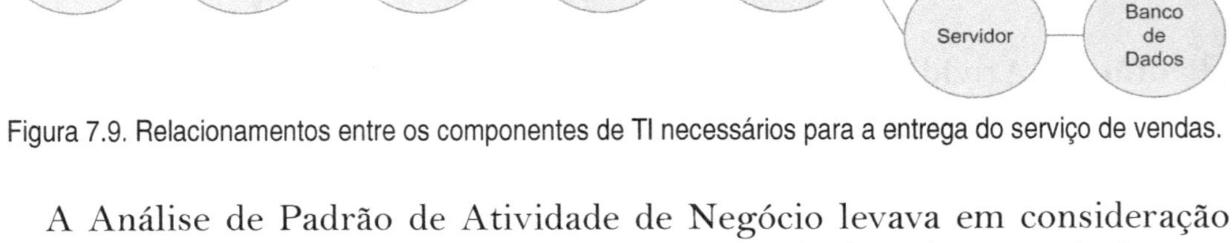

Figura 7.9. Relacionamentos entre os componentes de TI necessários para a entrega do serviço de vendas.

A Análise de Padrão de Atividade de Negócio levava em consideração o volume de vendas mensal em relação ao período do mês, período do ano, promoções de vendas e entrada de novos produtos no catálogo de vendas da empresa. A empresa fechou um contrato de representação de um novo produto e com isso projetou um acréscimo estimado em 30% no volume de vendas. Levando em consideração que os registros de venda trafegam pela Internet e consomem largura de banda e os servidores consomem uso do processador, memória e espaço em disco, a gerência de TI atualmente identifica qual a taxa de consumo de banda de um pedido de venda e quantos pedidos podem ser atendidos com a capacidade de acesso à Internet atual. Também identificam quanto de processamento, memória e espaço em disco um determinado volume de vendas consome. Com estas informações, a TI foi capaz de identificar que a largura de banda da Internet contratada e os servidores deveriam ser atualizados em três meses para suportar o crescimento no volume de vendas.

O resultado da Análise de Padrão de Atividade pode também recomendar:

- Contratação adicional de pessoas.
- Mudanças nos processos de negócio.
- *Upgrades* de tecnologia.

Perfil de Usuário (PU)

Perfil do Usuário são todos os elementos que consomem os serviços de TI, como pessoas, atividades dos processos de negócio e aplicações. Cada perfil do usuário do serviço está associado a um ou mais Padrões de Atividade de Negócio. O volume de vendas citado no caso real anterior é um exemplo de Perfil de Usuário. A Análise do Padrão de Atividade de Negócio deve considerar o contexto operacional de cada Perfil de Usuário identificando suas variações de capacidade e demanda. Perfis de Usuários podem identificar características peculiares de uso do serviço, como forma de acesso, localização, horários e perfis de acesso.

Pacotes de Serviço

Os Pacotes de Serviços podem ser classificados como:

- Pacotes de Serviço Principal (PSP).
- Pacotes de Serviço de Apoio (PSA).

Os Pacotes de Serviço Principal são identificados como os serviços que os clientes desejam receber e pelos quais estão dispostos a pagar. São os serviços que geram valor diretamente para os clientes. Na prática, são os serviços descritos no Catálogo de Serviços de Negócio.

Os Pacotes de Serviço de Apoio são todos os serviços que apoiam, contribuem ou permitem que os Serviços Principais sejam entregues aos clientes. Na prática, são os serviços descritos no Catálogo Técnico.

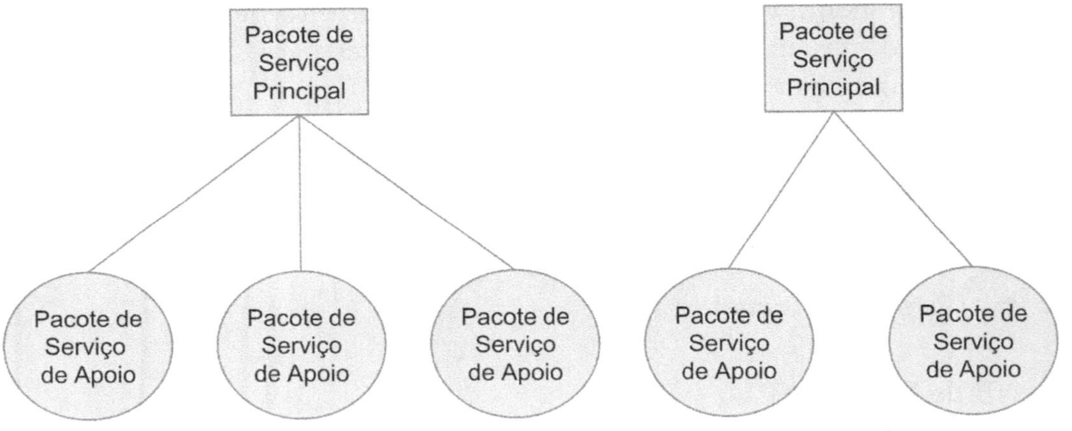

Figura 7.10. Pacotes de Serviço Principal e Pacotes de Serviço de Apoio[8].

Pacotes de Nível de Serviço (PNS)

Pacotes de Nível de Serviço são níveis definidos de ativos de um serviço (utilidade e garantia) para um Pacote de Serviço específico. Cada Pacote de Nível de Serviço deve ser planejado para atender aos requerimentos de um Padrão de Atividade de Negócio associado, ou seja, um Pacote de Nível de Serviço são conjuntos de requerimentos de um serviço em relação aos Ativos de Serviço utilizados, solicitados ou acessados por um Perfil de Usuário de acordo com um Padrão de Atividade do Serviço, contendo as expectativas dos clientes em relação à utilidade e às garantias requeridas para o negócio.

---

[8] Adaptado do livro ITIL® *Service Strategy* sob licença do *Cabinet Office*.

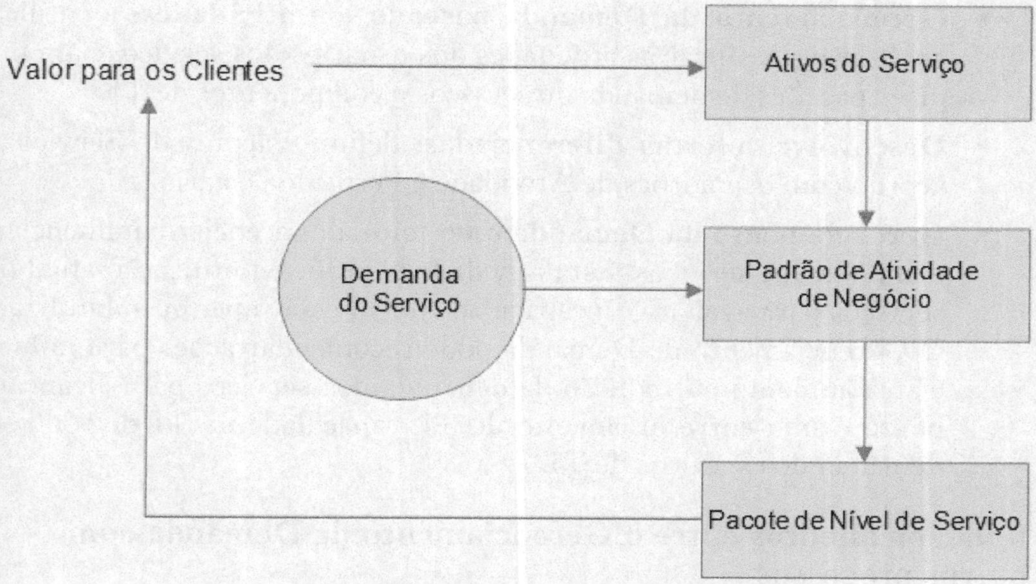

Figura 7.11. Associação de Pacotes de Nível de Serviço com Padrão de Atividade de Negócio e Ativos de Serviço.[9]

Atividades do Gerenciamento da Demanda

As atividades do Gerenciamento da Demanda são:

- **Identificar fontes de previsão de demanda:** identificar documentos, relatórios e informações sobre os níveis de demanda do negócio. Essas informações podem estar contidas em planos de negócio, planos de marketing, estratégia da empresa, projeções de vendas e planejamento de lançamento de novos produtos ou serviços.
- **Identificar Padrões de Atividade do Negócio:** entender a dinâmica do negócio e suas interações com os serviços de TI através da classificação do tipo de Padrão de Atividade do Negócio, definição de atributos como frequência, volume, localidade e duração e entender os requerimentos de utilidade e garantia requeridos para o serviço.
- **Identificar Perfis de Usuário:** identificar os Perfis de Usuários e sua relação com os Padrões de Atividade do Negócio.

[9] Adaptado do livro ITIL® *Service Strategy* sob licença do *Cabinet Office.*

- **Gerenciamento da Demanda baseado em atividades:** identificar, analisar e classificar as atividades dos usuários dos serviços para predizer padrões de demanda de serviços e componentes de TI.
- **Desenvolver ofertas diferenciadas:** definir Pacotes de Serviço de acordo com os Padrões de Atividade e Perfis de Usuário.
- **Gerenciamento da Demanda operacional:** gerenciar e influenciar a demanda dos serviços. Esta atividade identifica a utilização atual dos serviços para avaliar se a capacidade de TI está super ou subutilizada. O Gerenciamento da Demanda pode recomendar ações para influenciar o aumento ou redução da demanda dos serviços para alcançar o ponto ótimo entre orçamento de TI, capacidade de TI disponível e demanda dos serviços de TI.

Relacionamentos entre o Gerenciamento da Demanda com outros processos

- **Entradas**:
  - Informações sobre os serviços do Gerenciamento do Portfólio de Serviço.
  - Informações sobre o valor dos serviços do Gerenciamento Financeiro.
  - Plano de Melhoria de Serviços do ciclo de Melhoria Continuada de Serviços.
- **Saídas**:
  - Pacotes de Nível de Serviço para o Gerenciamento do Portfólio de Serviço e para o Gerenciamento de Nível de Serviço.

Responsabilidades do Dono do Processo Gerenciamento da Demanda

- Garantir que o processo seja adequado ao propósito.
- Trabalhar em conjunto com outros Donos de Processo para identificar informações de demandas de serviços.

Responsabilidades do Gerente do Processo Gerenciamento da Demanda

- Garantir a execução das atividades do processo.

- Identificar os requisitos de demandas dos serviços de TI.
- Identificar os requisitos do Padrão de Atividade de Negócio.
- Monitorar o Padrão de Atividade de Negócio e o Perfil de Usuário.
- Participar da criação do Acordo de Nível de Serviço.
- Garantir que os recursos adequados estejam disponíveis nos níveis apropriados de capacidade para atender à demanda dos serviços.
- Antecipar e prevenir situações de negócio onde a demanda exceda a capacidade de TI disponível.

Gerenciamento do Relacionamento com o Negócio

Objetivo do processo Gerenciamento do Relacionamento com o Negócio

Estabelecer e manter o relacionamento do provedor de serviços com os clientes através do entendimento das necessidades do negócio e das expectativas do cliente e garantir que haja balanceamento entre as expectativas e o valor que os clientes estão dispostos a pagar pelos serviços.

Conceitos do Gerenciamento do Relacionamento com o Negócio

Gerenciar o relacionamento com os clientes significa entender as necessidades e expectativas de valor dos clientes e direcionar ações para elevar o nível de satisfação dos clientes em relação aos serviços prestados. Os outros processos do ciclo de vida ITIL® também se preocupam com a satisfação, as necessidades e as expectativas dos clientes, mas o foco dos outros processos é mais voltado para a qualidade dos serviços entregues, que indiretamente trarão resultados de satisfação e atendimento de necessidades; no entanto, os outros processos são mais táticos e operacionais, enquanto o Gerenciamento do Relacionamento com o Negócio lida com questões mais estratégicas de relacionamento com os clientes.

Em Provedores de Serviços Internos, o papel de Gerenciamento do Relacionamento é normalmente realizado por gerentes seniores de TI, que frequentemente acumulam outros papéis como Gerente do Portfólio e Gerente de Nível de Serviço, dependendo do tamanho da empresa. Em Provedores de Serviços Externos, o gerenciamento do relacionamento é geralmente executado por um papel conhecido no mercado como "Gerente de Conta". Um Gerente de Conta pode ser responsável por um cliente ou um grupo de clientes divididos por segmento de mercado, por tipo de contrato, por tipo de serviço prestado etc. O Gerente de Conta geralmente exerce um papel mais "comercial" junto ao cliente, garantindo que as expectativas de valor estejam alinhadas com os preços dos serviços e a satisfação do cliente.

O termo "expectativa" e "satisfação" merecem ser diferenciados em relação ao seu significado e relevância para os serviços de TI. Se perguntarmos aos gerentes de negócio sobre suas necessidades, eles informarão desejos que podem ou não ser atendidos pela TI. Essa análise ocorre no Funil de Serviços, no processo Gerenciamento do Portfólio de Serviços. Uma necessidade do negócio pode não ser aprovada em função de orçamento de TI disponível e priorização de outras necessidades de negócio, ou por questões técnicas identificadas no ciclo Desenho de Serviço.

O Gerenciamento do Relacionamento com o Negócio deve gerenciar a expectativa de valor (o que pode ser feito) e a satisfação (como foi feito) dos clientes em relação às suas necessidades de negócio. Expectativa de valor tem a ver com resultados objetivos do negócio e não desejos subjetivos do gerente de negócio. A expectativa deve medir resultados positivos no negócio relacionados com a agregação de valor do serviço de TI. A satisfação deve medir como os clientes de TI estão sendo atendidos em relação às suas necessidades. Cabe aqui frisar que satisfação de clientes é diferente de satisfação de usuários. Clientes solicitam novos serviços ou modificações nos serviços de TI de acordo com a estratégia da empresa (ciclo Estratégia de Serviço), enquanto os usuários somente utilizam os serviços de TI ou reportam falhas na operação dos serviços (ciclo Operação de Serviço).

Portfólio de Cliente

É uma base de dados ou documento que relaciona os clientes com os serviços de TI. Um Portfólio de Cliente identifica as particularidades de cada cliente e suas expectativas com os serviços de TI. Por exemplo, um cliente pode ser direcionado por prazos de acordo com a dinâmica do mercado em que atua; outro pode ser mais suscetível à qualidade por conta do impacto dos riscos operacionais e de imagem da empresa; e outro pode ser orientado a custos por conta de estratégias financeiras. Um Portfólio de Cliente contém as seguintes informações:

- Nome do cliente.
- Nome do representante do cliente.
- Nome do Gerente de Relacionamento com o Negócio.
- Descrição do negócio do cliente e pontos-chave do negócio identificados.
- Lista de serviços de TI providos para esse cliente (relacionamento com o Portfólio de Serviços).
- Atas de reuniões periódicas de relacionamento com o cliente.
- Relatórios produzidos de atendimento de expectativas e satisfação dos clientes.
- Planos de ação atuais e históricos para tratamento da melhoria da expectativa e satisfação dos clientes.

Portfólio de Acordo de Cliente

É uma base de dados ou documento utilizado para gerenciar os contratos e acordos entre o provedor de serviços de TI e o cliente. Todos os serviços de TI entregues aos clientes devem ter um acordo ou contrato com os clientes. Os acordos e contratos são negociados e definidos pelo processo Gerenciamento do Nível de Serviço no ciclo Desenho de Serviço. No entanto, informações de níveis de serviço dos acordos e contratos farão parte do Portfólio de Acordo de Cliente, que pode conter também informações relevantes sobre os níveis de serviços e suas performances para monitoramento da satisfação dos clientes.

Atividades do Gerenciamento do Relacionamento com o Negócio

As atividades do Gerenciamento do Relacionamento com o Negócio são:

- Representar o provedor de serviços junto aos clientes.
- Trabalhar junto com o Gerenciamento do Portfólio de Serviço para coordenar a garantia da expectativa e satisfação dos clientes.
- Advogar pelos clientes durante o ciclo de vida dos serviços de TI.

As atividades do Gerenciamento do Relacionamento com o Negócio são realizadas durante todo o ciclo de vida do serviço e dependem de situações específicas para serem iniciadas. Essas situações podem ser iniciadas pelo cliente ou pelos processos do Gerenciamento de Serviços de TI.

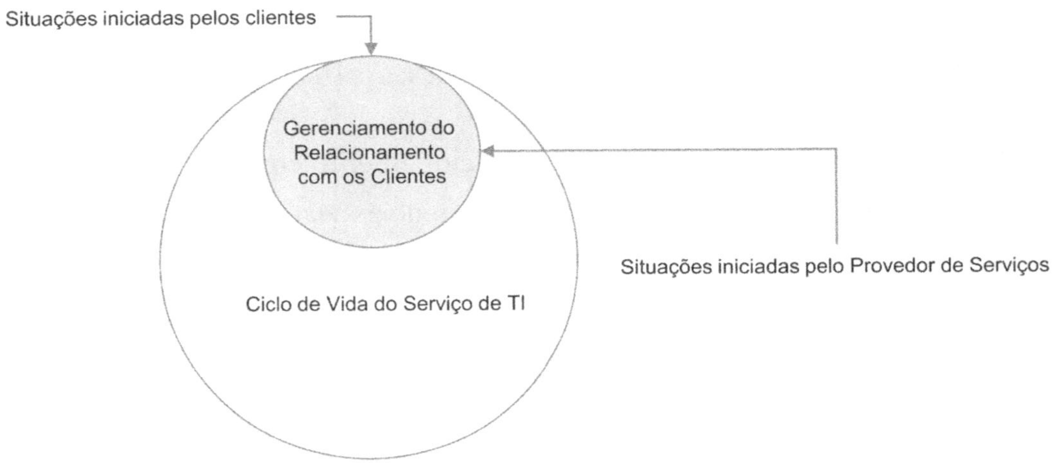

Figura 7.12. Fluxo de atividades do Gerenciamento do Relacionamento com o Negócio iniciadas pelos clientes ou pelos Provedores de Serviços.

Situações iniciadas pelo cliente

É recomendável que os clientes não se dirijam diretamente aos profissionais técnicos para dirimir dúvidas ou realizar solicitações estratégicas. Técnicos de TI podem falar uma linguagem diferente do negócio, e a comunicação pode ficar comprometida – e, também, clientes podem não saber com quem falar especificamente sobre uma requisição de serviço de TI. O Gerenciamento do Relacionamento com o Negócio deve ser um canal centralizado de registro de requisições dos clientes, coordenando todas as solicitações dos clientes e se reportando aos clientes na linguagem do negócio. Lembrando que estamos falando de solicitações estratégicas de novos serviços ou modificações de serviços. Para informar falhas na operação ou solicitar a execução de serviços que já estão em produção no Catálogo de Serviços, os usuários entrarão em contato com o ciclo Operação de Serviço.

Clientes necessitam entrar em contato com o Gerenciamento do Relacionamento com o Negócio para informar as seguintes situações:

- Identificação de oportunidades de negócio que o provedor de serviços pode auxiliar.
- Solicitar mudanças nos serviços de TI. Apesar do processo Gerenciamento da Mudança do ciclo Transição de Serviço ser responsável por coordenar a execução das Requisições de Mudança (RDM), os clientes podem não estar familiarizados com a abertura de RDM. Neste caso, o Gerenciamento do Relacionamento com o Negócio irá auxiliar o cliente a solicitar a mudança e irá acompanhar a sua execução.
- Informar reclamações sobre: baixa qualidade da prestação do serviço de TI, não cumprimento de prazos, falta de informação por parte da TI em relação aos serviços solicitados e reclamações comportamentais dos profissionais de TI.
- Elogios sobre ações positivas ou atitude de profissionais de TI que mereçam ser motivadas e alta qualidade dos serviços prestados pelo provedor de serviços.

Situações iniciadas pelo Provedor de Serviços

O Gerenciamento do Relacionamento com o Negócio trabalha junto com os gerentes de outros processos do ciclo de vida do serviço para identificar oportunidades de negócio para os clientes e para fazer a ponte entre a comunicação técnica do provedor de serviços e questões estratégicas dos clientes dos serviços de TI. O Gerenciamento do Relacionamento com o Negócio pode identificar junto com outros processos as seguintes situações:

- Iniciar as atividades do Funil de Serviços junto com os clientes.
- Revisar junto com o Gerenciamento de Nível de Serviço os Acordos de Nível de Serviço.
- Identificar junto com o Gerenciamento da Demanda os Padrões de Atividade do Negócio.
- Planejar junto com o Gerenciamento Financeiro os custos dos serviços de TI e planejar o retorno do investimento dos serviços.

- Planejar campanhas de marketing e comunicação dos serviços de TI.
- Identificar, junto com os processos do ciclo Transição, a necessidade de solicitação de avaliações e aprovações por parte do negócio, como, por exemplo, análise de riscos de mudanças, testes e homologações de serviços.

Relacionamento do Gerenciamento do Relacionamento com o Negócio com outros processos

- **Entradas**:
  - Requerimentos dos clientes.
  - Requisições dos clientes, reclamações ou elogios.
  - Estratégia do negócio.
  - Portfólio de Serviço.
  - Acordos de Nível de Serviço.
  - Requisições de Mudança.
  - Padrões de Atividade do Negócio.
- **Saídas**:
  - Expectativas e satisfação dos clientes identificadas.
  - Portfólio de Cliente.
  - Portfólio de Acordo de Cliente.
  - Alinhamento de requerimentos dos clientes para os ciclos de Estratégia, Desenho e Transição.
  - Pesquisas de satisfação dos clientes.
  - Planejamento do envolvimento dos clientes nas atividades requeridas dos processos do ciclo de vida do Gerenciamento de Serviços de TI.

Responsabilidades do Dono do Processo Gerenciamento do Relacionamento com o Negócio

- Garantir que o processo seja adequado ao propósito.
- Trabalhar junto com os outros Donos de Processo para garantir uma abordagem integrada para o Gerenciamento do Relacionamento com o negócio.

Responsabilidades do Gerente do Processo Gerenciamento do Relacionamento com o Negócio

- Garantir a execução das atividades do processo.
- Identificar as necessidades dos clientes.
- Garantir que as expectativas dos clientes não excedam o que eles desejam pagar pelos serviços.
- Garantir que o provedor de serviços esteja apto a entregar os serviços oferecidos antes de negociar os Acordos de Nível de Serviço.
- Garantir altos níveis de satisfação dos clientes.
- Identificar mudanças no ambiente de negócio que possam impactar os serviços providos.
- Identificar mudanças tecnológicas que possam impactar os serviços providos.
- Mediar conflitos de interesses entre diferentes unidades de negócio em relação aos serviços de TI.

Resumo

- São objetivos do Ciclo de Vida Estratégia de Serviço entender as necessidades dos clientes e quais são suas expectativas em relação aos serviços que deverão ser entregues.
- Ativos de Serviços são produtos resultantes da Estratégia de Serviços que devem agregar valor aos clientes em relação aos seus efeitos positivos no negócio (utilidade) e em como os clientes irão receber esses serviços em termos de utilidade, capacidade, disponibilidade, continuidade e segurança (garantia).
- Os Ativos de Serviços podem ser divididos em dois tipos:
  - Habilidades relacionadas às capacidades organizacionais de gerenciamento, processos, conhecimento e pessoas.
  - Recursos relacionados aos insumos necessários para a produção dos serviços como capital financeiro, infraestrutura, aplicações, informação e pessoas.

- Criação de Valor para os Serviços é o resultado do emprego de Recursos e Habilidades para geração de Utilidades e Garantias que agregam valor aos serviços.
- Há três tipos de Provedores de Serviços de TI:
  - **Provedores de Serviços Internos**, que atendem exclusivamente a uma unidade de negócio.
  - **Provedores de Serviços Compartilhados,** que atendem a serviços corporativos comuns às áreas de negócio.
  - **Provedores de Serviços Externos** ou Fornecedores Externos.
- Os quatro Ps da Estratégia de Serviço são: Perspectiva, Posição, Plano e Padrões.
- Espaço de Mercado é a análise e identificação das oportunidades de agregar valor aos serviços feita pelo Provedor de Serviço, através da possibilidade de fornecimento de novos serviços aos clientes.
- Portfólio de Serviço é um conjunto de serviços que são gerenciados por um Provedor de Serviço dividido em três componentes de acordo com o Ciclo de Vida do Serviço.
  - **Funil de Serviço** é uma base de dados ou documento listando todos os Serviços de TI que estejam sob consideração, avaliação ou desenvolvimento e que ainda não estão disponíveis para os clientes.
  - **Catálogo de Serviço** é uma base ou documento com informações sobre todos os Serviços de TI em produção.
  - **Serviços Obsoletos** são os Serviços de TI do Catálogo que não estão mais em produção.
- Os processos do Ciclo de Vida Estratégia de Serviços são:
  - Gerenciamento da Estratégia para os Serviços de TI.
  - Gerenciamento Financeiro para os Serviços de TI.
  - Gerenciamento do Portfólio de Serviço.
  - Gerenciamento da Demanda.
  - Gerenciamento do Relacionamento com o Negócio.
- O objetivo do Gerenciamento da Estratégia para os Serviços de TI é definir e manter os quatro Ps da Estratégia (perspectiva, posição, planos e padrões) dos serviços de TI e articular com a estratégia do negócio como o provedor de serviços de TI irá garantir o atendimento dos objetivos do negócio.

- As atividades do Gerenciamento da Estratégia para os Serviços de TI são:
  - Avaliação Estratégica.
  - Definição de Espaços de Mercado.
  - Identificação de Fatores Estratégicos da Indústria ou Mercado.
  - Estabelecer os Objetivos.
  - Geração, Avaliação e Seleção da Estratégia.
  - Execução da Estratégia.
  - Alinhamento entre os Ativos de Serviços e os Objetivos dos Clientes.
  - Otimizar Fatores Críticos de Sucesso.
  - Priorizar Investimentos.
  - Medição e Avaliação.
- O objetivo do Gerenciamento de Portfólio de Serviço é garantir que o Provedor de Serviços de TI tenha um *mix* de serviços para balancear os investimentos em TI com a habilidade em atender aos resultados do negócio.
- Portfólio de Serviço descreve os serviços que um provedor disponibiliza para os seus clientes.
- Pacotes de Serviço são descrições dos Serviços de TI que estão disponíveis para serem entregues aos clientes.
- As atividades do Gerenciamento de Portfólio de Serviço são:
  - Definir.
  - Analisar.
  - Aprovar.
  - Contratar.
- O objetivo do Gerenciamento Financeiro para os Serviços de TI é garantir os recursos financeiros necessários para a entrega dos serviços de acordo com os requerimentos de valor dos clientes.
- As atividades do Gerenciamento Financeiro são:
  - Orçamento.
  - Contabilidade.
  - Cobrança.

- O objetivo do processo Gerenciamento da Demanda é entender, antecipar e influenciar a demanda dos clientes para os serviços de TI e trabalhar com o Gerenciamento da Capacidade para garantir que o provedor de serviços possua a capacidade para atender a essa demanda.
- Padrão de Atividade de Negócio são requisitos de negócio baseados em quantidade, crescimento e sazonalidade relativos à demanda pelos Serviços de TI.
- Perfil do Usuário são todos os elementos que consomem os Serviços de TI como pessoas, atividades dos processos de negócio e aplicações.
- Pacotes de Serviço Principal são identificados como os serviços que os clientes desejam receber e estão dispostos a pagar por ele.
- Pacotes de Serviço de Apoio são todos os serviços que apoiam, contribuem ou permitem que os Serviços Principais sejam entregues aos clientes.
- Pacotes de Nível de Serviço são níveis definidos de utilidades e garantias para um Pacote de Serviço.
- Linhas de Serviço são Pacotes de Serviços que possuem Pacotes de Nível de Serviço para um mesmo segmento de clientes.
- As atividades do Gerenciamento da Demanda são:
  - Identificar fontes de previsão de demanda.
  - Identificar Padrões de Atividade do Negócio.
  - Identificar Perfis de Usuário.
  - Gerenciamento da Demanda baseado em atividades.
  - Desenvolver ofertas diferenciadas.
  - Gerenciamento da Demanda operacional.
- O objetivo do processo Gerenciamento do Relacionamento com o Negócio é estabelecer e manter o relacionamento do provedor de serviços com os clientes através do entendimento das necessidades do negócio e das expectativas do cliente e garantir que haja balanceamento entre as expectativas e o valor que os clientes estão dispostos a pagar pelos serviços.

- Portfólio de Cliente é uma base de dados ou documento que relaciona os clientes com os Serviços de TI e identifica as particularidades de cada cliente e suas expectativas com os Serviços de TI.
- Portfólio de Acordo de Cliente é uma base de dados ou documento utilizado para gerenciar os contratos e acordos entre o Provedor de Serviços de TI e o cliente.
- As atividades do Gerenciamento do Relacionamento com o Negócio são:
  - Representar o Provedor de Serviços junto aos clientes.
  - Trabalhar junto com o Gerenciamento de Portfólio de Serviço para coordenar a garantia da expectativa e satisfação dos clientes.
  - Advogar pelos clientes durante o ciclo de vida dos Serviços de TI.

8. Desenho de Serviço

"A maioria das pessoas não planeja fracassar, fracassa por não planejar."

John L. Beckley

Objetivo do ciclo Desenho de Serviço

O objetivo do ciclo Desenho de Serviço é desenhar os serviços de TI apropriados ou inovadores, incluindo arquiteturas, processos, políticas e documentação para atender aos requerimentos atuais e futuros do negócio.

Conceitos e definições

Após uma estratégia ser aprovada no Funil de Serviços no ciclo Estratégia de Serviço e antes de ser colocada em produção através do ciclo Transição de Serviço, a inclusão de um serviço novo no Catálogo de Serviço ou a mudança em um serviço em produção não pode ser uma atividade isolada, mas deve considerar o impacto do serviço em todo o Portfólio de Serviço, na arquitetura de TI atual, nos processos de Gerenciamento de Serviços de TI e nos ativos de serviços atuais.

Caso Real

Um diretor executivo de uma empresa comunicou à gerência de TI que acabara de adquirir um novo sistema de gestão empresarial e que a TI deveria disponibilizar o ambiente necessário para que o fornecedor implantasse o sistema na empresa. O fornecedor do sistema solicitou ao Gerente de TI recursos de servidores e banco de dados para instalação do sistema. Foi identificado então pela área de TI que o novo sistema de gestão empresarial utilizava um banco de dados diferente do banco de dados utilizado atualmente para todos os sistemas em produção e que os técnicos de TI não possuíam conhecimentos sobre a manutenção desse produto. O sistema de gestão empresarial também não foi pré-avaliado em relação às políticas de segurança da informação da organização. Em uma análise rápida foi identificado que o sistema não estava em conformidade com as políticas de controle de acesso e manutenção de integridade que eram escopo da auditoria da lei SOX à qual a empresa estava sujeita. O projeto de implantação do sistema foi paralisado até que fossem tomadas decisões sobre a aquisição ou não de outra tecnologia de banco de dados e contratação ou capacitação dos técnicos da empresa. Também foram avaliados os aspectos dos riscos de não conformidade do sistema com o escopo da auditoria SOX e estava sendo discutido se o fornecedor faria as adequações ou se seriam desenvolvidos internamente controles e integrações necessários para atender às políticas de segurança da informação e conformidade regulatória. O projeto custou quase o dobro do valor orçado e planejado e o prazo de implantação foi ampliado de oito meses para dois anos por conta de uma decisão de contratação de sistema sem planejamento prévio técnico de TI.

As necessidades de mudança no Portfólio de Serviço originadas por um novo serviço ou a mudança de um serviço em produção devem passar por um planejamento estratégico no ciclo Estratégia de Serviço. Antes de serem desenvolvidos, construídos ou adquiridos, os serviços devem ser desenhados e planejados para melhor atendimento dos objetivos do negócio.

Cinco aspectos do Desenho de Serviço

Existem cinco aspectos a serem considerados para o desenho dos serviços:

- **Desenho de soluções de serviço para serviços novos ou modificados:** requisitos originados dos Pacotes de Serviço do ciclo Estratégia de Serviço. Cada requisito é analisado e é criado um Desenho de Solução para atendimento funcional ao requisito.

- **Desenho do sistema e ferramentas de gerenciamento da informação:** envolve as ferramentas necessárias para gerenciar o serviço durante o seu ciclo de vida.
- **Desenho de arquiteturas tecnológicas:** envolve todos os componentes de TI necessários para atender ao Desenho de Solução.
- **Desenho dos processos requeridos**: envolve processos, atividades, papéis, responsabilidades e capacidades requeridas para o gerenciamento do ciclo de vida do serviço.
- **Desenho das métricas**: medições definidas para garantir que os serviços estejam atendendo aos Desenhos de Solução. Inclui medição de progresso, conformidade com requisitos de Governança ou regulatórios, eficácia na entrega dos resultados das soluções e eficiência no desempenho do processo ou resultado.[10]

Quatro Ps do Desenho de Serviço

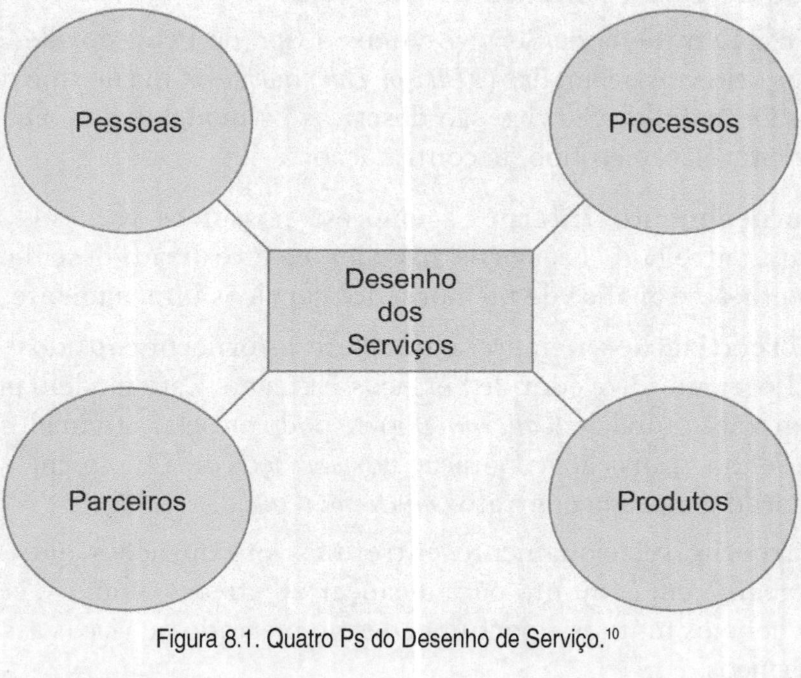

Figura 8.1. Quatro Ps do Desenho de Serviço.[10]

[10] Adaptado do livro ITIL® *Service Design* sob licença do *Cabinet Office.*

- **Pessoas**: devem possuir as habilidades necessárias para garantir a entrega dos serviços.
- **Processos**: deve haver processos para garantir a entrega dos serviços.
- **Produtos**: tecnologias, sistemas, ferramentas ou serviços devem ser adequados ao seu uso e propósito.
- **Parceiros**: devem ser estabelecidas parcerias com fornecedores para garantia da entrega dos serviços de TI (quando aplicável, ou seja, quando fornecedores forem contratados para a entrega ou melhoria dos serviços, total ou parcialmente).

Fornecedores

Provedores de Serviços Externos responsáveis por fornecer serviços de apoio necessários para a entrega dos serviços ou os serviços completos, de acordo com o Modelo de Fornecimento de Serviços.

Modelos de Fornecimento de Serviços

No ciclo Estratégia de Serviço vimos o tipo de Provedor de Serviço Externo e os critérios de análise (*Make or Buy*) para escolha do tipo de provedor. No ciclo Desenho de Serviço são descritos os modelos de fornecimento de serviços em relação ao tipo de contratação:

- **Fornecimento Interno**: a empresa possui os recursos necessários para entrega dos serviços aos clientes e realiza o desenho, transição, operação e análise de melhoria dos serviços internamente.
- **Terceirização**: a empresa transfere o fornecimento dos serviços de TI para um Provedor de Serviços Externo. Este modelo pode ser terceirização total (*full outsourcing*) ou pode mesclar atividades parciais de desenho, transição e operação dos serviços de TI, interna e externa de acordo com cada contrato (*multi-sourcing*).
- **Parceria**: relacionamento entre duas organizações que envolve um trabalho em conjunto para alcançar objetivos comuns e compartilhar benefícios mútuos, oportunidades no mercado ou riscos associados aos serviços.

- **Terceirização de Processos de Negócio:** também conhecido no mercado como BPO (*Business Process Outsourcing*). Envolve a terceirização não somente de um serviço, mas de uma cadeia de processos que pode entregar vários serviços aos clientes. Podemos citar como exemplos de Terceirização de Processos de Negócio os seguintes processos:
  - Cobrança financeira e jurídica.
  - Seleção e contratação de funcionários.
  - *Call Center* e/ou Telemarketing.
- **Provedor de Serviço de Aplicativo**: serviços de TI em forma de software acessados e executados dentro de um Provedor de Serviços Externo através da rede ou Internet. Podemos citar como exemplos de Provedores de Serviço de Aplicativo:
  - Sites e serviços de correio eletrônico hospedados em *Datacenters*.
  - Serviços de software contratados como serviço. A empresa não precisa de infraestrutura específica nem da aquisição de licenças de uso de software. O acesso ao sistema é feito pela rede ou Internet e o modelo de comercialização pode ser por custo fixo ou por utilização (*on demand*). Este modelo é conhecido no mercado como *SaaS* (*Software as a Service*).
- **Terceirização de Processos de Conhecimento**: conhecida no mercado como KPO (*Knowledge Process Outsourcing*). A Terceirização de Processos de Conhecimento é uma evolução do BPO e uma nova forma de terceirização em que o conhecimento e as informações relacionadas aos processos e atividades são geradas e realizadas por Fornecedores visando a redução dos custos de transação internos. Diferentemente do BPO, onde os processos são definidos pela empresa e o Fornecedor se compromete a segui-los, no KPO os ativos de serviços são próprios do Fornecedor. Este modelo de terceirização envolve trabalho de pessoal altamente qualificado.
- **Nuvem**: conhecida no mercado como *Cloud*. Fornecida por provedores de serviço de nuvem que oferecem serviços específicos padronizados ou customizados. Esses serviços geralmente são contratados sob demanda de Provedores Externos (Fornecedores) ou quando são Pacotes de Serviços semelhantes com demandas variáveis entre clientes internos, pode ser fornecida internamente pela TI como serviços sob demanda.

Acordo

Um documento que descreve o entendimento formal entre um Provedor de Serviços e um cliente, outro Provedor de Serviços ou uma área interna. Um acordo não tem valor legal e serve como referência de atendimento de metas.

Contrato

Um documento com valor legal descrevendo o entendimento formal entre um Provedor de Serviços e um Fornecedor utilizado como obrigação de atendimento de metas.

Acordo de Nível de Serviço (ANS)

Acordo firmado entre o Provedor de Serviço de TI e um cliente onde é descrito o Serviço de TI, as Metas de Nível de Serviço e a especificação das responsabilidades do Provedor de Serviços de TI e do cliente.

Acordo de Nível Operacional (ANO)

Acordo firmado entre o Provedor de Serviço de TI e outra área da mesma organização envolvida na entrega de um serviço de TI ou então outro Provedor de Serviço de TI interno. O Acordo de Nível Operacional é firmado entre as áreas internas que participam ou contribuem para a entrega dos serviços descritos em um Acordo de Nível de Serviço firmado com um cliente do serviço de TI. Por exemplo, um Acordo de Nível Operacional pode ser firmado entre a área de TI e o departamento de compras para agilizar a compra de servidores, ou então uma equipe de desenvolvimento pode ter um Acordo de Nível Operacional com a equipe de infraestrutura de banco de dados para garantir o prazo de desenvolvimento de um sistema.

Contrato de Apoio (CA)

Contrato firmado entre um Provedor de Serviços de TI e um Fornecedor responsável pela entrega de Serviços de Apoio que são necessários para a execução de um serviço de TI ao cliente. O Contrato de Apoio define metas e responsabilidades que são necessárias para atingir Metas de Nível de Serviço acordadas no Acordo de Nível de Serviço (ANS).

Para entregar um serviço de TI a um cliente, um Provedor de Serviços Interno pode ter um Acordo de Nível de Serviço com um cliente e depender de serviços de áreas internas da empresa e de Fornecedores. Neste caso, o Provedor de Serviços terá Acordos de Nível Operacional com as áreas internas e Contrato de Apoio com o Fornecedor. Veremos mais detalhes sobre os Acordos de Nível de Serviço no processo Gerenciamento de Nível de Serviço.

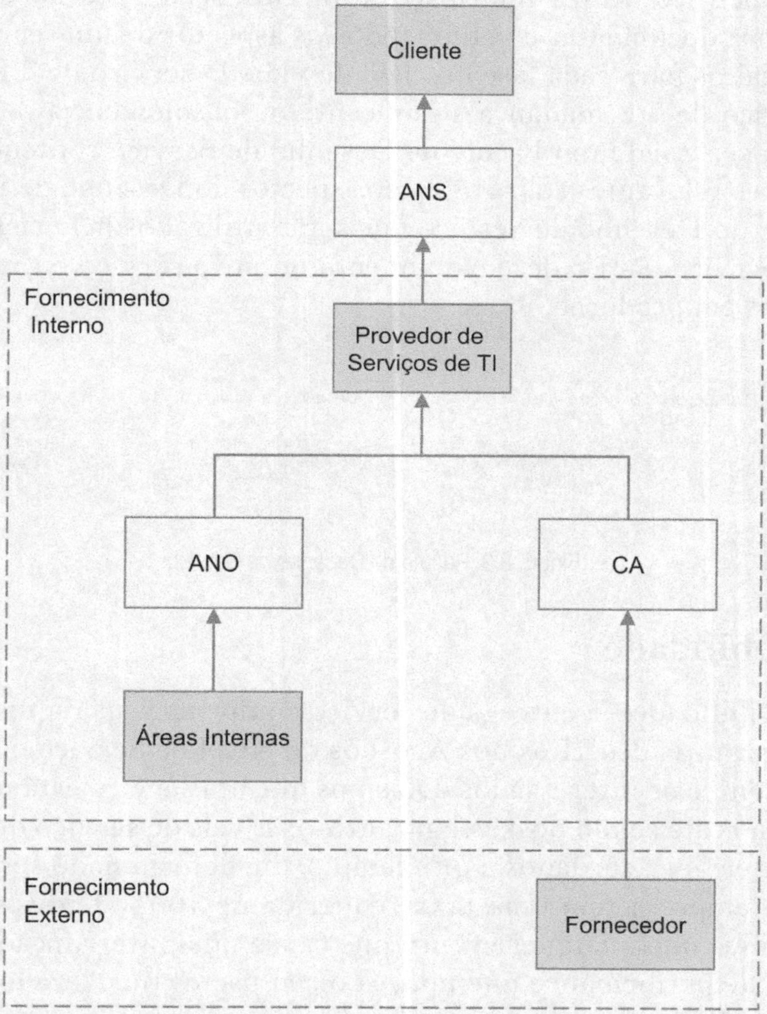

Figura 8.2. Acordos de Nível de Serviço, Acordos de Nível Operacional e Contratos de Apoio.[11]

[11] Adaptado do livro ITIL® *Service Strategy* sob licença do *Cabinet Office*

Pacote de Desenho de Serviço

Vimos no ciclo Estratégia de Serviço que são criados os Pacotes de Serviço e os Pacotes de Nível de Serviço no Gerenciamento do Portfólio de Serviço com informações básicas sobre os serviços. Essas informações são úteis para planejamento, avaliação e aprovação dos serviços. No ciclo Desenho de Serviço, o serviço será efetivamente desenhado. O Pacote de Desenho de Serviço utiliza informações do Gerenciamento do Portfólio de Serviço para documentar e definir todos os aspectos de um serviço de TI e seus requisitos para cada fase do ciclo de vida do serviço de TI. Para cada novo serviço de TI, mudança significante ou obsolescência de serviço de TI deverá ser criado um Pacote de Desenho de Serviço contendo todas as informações relevantes sobre os cinco aspectos do Desenho de Serviço e os Quatro Ps do Desenho de Serviço que serão utilizados pelo ciclo de Transição de Serviço para o desenvolvimento do novo serviço ou modificações de serviços em produção.

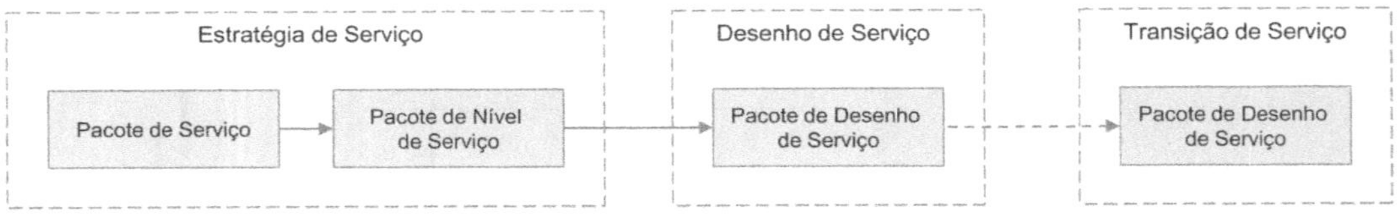

Figura 8.3. Pacote de Desenho de Serviço.

Disponibilidade

Disponibilidade é a entrega do serviço conforme seus requisitos de utilidade e garantia descritos nos Acordos de Nível de Serviço ou Contratos de Apoio entre os interessados. Dizemos que um serviço está indisponível quando não está sendo possível garantir os níveis de serviço descritos nos níveis de serviço acordados. Por exemplo, um determinado serviço crítico para uma empresa tem uma taxa requerida de 100% de disponibilidade. Isto significa que qualquer evento que cause uma interrupção no serviço ou queda de performance que impeça o seu uso é considerado um evento de indisponibilidade do serviço. Um outro serviço específico, de acordo com as regras do negócio descritas no Acordo de Nível de Serviço, precisa estar disponível somente das 8:00 às 20:00h. Qualquer interrupção no serviço fora desse horário não é caracterizada como indisponibilidade. Disponibilidade sempre deve ser negociada com os clientes e descrita no Acordo de Nível de Serviços. Veremos mais sobre este assunto nos processos de Gerenciamento de Nível de Serviço e Gerenciamento da Disponibilidade.

Processos do ciclo Desenho de Serviço

São processos do ciclo Desenho de Serviço:

- Coordenação do Desenho
- Gerenciamento de Nível de Serviço
- Gerenciamento de Catálogo de Serviço
- Gerenciamento da Capacidade
- Gerenciamento da Disponibilidade
- Gerenciamento da Continuidade de Serviço de TI
- Gerenciamento de Segurança da Informação
- Gerenciamento de Fornecedores

Coordenação do Desenho

Objetivo do processo Coordenação do Desenho

O objetivo do processo Coordenação do Desenho é garantir que as metas e os objetivos do desenho do serviço sejam atendidos através da definição e manutenção de um ponto único de coordenação e controle de todas as atividades e processos contidos no ciclo Desenho de Serviço.

Conceitos da Coordenação do Desenho

O processo Coordenação do Desenho é responsável por definir documentos, políticas e padrões para os processos do ciclo Desenho de Serviço e garantir a comunicação e interface entre as atividades dos processos, suportando a execução do ciclo Desenho de Serviço e resolvendo conflitos de comunicação entre os processos desse ciclo.

Cada empresa pode definir o seu nível de detalhamento do Desenho de Serviço. Veremos ao longo deste ciclo como cada processo contribui para a construção do Pacote de Desenho de Serviço. No entanto, podem existir níveis de detalhamento de acordo com cada Desenho de Solução específico. Tomemos como exemplo uma mudança em uma tela de um sistema da empresa. Se esta mudança somente alterar a cor da fonte do texto de um campo porque os usuários não estavam visualizando o campo direito (reportado pelo usuário através do ciclo Operação de Serviço), haverá necessidade de submeter esta pequena alteração para o Funil de Serviços para concorrer com solicitações estratégicas? Neste caso, uma Requisição de Mudança pode ser solicitada no ciclo Transição de Serviço para realizar tal alteração no sistema. Não há necessidade de submeter esta requisição para o ciclo Desenho de Serviço, pois não estão sendo alterados requisitos de funcionalidades de solução, arquiteturas tecnológicas, processos e métricas, e não haverá risco associado para o negócio. Para uma solicitação que possa trazer riscos para o negócio, altere funcionalidades do negócio, arquiteturas técnicas, processos do gerenciamento de serviços de TI e métricas do serviço, essa sim necessita passar pelo ciclo Desenho de Serviço para seu planejamento. Essas definições de encaminhamento das solicitações do ciclo Estratégia de Serviço para o Desenho de Serviço ou diretamente para o ciclo de Transição de Serviço, os padrões de detalhamento de documentos e fluxo de atividades requeridas para cada Desenho de Solução são definidos e coordenados pelo processo Coordenação do Desenho de Serviço.

Ponto de Atenção

Somente clientes podem solicitar novos serviços ou mudanças em serviços do Catálogo de Serviços. Os usuários somente usam os serviços em produção. Se um usuário desejar solicitar uma mudança ou um novo serviço, deverá procurar o cliente (Dono do Serviço) e sensibilizá-lo a solicitar essa demanda.

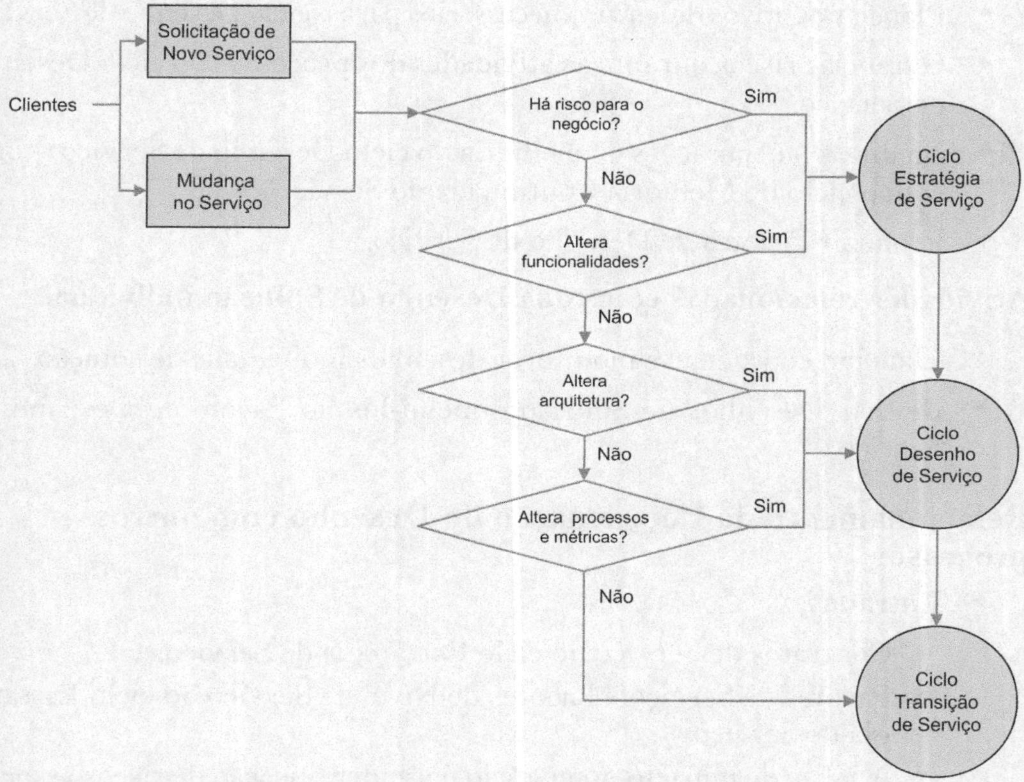

Figura 8.4. Cenário de encaminhamento de novos serviços ou mudanças pelos ciclos de vida do serviço.

Atividades do processo Coordenação do Desenho

As atividades do processo Coordenação do Desenho se dividem em duas categorias:

- Atividades relacionadas com o ciclo de vida do Desenho de Serviço.
- Atividades relacionadas com cada Desenho de Solução individual.

Atividades relacionadas com o ciclo de vida do Desenho de Serviço

- Coletar requerimentos dos Pacotes de Serviço e Pacotes de Nível de Serviço do ciclo Estratégia de Serviço.
- Definição de padrões, políticas e documentos para o ciclo Desenho de Serviço.
- Coordenação das atividades durante todo o ciclo Desenho de Serviço.

- Planejar os ativos de serviço necessários para o ciclo Desenho de Serviço.
- Gerenciar riscos durante as atividades dos processos do ciclo Desenho de Serviço.
- Medir e planejar ações de melhoria do ciclo Desenho de Serviço (junto com o ciclo de Melhoria Continuada do Serviço).
- Produzir Pacotes de Desenho de Serviço.

Atividades relacionadas com cada Desenho de Solução individual

- Planejar, coordenar e monitorar desenhos individuais de solução.
- Revisar Desenhos de Solução e incluí-los no Pacote de Desenho de Serviço.

Relacionamento da Coordenação do Desenho com outros processos

- **Entradas:**
  - Contratos de Serviço do ciclo Estratégia de Serviço.
  - Pacotes de Serviço e Pacotes de Nível de Serviço do ciclo Estratégia de Serviço.
  - Análise de impacto no negócio para identificação de riscos associados a cada Desenho de Solução.
  - Portfólio de Serviço.
  - Programação de Mudanças do processo Gerenciamento de Mudanças (ciclo Transição de Serviço).
  - Sistema de Gerenciamento da Configuração do processo Gerenciamento da Configuração (ciclo de Transição de Serviço).
  - *Feedback* de todos os outros processos em relação dos Pacotes de Desenho de Serviço.
- **Saídas:**
  - Pacotes de Desenho de Serviço para o ciclo de Transição de Serviço.
  - Modelo de arquitetura tecnológica da empresa.
  - Sistemas de gerenciamento do Desenho de Serviço.
  - Atualizações do Portfólio de Serviço.

Responsabilidades do Dono do Processo Coordenação do Desenho

- Garantir que o processo seja adequado ao propósito.
- Definir o escopo e as políticas do Desenho de Serviço.
- Supervisionar os processos do Desenho de Serviço.

Responsabilidades do Gerente do Processo Coordenação do Desenho

- Garantir a execução das atividades do processo.
- Coordenar as interfaces entre a Coordenação do Desenho e os outros processos do ciclo de vida do serviço.
- Garantir que as informações do ciclo Estratégia de Serviço estejam refletidas no Desenho de Serviço.
- Coordenar todas as atividades do Desenho de Serviço entre projetos, mudanças, fornecedores e equipes de suporte.
- Produzir pacotes de Desenho de Serviços.

Gerenciamento de Nível de Serviço

Objetivo do processo Gerenciamento de Nível de Serviço

O objetivo do processo Gerenciamento de Nível de Serviço (GNS) é negociar, acordar e documentar as metas de garantia dos serviços de TI com os respectivos clientes e monitorar a entrega dos serviços de acordo com as metas acordadas.

Conceitos do Gerenciamento de Nível de Serviço

Um dos fatores críticos de sucesso do Gerenciamento de Nível de Serviço é a qualidade do Portfólio de Serviços gerado no ciclo Estratégia de Serviços. O papel do Gerenciamento de Nível de Serviço não é levantar as informações sobre os serviços, e sim utilizá-las como ponto de partida para desenhar as metas dos serviços de TI, desenhar os acordos e negociá-los com os clientes dos serviços. As informações dos serviços sobre desejos de utilidade e garantia requeridos pelo negócio são levantadas no ciclo Estratégia de Serviço através de Pacotes de Serviço e Pacotes de Nível de Serviço.

O Gerenciamento de Nível de Serviço trabalha junto com o Gerenciamento do Relacionamento com o Negócio (ciclo Estratégia de Serviço) para identificar necessidades dos clientes, negociar e acordar os níveis de garantia dos serviços e medir o nível de atendimento desses serviços, porém o Gerenciamento de Nível de Serviço se limita a tratar questões que estão ou estarão endereçadas nos Acordos de Nível de Serviço entre o Provedor de Serviços e os clientes, enquanto o Gerenciamento do Relacionamento com o Negócio lida com todos os aspectos de satisfação dos clientes.

O Gerenciamento de Nível de Serviço não lida com negociações de requerimentos funcionais de serviços – essas atividades são relacionadas à utilidade dos serviços e são desenhadas no Gerenciamento de Portfólio e no processo Coordenação do Desenho de Serviço. O Gerenciamento de Nível de Serviço, através dos acordos de garantia dos serviços, negocia os níveis requeridos pelo negócio para os serviços de TI. Também não são gerenciadas as atividades estratégicas, táticas e operacionais necessárias para atender aos níveis de serviços acordados, que somente são definidos, acordados e medidos pelo Gerenciamento de Nível de Serviço para avaliar o atendimento às metas definidas. As negociações dos níveis de serviços com os Fornecedores são realizadas pelo processo Gerenciamento do Fornecedor, e o Gerenciamento de Nível de Serviço, através do Acordo de Nível de Serviço, endereça metas de nível de serviço que deverão ser consideradas para efetivação dos Contratos de Apoio com os Fornecedores.

Serviços que atendem ao negócio necessitam de serviços técnicos de TI para serem entregues com valor agregado ao negócio. Por exemplo, um novo sistema de folha de pagamento entregue à área de Recursos Humanos da empresa necessita que haja serviços internos na TI como disponibilização de espaço em disco, banco de dados, entre outros, para que o serviço seja entregue. A esse conjunto de serviços internos que são realizados pela TI entre as áreas internas da empresa dá-se o nome de Serviços de Apoio.

Uma vez que os Serviços de Apoio contribuem para a entrega dos serviços de TI aos clientes, o objetivo do Gerenciamento de Nível de Serviços também é negociar, acordar e documentar as metas de garantia dos Serviços de Apoio com as áreas internas, outros Provedores de Serviços ou Fornecedores nos Acordos de Nível Operacional ou Contratos de Apoio.

O Gerenciamento de Nível de Serviço deve, junto com o Gerenciamento do Relacionamento com o Negócio, prover um ponto de contato e comunicação com os clientes e gerentes do negócio para prestar contas sobre os relatórios de atendimento dos níveis de serviços em relação aos serviços utilizados e também para os serviços novos ou alterados. O Gerenciamento de Nível de Serviço deve garantir que a qualidade dos serviços seja entregue de acordo com os níveis de garantia acordados.

Quando a expectativa e a percepção de valor dos clientes são identificadas, o Gerenciamento da Demanda (ciclo Estratégia de Serviço) cria os Pacotes de Nível de Serviço. Para o Gerenciamento de Nível de Serviço, os Pacotes de Nível de Serviço são requerimentos que devem ser analisados, negociados e aprovados pelo Gerenciamento de Nível de Serviço. Quando os requerimentos são documentados para serem negociados e aprovados, passam a ser Requisitos de Nível de Serviço (RNS), que são insumos para o início das atividades do processo de Gerenciamento de Nível de Serviço.

Tipos de Acordos de Nível de Serviço

Existem três tipos de Acordos de Nível de Serviço que podem ser utilizados:

- **Acordos baseados no Serviço**: abrange um serviço para todos os clientes. O nível de serviço é único para todos os clientes que utilizam esse serviço. Muito utilizado por Provedores de Serviço Compartilhado.
- **Acordos baseados no Cliente**: abrange todos os serviços entregues a um único cliente. Utilizado por Provedores Internos ou Fornecedores que entregam serviços especializados a um cliente com um único nível de serviço para todos os serviços desse cliente. As características do serviço e o nível de serviço desejado são únicos para esse cliente e não podem ser compartilhados com outros clientes.
- **Acordos Multinível**: acordos realizados sob uma das três estruturas possíveis:
    - **Acordo Multinível Corporativo**: cobre todos os aspectos do nível de serviço para cada cliente de uma única empresa. São acordos firmados com uma única empresa cobrindo todos os serviços entregues a cada cliente interno da empresa. Utilizado quando o

acordo é firmado com a organização e não com cada cliente. Provedores Internos tendem a utilizar o modelo de acordo baseado em cliente pela facilidade de negociação interna com os clientes, enquanto Fornecedores geralmente firmam um único contrato com a empresa e identificam os níveis de serviço para cada cliente dentro dos Acordos de Nível Corporativo.

- **Acordo Multinível baseado no Cliente**: cobre todos os aspectos relevantes a um grupo particular de clientes ou unidades de negócio que compartilham o mesmo serviço.
- **Acordo Multinível baseado no Serviço**: cobre todos os aspectos relevantes de um serviço específico entregue a um grupo específico de clientes com o mesmo nível de serviço exigido. São serviços utilizados por vários clientes sob as mesmas características e níveis de serviço desejados, podendo ser identificados através da análise das Linhas dos Pacotes de Nível de Serviço identificados no ciclo Estratégia de Serviço.

Caso Real 1

Um Provedor de Serviços de TI iniciou o planejamento e a negociação do Acordo de Nível de Serviço com seu cliente. O cliente propôs um prazo para atendimento dos serviços, que passou a vigorar. A gerência do serviço de TI passou a apresentar mensalmente um relatório no qual a meta nunca era atingida. Inúmeros esforços foram realizados para tentar identificar por que o serviço nunca era entregue no prazo acordado no Acordo de Nível de Serviço. Após uma avaliação mais detalhada das características do serviço, foi identificado que havia outras áreas internas e um Fornecedor envolvidos na entrega dos serviços. Foi necessário negociar Acordos de Nível Operacional e Contratos de Apoio para atender ao Acordo de Nível de Serviço firmado anteriormente. Como resultado, outras áreas internas informaram os seus prazos possíveis e de acordo com as áreas internas não era possível atender ao Acordo de Nível de Serviço firmado anteriormente. O Acordo de Nível de Serviço teve que ser renegociado com o cliente para contemplar o prazo realista de entrega do serviço. O Fornecedor se negou a rever o nível de serviço, alegando que o contrato assinado entre o Fornecedor e a empresa não previa a revisão de metas. Com a passividade do Fornecedor em tentar rever o contrato para atender aos níveis de serviço do cliente, o contrato com este Fornecedor foi encerrado e outro Fornecedor foi contratado no mercado. No contrato com este Fornecedor foi incluída uma cláusula de revisão de metas de nível de serviço periódica.

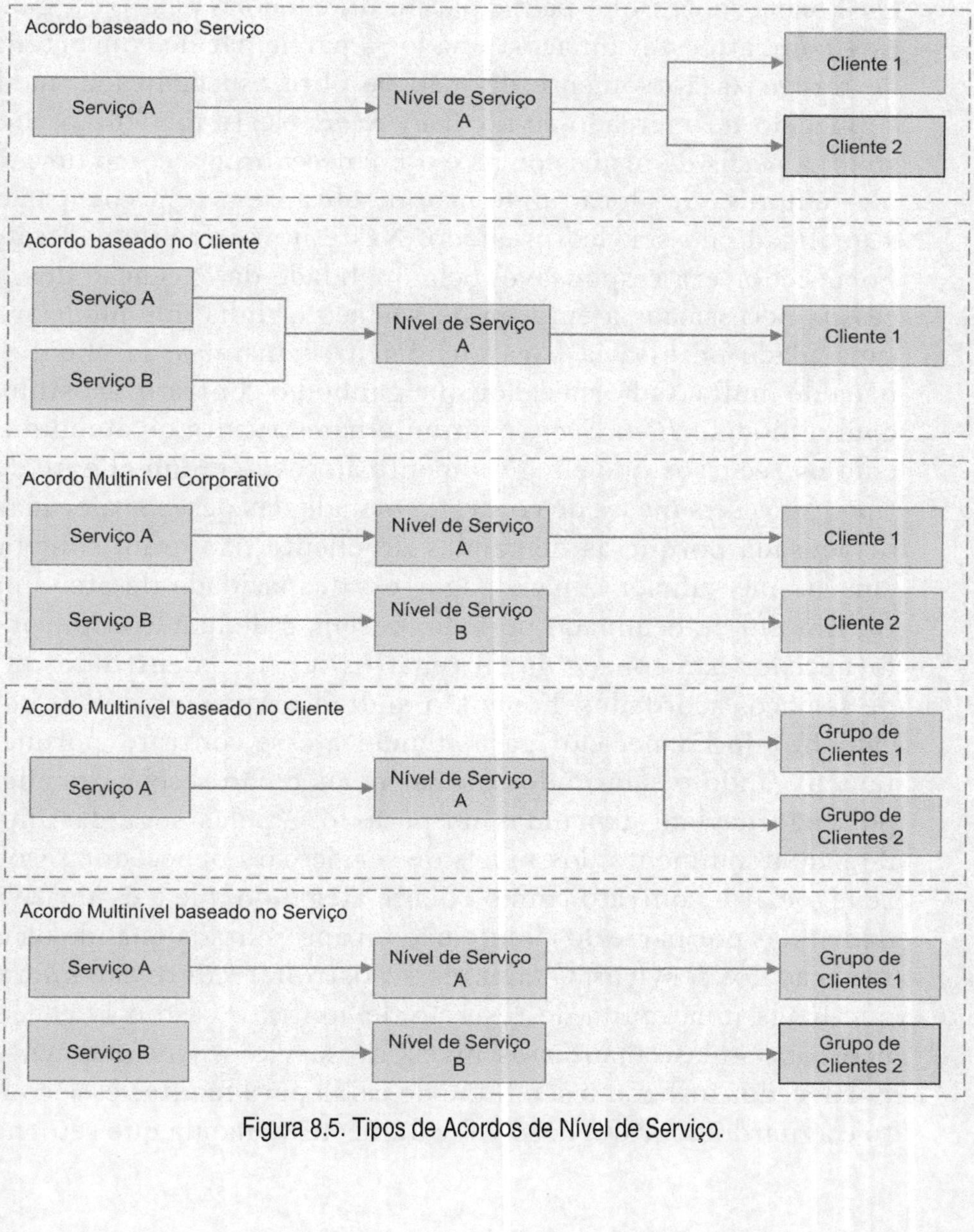

Figura 8.5. Tipos de Acordos de Nível de Serviço.

Caso Real 2

Uma empresa resolveu terceirizar um processo de negócio com um Provedor de Serviços Externo. O contrato previa a remuneração pelos serviços de acordo com a demanda e previa um prazo de atendimento da solicitação do serviço sob pena de multa de atraso. Os Fornecedores que participaram da concorrência para ganhar este contrato estavam acostumados a participar de concorrências de terceirização somente de mão de obra especializada, modelo conhecido no mercado como *Body Shop*. Neste modelo, o cliente solicita perfis de profissionais e o Fornecedor age como uma simples empresa de alocação de mão de obra, sem se preocupar com a qualidade do serviço prestado. Neste novo tipo de contrato, o Fornecedor era responsável pela qualidade da execução dos processos necessários à entrega do serviço e tinha que planejar sua capacidade necessária para atender às demandas do cliente sob pena de multa. O Fornecedor que ganhou o contrato, acostumado com o modelo *Body Shop*, montou uma estrutura de atendimento com os recursos que ele geralmente alocava em um cliente desse tipo. Após seis meses de contrato, metade das pessoas alocadas foi dispensada porque as demandas do cliente não eram solicitadas em volume suficiente para pagar essa capacidade de atendimento. Em um determinado período, porém, a demanda triplicou e o fornecedor não conseguiu entregar os serviços dentro dos níveis de serviços acordados. Foi então multado. Após um déficit no orçamento do Fornecedor para atender a esse contrato, porque estava pagando o salário dos profissionais e não recebia do cliente, pois não haviam demandas no período, e pelas seguidas multas de não atendimento dos níveis de serviço, o Fornecedor resolveu renegociar o contrato com o cliente alegando que a estimativa de demandas por parte do cliente não foi apresentada quando da contratação dos serviços. O cliente se mostrou irredutível e informou que havia uma multa de rescisão de contrato caso o Fornecedor não conseguisse manter os níveis de serviços continuamente. O Fornecedor utilizou o seu fluxo de caixa para manter esse contrato e aguardou por um possível volume de demanda que retornasse todo o investimento feito neste contrato. Essa demanda não aconteceu, a empresa não tinha mais como pagar salários, continuou sendo multada e faliu. Isto tudo aconteceu devido ao cliente não conhecer suas demandas e o Fornecedor não possuir habilidades e recursos necessários para operar como uma empresa capaz de terceirizar um processo de negócio. Podemos identificar claramente neste exemplo que não houve Gerenciamento da Demanda, Gerenciamento da Capacidade e Gerenciamento de Nível de Serviço eficazes.

Atividades do Gerenciamento de Nível de Serviço

São atividades do processo Gerenciamento de Nível de Serviço:

- Documentar os requisitos de qualidade para serviços novos ou alterados através dos Requisitos de Nível de Serviço (RNS).
- Definir, negociar, acordar e medir a performance dos Serviços Principais (Acordo de Nível de Serviço) e Serviços de Apoio (Acordos de Nível Operacional) e compará-la com as Metas de Nível de Serviço estabelecidas nos acordos.
- Produzir relatórios de nível de serviço.
- Conduzir reuniões de avaliação de nível de serviço e instigar melhorias no serviço através do Plano de Melhoria de Serviços (documento criado no ciclo de Melhoria Continuada do Serviço).
- Suportar o Gerenciamento de Fornecedores na definição, na negociação e no acordo com os Fornecedores através de Contratos de Apoio.
- Analisar e rever os Acordos de Nível de Serviço, Acordos de Nível Operacional e Contratos de Apoio.
- Desenvolver e documentar os contatos e relacionamentos com os clientes de negócio em conjunto com o Gerenciamento do Relacionamento com o Negócio.
- Registrar e gerenciar reclamações e elogios dos clientes em conjunto com o Gerenciamento do Relacionamento com o Negócio.
- Prover informações gerenciais sobre performance e níveis de serviço atingidos.

Relacionamentos do Gerenciamento de Nível de Serviço com outros processos

- **Entradas**:
  - Informações sobre os serviços do ciclo Estratégia de Serviço.
  - Informações sobre mudanças do Gerenciamento de Mudanças.
  - Elogios ou reclamações de clientes.
  - Qualquer informação relativa aos níveis de serviços provida por qualquer processo.
- **Saídas**:
  - Acordos de Nível de Serviço, Acordos de Nível Operacional e Contratos de Apoio para o ciclo Transição de Serviço e Operação de Serviço.
  - Relatórios de nível de serviço.
  - Oportunidades de melhoria identificadas através da análise dos relatórios de nível de Serviço para o ciclo Melhoria Continuada de Serviço.
  - Atas das reuniões de revisão de Acordos de Nível de Serviço, Acordos de Nível Operacional e Contratos de Apoio.

Responsabilidades do Dono do Processo Gerenciamento de Nível de Serviço

- Garantir que o processo seja adequado ao uso.
- Trabalhar em conjunto com o Dono do Processo Gerenciamento do Relacionamento com o Negócio para garantir que haja coordenação e comunicação adequada entre os dois processos.
- Trabalhar junto com outros donos de processos para garantir que haja uma abordagem integrada de gerenciamento de níveis de serviço.

Responsabilidades do Gerente de Nível de Serviço

- Coordenar as interfaces entre o Gerenciamento de Nível de Serviço e os outros processos, especialmente o Gerenciamento de Portfólio de Serviço, Gerenciamento do Relacionamento com o Negócio, Gerenciamento de Fornecedores e Gerenciamento do Catálogo de Serviço.

- Identificar, entender e documentar os Requisitos de Nível de Serviço atuais e futuros.
- Negociar, documentar e divulgar os Acordos de Nível de Serviço e Acordos de Nível Operacional.
- Garantir que os níveis de serviços descritos nos Contratos de Apoio estejam alinhados ao Acordo de Nível de Serviço firmado com os clientes.
- Realizar revisões de desempenho dos serviços.
- Medir, registrar e analisar os relatórios de nível de serviço.
- Garantir que as iniciativas de melhoria estejam endereçadas ao ciclo Melhoria Continuada de Serviço.
- Revisar regularmente os Acordos de Nível de Serviço e Acordos de Nível Operacional.

Gerenciamento de Catálogo de Serviço

Objetivo do processo Gerenciamento de Catálogo de Serviço

O objetivo do processo Gerenciamento de Catálogo de Serviço é prover e manter uma fonte única de informação sobre todos os serviços operacionais e aqueles que estão sendo preparados para entrar em produção e garantir que o Catálogo de Serviços esteja disponível para todos aqueles autorizados a acessá-lo.

Conceitos do Gerenciamento de Catálogo de Serviço

Vimos no processo Gerenciamento do Portfólio de Serviço no ciclo Estratégia de Serviço que o Catálogo de Serviços é parte integrante do Portfólio de Serviços. Enquanto o Portfólio de Serviços abrange todo o ciclo de vida do serviço, incluindo o Funil de Serviço, onde é feita a análise de viabilidade dos serviços e Serviços Obsoletos, onde são direcionados os serviços retirados de produção, o Catálogo de Serviços contém informações sobre todos os serviços que estão em produção ou estão sendo preparados para entrar em produção.

Todas as informações úteis sobre os serviços em produção devem constar no Catálogo de Serviços. São exemplos de informações contidas no Catálogo de Serviços:

- Descrição do Serviço.
- Dono do Serviço.
- Clientes do Serviço.
- Equipe responsável pelo suporte do serviço.
- Períodos de funcionamento do serviço (24h x 7 dias, 8h x 5 dias...).
- Orientações sobre como solicitar o serviço ou como acionar o suporte.
- Processos de negócio suportados pelo serviço.
- Níveis de serviço acordados.
- Preços dos serviços.

Outras informações podem ser adicionadas ao Catálogo de Serviço de acordo com as definições de cada empresa. A dica para decisão de que tipos de informações deverão fazer parte do Catálogo de Serviços é: o mínimo de informações vitais para a operação dos serviços e o máximo de informações que podem ser gerenciadas. Como informações gerenciadas, quero dizer que as informações podem ser coletadas, atualizadas e controladas de maneira eficaz. Por exemplo, se o preço de um serviço será disponibilizado no Catálogo de Serviços, deve ser mantido o relacionamento entre o Catálogo de Serviços e o Gerenciamento Financeiro para os Serviços de TI, que é o responsável por essa informação. Assim como as informações sobre os níveis de serviço são de responsabilidade do Gerenciamento de Nível de Serviço. O Gerenciamento de Catálogo de Serviços apenas atualiza essas informações no Catálogo de Serviços e mantém o Catálogo disponível para todos os interessados. Uma informação que não pode ser gerenciada é uma informação de fonte não confiável, com a qual não se tem um relacionamento direto, e as atualizações da informação não podem ser replicadas.

Existem dois tipos de Catálogo de Serviços:

- **Catálogo visível aos clientes/usuários**: contém informações sobre serviços que suportam o negócio.

- **Serviços de suporte**: contém informações sobre serviços técnicos de apoio aos serviços de negócio. Geralmente são serviços técnicos que não têm visibilidade para o cliente, mas são úteis para a entrega dos serviços de negócio.

Atividades do Gerenciamento de Catálogo de Serviço

São atividades do processo Gerenciamento de Catálogo de Serviços:

- Documentar as informações sobre cada serviço.
- Gerenciar as interfaces e dependências entre o Catálogo de Serviço e o Portfólio de Serviço.
- Produzir e manter o Catálogo de Serviços.
- Gerenciar as interfaces e dependências entre o Catálogo de Serviços e o Sistema de Gerenciamento de Configuração do Gerenciamento de Configuração.
- Gerenciar as interfaces com o Gerenciamento de Relacionamento com o Cliente e o Gerenciamento de Nível de Serviço para garantir que as informações do Catálogo de Serviços estejam alinhadas com o negócio.

Relacionamentos do Gerenciamento de Catálogo de Serviço com outros processos

- **Entradas**:
  - Informações sobre os serviços do Gerenciamento do Portfólio de Serviço.
  - Informações sobre preço dos serviços do Gerenciamento Financeiro para os Serviços de TI.
  - Análise de Impacto no Negócio fornecendo informações sobre impacto, prioridade e riscos associados ao serviço do processo Gerenciamento da Continuidade de Serviço de TI.
  - Qualquer informação relativa ao Catálogo de Serviços provida por qualquer processo.
- **Saídas**:
  - Atualizações no *status* dos serviços no Portfólio de Serviço.
  - Catálogo de Serviço disponível para consulta de qualquer processo.

Responsabilidades do Dono do Processo Gerenciamento de Catálogo de Serviço

- Garantir que o processo seja adequado ao uso.
- Trabalhar com outros donos de processo para garantir que uma abordagem integrada esteja sendo seguida para o gerenciamento do Catálogo de Serviço.

Responsabilidades do Gerente do Processo Gerenciamento de Catálogo de Serviço

- Coordenar as interfaces entre o Catálogo de Serviços e os outros processos.
- Garantir que todas as informações do Catálogo de Serviços sejam íntegras e estejam atualizadas.
- Garantir a execução das atividades do processo de Gerenciamento de Catálogo de Serviços.

Gerenciamento da Capacidade

Objetivo do processo Gerenciamento da Capacidade

O objetivo do processo Gerenciamento da Capacidade é garantir que exista uma capacidade de TI adequada, a um custo justificado, e que esta capacidade esteja alinhada com as necessidades atuais e futuras do negócio.

Conceitos do Gerenciamento da Capacidade

Quando falamos "capacidade a um custo justificado" estamos nos referindo ao benefício que o investimento em capacidade de TI trará para o negócio. Aumentar capacidade de um serviço sem planejamento pode não trazer benefícios diretos para o negócio ou alocar recursos em um serviço de TI com menos prioridade em detrimento de um serviço de TI com maior prioridade para o negócio.

Há uma relação direta entre demandas do negócio (Gerenciamento de Demandas), capacidade do serviço e capacidade dos componentes de TI (Gerenciamento da Capacidade). Capacidade do negócio tem a ver com as quantidades, volumes e velocidade dos serviços de negócio. Capacidade dos componentes de TI tem a ver com desempenho, espaço em memória (física ou volátil) e velocidade dos componentes de TI que suportam o negócio. Por exemplo, um site de comércio eletrônico pode ter como capacidade requerida para o negócio a quantidade de consultas a produtos e quantidade de vendas simultâneas realizadas no site. Para atender a esses requisitos de demanda de negócio, a área de TI deve prover tempo de resposta a consultas no banco de dados de produtos e tempo de processamento de pedidos simultâneos. É necessário entendermos bem os requisitos de capacidade dos serviços e traduzi-los para requisitos de capacidades técnicas. Tomando como exemplo o serviço de consulta de produtos, podemos desmembrá-lo em:

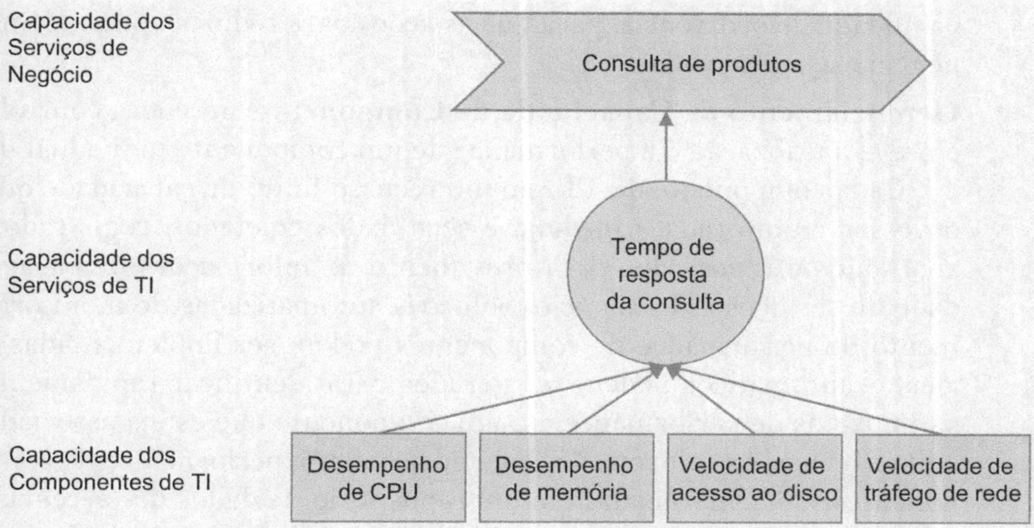

Figura 8.6. Gerenciamento da capacidade do serviço consulta de produtos.

As atividades do Gerenciamento da Capacidade devem ser realizadas em todos os ciclos de vida do serviço, da Estratégia, Transição e Operação à Melhoria Continuada do Serviço. São atividades técnicas e complexas que demandam três subprocessos para serem realizadas:

- **Gerenciamento da Capacidade de Negócio**: traduz os requerimentos do negócio em requerimentos de serviços e capacidade de TI, garantindo que os requerimentos sejam quantificados, planejados, desenhados e implementados para garantir a entrega dos serviços de acordo com os níveis de serviço definidos no Acordo de Nível de Serviço. Utiliza análises de tendências e modelos de simulação e previsão futura baseados em informações da estratégia da empresa, Portfólio de Serviços, Requisições de Mudança, Plano de Melhoria do Serviço, Padrões de Atividade de Negócio etc.

- **Gerenciamento da Capacidade de Serviço**: planeja, gerencia e controla a performance fim-a-fim da capacidade dos serviços de TI utilizados em produção. Garante que as metas de performance dos serviços definidas nos Acordos de Nível de Serviço sejam monitoradas e medidas e que as informações coletadas sejam registradas, analisadas e reportadas. Ações reativas e proativas podem ser solicitadas quando uma falha de capacidade ocorra, ou quando for identificada sua probabilidade de ocorrência, para que as ações para reduzir o impacto no negócio sejam tomadas.
- **Gerenciamento da Capacidade de Componente**: gerencia, controla e prevê a utilização e a performance de um componente individual de TI. Cada componente de TI tem um recurso finito de capacidade que deve ser monitorada e medida, e seus dados coletados, registrados, analisados e reportados para provimento de informações de capacidade de serviços e de negócio. Soluções automatizadas de monitoramento de performance de componentes podem ser implementadas e alertas automáticos podem ser gerados para identificar rapidamente os impactos de performance em um componente que esteja associado a um serviço. As informações coletadas sobre a performance de componentes são armazenadas em um repositório de dados do Gerenciamento da Capacidade denominado Sistema de Informação do Gerenciamento da Capacidade (SIGC).

Há muitas atividades similares realizadas em cada um dos subprocessos, mas cada subprocesso tem um foco diferente. O Gerenciamento da Capacidade de Negócio foca nos requerimentos do negócio. O Gerenciamento da Capacidade de Serviço foca na entrega dos serviços que suportam o negócio, enquanto o Gerenciamento da Capacidade de Componentes foca na infraestrutura de TI que suporta a provisão dos serviços de TI.

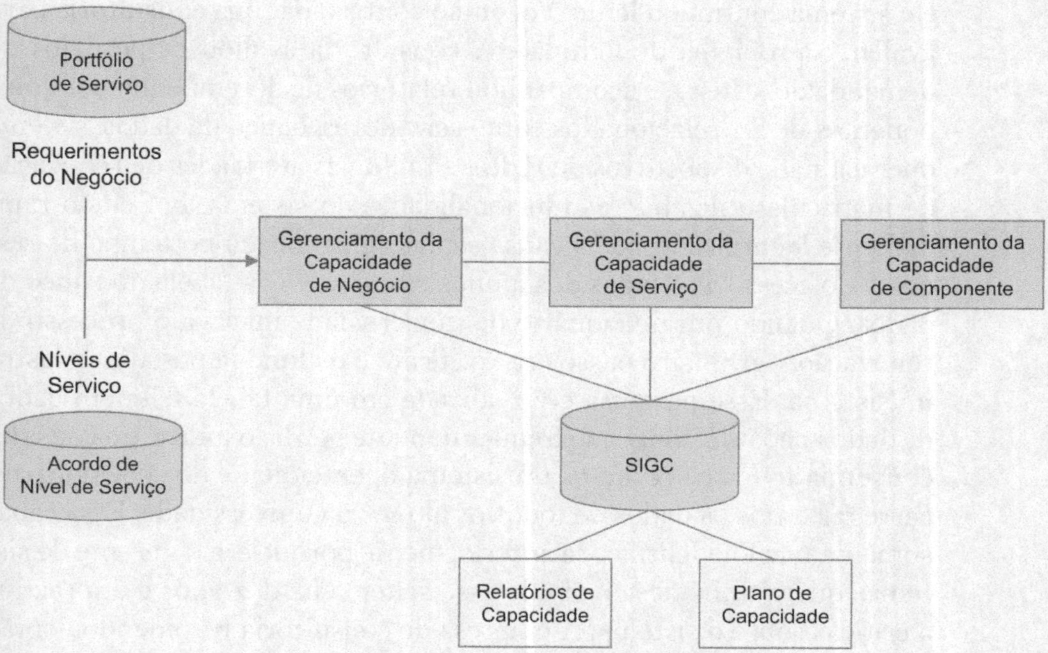

Figura 8.7. Subprocessos do Gerenciamento da Capacidade.[12]

Caso Real

Uma universidade vinha constantemente passando por problemas durante o período de renovação de matrículas. Os alunos formavam filas na secretaria para renovar sua matrícula para o semestre seguinte e frequentemente o sistema de gestão de alunos ficava lento e apresentava quedas por conta de baixo desempenho. Após várias reuniões entre a diretoria da universidade e os gestores de TI, o gerente de sistemas cogitou que a causa da lentidão poderia ser o cabeamento de rede da universidade, que era antigo. A diretoria da universidade aprovou então um projeto de um novo cabeamento de rede em todo o campus da universidade, incluindo fibras óticas para aumentar a velocidade do tráfego de rede e resolver o problema de lentidão. Após seis meses de obra, incluindo autorização e vistoria da prefeitura, o cabeamento foi refeito

---

[12] Adaptado do livro ITIL® *Service Design* sob licença do *Cabinet Office*.

e o sistema continuou lento. Foi então contratada uma consultoria para avaliar o problema de lentidão. A consultoria avaliou os períodos de demanda do sistema e acompanhou relatórios de desempenho dos componentes de TI relacionados como servidores, banco de dados, sistema operacional e dispositivos de rede e simulou as atividades de renovação de matrícula utilizando as funcionalidades do sistema. Foi então rapidamente identificado que a causa estava centralizada no tempo de resposta do acesso aos dados dos alunos em uma única tabela do banco de dados. Quando um funcionário da universidade iniciava o processo de renovação, o primeiro passo era verificar se o aluno já possuía cadastro no sistema. Essa pesquisa era realizada em uma tabela feita em banco de dados não relacional que frequentemente perdia o índice, e a consulta consumia todos os recursos do sistema operacional e do servidor para carregar todos os dados de todos os alunos da universidade. Essa causa somente não foi identificada anteriormente porque era o gerente de sistemas quem tinha desenvolvido esse sistema há dez anos e era reativo a críticas sobre o sistema. A empresa de consultoria recomendou então que o sistema fosse atualizado, para inclusive permitir que os alunos solicitassem suas renovações de matrícula diretamente pela Internet, não necessitando ir pessoalmente ao campus da universidade. Foi feito um orçamento para atualização do sistema e o projeto foi aprovado somente para o ano seguinte, pois todo o orçamento do ano tinha sido gasto com o projeto de cabeamento em fibra ótica sugerido pelo gerente de sistemas.

Para entender as demandas do negócio e os requisitos técnicos para planejamento da capacidade de TI, o Gerenciamento da Capacidade deve entender:

- A operação do ambiente de TI e os serviços do Catálogo de Serviços (serviços visíveis aos clientes e serviços de suporte).
- Tendências de utilização dos serviços através dos Padrões de Atividade de Negócio.
- Futuros requerimentos de serviços através do Portfólio de Serviços.
- Todas as áreas de TI e suas capacidades, incluindo infraestrutura, dados, sistemas, aplicações e pessoas.

Ponto para Reflexão

As áreas de negócio das empresas geralmente estão mais preocupadas com a capacidade do negócio em trazer lucros para a empresa do que com a capacidade técnica da empresa para atender ao negócio. A TI acaba sendo uma preocupação secundária e frequentemente a TI e outras áreas de apoio ao negócio são pegas de surpresa com requerimentos do negócio que não podem ser atendidos por falta de capacidade pré-planejada, disponível e não orçada para o ano fiscal corrente. Sabemos que capacidade ociosa por superdimensionamento sem justificativa ao atendimento de demandas atuais e futuras do negócio é mau uso do orçamento da empresa. Qual seria então a solução? TI aumentar o seu orçamento por superdimensionamento da capacidade ou o negócio da empresa ficar limitado às capacidades de TI?

O Gerenciamento da Capacidade deve ser uma atividade balanceada entre os custos, benefícios, recursos e demanda.

- **Custo balanceado entre recursos**: os custos de capacidade devem ser justificados em relação ao benefício no negócio e aos níveis de utilidade e garantia do serviço.
- **Custo balanceado entre demanda**: os custos de capacidade devem ser justificados em relação à capacidade de TI em atender às demandas do negócio, atuais e futuras. Pode ser necessário influenciar a demanda para gerenciamento da relação entre oferta de capacidade e demanda por capacidade. Esta influência pode ser realizada através da cobrança pelos serviços do Gerenciamento Financeiro. Ressaltando que o Gerenciamento Financeiro, através da cobrança pelos serviços, não só influencia a demanda como também recupera custos ou atribui valores adicionais para investimento no planejamento de capacidade futura de TI.

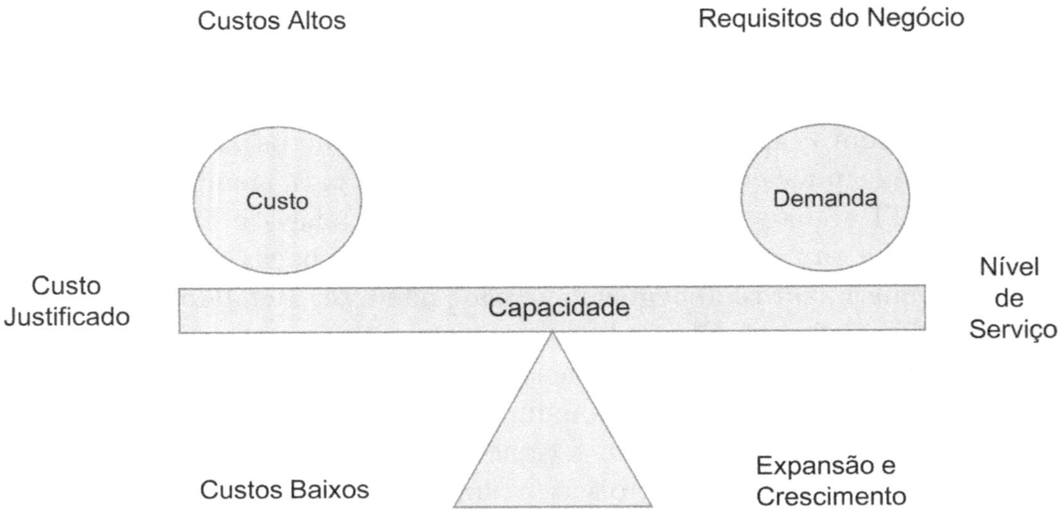

Figura 8.8. Balanceamento entre os custos, demanda e capacidade de TI.

O Gerenciamento da Demanda define, através da identificação das tendências de uso dos serviços descrita no Padrão de Atividade de Negócio, os requisitos de capacidade de TI requeridos para os serviços. Cabe ao Gerenciamento da Capacidade a preparação do Plano de Capacidade atual e futura para atender aos requisitos do negócio. O Plano de Capacidade de TI é um documento que irá compor o Pacote de Desenho de Serviço.

O Pacote de Desenho de Serviço será um apanhado de requisitos planejados durante o ciclo Desenho de Serviço, que serão utilizados pelo ciclo Transição de Serviço para construção ou modificação dos serviços. Se a demanda pelo serviço não mudou, e um serviço de TI em produção não atende à capacidade requerida pelo negócio, podemos afirmar que uma das duas falhas ocorreu durante o Gerenciamento da Capacidade: ou a demanda foi mal dimensionada ou os serviços foram mal planejados em relação à capacidade requerida para atender ao negócio.

Caso Real

Várias áreas de negócio da empresa estavam reclamando sobre o desempenho de alguns serviços que eram acessados através da Internet. O diretor de TI percebeu que a velocidade de conexão à

Internet da empresa estava operando a uma taxa de 512 Kbp/s, mesmo tendo contratado um link *Frame Relay* de Internet de 2 Mbp/s. Após contato com a operadora de telecomunicações que fornecia o link, foi feita uma análise de tráfego e foi informado que o link contratado realmente era de 2 Mbp/s. Porém, quando a análise de tráfego era feita internamente pela empresa, as taxas de transmissão não ultrapassavam 512 Kbp/s. O diretor já estava avaliando a possibilidade de cancelamento do contrato com a operadora de telecomunicações quando um técnico de TI propôs que fosse consultado um especialista no equipamento roteador para verificar a configuração. O especialista foi chamado e após uma análise nas configurações do roteador, foi identificado que a taxa de tráfego comprometida (CIR) configurada no roteador estava limitada a 512 Kbp/s. Após a configuração correta do roteador, o link passou a operar aos 2 Mbp/s contratados e o desempenho dos serviços aumentou.

Planejamento da capacidade atual e futura não trata somente de planejamentos dos serviços antes que eles entrem em produção. O Gerenciamento da Capacidade também monitora a capacidade atual para encontrar desvios em relação ao planejado e também prever tendências de utilização baseadas em simulações de aumento da demanda.

Atividades do Gerenciamento da Capacidade

Algumas atividades do Gerenciamento da Capacidade são reativas e outras são proativas durante o ciclo de vida do serviço.

Quando o serviço já está disponível no Catálogo de Serviços e está em produção, as atividades reativas do Gerenciamento da Capacidade são:

- Monitorar, medir e reportar a performance atual de serviços e componentes de TI.
- Responder aos alertas de eventos de capacidade e solicitar a correção devida.
- Prover informações sobre performance para os outros processos do ciclo de vida do serviço que necessitem dessas informações.

As atividades proativas do Gerenciamento da Capacidade podem ocorrer em dois momentos: quando o serviço está sendo planejado a partir do Portfólio de Serviço ou quando ele já está em produção. São atividades proativas do Gerenciamento da Capacidade:

- Produzir e manter um Plano de Capacidade que reflita os requisitos de demandas do serviço e tendências de utilização do serviço para planejamento da capacidade requerida.
- Identificar e antecipar falhas de performance e solicitar a tomada de ações antes que elas ocorram.
- Produzir análises de tendência de utilização atual dos componentes de TI e estimativa de utilização futura usando informações registradas no Sistema de Informação do Gerenciamento da Capacidade e informações sobre demandas futuras no Portfólio de Serviços para planejamento de atualizações e melhorias nos componentes de TI associados a um serviço.
- Modelar e analisar tendências de mudanças nos serviços de TI e identificar os componentes de TI que deverão ser modificados para atender à mudança do serviço.
- Garantir que os custos de atualizações e melhorias de TI estejam planejados em conjunto com o Gerenciamento Financeiro e que as atualizações e melhorias possam ser implementadas antes dos níveis de serviço serem rompidos.
- Buscar ativamente a melhoria da performance do serviço mesmo que não haja orçamento para atualizações através da otimização da performance dos serviços e componentes.

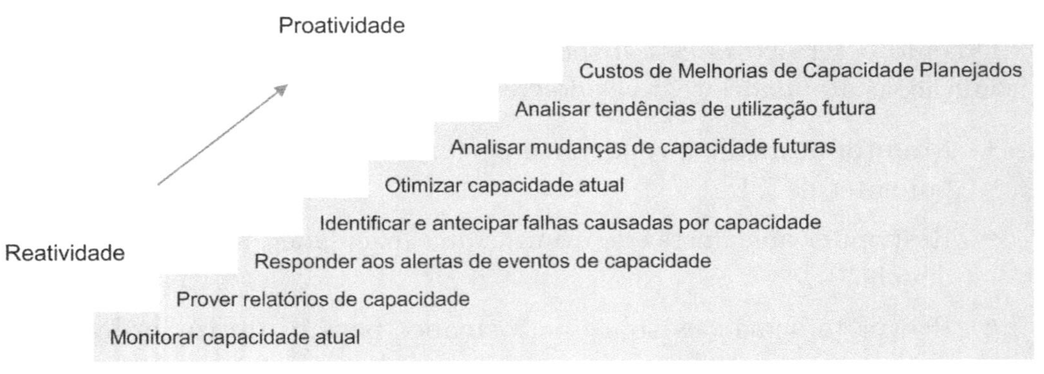

Figura 8.9. Escala de Evolução da Maturidade do Gerenciamento da Capacidade.

Para sair de um estágio reativo e evoluir para um estágio proativo, o Gerenciamento da Capacidade deve possuir um fluxo contínuo de melhoria contendo as seguintes atividades:

- Revisar a capacidade atual através da análise dos relatórios de performance.
- Melhorar a capacidade atual através de otimização e melhorias.
- Avaliar, acordar e documentar novos requisitos de capacidade solicitados por mudanças de TI ou requisitos do negócio do Portfólio de Serviços.
- Planejar nova capacidade para atender aos requisitos de mudanças de TI ou de negócio.

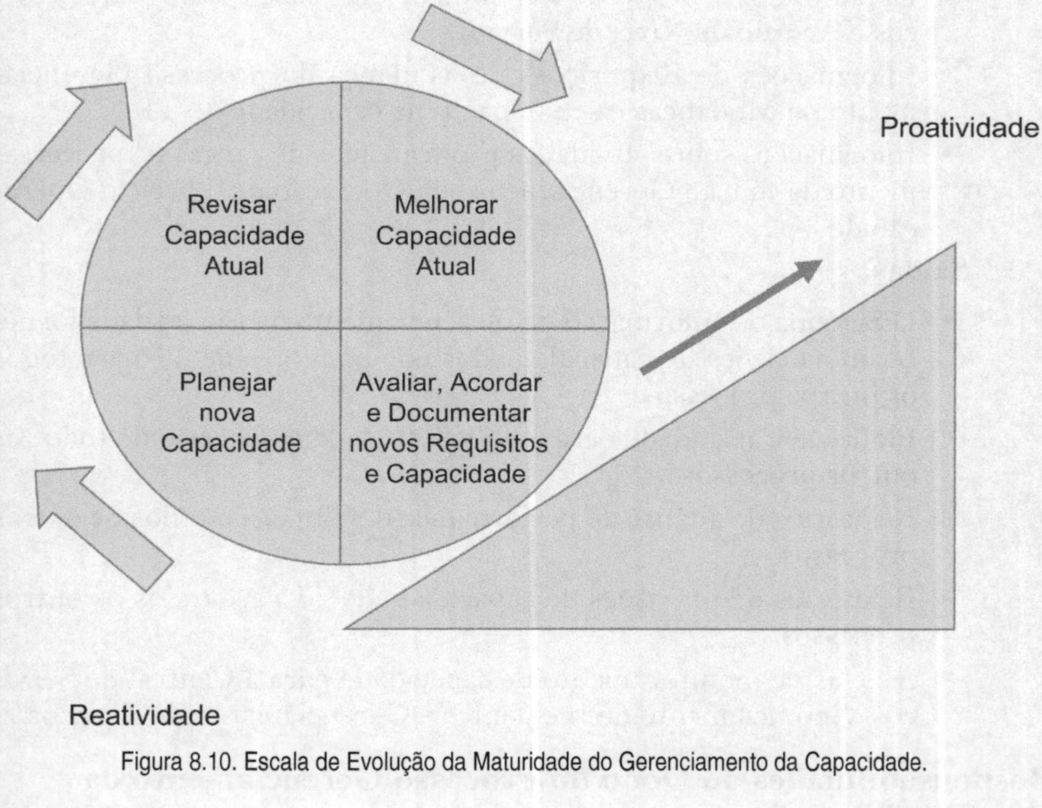

Figura 8.10. Escala de Evolução da Maturidade do Gerenciamento da Capacidade.

Relacionamentos do Gerenciamento da Capacidade com outros processos

- **Entradas**:
  - Requerimentos do negócio oriundos do ciclo Estratégia de Serviço.
  - Planos de TI do ciclo Estratégia de Serviço.
  - Custos e Orçamentos de TI do Gerenciamento Financeiro para os Serviços de TI (Estratégia do Serviço).
  - Informações de capacidade e performance de fornecedores dos componentes de TI.
  - Informações de falhas de performance e sobre o seu tratamento do Gerenciamento de Incidentes e Gerenciamento de Problemas (ciclo Operação de Serviço).
  - Detalhes dos serviços do Portfólio de Serviços, Catálogo de Serviços e Acordo de Nível de Serviço.
  - Informações de Requisições de Mudança do processo Gerenciamento de Mudanças e seu impacto na capacidade de TI.
  - Informações sobre atividades programadas de cargas de processamento da função Gerenciamento da Operação de TI (ciclo Operação de TI).
- **Saídas**:
  - O Sistema de Informação do Gerenciamento da Capacidade fornece informações de capacidade dos componentes de TI para todos os outros processos.
  - Plano de Capacidade para auxílio à tomada de decisão de todos os outros processos.
  - Relatórios de análise de performance de TI para o todos os outros processos.
  - Relatórios de previsões de capacidade de TI para todos os outros processos.
  - Alertas de monitoramento de capacidade para a Central de Serviços, Gerenciamento de Incidentes e Gerenciamento de Eventos.

Responsabilidades do Dono do Processo Gerenciamento da Capacidade

- Garantir que o processo seja adequado ao propósito.

- Trabalhar com outros donos de processos para garantir que haja uma abordagem integrada para desenho e implementação do gerenciamento da capacidade.

Responsabilidades do Gerente do Processo Gerenciamento da Capacidade

- Garantir capacidade de TI adequada para atender aos serviços.
- Coordenar as interfaces entre o Gerenciamento da Capacidade e os outros processos.
- Balancear a capacidade de TI com a demanda dos serviços de TI a um custo justificável.
- Otimizar e fazer o melhor uso das capacidades de TI disponíveis.
- Monitorar e prover relatórios de capacidade.

Gerenciamento da Disponibilidade

Objetivo do processo Gerenciamento da Disponibilidade

O objetivo do processo Gerenciamento da Disponibilidade é garantir que os níveis de disponibilidade entregues para os serviços de TI atendam às necessidades de disponibilidade acordadas nos Acordos de Nível de Serviço.

Conceitos do Gerenciamento da Disponibilidade

Antes de tratarmos do processo Gerenciamento da Disponibilidade, devemos primeiro entender o conceito "disponibilidade". À primeira vista podemos concluir que um serviço está disponível quando os sistemas de TI que suportam este serviço estão operacionais e "funcionando". O critério de disponibilidade do serviço não é definido por TI, e sim pelos requisitos de negócio definidos e acordados pelo cliente no Acordo de Nível de Serviço. Se a capacidade requerida de um serviço não é entregue conforme esperado, a baixa performance do serviço pode inviabilizar a execução do serviço pelos clientes. Se os clientes não conseguem utilizar o serviço conforme previamente planejado (Catálogo de Serviço) e acordado (Acordo de Nível de Serviço), dizemos então que o serviço está indisponível para os clientes. Os clientes querem receber o serviço conforme definido no

Acordo de Nível de Serviço e descrito no Catálogo de Serviço, então disponibilidade não tem somente a ver com *Up* ou *Down*, e sim com a maneira como os clientes recebem o serviço acordado. Um sistema de faturamento pode estar rodando em um servidor, mas uma tarefa de cadastro de notas fiscais pode estar parada por causa de uma falha no banco de dados. Os clientes não querem saber sobre tarefas do sistema e falhas no banco de dados, e sim sobre a disponibilidade do serviço de emissão de notas fiscais.

Ponto para Reflexão

Quando estamos no trânsito e ouvimos no rádio do carro que uma avenida está "parada", ela realmente está parada ou a velocidade está abaixo do nível de tráfego esperado pelos motoristas?

Quando estamos em uma fila para comprar algo e desistimos da compra porque a fila está muito lenta, o caixa não está funcionando ou nossa expectativa de aguardar na fila foi excedida?

Segundo o ITIL®, disponibilidade é:

> "A habilidade de um serviço ou um componente de TI em desempenhar a sua função acordada quando necessário"[13].

Em relação ao escopo da disponibilidade, este pode ser dividido em:

- **Disponibilidade de Serviço**: envolve todos os aspectos da disponibilidade e indisponibilidade e seu impacto no serviço.
- **Disponibilidade de Componente**: envolve todos os aspectos da disponibilidade e indisponibilidade dos componentes de TI.

Taxa de Disponibilidade

A disponibilidade pode ser medida como uma taxa percentual de disponibilidade calculada em relação ao tempo total de disponibilidade de um período e o tempo total de indisponibilidade no mesmo período de acordo com a seguinte fórmula:

---

[13] Reproduzido do livro ITIL® *Service Design* sob licença do *Cabinet Office*.

$$\frac{\left(\text{Tempo Total de Disponibilidade} - \text{Tempo Total de Indisponibilidade}\right) \times 100}{\text{Tempo Total de Disponibilidade}}$$

Figura 8.11. Fórmula de Cálculo de Disponibilidade.

Supondo que uma empresa opere somente de segunda à sexta, de 09h às 18h. Teremos então 160 horas de trabalho durante um determinado mês. Os serviços de TI ficaram fora do ar durante quarenta horas nesse mês. Aplicando a fórmula, teríamos então:

Tempo Total de Disponibilidade = 160 horas

Tempo Total de Indisponibilidade = 40 horas

(160 – 40) = 120

120 X 100 = 1200

1200 / 160 = 75% de disponibilidade no mês.

Tempo de Serviço Acordado

Supondo que essa mesma empresa possua um Acordo de Nível de Serviço com uma meta de 95% de disponibilidade para os serviços de TI, podemos identificar que 95% de disponibilidade significam 152 horas de serviços disponíveis no mês. Esse prazo recebe o nome de Tempo de Serviço Acordado.

Confiabilidade

É o prazo que um sistema consegue, ou espera-se que ele consiga, executar suas funções de acordo com o esperado. A confiabilidade de um sistema é medida através do Tempo Médio Entre Falhas (TMEF), ou seja, quanto tempo levou entre uma falha e a próxima, ou então quanto tempo o sistema ficou confiável sem falhas. Quando definimos metas de disponibilidade no Acordo de Nível de Serviço estamos na verdade estipulando nossa meta de confiabilidade.

Sustentabilidade

Na física, o termo "resiliência" é utilizado para definir a capacidade de um corpo material retornar ao seu estado original depois que lhe é aplicada uma força. Grandes construções como pontes ou prédios possuem uma taxa de resiliência em relação a tremores e ventos fortes. A Ponte Rio-Niterói, por exemplo, tem uma resiliência de dois metros de oscilação em caso de ventos fortes na Baía de Guanabara. Em TI, precisamos medir qual é a nossa capacidade de resiliência, ou seja, quanto tempo ficamos indisponíveis e demoramos a restaurar os serviços ao seu estado original de disponibilidade.

Na simulação anterior, ficamos quarenta horas com o serviço indisponível, ou podemos dizer que demoramos quarenta horas para retornar a confiabilidade do sistema. Denominamos este prazo de sustentabilidade. A sustentabilidade mede quanto tempo um serviço ou componente de TI leva para ser restaurado em caso de indisponibilidade e é medida através do Tempo Médio Para Restaurar o Serviço (TMRS).

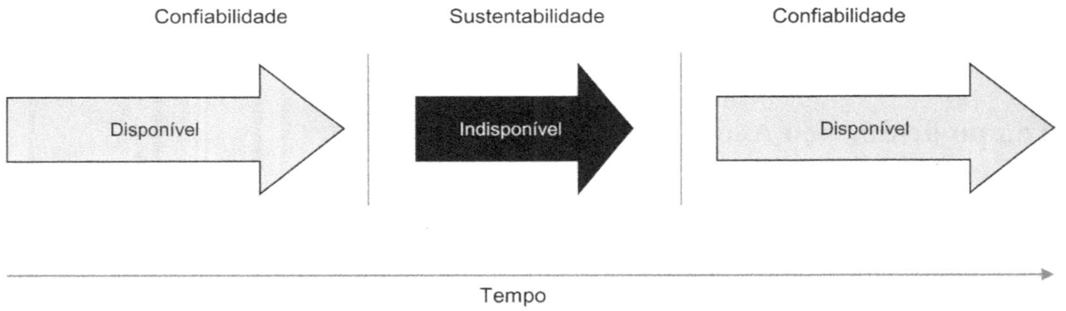

Figura 8.12. Confiabilidade e Sustentabilidade.

Existe também outra métrica de confiabilidade denominada Tempo Médio para Reparo (TMPR). A diferença entre o Tempo Médio para Reparo e o Tempo Médio para Restaurar o Serviço é a visão de confiabilidade. Em se tratando de TI, quando resolvemos a falha dizemos que o serviço foi "reparado", porém, por algum motivo técnico ou procedimento, o serviço ainda não está disponível para o cliente, ou seja, ainda não foi "restaurado". TI pode ter reparado a falha, porém o serviço ainda não foi restaurado para o cliente. Vejamos alguns exemplos das diferenças entre TMPR e TMRS:

- As filiais de uma empresa não conseguem acessar os sistemas da matriz. A falha identificada foi a perda da tabela de rotas no roteador da matriz. A tabela de rotas foi refeita (reparada), mas demora dez minutos até que o protocolo de roteamento dinâmico atualize as rotas das vinte filiais (restauração). A equipe de TI levou cinco minutos para refazer as rotas. O TMPR foi de cinco minutos, porém o TMRS foi de quinze minutos.
- O sistema de folha de pagamento da empresa parou de funcionar no dia do pagamento dos funcionários. A equipe de TI identificou que o disco rígido do servidor de banco de dados da folha de pagamento havia queimado. O sistema operacional e o banco de dados foram reinstalados em outro HD (reparo), porém os dados do banco de dados precisavam ser restaurados do *backup*. A equipe de TI demorou duas horas para reinstalar o sistema operacional e o banco de dados e iniciar a restauração do *backup*, e a restauração demorou uma hora. O TMPR foi de duas horas e o TMRS foi de três horas.

Ponto de Atenção

O Gerenciamento da Disponibilidade não é responsável por reparar e restaurar os serviços; essas são responsabilidade do processo Gerenciamento de Incidentes do ciclo Operação de Serviço. O Gerenciamento da Disponibilidade deve garantir que a duração e os impactos das falhas nos serviços de TI sejam minimizados trabalhando em conjunto com os processos Gerenciamento de Incidentes (ciclo Operação de Serviço) e Gerenciamento da Continuidade dos Serviços de TI (ciclo Desenho de Serviço) para realizarem a análise do Ciclo de Vida Expandido do Incidente.

Ciclo de Vida Expandido do Incidente

Segundo o processo Gerenciamento de Incidentes (ciclo Operação de Serviço), um incidente é uma interrupção não planejada de um Serviço de TI ou uma redução da qualidade de entrega de um serviço. O Ciclo Expandido do Incidente é uma análise do ciclo de vida da interrupção realizada pelo Gerenciamento de Incidentes, Gerenciamento de Problemas (ciclo Operação de Serviço) e Gerenciamento da Disponibilidade para identificar os tempos gastos em cada estágio do processo de restauração. O Ciclo de Vida Expandido do Incidente inclui os seguintes estágios de restauração:

- **Detecção do Incidente**: tempo que TI demorou para identificar o incidente.
- **Diagnóstico do Incidente**: tempo que TI demorou para determinar a origem e causa do incidente.
- **Reparo do Incidente**: tempo que TI demorou para reparar o serviço.
- **Recuperação do Incidente**: tempo que TI demorou para recuperar o serviço.
- **Restauração do Incidente**: tempo que TI demorou para restaurar o serviço.

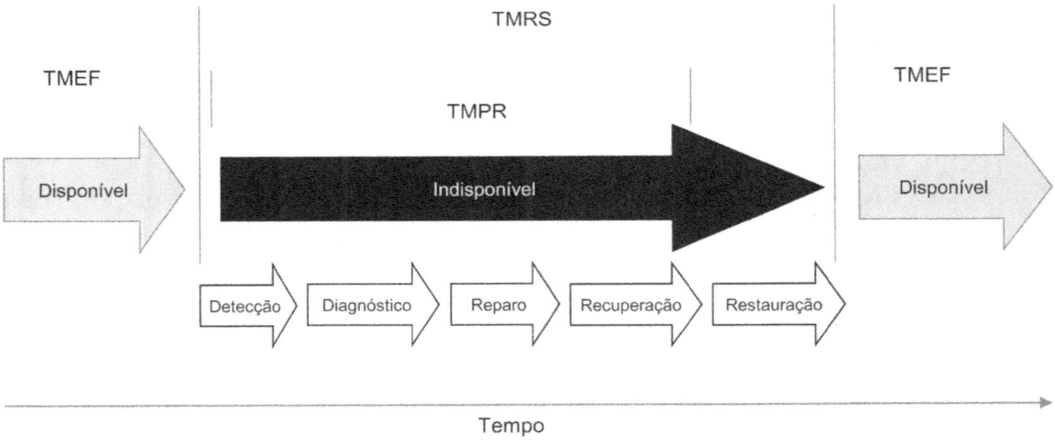

Figura 8.13. Ciclo de Vida Expandido do Incidente.

Vamos simular agora o caso da queima do HD do servidor de banco de dados do sistema de folha de pagamento como se fosse em uma organização de TI sem um processo de Gerenciamento da Disponibilidade definido.

Os funcionários da empresa começaram a reclamar porque estavam verificando o saldo das suas contas no banco e o pagamento não havia entrado ainda. Quando um funcionário da área de TI se queixou ao gerente de TI de que o seu pagamento ainda não havia entrado, a equipe técnica de TI resolveu verificar se estava tudo bem com o serviço folha de pagamento. Após uma análise, identificaram que o servidor de banco de dados da folha de pagamento estava fora do ar.

- **Tempo para Detecção do Incidente**: quatro horas

Como não conseguiam acessar remotamente o servidor de banco de dados, a equipe foi ao Centro de Processamento de Dados (CPD) e tentou ligar o servidor novamente. Apareceu uma mensagem de setor de inicialização não reconhecido. A equipe diagnosticou que era falha no HD.

- **Tempo para Diagnóstico do Incidente**: trinta minutos

Pegaram um HD sobressalente e foram procurar as mídias de instalação do sistema operacional e do banco de dados no meio da bagunça dos armários da área de TI. Após acharem as mídias, instalaram o sistema operacional e o banco de dados.

- **Tempo para Reparo do Incidente**: uma hora e trinta minutos

O *backup* das tabelas e os dados foram recuperados no banco de dados.

- **Tempo para Recuperação dos dados**: uma hora

Após o ambiente estar pronto, havia a necessidade de parar o servidor de contas a pagar para que o sincronismo entre o serviço de pagamento e o envio eletrônico de ordens de pagamento para o banco fosse reconfigurado. O servidor de contas a pagar somente pôde ser interrompido após todas as ordens de pagamento dos fornecedores com vencimento naquele dia serem emitidas. Após duas horas, a configuração foi feita em vinte minutos e o serviço foi restaurado.

- **Tempo para Restauração do Incidente**: duas horas e vinte minutos

Avaliando o Ciclo de Vida Expandido do Incidente com o caso da falha no servidor de folha de pagamento, podemos identificar que o prazo total de Sustentabilidade, ou o Tempo Médio para Restauração do Serviço (TMRS), foi de nove horas e vinte minutos.

Funcionalidade do Serviço

Geralmente os Acordos de Nível de Serviço definem somente metas de Disponibilidade. Alguns acordos podem incluir metas de Confiabilidade e Sustentabilidade. Estas são mais comuns nos Acordos de Nível Operacional. Porém, quando um serviço, componente de TI ou os processos de uma empresa (BPO) são terceirizados com Fornecedores, chamamos de Funcionalidade do Serviço a obrigação contratual do Fornecedor em atender níveis acordados de Confiabilidade, Sustentabilidade e Disponibilidade de um serviço ou componente de TI.

Função de Negócio Vital

O termo Função de Negócio Vital é utilizado para refletir elementos críticos de um processo de negócio suportados por um serviço de TI. Um único serviço de TI pode suportar mais de um processo de negócio. É imprescindível identificar que processos de negócio são críticos para o negócio e quais são menos críticos para desenhar os requerimentos de Disponibilidade, Confiabilidade e Sustentabilidade de um serviço de TI.

De acordo com a identificação da Função de Negócio Vital dos serviços de TI, cada tipo de nível de criticidade identificado pode sugerir um planejamento de Desenho de Serviço adequado de acordo com um dos seguintes tipos de planejamento:

- **Alta Disponibilidade**: característica de um serviço de TI em minimizar ou mascarar os efeitos de falhas em componentes de TI para os usuários do serviço. Exemplo: sistema de TI sobressalente com espelhamento automático que assume imediatamente o serviço em caso de falha do sistema principal.
- **Tolerância a Falhas**: habilidade de um serviço ou componente de TI em continuar a operar mesmo depois de uma falha. Exemplo: servidor com dois processadores que continua operando com um processador, porém com capacidade reduzida, após falha em um dos processadores.
- **Operação Contínua**: abordagem de desenhar e eliminar falhas planejadas em um serviço de TI; mesmo que alguns componentes de TI apresentem falha, entretanto, o serviço continua disponível. Exemplo: procedimentos de contingência acionados em caso de indisponibilidade.
- **Disponibilidade Contínua:** abordagem de desenho de serviço para atingir uma taxa de 100% de disponibilidade de um serviço de TI. Uma Disponibilidade Contínua de um serviço de TI não tem indisponibilidade não planejada ou planejada.

Ponto para Reflexão

100% de disponibilidade não é utopia. Atualmente existem tecnologias que, bem planejadas e integradas, podem prover 100% de disponibilidade. Porém, como diz um amigo consultor: "existe um mundo melhor, mas ele é mais caro."

O escopo do Gerenciamento da Disponibilidade abrange o desenho, a implementação, a medição, o gerenciamento e a melhoria dos serviços e componentes de TI. Para isso, deve identificar, entender e monitorar:

- Planos e processos de negócio e seus requerimentos atuais e futuros.
- Metas de disponibilidade de serviço.
- Infraestrutura, dados, aplicações e suas capacidades.
- Impacto no negócio e prioridade em relação ao serviço utilizado.

O Gerenciamento da Disponibilidade deve monitorar todos os aspectos de disponibilidade, confiabilidade e sustentabilidade através de procedimentos manuais ou automatizados por uma ferramenta de automação da medição de componentes de TI. As informações coletadas sobre a disponibilidade dos serviços e componentes de TI são armazenadas em um repositório de dados do Gerenciamento da Disponibilidade denominado Sistema de Informação do Gerenciamento da Disponibilidade (SIGD).

O sucesso do Gerenciamento da Disponibilidade está ligado diretamente às métricas de disponibilidade. Segundo o ITIL®:

> Se você não medir, não pode gerenciar. Se você não medir, não pode melhorar.
> Se você não mede, provavelmente você não se importa.
>
> Se você não pode influenciar ou controlar, então não meça!

A definição das métricas e dos relatórios depende de diferentes perspectivas de disponibilidade:

- **Perspectiva do Negócio**: considera a disponibilidade em relação ao impacto ou contribuição na Função de Negócio Vital.

- **Perspectiva do Usuário**: considera a disponibilidade do serviço de TI em combinação à frequência da disponibilidade (Confiabilidade), duração da indisponibilidade (Sustentabilidade) e impacto da indisponibilidade.
- **Perspectiva do Provedor de TI**: considera a disponibilidade do serviço e componente de TI em relação à Disponibilidade, Confiabilidade e Sustentabilidade.

Técnicas de Análises de Falhas e Riscos de Disponibilidade

Existem algumas técnicas propostas pelo ITIL® para análise de falhas e riscos de disponibilidade de serviços e componentes de TI. São elas:

- Análise de Falha de Serviço.
- Análise de Impacto em Falhas de Componentes.
- Análise de Ponto Único de Falha.
- Análise da Árvore de Falha.

Análise de Falha de Serviço (AFS)

Técnica baseada em uma estrutura de atividades de projeto que busca a identificação das causas da indisponibilidade e propostas de melhorias para a disponibilidade do serviço. São atividades de projeto propostas pela AFS:

- **Selecionar oportunidade**: selecionar os serviços ou componentes de TI a serem analisados.
- **Definir escopo**: definir cobertura do escopo.
- **Planejar**: planejar o projeto.
- **Formular hipóteses**: construir cenários.
- **Analisar dados**: analisar os dados dos cenários.
- **Entrevistar pessoas-chave**: identificar as perspectivas do negócio.
- **Resultados e conclusões**: documentar os resultados e conclusões.
- **Recomendações**: documentar recomendações.
- **Relatório**: gerar relatório de projeto.
- **Validação**: comparar o "antes" e o "depois".

Análise de Impacto em Falhas de Componentes (AIFC)

Técnica desenvolvida pela IBM nos anos 70 para determinar o impacto de falhas de componentes de TI em um serviço de negócio. Pode ser representado como a ilustração dos serviços e componentes de TI e a identificação dos relacionamentos entre eles. Esta representação gráfica pode ser feita com base na identificação dos serviços visíveis aos clientes e serviços de suporte do processo Gerenciamento do Catálogo de Serviço.

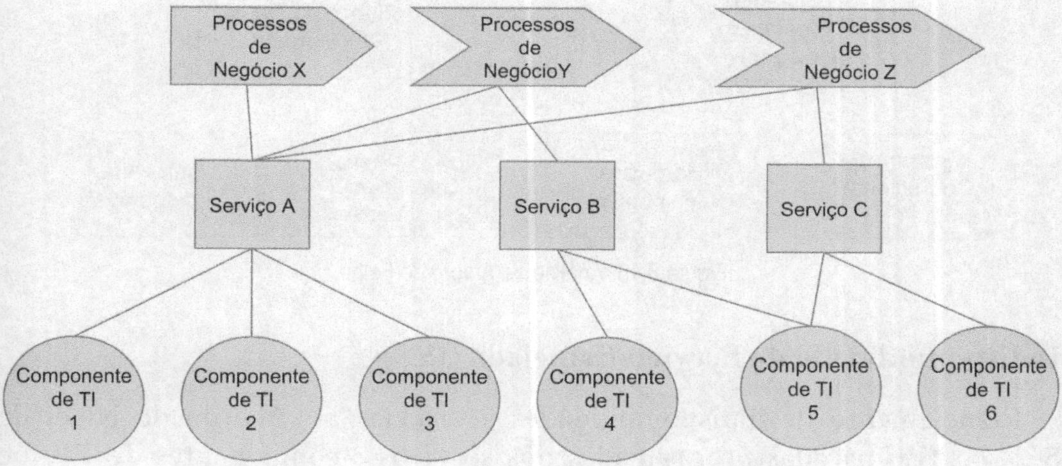

Figura 8.14. Análise de Impacto em Falhas de Componentes.

Análise de Ponto Único de Falha (PUF)

Um Ponto Único de Falha é um componente de TI que não tem capacidade de tolerância a falhas e não há contingência para ele. A identificação de Pontos Únicos de Falha é importante para identificar o potencial impacto de uma falha deste componente no negócio e justificar financeiramente planos de melhoria para a disponibilidade deste componente de TI.

Análise de Árvore de Falha (AAF)

É uma técnica de representação boleana utilizada para identificar a sequência de eventos causados por uma falha em um serviço ou componente de TI.

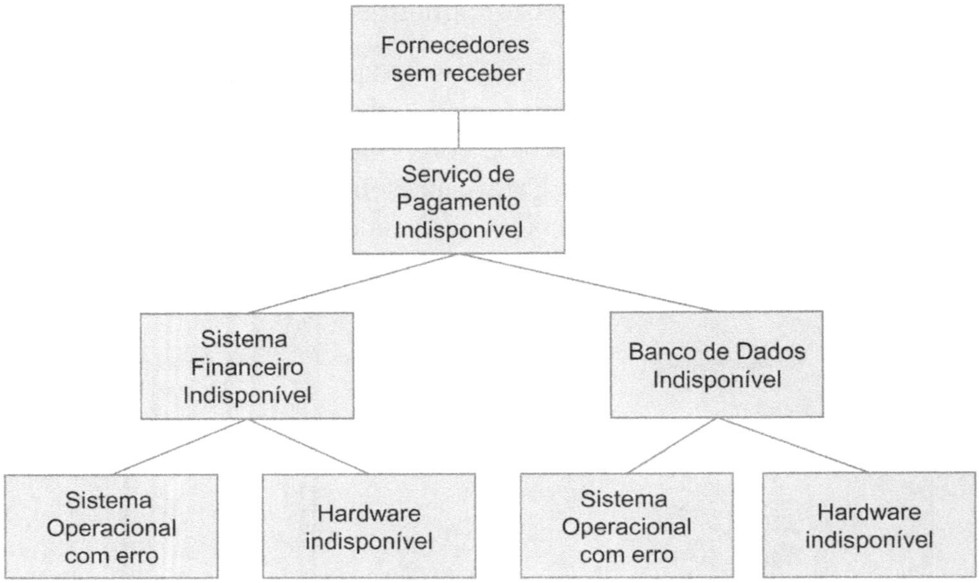

Figura 8.15. Análise de Árvore de Falha.

Indisponibilidade de Serviço Planejada (ISP)

Planejamento de indisponibilidades acordadas no Acordo de Nível de Serviço. São paradas programadas nos serviços e componentes de TI que podem ser originadas por:

- Mudanças programadas.
- Planejamento de implantações.
- Manutenções preventivas programadas.
- Testes de disponibilidade.
- Testes de continuidade de serviço de TI.

As paradas programadas levam em consideração o melhor momento para as manutenções ou atualizações nos serviços ou componentes de TI em relação aos riscos para o negócio e estão previamente acordadas nos Acordos de Nível de Serviço. Uma vez acordadas com os clientes dos serviços, uma Indisponibilidade de Serviço Planejada não é contabilizada como um evento de indisponibilidade.

O Gerenciamento da Disponibilidade deve criar um Plano de Disponibilidade abrangendo os seguintes aspectos:

- Métodos, técnicas e cálculos de métricas de disponibilidade de serviços e componentes de TI.
- Eventos, alarmes e desenho de procedimentos para restauração dos serviços.
- Avaliação de risco dos serviços e componentes de TI em relação à indisponibilidade.
- Relatórios de disponibilidade.
- Planejamento de testes de disponibilidade de serviços e componentes de TI.
- Planejamento de interações e assistência ao Gerenciamento de Incidentes e ao Gerenciamento de Problemas associados aos serviços e componentes de TI.
- Planejamento de melhorias da disponibilidade de serviços e componentes de TI.

Atividades do Gerenciamento da Disponibilidade

São previstas atividades reativas e proativas para o processo de Gerenciamento da Disponibilidade. Atividades reativas envolvem monitoramento, análise e gerenciamento de eventos e incidentes envolvendo disponibilidade depois que esses eventos já ocorreram. Geralmente são atividades operacionais realizadas no ciclo Operação de Serviço através dos processos Gerenciamento de Eventos e Gerenciamento de Incidentes. Atividades proativas envolvem planejamento, desenho e melhoria da disponibilidade quando os serviços estão sendo planejados no Portfólio de Serviço ou quando é feito um Plano de Melhoria do Serviço (ciclo de Melhoria Continuada).

As atividades do Gerenciamento da Disponibilidade são:

- Desenhar os requerimentos de disponibilidade para um novo serviço de TI ou para uma mudança em um serviço de TI e desenhar os critérios de restauração do serviço e componentes de TI.

- Determinar a Função de Negócio Vital em conjunto com as áreas de negócio e com o processo Gerenciamento da Continuidade de Serviço de TI.
- Definir, monitorar e reportar as metas de Disponibilidade, Confiabilidade e Sustentabilidade para os serviços e componentes de TI.
- Monitorar a tendência de Disponibilidade, Confiabilidade e Sustentabilidade dos serviços e componentes de TI.
- Investigar, junto com o ciclo Operação de Serviço, as causas de indisponibilidade de serviços e componentes de TI.
- Produzir e manter o Plano de Disponibilidade.

Relacionamentos do Gerenciamento da Disponibilidade com outros processos

- **Entradas**:
  - Informações sobre a estratégia do negócio e os requerimentos atuais e futuros do negócio do ciclo Estratégia do Serviço.
  - Análise de Risco do Gerenciamento de Continuidade de Serviços.
  - Informações de serviço do Portfólio de Serviço e Catálogo de Serviço.
  - Níveis de serviço do Gerenciamento de Nível de Serviço.
  - Custo do serviço e custo dos recursos e componentes de TI do Gerenciamento Financeiro para os Serviços de TI (ciclo Estratégia de Serviço).
  - Informações de Mudanças do processo Gerenciamento de Mudanças (ciclo Transição de Serviço).
  - Informações sobre desempenho de capacidade dos serviços e componentes de TI do Gerenciamento da Capacidade.
  - Informações sobre relacionamentos dos serviços e componentes de TI do Gerenciamento de Configuração (ciclo Transição de Serviço).
  - Informações de Incidentes e Problemas dos processos Gerenciamento de Incidentes e Problemas (ciclo Operação de Serviço).
- **Saídas**:
  - Informações do Sistema de Informações do Gerenciamento da Disponibilidade para os outros processos.

- Critérios de medição e metas de disponibilidade para o Gerenciamento de Nível de Serviço e para o ciclo Melhoria Continuada de Serviço.
- Plano de Disponibilidade para o Gerenciamento de Segurança da Informação e Gerenciamento da Continuidade de Serviço de TI.
- Informações de causas de falhas e procedimentos para restauração para o Gerenciamento de Incidentes e Gerenciamento de Problemas (ciclo Transição de Serviço).
- Relatórios de Disponibilidade, Confiabilidade e Sustentabilidade para os outros processos.
- Plano de Indisponibilidade do Serviço Planejada em conjunto com o Gerenciamento de Mudanças e o Gerenciamento de Liberações (ciclo Transição de Serviço).
- Propostas de Melhorias para o Plano de Melhorias do Serviço (ciclo Melhoria Continuada do Serviço).

Responsabilidades do Dono do Processo Gerenciamento da Disponibilidade

- Garantir que o processo seja adequado ao seu propósito.
- Trabalhar junto com outros Donos de Processo e Gerentes de Processo para garantir que as questões relacionadas com disponibilidade sejam tratadas de acordo com o Plano de Disponibilidade – em especial, o Gerenciamento de Nível de Serviço, Gerenciamento de Capacidade, Gerenciamento de Segurança da Informação e Gerenciamento da Continuidade dos Serviços de TI.

Responsabilidades do Gerente do Processo Gerenciamento da Disponibilidade

- Entender os requisitos do negócio atuais e futuros para planejar a disponibilidade dos serviços e componentes de TI.
- Garantir que haja níveis de disponibilidade acordados no Gerenciamento de Nível de Serviço para todos os serviços do Catálogo de Serviços.
- Garantir que todos os novos serviços sejam desenhados para entregarem níveis de disponibilidade de acordo com os requisitos do negócio.

- Participar no Comitê Consultivo de Mudanças do Gerenciamento de Mudanças (ciclo Transição de Serviço).
- Apoiar os processos de Gerenciamento de Segurança da Informação e Gerenciamento da Continuidade dos Serviços de TI nas questões relacionadas a riscos de TI para o negócio.
- Monitorar e prover relatórios de disponibilidade, inclusive os níveis de disponibilidade definidos nos Acordos de Nível de Serviço.
- Auxiliar as análises de falhas dos serviços e componentes de TI junto com os processos Gerenciamento de Incidentes e Gerenciamento de Problemas (ciclo Operação de Serviço).

Gerenciamento da Continuidade de Serviço de TI

Objetivo do processo Gerenciamento da Continuidade de Serviço de TI

O objetivo do processo Gerenciamento da Continuidade de Serviço de TI é suportar o Plano de Continuidade do Negócio, através do gerenciamento de riscos que possam afetar os serviços de TI.

Conceitos do Gerenciamento de Continuidade de Serviço de TI

Continuidade tem a ver com a capacidade da empresa em prever eventos de riscos que possam afetar seriamente o negócio e com a habilidade da empresa em estar preparada para reagir caso esses eventos ocorram (resiliência). O processo Gerenciamento da Continuidade de Serviço de TI trabalha integrado ao processo Gerenciamento da Disponibilidade através da identificação das Funções de Negócio Vital. Uma Função de Negócio Vital, priorizada pelos clientes de negócio, como, por exemplo, eventos de TI que possam causar sérias perdas financeiras ou comprometer a imagem da empresa no mercado, são riscos que deverão ser gerenciados pelo Gerenciamento da Continuidade de Serviço de TI.

Uma indisponibilidade de um serviço que não seja Função de Negócio Vital será tratada como um Incidente pelos processos do ciclo Operação de Serviço. Uma indisponibilidade de um serviço considerado Função de Negócio Vital será denominada como um "desastre" e deverá ser tratada como um risco de continuidade do negócio e de acordo com o planejamento definido no Plano de Continuidade. O critério de classificação de impacto e avaliação do nível de risco para o negócio pode variar de empresa para empresa de acordo com as suas particularidades de negócio.

O Plano de Continuidade não é um plano exclusivo de TI, e sim um planejamento maior de continuidade do negócio da empresa. Como TI responde por serviços críticos de negócio que são entregues através de serviços de TI, é necessário que haja um Plano de Continuidade de Serviços de TI alinhado ao Plano de Continuidade do Negócio.

Para entendermos na prática o conceito de continuidade, vamos analisar dois casos reais:

Caso Real 1

Em 11 de setembro de 2001 o mundo assistiu chocado ao ataque terrorista que culminou na morte de milhares de pessoas e na queda das duas torres gêmeas do complexo empresarial World Trade Center na ilha de Manhattan, em Nova York. Aproximadamente 3% de todas as empresas de Manhattan estavam instaladas nas duas torres e após o fatídico evento percebemos vários cenários:

- Algumas empresas desapareceram por completo.
- Algumas empresas possuíam estrutura de contingência na outra torre gêmea e desapareceram por completo.
- Algumas empresas possuíam estrutura de contingência em outros escritórios em outras localidades e conseguiram voltar a operar, porém com perdas significativas.
- Algumas empresas conseguiram voltar a operar com perdas reduzidas.
- O sistema de telecomunicações de Manhattan entrou em colapso, pois a maior parte da infraestrutura passava pelo World Trade Center.
- Apesar de poder abrir o pregão no dia seguinte ao atentado, a bolsa de Nova York (NYSE) somente voltou a operar seis dias depois, para não sobrecarregar o já abalado sistema de telecomunicações de Manhattan, permitindo assim que os canais de comunicação disponíveis fossem utilizados para serviços prioritários da cidade.

O que explica cenários diferentes identificados nas empresas que passaram pelo mesmo evento de risco? Os planejamentos de continuidade de cada empresa.

Caso Real 2

É notório que no Brasil, em determinada época do ano (próximo ao reajuste salarial dos bancários), os bancos entram em greve. Há algum tempo isso causava um caos nas finanças pessoais e das empresas. Atualmente, com cada vez mais transações bancárias sendo realizadas através de sistemas de TI, como troca eletrônica de documentos entre empresas ou até mesmo a Internet, aliado ao conhecimento de que nessa época provavelmente haverá greve, os bancos já planejaram sua continuidade nesse período. Enquanto os grevistas acampam nas portas das agências, os funcionários são redirecionados para outras instalações, às vezes terceirizadas, e continuam sua operação diária. Os gerentes dos bancos aproveitam para gozar de suas férias e os clientes utilizam caixas automáticos e a Internet para continuar a movimentar as suas contas. Atualmente as perdas são reduzidas em relação a como era antigamente, com menor nível de automação dos serviços bancários.

Para garantir que os serviços e componentes de TI possam ser restaurados conforme requerido pelo negócio, o Gerenciamento de Continuidade dos Serviços de TI deve:

- Desenhar e Manter Planos de Continuidade dos Serviços de TI e Planos de Recuperação que suportem o Plano de Continuidade do Negócio da empresa.
- Realizar a Análise de Impacto no Negócio (identificação de Funções Vitais do Negócio e suas dependências).
- Conduzir Análises de Risco em conjunto com o negócio e com o Gerenciamento da Disponibilidade e o Gerenciamento de Segurança da Informação.
- Garantir que os mecanismos de continuidade apropriados sejam gerenciados para atender ou superar as metas acordadas de continuidade de negócio.

- Garantir, junto com o Gerenciamento da Disponibilidade, que métricas proativas de melhoria da disponibilidade dos serviços estejam sendo implementadas a um custo justificado.
- Negociar e contratar, junto com o Gerenciamento de Fornecedores, os Fornecedores necessários para a provisão da capacidade necessária para suportar o Plano de Continuidade dos Serviços de TI, se necessário.

Atividades do Gerenciamento de Continuidade de Serviço de TI

O processo de Gerenciamento de Continuidade de Serviço de TI contempla um ciclo de vida das atividades a serem planejadas e executadas, divididas em quatro fases:

- Iniciação.
- Requerimentos e Estratégia.
- Implementação.
- Operação.

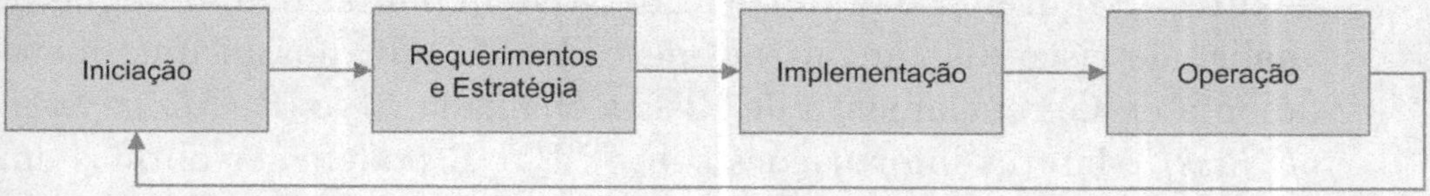

Figura 8.16. Fases do Ciclo de Gerenciamento da Continuidade de Serviço de TI.

Fase de Iniciação

Envolve as seguintes atividades:

- **Definição de Políticas**: define os propósitos e objetivos e garante a comunicação do Plano de Continuidade de Serviço de TI.
- **Especificar Escopo**: definir escopo e responsabilidades de todos os envolvidos no Plano de Continuidade de Serviço de TI de acordo com as políticas de auditoria interna, regulatória ou dos requerimentos dos clientes.
- **Alocar Recursos:** utilizar os recursos internos, capacitar recursos ou contratar recursos externos.

- **Definir a Estrutura Organizacional e de Controle do Projeto**: Planos de Continuidade do Serviço de TI são extremamente complexos e requerem o uso de práticas reconhecidas de mercado como PRINCE2 (*Projects IN a Controlled Environment*) ou PMBOK (*Project Management Body of Knowledge*).
- Acordar o Projeto e o Plano de Qualidade do Projeto.

Fase de Requerimentos e Estratégia

Envolve as seguintes atividades:

- **Análise de Impacto no Negócio:** quantifica o impacto no negócio através da análise de riscos de perdas financeiras, aumento de custos, perda de vantagem competitiva ou desconformidade com leis e regulamentações.
- **Análise de Risco:** analisa o nível da ameaça e abrangência de um risco, e o nível de vulnerabilidade da empresa a essa ameaça. Esta atividade é realizada em conjunto entre o Gerenciamento da Disponibilidade, Gerenciamento da Continuidade de Serviços e Gerenciamento de Segurança da Informação. Existem muitas metodologias de análise de risco disponíveis no mercado. O OGC possui uma metodologia de Gerenciamento de Riscos chamada M_o_R (*Management of Risk*). Maiores informações sobre M_o_R podem ser obtidas em: www.mor-officialsite.com

A M_o_R possui atividades necessárias para identificar e controlar a exposição aos riscos que podem impactar no negócio. M_o_R é dividida em seis passos:

- Identificar as ameaças e oportunidades dos serviços e componentes que possam impactar o valor entregue dos serviços.
- Análisar os efeitos e impactos das ameaças e oportunidades identificadas em relação a sua capacidade de gerar valor para o negócio.
- Planejar medidas de redução das ameaças e maximização das oportunidades.

- Implementar as ações do Plano de Risco, monitorar a sua eficiência e planejar ações corretivas quando as ações não atenderem às expectativas.
- Revisar atividades da M_oR para garantir que elas sejam melhoradas e mantenham a sua eficiência.
- Comunicar as ameaças, oportunidades e outros aspectos do risco.

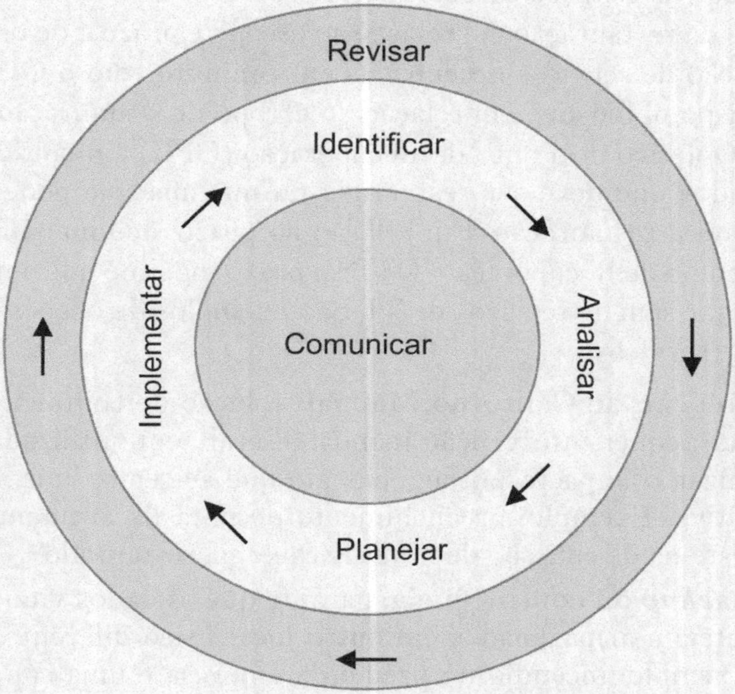

Figura 8.17. Etapas de Análise de Risco da M_o_R.[14]

[14] Adaptado do livro ITIL® *Service Design* sob licença do *Cabinet Office*.

- **Estratégia de Continuidade de Serviço de TI:** o resultado da Análise de Impacto no Negócio e da Análise de Risco permite que seja produzido o Plano Estratégico de Continuidade de Serviços de TI. A estratégia de continuidade deve ser balanceada entre a redução de risco e as políticas de restauração. Uma vez que é impossível eliminar os riscos, o Gerenciamento da Continuidade de Serviços deve planejar medidas de redução de ocorrências de riscos através da definição dos níveis de restauração em relação ao escopo e prazo e de opções de restauração de serviços desenhadas em conjunto com o Gerenciamento da Disponibilidade. Em relação ao escopo de restauração, denominamos Objetivo do Ponto de Recuperação (OPR) a quantidade mínima de dados que deve ser restaurada ou máxima que pode ser perdida durante a restauração. Em relação ao prazo, denominamos Objetivo do Tempo de Recuperação (OTR) o prazo máximo que o negócio pode suportar sem os serviços de TI. São exemplos de opções de restauração de serviços:
  - **Solução de Contorno Manual:** solução de contorno temporária que requer intervenção manual. Geralmente utilizada para minimizar o impacto no negócio, até que se tenha uma solução definitiva. Exemplo: preenchimento de nota fiscal manual até que o sistema de emissão de notas fiscais seja restaurado.
  - ***Backup* ou contingência:** garante que os dados vitais do negócio estejam armazenados em outro local físico diferente do original. Exemplo: incêndio no prédio da empresa e uma cópia dos dados vitais estão armazenados em outro local.
  - **Acordo Recíproco:** acordo entre duas empresas para compartilhar recursos similares durante uma emergência. Exemplo: acordo de uso da rede da outra empresa em caso de incidentes.
  - **Recuperação Gradual:** também conhecida como *cold standby* (prontidão a frio). Inclui a provisão de recursos e componentes de TI para reposição e uso em caso de indisponibilidade dos recursos e componentes em operação. Esta opção não é recomendada para serviços que devam ser restaurados rapidamente. Se a necessidade de restauração for rápida ou imediata, é sugerido que seja utilizada outra opção de restauração de serviços com

prazo de restauração menor. Exemplo: reinstalação do sistema em outro servidor sobressalente em caso de incidente no servidor original.

- **Recuperação Intermediária:** também conhecida como *warm standby* (prontidão a morno). Inclui a provisão dos recursos e componentes de TI através da utilização de recursos e componentes sobressalentes já planejados para tal, ou recursos e componentes fornecidos por Provedores de Serviços Externos. Exemplo: recuperação de uma base de dados em um servidor sobressalente já pré-configurado para ser restaurado em caso de falha no servidor original, ou utilização do banco de dados de *backup* de um provedor externo em caso de falha no banco de dados da empresa.
- **Recuperação Rápida:** também conhecida como *hot standby* (prontidão a quente). Inclui a recuperação de recursos de maneira rápida como uma evolução da Recuperação Intermediária. Pode ser realizada através de recursos e componentes sobressalentes prontos para assumirem o serviço em caso de falha. Este procedimento pode demandar alguma configuração ou intervenção automática ou manual para assumir o serviço. Exemplo: um banco de dados é replicado em outro banco de dados e, em caso de falha no servidor original, o sistema é redirecionado para o banco de dados de contingência.
- **Recuperação Imediata:** conhecida como "espelhamento". Provê a recuperação imediata dos serviços através da duplicação de recursos e componentes de TI. Os serviços geralmente são configurados através de espelhamento (todos os espelhos são iguais e contêm as mesmas características e dados) e atualizados através de balanceamento de carga (a utilização dos serviços é dividida entre os recursos dinamicamente ou por regras de uso). Os clientes podem, ou melhor, devem não perceber a indisponibilidade. Ela somente é perceptível para TI. Por serem de alto custo pela duplicação dos recursos e componentes de TI, a Recuperação Imediata é utilizada para os serviços críticos do negócio identificados na Função de Negócio Vital. Exemplo: banco de dados principal cai e banco de dados espelhado assume automaticamente a operação sem a percepção do usuário e sem impacto para o negócio.

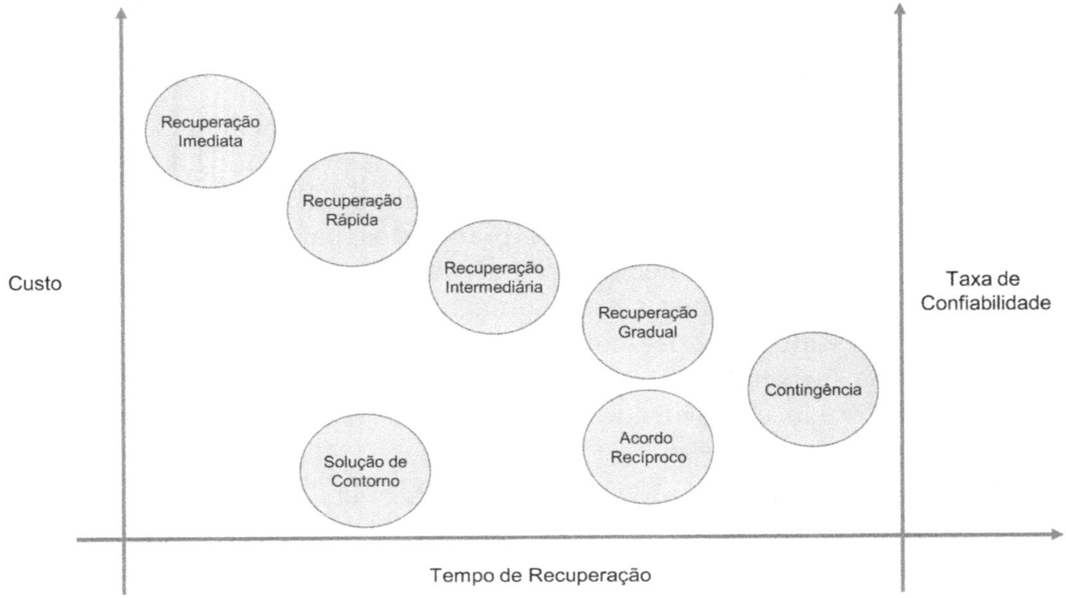

Figura 8.18. Opções de Restauração de Serviço.

Fase de Implementação

Envolve as seguintes atividades:

- **Desenvolver o Plano de Continuidade de Serviço de TI.**
- **Desenvolver Planos de Recuperação e Procedimentos de Recuperação:** desenvolver os Planos de Recuperação e os procedimentos necessários para operacionalizar as atividades necessárias para recuperar os serviços de TI.
- **Planejar a Organização**: identificar as áreas impactadas em caso de falhas. A estrutura organizacional proposta para identificação é:
  - **Executiva**: gerentes seniores com autoridade e nível de controle na empresa para gerenciar crises e interfacear questões estratégicas com outros departamentos, Parceiros, Fornecedores, mercado e agências reguladoras.
  - **Coordenação**: geralmente um nível abaixo dos executivos e responsáveis por coordenar os esforços de recuperação.
  - **Recuperação**: equipes de recuperação de serviço.

- **Testar o Plano de Continuidade de Serviço de TI**: garantir através de testes que o Plano de Continuidade de Serviço e os Planos de Recuperação de Falhas atendam aos seus objetivos. Há quatro tipos de testes que podem ser executados:
  - **Simulação do Teste**: conduzido assim que o Plano de Continuidade de Serviço de TI for concluído através de simulação dos procedimentos por todas as pessoas relevantes para a execução do plano, para avaliar o entendimento e a integração das atividades do plano.
  - **Teste Total**: conduzido assim que o Plano de Continuidade de Serviço de TI for concluído. Deve ser realizado de ano em ano. Deve envolver as áreas de negócio para acompanhar e validar os testes de restauração dos serviços.
  - **Teste Parcial**: não substitui a necessidade do Teste Total, mas pode ser realizado como complemento do Teste Total, em um espaço de tempo menor em uma escala menor com somente alguns serviços ou componentes de TI.
  - **Teste de Cenário**: pode simular condições específicas, eventos e cenários de risco.

Os testes devem ser realizados em situações o mais próximo possível da realidade para efetivamente garantir que, em caso de crise ou eventos de falha, o Plano de Continuidade de Serviço de TI possa atender satisfatoriamente aos seus propósitos.

Caso Real

Um banco possuía um site principal e um site de contingência e realizava testes de continuidade desligando o *mainframe* e servidores e religando o *mainframe* e servidores do site de contingência. O planejamento inicial era de que o desligamento e religamento fossem realizados durante quatro horas. No primeiro teste, o processo de desligar o site principal e religar o site de contingência, fazer os testes e voltar a operação ao *site* principal de novo durou aproximadamente doze horas. Uma reunião foi feita com os coordenadores do teste para apurar a causa da demora e foi identificado que os ambientes não estavam com a mesma configuração, não havia procedimentos documentados para restaurar os serviços, os técnicos de TI não conheciam muito bem a configuração do ambiente e havia muita confusão em relação a responsabilidades técnicas entre as equipes de sistema operacional, banco de dados e redes. Após um ano tentando corrigir o plano de continuidade, os testes puderam ser realizados desligando o site principal, ligando o site de contingência e religando o site principal novamente. Porém, os sistemas e funcionalidades do negócio não eram testados e, após todos os testes de contingência, ocorriam Incidentes nos sistemas de apoio ao negócio.

Testes de continuidade são uma parte importante do Plano de Continuidade e medem se o Planejamento da Continuidade dos Serviços de TI é eficaz e adequado ao seu propósito, ou seja, se, quando um evento de desastre ocorrer, o Plano de Continuidade será útil para reestabelecer os serviços de TI com o mínimo impacto no negócio, conforme planejado.

Fase de Operação

Envolve as seguintes atividades:

- **Educação, Conscientização e Treinamento**: garante que todos os envolvidos no Plano de Continuidade de Serviços de TI estejam conscientes de sua importância e sejam treinados para implementar suas ações de acordo com seus papéis e responsabilidades definidas no plano.
- **Revisão**: revisar regularmente o Plano de Continuidade dos Serviços de TI e alinhar frequentemente com o negócio para identificar se o plano está de acordo com os cenários e expectativas do negócio.
- **Gerenciamento de Mudanças**: garante que todas as mudanças necessárias com potencial impacto no Plano de Continuidade de Serviço de TI estejam planejadas e alinhadas com o plano antes de serem implementadas.

Fase de Invocação

Todos os processos e equipes envolvidos no Plano de Continuidade de Serviços de TI devem estar alinhados e deve ser definida uma equipe específica para atuar caso seja necessário iniciar o Plano de Continuidade de Serviços de TI. Esta equipe pode ser nomeada como Equipe do Gerenciamento de Crises. Os planos e procedimentos devem estar disponíveis ao pessoal da equipe de Gerenciamento de Crises, bem como todos os recursos necessários para a execução das atividades de recuperação descritas no plano. Devem também ser definidos os critérios de invocação e como serão realizados em relação a como os recursos serão acionados e em que momento.

Ponto de Atenção

É muito importante que os critérios de identificação de desastres estejam bem definidos para evitar eventos de falso-positivo e que o Gerenciamento de Crises seja estabelecido para tratar de um Incidente que poderia ser tratado pelos processos do ciclo Operação de Serviço.

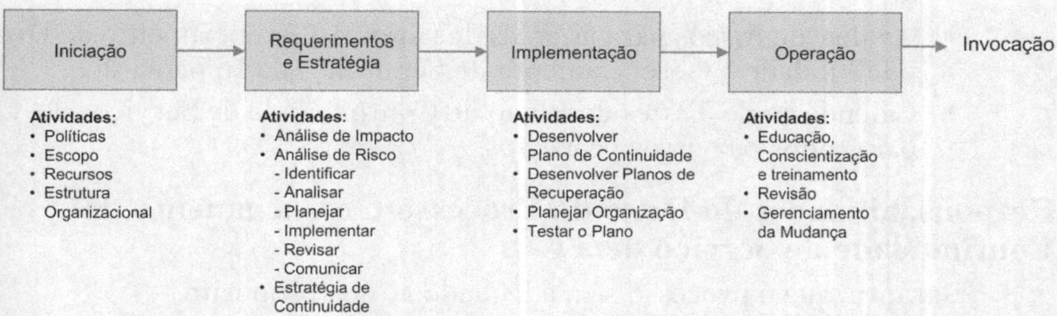

Figura 8.19. Processo Gerenciamento da Continuidade de Serviços de TI e atividades.

Relacionamentos do Gerenciamento da Continuidade de Serviço de TI com outros Processos

- **Entradas:**
  - Informações sobre a estratégia do negócio e os requerimentos atuais e futuros do negócio do ciclo Estratégia do Serviço.
  - Informações sobre os serviços e os níveis de serviço do Gerenciamento de Catálogo de Serviço e Gerenciamento de Nível de Serviço.
  - Informações sobre a estratégia de continuidade de negócio do Plano de Continuidade de Negócio de outras áreas da empresa.
  - Informações financeiras sobre os custos dos serviços e orçamento de TI do Gerenciamento Financeiro para os Serviços de TI.
  - Informações de mudanças do Gerenciamento de Mudanças.

- Informações do Sistema de Informação do Gerenciamento da Capacidade.
- Informações do Sistema de Informações do Gerenciamento da Disponibilidade.
- Informações dos Planos de Continuidade dos Fornecedores e Parceiros.

- **Saídas**:
  - Plano de Continuidade de Serviço de TI para todos os outros processos.
  - Planos de Recuperação de Falhas para todos os outros processos.
  - Análise de Impacto no Negócio para o Gerenciamento da Disponibilidade, Gerenciamento de Segurança da Informação e processos do ciclo Operação de Serviço.
  - Análise de Riscos para as áreas de negócio, Gerenciamento da Disponibilidade e Gerenciamento de Segurança da Informação.
  - Calendário de Testes do Plano de Continuidade de Serviços de TI para todos os outros processos.

Responsabilidades do Dono do Processo Gerenciamento da Continuidade de Serviço de TI

- Garantir que o processo seja adequado ao seu propósito.
- Trabalhar junto com as áreas de negócio para garantir a comunicação entre as atividades do Gerenciamento da Continuidade do Negócio e o Gerenciamento da Continuidade dos Serviços de TI.
- Trabalhar junto com os outros Donos de Processo para garantir uma abordagem integrada para o desenho e implementação do Gerenciamento da Continuidade dos Serviços de TI, em especial o Gerenciamento da Disponibilidade e Gerenciamento de Segurança da Informação.

Responsabilidades do Gerente do Processo Gerenciamento da Continuidade de Serviço de TI

- Participar na Análise de Impacto no Negócio e realizar a Análise de Impacto dos Serviços de TI.
- Apoiar os processos de Gerenciamento de Segurança da Informação e Gerenciamento da Disponibilidade nas questões relacionadas a riscos de TI para o negócio.

- Implementar e manter o processo Gerenciamento da Continuidade dos Serviços de TI de acordo com os requerimentos de continuidade do negócio.
- Desenvolver e gerenciar o Plano de Continuidade dos Serviços de TI para garantir que os objetivos de negócio sejam atendidos.
- Garantir que todas as áreas de TI estejam preparadas para responder a uma possível Invocação do Plano de Continuidade dos Serviços de TI.
- Agendar testes de recuperação de falhas de acordo com o Plano de Continuidade de Serviço de TI.
- Monitorar e prover relatórios sobre os resultados dos testes de recuperação de falhas.
- Participar do Comitê Consultivo de Mudanças para avaliar o impacto de mudanças no Plano de Continuidade de Serviço de TI.
- Gerenciar, em conjunto com o Gerenciamento de Fornecedores, os planos de recuperação de falhas de serviços terceirizados.
- Realizar revisões, pelo menos anualmente, do Plano de Continuidade para manter sua acuracidade e viabilidade perante os serviços de negócio da empresa.

Gerenciamento de Segurança da Informação

Objetivo do processo Gerenciamento de Segurança da Informação

O objetivo do processo Gerenciamento de Segurança da Informação é alinhar a segurança de TI com os requisitos de segurança do negócio para garantir que a confidencialidade, integridade e disponibilidade dos serviços de TI, componentes de TI e dados atendam aos requisitos do negócio.

Conceitos do Gerenciamento de Segurança da Informação

A segurança da informação não é restrita à TI. Na verdade a segurança da informação faz parte de um universo de governança estratégica da empresa que planeja os riscos, políticas de acesso e usos da informação da empresa. Quando nos referimos ao termo "informação", estamos nos referindo aos dados da empresa e informações de negócio que podem ser identificadas como "ativos estratégicos" da empresa. Esses ativos estratégicos podem ser relativos tanto a informações simples quanto a informações críticas para a continuidade da empresa, como, por exemplo, uma informação sobre um diferencial competitivo ou uma estratégia secreta, como o lançamento de um novo serviço no mercado ou uma fórmula secreta de um novo produto. Informações trafegam, são processadas e armazenadas em componentes de TI. O Gerenciamento de Segurança da Informação protege os interesses da empresa em relação a informações que trafegam, são processadas e utilizam os componentes de TI.

A informação pode ser considerada segura quando:

- Está disponível para ser acessada quando requerida pelos serviços de negócio (Disponibilidade da informação).
- É acessada pelas pessoas certas com as devidas permissões e políticas de acesso à informação (Confidencialidade da informação).
- A informação é real e está correta (Integridade da informação).

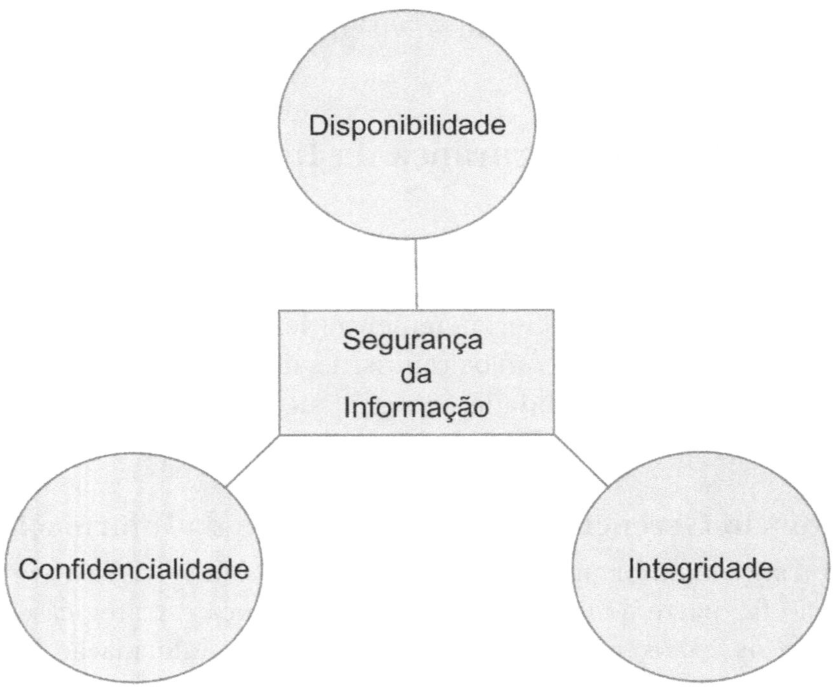

Figura 8.20. Atributos da Segurança da Informação.

Em resumo, para que um serviço de TI possa funcionar de acordo com os requisitos do negócio, uma informação deve estar disponível quando solicitada e ser acessada pelas pessoas certas, para garantir sua integridade.

O Gerenciamento de Segurança da Informação deve identificar os níveis de proteção da informação requeridos pelo negócio através da estratégia e política de segurança da informação da empresa e entender os requisitos legais, estratégicos, de operação do negócio, atuais e futuros e como TI está gerenciando os riscos de TI relacionados a esses requisitos.

Políticas de Segurança da Informação

São atividades e regras a serem seguidas, geralmente definidas pela alta direção da empresa. Podemos citar como exemplos de políticas de segurança da informação:

- Política de controle de acesso aos sistemas de TI.
- Políticas de senhas dos sistemas de TI.
- Política de uso de e-mail corporativo.
- Política de uso da Internet na empresa.
- Política de classificação da informação.
- Política de instalação de softwares na rede da empresa.
- Política de uso de notebooks corporativos.
- Política de acesso remoto aos sistemas da empresa.
- Política de controle de ativos de TI.
- Política de retenção e descarte da informação.

Essas políticas devem estar disponíveis para todos os clientes e usuários dos serviços de TI e devem estar especificadas nos Acordos de Nível de Serviço, Contratos e Acordos.

Sistema de Informações do Gerenciamento de Segurança da Informação (SGSI)

Conjunto de padrões, procedimentos e práticas para a definição de políticas de segurança da informação. Um Sistema de Gerenciamento de Segurança da Informação deve cobrir todos os aspectos envolvendo os Quatro Ps do

Desenho do Serviço (Pessoas, Processos, Produtos e Parceiros) e registrar todas as informações necessárias sobre o tema.

ISO/IEC 27001

A norma ISO/IEC 27001 é um padrão mundial de Gerenciamento de Segurança da Informação e serve como modelo de qualidade para o Gerenciamento de Segurança da Informação. Ela está dividida em quatro elementos:

- **Controle**
  - Estabelece um sistema de Gerenciamento de Segurança da Informação.
  - Estabelece uma estrutura de preparação, aprovação e implementação de Políticas de Segurança da Informação.
  - Aloca responsáveis.
  - Controla a documentação.
- **Planejamento**
  - Entende os requerimentos de segurança baseados no entendimento dos requerimentos do negócio.
  - Estabelece e recomenda as métricas de segurança baseadas nos requerimentos de segurança da informação.
- **Implementação**
  - Garante que procedimentos, ferramentas e controles estejam sendo implementados para garantir as políticas de segurança da informação definidas nos requisitos de segurança da informação.
- **Política**
  - Determina as Políticas de Segurança da Informação.
  - Classifica a informação de acordo com as Políticas de Acesso à informação.
  - Aprova as Políticas de Segurança com os gerentes sênior da empresa.
- **Avaliação**
  - Supervisiona e avalia a conformidade das Políticas de Segurança com os requerimentos de segurança do negócio e os níveis de serviço no Acordo de Nível de Serviço e Acordos de Nível Operacional e Contratos.

- Realiza auditoria de segurança da informação.
- Provê informações para os auditores externos de agências regulatórias ou auditores de qualidade.

Riscos

Um risco é um evento que afeta a qualidade do serviço. A probabilidade de um risco ocorrer é uma ameaça e o quanto a empresa está suscetível ao impacto desse risco é denominado vulnerabilidade. Quando uma empresa gerencia seus riscos e trabalha para minimizá-los, dizemos que ela está reduzindo suas vulnerabilidades e ameaças e minimizando os impactos caso o risco ocorra. Se mesmo assim um risco de segurança da informação ocorrer, dizemos que ocorreu um incidente de segurança.

Para reduzirmos as ameaças de incidentes de segurança, podemos adotar as seguintes medidas:

- **Preventivas**: medidas para evitar um incidente de segurança antes que ele ocorra. A Política de Controle de Acesso à informação é um exemplo de medida preventiva, assim como a Política de Uso da Internet ou a Política de Instalação de Softwares na empresa.
- **Redutivas**: medidas de restauração de falhas planejadas são exemplos de minimização de impacto no negócio.
- **Detectivas**: medidas para identificar o mais rápido possível (tempo de reação) de um incidente de segurança. Pode estar ligada a alertas de ferramentas de monitoramento de segurança como Antivírus ou Detecção de Intrusos em sistemas não autorizados.
- **Repressivas**: medidas utilizadas para neutralizar as repetições ou propagações de um incidente de segurança. Podem ser citados como exemplos de medidas repressivas o bloqueio de usuários que excederam o número de tentativas de acesso a um sistema não autorizado ou o isolamento de um segmento de rede caso seja identificado a propagação de vírus naquele segmento de rede.
- **Corretivas**: medidas reativas utilizadas quando o incidente de segurança já ocorreu. Devem estar alinhadas com o Plano de Recuperação de Falhas do Gerenciamento de Continuidade de Serviço de TI.

Atividades do Gerenciamento de Segurança da Informação

O Gerenciamento de Segurança da Informação é responsável por realizar as seguintes atividades:

- Produzir, manter e comunicar as Políticas de Segurança da Informação.
- Entender os requerimentos de segurança da informação atuais e futuros do negócio e os planos de segurança do negócio atuais em vigor.
- Classificar a informação e documentar os controles de segurança.
- Implementar os controles de segurança da informação nos serviços, dados e sistemas de TI.
- Gerenciar as vulnerabilidades de segurança da informação e os incidentes relacionados à segurança da informação.
- Gerenciar, em conjunto com o Gerenciamento de Fornecedores, os Fornecedores e Contratos de Apoio de acordo com as Políticas de Segurança da Informação.
- Melhorar proativamente os controles de segurança e o gerenciamento de riscos de segurança e trabalhar para reduzir a probabilidade de ocorrência dos riscos ou minimizar os impactos dos riscos, caso eles ocorram.
- Planejar e realizar auditorias de segurança da informação e testes de penetração.

Relacionamentos do Gerenciamento de Segurança da Informação com outros processos

- **Entradas**:
  - Estratégia do Negócio, Plano Financeiro e Portfólio de Serviços do ciclo Estratégia do Serviço.
  - Políticas de Segurança da Informação das áreas de negócio da empresa.
  - Estratégia de Governança Corporativa, regulamentações e leis vigentes.
  - Análise de Riscos do Gerenciamento da Continuidade dos Serviços de TI e Gerenciamento da Disponibilidade.
  - Níveis de Serviço do Gerenciamento de Nível de Serviço.

  - Detalhes de incidentes e vulnerabilidades de segurança da informação de todos os outros processos.
  - Informações de mudanças do Gerenciamento de Mudanças.
  - Informações de relacionamentos de componentes de TI do Gerenciamento da Configuração.
  - Informações de Parceiros e Fornecedores do Gerenciamento de Fornecedores.
- **Saídas**:
  - Políticas de Segurança da Informação para todas as áreas da empresa e todos os outros processos.
  - Sistema de Informações do Gerenciamento de Segurança da Informação com todas as informações do processo de Gerenciamento de Segurança da Informação para todos os outros processos.
  - Relatórios de auditoria de segurança da informação.
  - Resultados de testes de segurança da informação como testes de intrusão ou testes de integridade de informações.
  - Classificações de segurança da informação.
  - Políticas de gerenciamento do acesso de Fornecedores a informações da empresa.

Responsabilidades do Dono do Processo Gerenciamento de Segurança da Informação

- Garantir que o processo seja adequado ao propósito.
- Trabalhar junto com o negócio para garantir a coordenação e a comunicação entre o Gerenciamento da Segurança do Negócio e o Gerenciamento de Segurança da Informação.
- Implementar e manter o processo de Gerenciamento de Segurança da Informação.
- Desenvolver as Políticas de Segurança da Informação.
- Garantir que as Políticas de Segurança da Informação estejam alinhadas aos requisitos do negócio, à estratégia da empresa e aos requisitos legais.
- Garantir que a TI esteja gerenciando os riscos associados à segurança da informação.

Responsabilidades do Gerente do Processo Gerenciamento de Segurança da Informação

- Implementar e manter o processo de Gerenciamento de Segurança da Informação.
- Desenvolver e comunicar as Políticas de Segurança da Informação.
- Coordenar as interfaces entre o Gerenciamento de Segurança da Informação e os outros processos, especialmente o Gerenciamento de Nível de Serviço, Gerenciamento da Disponibilidade e Gerenciamento da Continuidade dos Serviços de TI.
- Garantir que a TI esteja gerenciando os riscos associados à segurança da informação.
- Garantir que os testes de segurança sejam realizados conforme planejado.
- Garantir que a confidencialidade, integridade e disponibilidade dos serviços estejam acordadas nos Acordos de Nível de Serviço e em conformidade com as Políticas de Segurança do Negócio, estratégias de Governança Corporativa, regulamentações e leis vigentes.

Gerenciamento de Fornecedores

Objetivos do Gerenciamento de Fornecedores

O objetivo do processo Gerenciamento de Fornecedores é gerenciar os contratos com os Fornecedores e seus serviços providos e garantir o atendimento das condições contratuais para atender aos requisitos dos serviços de TI e do negócio.

Conceitos do Gerenciamento de Fornecedores

O Gerenciamento de Fornecedores gerencia os contratos dos Fornecedores e os serviços entregues por eles para garantir a qualidade requerida dos serviços e o valor esperado pelo negócio. Para isso, o Gerenciamento de Fornecedores deve:

- Obter a melhor relação custo-benefício dos Fornecedores.
- Garantir que os Contratos de Apoio com Fornecedores estejam alinhados com os requerimentos do negócio e de acordo com as metas de serviços propostas no Acordo de Nível de Serviço.

- Gerenciar relacionamentos com os Fornecedores.
- Gerenciar o desempenho do Fornecedor.
- Negociar e acordar os Contratos com os Fornecedores.
- Manter as políticas de gerenciamento de Fornecedores cadastradas no Banco de Dados de Fornecedores e Contratos (BDFC).

Cada vez mais as empresas estão optando por terceirizar serviços de TI que suportam o negócio. De acordo com essa tendência mundial, o ciclo Desenho de Serviços prevê um processo específico para gerenciar os Fornecedores, para garantir que as atividades entregues por eles atendam às expectativas do negócio e agreguem valor requerido aos serviços.

Ponto para Reflexão

De acordo com a fase Estratégia de Serviço, devemos avaliar se a TI possui habilidades e recursos para executar o serviço e se a relação custo-benefício da transação justifica a execução das atividades internas ou a contratação de Fornecedores. Um ponto importante é a garantia de que esses requisitos sejam atendidos. Por exemplo, se a contratação de um Fornecedor foi justificada porque o Fornecedor possuía mais ativos estratégicos (habilidades e recursos) do que as equipes internas e entregam os serviços a um custo menor, não é admissível que os serviços sejam entregues em um nível de serviço inferior do que se fosse executado internamente e a custos maiores. Ou os requisitos de contratação não foram bem definidos ou o Fornecedor não possuía as habilidades e os recursos necessários.

Cada Serviço pode possuir características de entrega específicas, sendo entregues de maneira diferente para os clientes ou serem executados por Fornecedores diferentes sob contratos diferentes. Os Contratos devem ser gerenciados pelo Provedor de Serviços dono do serviço. Por exemplo, se uma empresa terceirizou todo o atendimento de suporte com um Fornecedor, a execução dos serviços de atendimento de suporte é responsabilidade do Fornecedor. Porém, se a área de TI da empresa é responsável por este serviço, é também responsável pela entrega do serviço aos clientes, mesmo que tenha contratado um Fornecedor. Neste caso, a área de TI é "Gerente do Contrato do Fornecedor".

Para garantir que os Fornecedores atendam às expectativas do negócio e agreguem valor requerido aos serviços, cada Fornecedor deve ser gerenciado por um Gerente de Fornecedor específico para este serviço. Um Gerente de Fornecedores pode gerenciar múltiplos Serviços e Fornecedores de acordo com os serviços que entregam.

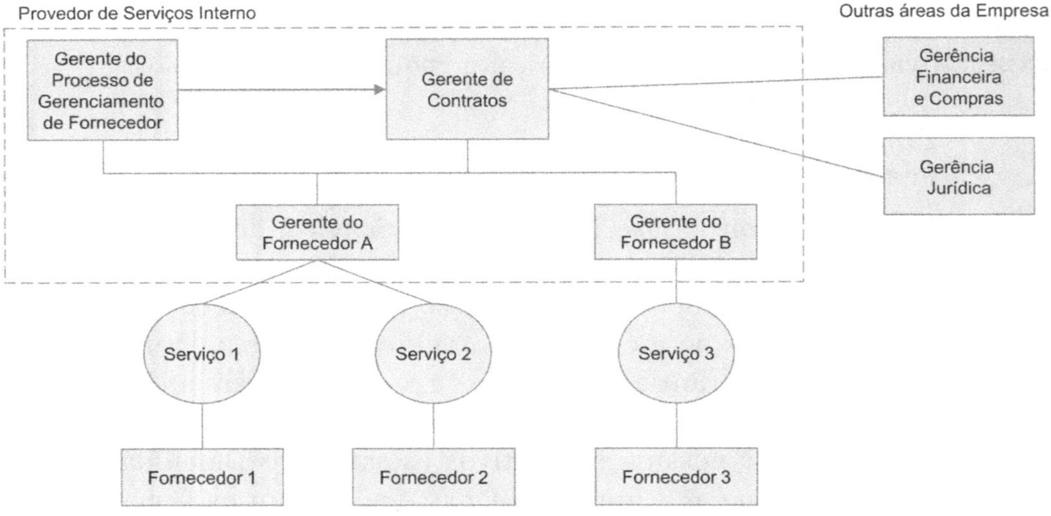

Figura 8.21. Estrutura de Gerenciamento de Fornecedores.[15]

Banco de Dados de Fornecedores e Contratos

Todas as informações sobre Contratos de Fornecedores, informações cadastrais e informações sobre atividades e políticas dos Fornecedores devem ser cadastradas em uma base de informações denominada Banco de Dados de Fornecedores e Contratos (BDFC). Um BDFC deve estar integrado com um Sistema de Gerenciamento da Configuração (processo Gerenciamento da Configuração) e com um Sistema de Gerenciamento de Conhecimento de Serviço (processo Gerenciamento de Conhecimento).

[15] Adaptado do livro ITIL® *Service Design* sob licença do *Cabinet Office*.

Contratos de Apoio

Contratos de Apoio são contratos firmados entre um Provedor de Serviços de TI e um Fornecedor responsável pela execução de Serviços de Suporte que são necessários para a entrega de um serviço de TI ao cliente. O Contrato de Apoio define metas e responsabilidades necessárias para atingir metas de Nível de Serviço acordadas no Acordo de Nível de Serviço (ANS).

Como o próprio nome diz, um "contrato" é um documento com valor jurídico de prestação de serviços entre as partes e um "acordo" é uma intenção ou promessa de atendimento de objetivos. Enquanto os acordos são firmados entre as áreas internas da TI que suportam os serviços (Acordo de Nível Operacional) e com os clientes dos serviços de TI (Acordos de Nível de Serviço), os Contratos de Apoio são firmados entre a pessoa jurídica da empresa contratante e a empresa contratada. Tanto os Acordos de Nível Operacional e os Contratos de Apoio são firmados baseados nos níveis de serviço definidos nos Acordos de Nível de Serviço com os clientes. Não há Contratos de Apoio firmados diretamente com o negócio. Sempre existirá a figura do Gerente do Fornecedor e do Gerente de Contratos de Fornecedor por parte da empresa contratante para gerenciar os serviços prestados pelos Fornecedores.

Um Contrato de Apoio pode conter as seguintes informações:

- Definição das partes de natureza jurídica (contratada e contratante).
- Representantes legais pelo contrato por parte da contratante e do fornecedor.
- Escopo e descrição do serviço prestado.
- Duração do contrato.
- Níveis de serviço definidos como performance, qualidade e entregáveis.
- Volume de demanda estimado e regimes de cobrança por demanda adicional, se aplicável.
- Dados e evidências dos serviços prestados de acordo com a Política de Segurança da Informação da contratante.
- Responsabilidades e obrigações da contratante e do fornecedor, incluindo os procedimentos de comunicação, contatos, monitoramento, escalação e resolução de conflitos durante a prestação de serviços.

- Incentivos e penalidades do contrato.
- Preço do serviço.
- Termos de pagamento pelo serviço.
- Termos de confidencialidade da informação gerada durante a prestação do serviço por parte do fornecedor aderente à Política de Segurança da Informação da contratante.

Atividades do Gerenciamento de Fornecedores

As atividades do Gerenciamento de Fornecedores devem ser planejadas durante todo o ciclo de vida do serviço, desde o ciclo Estratégia de Serviço e Desenho de Serviço, passando pela Transição de Serviço e Operação de Serviço até a Melhoria Continuada de Serviço.

As atividades e subatividades do Gerenciamento de Fornecedores são:

Definição de requerimentos para novos Fornecedores e contratos.

- Identificação das necessidades do negócio e preparação de Planos de Negócio, incluindo opções de contratação, custos associados, objetivos, benefícios e análise de risco.
- Garantir conformidade com a estratégia e políticas da organização.
- Produzir uma Declaração de Requisitos (DDR) contendo todos os requisitos para contratação de um serviço ou produto e submeter a DDR aos Fornecedores qualificados para avaliação do Fornecedor melhor qualificado.

Ponto de Atenção

A submissão da Declaração de Requisitos aos Fornecedores é mais conhecida no mercado como RFP (*Request for Proposal*) quando a empresa solicita uma proposta formal do Fornecedor para qualificação e concorrência em um processo decisório de contratação de serviços ou produtos, ou RFI (*Request for Information*) quando a empresa solicita informações sobre a prestação do serviço ou fornecimento do produto para qualificação do Fornecedor e cadastro no Banco de Dados de Fornecedores e Contratos para avaliação de futuras contratações ou decisão de que Fornecedores podem receber a DDR ou RFP.

Avaliação e aquisição de novos Contratos e Fornecedores.

- Identificar métodos de compras e aquisições.
- Estabelecer critério de avaliação da aquisição (custo, capacidade, metas do serviço, qualidade do serviço).
- Avaliar alternativas de aquisição.
- Escolher Fornecedor.
- Negociar contratos, metas, termos e condições, papéis e responsabilidades, critérios de renovação, resolução de conflitos e adição de contrato.
- Acordar e adjudicar o contrato.

Categorização do Fornecedor e do Contrato

- Avaliação ou reavaliação do Fornecedor e do Contrato.
- Garantir que as mudanças nos serviços sejam endereçadas ao ciclo Transição de Serviço.
- **Categorizar o Fornecedor**: os Fornecedores podem ser categorizados de acordo com a seguinte política:
  - **Estratégico**: Fornecedores que trabalham com serviços estratégicos, críticos ou confidenciais. O Gerenciamento de Fornecedores Estratégicos envolve os gerentes seniores da empresa.
  - **Tático**: Fornecedores que trabalham com serviços de atividades comerciais. O Gerenciamento de Fornecedores Táticos envolve a média gerência.
  - **Operacional**: Fornecedores que trabalham com serviços operacionais. O Gerenciamento de Fornecedores Operacionais envolve gerências menores ou supervisores e coordenadores.
  - **Básico**: Fornecedores que trabalham com serviços de baixo valor agregado. O Gerenciamento de Fornecedores Operacionais envolve gerências menores ou supervisores e coordenadores.

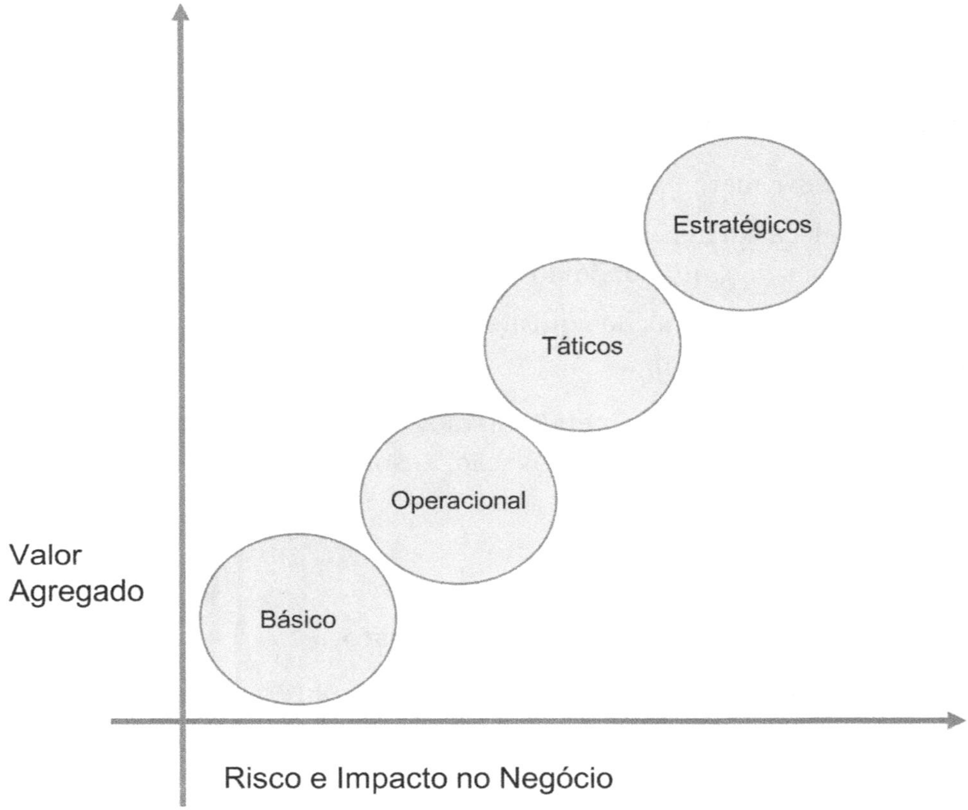

Figura 8.22. Categoria de Fornecedores em relação ao valor e risco para o negócio.

- Atualizar o Banco de Dados de Fornecedores e Contratos.
- Garantir a manutenção do Banco de Dados de Fornecedores e Contratos.

Estabelecer novos Fornecedores e Contratos

- Incluir o contrato e as informações do serviço do Fornecedor na Base de Dados de Fornecedores e Contratos.
- Promover a transição do serviço.
- Estabelecer contatos e relacionamentos.

Gerenciar a performance do Fornecedor e do Contrato.

- Gerenciar e controlar a operação e a entrega dos serviços e componentes de TI.

- Monitorar e gerar relatórios sobre custo, capacidade, metas do serviço e qualidade do serviço.
- Revisar e melhorar o serviço.
- Gerenciar o Relacionamento com os Fornecedores.
- Revisar o escopo e as metas do Contrato de acordo com as necessidades do negócio.
- Planejar o encerramento, renovação ou extensão do contrato.

Término do Contrato

- Revisar os termos do contrato.
- Renegociar e renovar ou terminar e/ou transferir o Contrato.
- Transferir conhecimento gerado durante a prestação do serviço.

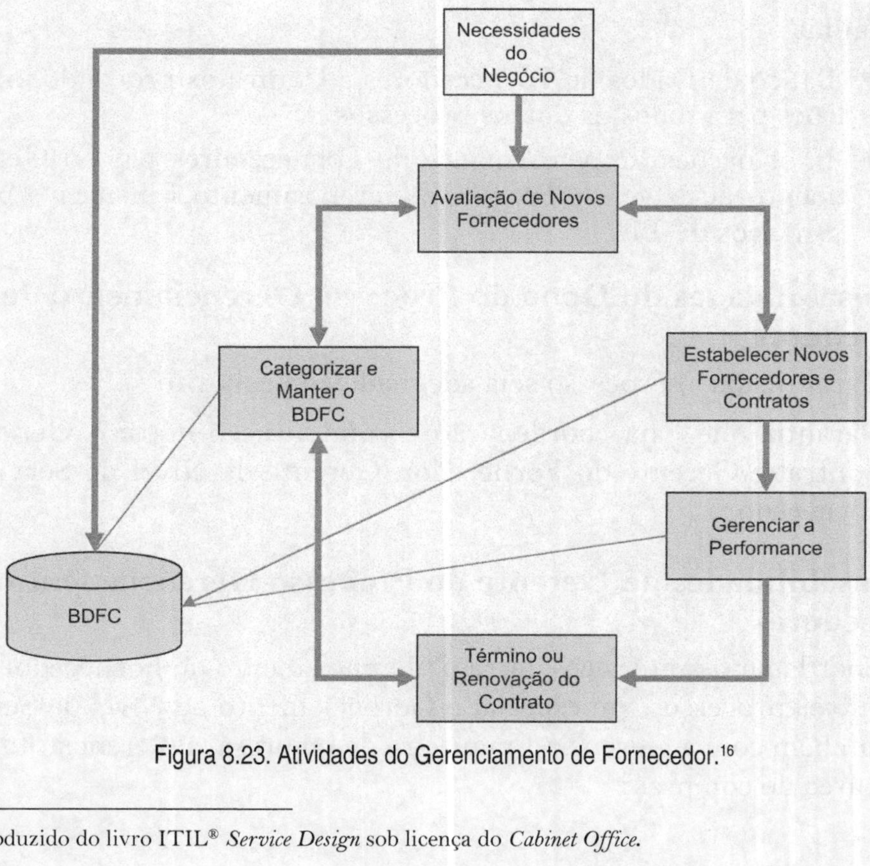

Figura 8.23. Atividades do Gerenciamento de Fornecedor.[16]

[16] Reproduzido do livro ITIL® *Service Design* sob licença do *Cabinet Office*.

Relacionamentos do Gerenciamento de Fornecedores com outros processos

- **Entradas**:
  - Estratégia do Negócio, Plano Financeiro e Portfólio de Serviços do ciclo Estratégia de Serviço.
  - Estratégia de Fornecedores definida no ciclo Estratégia de Serviço.
  - Informações de performance da operação dos Fornecedores coletadas no ciclo Operação de Serviço e Transição de Serviço.
  - Informações financeiras de custos do serviço e custos dos contratos do Gerenciamento Financeiro para os Serviços de TI.
  - Informações sobre os níveis de serviço do Gerenciamento de Nível de Serviço.
  - Relacionamentos entre o negócio, serviços e os componentes de TI do Gerenciamento de Configuração.
- **Saídas**:
  - Banco de Dados de Fornecedores e Contratos provendo informações para todos os outros processos.
  - Informações de performance de Fornecedores para o Gerenciamento de Nível de Serviço e Gerenciamento Financeiro para os Serviços de TI.

Responsabilidades do Dono do Processo Gerenciamento de Fornecedores

- Garantir que o processo seja adequado ao propósito.
- Garantir que haja coordenação e comunicação entre o Gerente do Contrato, Gerente do Fornecedor, Gerente de Nível de Serviço e o Fornecedor.

Responsabilidades do Gerente do Processo Gerenciamento de Fornecedores

- Coordenar as interfaces entre o Gerenciamento de Fornecedores e os outros processos, em especial o Gerenciamento de Nível de Serviço e também com a Gerência Financeira da empresa, a Gerência Jurídica e a área de compras.

- Auxiliar no desenvolvimento de Contratos de Apoio com Fornecedores garantindo que todos os Serviços de Suporte, interfaces e dependências estejam documentados e acordados.
- Manter o Banco de Dados de Fornecedores e Contratos.
- Avaliar os riscos dos Fornecedores e Contratos.
- Avaliar e adquirir novos Fornecedores e Contratos.
- Avaliar a performance dos Fornecedores.
- Gerenciar o relacionamento com os Fornecedores coordenando as atividades dos Gerentes de Fornecedores para garantir que cada Contrato tenha um dono nominado monitorando as atividades do Fornecedor.

Resumo

- O objetivo do Ciclo de Vida Desenho de Serviço é desenhar os Serviços de TI apropriados ou inovadores, incluindo arquiteturas, processos, políticas e documentação para atender aos requerimentos atuais e futuros do negócio.
- Os cinco aspectos do Desenho de Serviço são:
  - Desenho dos Serviços incluindo requerimentos funcionais, recursos e capacidades necessárias para a entrega dos serviços aos clientes.
  - Desenho do Portfólio de Serviço incluindo as ferramentas necessárias para controlar os serviços através de seu Ciclo de Vida.
  - Desenho da arquitetura tecnológica e gerenciamento técnico necessário para prover os serviços.
  - Desenho dos processos necessários para a Transição, Operação e Melhoria Continuada de Serviços.
  - Desenho de métricas e sistemas de medição de serviços, arquiteturas, processos e atividades necessárias para a entrega dos serviços.
- Os 4 Ps do Desenho de Serviço são: Pessoas, Processos, Produtos e Parceiros.
- Fornecedores são Provedores de Serviços Externos responsáveis por fornecer Serviços de Apoio que sejam necessários para a entrega dos Serviços.

- Modelos de Fornecimento de Serviços:
  - Fornecimento Interno.
  - Terceirização.
  - Parceria.
  - Terceirização de Processos de Negócio.
  - Provedor de Serviço de Aplicativo.
  - Terceirização de Processos de Conhecimento.
  - Serviços em Nuvem (*Cloud*).
- Acordo de Nível de Serviço é um acordo firmado entre o Provedor de Serviço de TI e um cliente onde são descritos o Serviço de TI, as responsabilidades do Provedor de Serviços e as metas.
- Acordo de Nível Operacional é um acordo firmado entre o Provedor de Serviço de TI e outra área da mesma organização ou outro Provedor de Serviço de TI interno.
- Contrato de Apoio é um contrato firmado entre o Provedor de Serviços de TI e um Fornecedor responsável pela entrega de Serviços de Apoio.
- Pacote de Desenho de Serviço é um documento onde é definido todos os aspectos de um Serviço de TI e seus requisitos para cada novo Serviço de TI, mudança significante ou obsolescência de Serviço de TI.
- Disponibilidade é a entrega do Serviço conforme seus requisitos de utilidade e garantia descritos nos Acordos de Nível de Serviço ou Contrato de Apoio entre os interessados.
- Os processos do Desenho de Serviço são:
  - Coordenação do Desenho.
  - Gerenciamento de Nível de Serviço.
  - Gerenciamento de Catálogo de Serviço.
  - Gerenciamento da Capacidade.
  - Gerenciamento da Disponibilidade.
  - Gerenciamento da Continuidade de Serviço de TI.
  - Gerenciamento da Segurança da Informação.
  - Gerenciamento de Fornecedores.

- O objetivo do processo Coordenação do Desenho é garantir que as metas e objetivos do Desenho de Serviço sejam atendidos através da definição e manutenção de um ponto único de coordenação e controle de todas as atividades e processos contidos no ciclo Desenho de Serviço.
- As atividades da Coordenação do Desenho são:
  - Atividades relacionadas com o ciclo de vida do Desenho de Serviço.
  - Coletar requerimentos dos Pacotes de Serviço e Pacotes de Nível de Serviço do ciclo Estratégia de Serviço.
  - Definição de padrões, políticas e documentos para o ciclo Desenho de Serviço
  - Coordenação das atividades durante todo o ciclo Desenho de Serviço.
  - Planejar os ativos de serviço necessários para o ciclo Desenho de Serviço.
  - Gerenciar riscos durante as atividades dos processos do ciclo Desenho de Serviço.
  - Medir e planejar ações de melhoria do ciclo Desenho de Serviço (junto com o ciclo Melhoria Continuada de Serviço).
  - Produzir Pacotes de Desenho de Serviço.
  - Atividades relacionadas com cada Desenho de Solução individual.
  - Planejar, coordenar e monitorar desenhos individuais de solução.
  - Revisar Desenhos de Solução e incluí-los no Pacote de Desenho de Serviço.
- O objetivo do Gerenciamento de Nível de Serviço é negociar, acordar e documentar as metas de garantia dos Serviços de TI com os respectivos clientes e monitorar a entrega dos serviços de acordo com as metas acordadas.
- Os tipos de Acordos de Nível de Serviço podem ser:
  - Acordos baseados no Serviço.
  - Acordos baseados no Cliente.
  - Acordos Multinível realizados em Nível Corporativo, Nível de Cliente e Nível de Serviço.
- As atividades do Gerenciamento de Nível de Serviço são:
  - Definir, negociar, acordar e medir a performance dos Serviços Principais (Acordo de Nível de Serviço) e Serviços de Apoio (Acor-

dos de Nível Operacional) e compará-la com as Metas de Nível de Serviço estabelecidas nos acordos.

- Produzir relatórios de nível de serviço.
- Conduzir reuniões de avaliação de nível de serviço e instigar melhorias no serviço através do Plano de Melhoria de Serviços (documento criado no ciclo de Melhoria Continuada do Serviço).
- Suportar o Gerenciamento de Fornecedores na definição, negociação e acordo com os Fornecedores através de Contratos de Apoio.
- Analisar e rever os Acordos de Nível de Serviço, Acordos de Nível Operacional e Contratos de Apoio.
- Desenvolver e documentar os contatos e relacionamentos com os clientes de negócio em conjunto com o Gerenciamento do Relacionamento com o Negócio.
- Registrar e gerenciar as reclamações e elogios dos clientes em conjunto com o Gerenciamento do Relacionamento com o Negócio.
- Prover informações gerenciais sobre performance e níveis de serviço atingidos.

- O objetivo do Gerenciamento de Catálogo de Serviço é prover e manter uma fonte única de informação sobre todos os serviços operacionais e aqueles que estão sendo preparados para entrar em produção e garantir que Catálogo de Serviços esteja disponível para todos aqueles autorizados a acessá-lo.
- O Catálogo visível aos clientes/usuários contém informações úteis sobre os serviços que suportam ao negócio.
- O Catálogo de Serviços de Suporte contém informações sobre serviços técnicos de apoio aos serviços de negócio.
- As atividades do Gerenciamento de Catálogo de Serviço são:
  - Documentação das informações sobre cada serviço.
  - Gerenciar as interfaces e dependências entre o Catálogo de Serviços e o Sistema de Gerenciamento de Configuração.
  - Gerenciar as interfaces com o Gerenciamento de Relacionamento com o Cliente e o Gerenciamento de Nível de Serviço para garantir que as informações do Catálogo de Serviço estejam alinhadas com o negócio.

- O objetivo do Gerenciamento da Capacidade é garantir que exista uma capacidade adequada, a um custo justificado, e que esta capacidade esteja alinhada com as necessidades atuais e futuras do negócio.
- O Gerenciamento da Capacidade de Negócio traduz os requerimentos do negócio em requerimentos de serviços e capacidades de TI.
- O Gerenciamento da Capacidade de Serviço garante que as metas de performance dos serviços definidas nos Acordos de Nível de Serviço sejam monitoradas, medidas e reportadas.
- O Gerenciamento da Capacidade de Componente gerencia, controla e prevê a utilização e performance de um componente individual de TI.
- O Sistema de Informação do Gerenciamento da Capacidade é um repositório de dados coletados sobre a performance dos componentes e Serviços de TI.
- As atividades reativas do Gerenciamento da Capacidade são:
  - Monitorar, medir e reportar a performance atual dos serviços e componentes de TI.
  - Responder aos alertas de eventos de capacidade e solicitar a correção devida.
  - Prover informações sobre performance para os outros processos.
- As atividades proativas do Gerenciamento da Capacidade são:
  - Produzir e manter um Plano de Capacidade que reflita os requisitos de demandas do serviço e tendências de utilização do serviço para planejamento da capacidade requerida.
  - Identificar e antecipar falhas de performance.
  - Analisar a tendência de utilização atual e futura dos componentes de TI.
  - Modelar e analisar tendências das mudanças nos Serviços de TI.
  - Garantir que os custos de atualizações e melhorias de TI estejam planejados e que as atualizações e melhorias possam ser implementadas antes que os níveis de serviços sejam rompidos.
  - Buscar ativamente a melhoria da performance do serviço.
- O objetivo do Gerenciamento da Disponibilidade é garantir que os níveis de disponibilidade entregues para os serviços atendam às necessidades de disponibilidade acordadas nos Acordos de Nível de Serviço.

- A taxa de disponibilidade pode ser medida como uma taxa percentual calculada em relação ao tempo total de disponibilidade de um período e o tempo total de indisponibilidade no mesmo período.
- Tempo de Serviço Acordado é a meta de disponibilidade descrita no Acordo de Nível de Serviço.
- Confiabilidade é o prazo que um sistema consegue executar suas funções de acordo com o esperado ou quanto tempo levou entre uma falha e a próxima e é medido através do Tempo Médio Entre Falhas (TMEF).

- Sustentabilidade é o prazo que demoramos para restaurar os serviços ao seu estado original de disponibilidade e é medida através do Tempo Médio Para Restaurar o Serviço (TMPRS).
- Tempo Médio para Reparo (TMPR) é o prazo que TI demora para corrigir a falha, mas o serviço ainda não está disponível (TMPRS).
- Ciclo de Vida Expandido do Incidente inclui os seguintes estágios de restauração:
  - Detecção do Incidente.
  - Diagnóstico do Incidente.
  - Reparo do Incidente (Tempo Médio para Reparo).
  - Recuperação do Incidente.
  - Restauração do Serviço (Tempo Médio para Restauração do Serviço).
- Função de Negócio Vital são os elementos críticos de negócio suportados por um Serviço de TI.
- São tipos de planejamentos de disponibilidade: Alta Disponibilidade, Tolerância a Falhas, Operação Contínua e Disponibilidade Contínua.
- Sistema de Informação do Gerenciamento da Disponibilidade é um repositório de dados que contém informações coletadas sobre a disponibilidade dos serviços e componentes de TI.
- As atividades do Gerenciamento da Disponibilidade são:
  - Desenhar os requerimentos de disponibilidade.
  - Determinar a Função de Negócio Vital.
  - Definir, monitorar e reportar as metas de Disponibilidade, Confiabilidade e Sustentabilidade para os serviços e componentes de TI.

  - Monitorar a tendência de Disponibilidade.
  - Investigar as causas de indisponibilidade.
  - Produzir e manter o Plano de Disponibilidade.
- Indisponibilidade de Serviço Planejada são paradas programadas nos serviços e componentes de TI acordadas no Acordo de Nível de Serviço.
- O objetivo do Gerenciamento da Continuidade dos Serviços de TI é suportar o Plano de Continuidade do Negócio através do gerenciamento de riscos que possam afetar os serviços de TI.
- As atividades do Gerenciamento da Continuidade dos Serviços de TI são: Iniciação, Requerimentos e Estratégia, Implementação e Operação.
- O objetivo do Gerenciamento da Segurança da Informação é alinhar a segurança de TI com os requisitos de segurança do negócio para garantir que a confidencialidade, integridade e disponibilidade dos serviços de TI, componentes de TI e dados atendam aos requisitos do negócio.
- As atividades do Gerenciamento de Segurança da Informação são:
  - Produzir e manter Políticas de Segurança da Informação.
  - Entender os requerimentos de segurança da informação atuais e futuros do negócio.
  - Classificar a informação e documentar os controles de segurança.
  - Implementar os controles de segurança da informação nos serviços, dados e sistemas de TI.
  - Gerenciar as vulnerabilidades de segurança da informação e os incidentes relacionados à segurança da informação.
  - Gerenciar, em conjunto com o Gerenciamento de Fornecedores, os Fornecedores e Contratos de Apoio de acordo com as Políticas de Segurança da Informação.
  - Melhorar proativamente os controles de segurança e o gerenciamento de riscos de segurança.
  - Planejar e realizar auditorias de segurança da informação e testes de penetração.
- Sistema de Informações do Gerenciamento de Segurança da Informação é um repositório de informações sobre requerimentos, vulnerabilidades, políticas e controles de segurança da informação envolvendo os Quatro Ps do Desenho de Serviço (Pessoas, Processos, Produtos e Parceiros).

- O objetivo do Gerenciamento de Fornecedores é gerenciar os contratos com os Fornecedores e seus serviços providos e garantir o atendimento das condições contratuais para atender aos requisitos dos serviços de TI e do negócio.
- As atividades do Gerenciamento de Fornecedores são:
  - Definição de requerimentos para novos Fornecedores e contratos.
  - Avaliação e aquisição de novos Contratos e Fornecedores.
  - Categorização do Fornecedor e do Contrato.
  - Estabelecer novos Fornecedores e Contratos.
  - Gerenciar a performance do Fornecedor e Contrato.
  - Término do Contrato.

9. Transição de Serviço

"Quando novas informações surgem e as circunstâncias mudam já não é possível resolver os problemas com as resoluções de ontem."

Roger von Oech

Objetivo do ciclo Transição de Serviço

O objetivo do ciclo Transição de Serviço é garantir que serviços novos, modificados ou removidos atendam às necessidades do negócio de acordo com os ciclos de Estratégia e Desenho de Serviço.

Conceitos e definições

Vimos até aqui que os requerimentos do negócio e o planejamento da estratégia de entrega de valor para os serviços de TI são realizados no ciclo Estratégia de Serviço. O ciclo Desenho de Serviço define arquiteturas, processos, políticas e documentação para atender aos requerimentos identificados e validados no ciclo Estratégia de Serviço. Como resultado do ciclo Desenho de Serviço temos os Pacotes de Desenho de Serviço. Antes de implantarmos os serviços, devemos planejar as habilidades e os recursos necessários para colocá-los em produção visando garantir que sejam atendidos todos os requisitos planejados e desenhados até aqui. Transição de Serviço é um ciclo de planejamento do projeto de implantação dos serviços que serão suportados posteriormente no ciclo Operação do Serviço.

O ciclo Transição de Serviço deve:

- Planejar e gerenciar habilidades e recursos necessários para construir, testar e implantar novos serviços ou serviços modificados no ambiente de produção de acordo com os requerimentos do negócio.

- Prover um modelo de avaliação consistente para gerenciar as capacidades e os riscos da implantação antes que novos serviços ou serviços modificados sejam implantados em produção.
- Manter a integridade de todos os ativos de serviços e configurações envolvidas durante o ciclo Transição de Serviço.
- Documentar e prover informações e conhecimento sobre as mudanças nos serviços e implantações.
- Prover o reuso eficiente de métodos e mecanismos de construção, teste e implantação das mudanças nos serviços.
- Garantir que as implantações de serviços sejam gerenciadas de acordo com os requerimentos definidos no ciclo Desenho de Serviço.

Processos do ciclo Transição de Serviço

Os processos do ciclo Transição de Serviço são:

- Planejamento e Suporte da Transição.
- Gerenciamento de Mudanças.
- Gerenciamento de Liberação e Implantação.
- Gerenciamento da Configuração e Ativo de Serviço.
- Validação e Testes de Serviço.
- Avaliação da Mudança.
- Gerenciamento do Conhecimento.

Os processos do ciclo Transição de Serviço dividem-se em dois tipos:

- Processos que são críticos para o ciclo Transição de Serviço e influenciam outros ciclos de vida do serviço:
  - Gerenciamento de Mudanças.
  - Gerenciamento da Configuração e de Ativos de Serviço.
  - Gerenciamento do Conhecimento.
- Processos focados no ciclo Transição de Serviço:
  - Planejamento e Suporte da Transição.

- Gerenciamento de Liberação e Implantação.
- Validação e Teste de Serviço.
- Avaliação da Mudança.

Planejamento e Suporte da Transição

Objetivos do processo Planejamento e Suporte da Transição

O objetivo do processo Planejamento e Suporte da Transição é planejar a transição dos serviços e coordenar os recursos necessários.

Conceitos do Planejamento e Suporte da Transição

O processo Planejamento e Suporte da Transição é um processo que orienta sobre aspectos importantes para o planejamento inicial da Transição do Serviço. Todas as atividades propostas pelo planejamento e controle da Transição do Serviço já estão contempladas nos outros processos.

Planejamento e Suporte da Transição envolve:

- Planejar e coordenar os recursos adequados para construir, liberar, testar e implantar um serviço novo ou modificado em produção dentro do prazo, custo e qualidade requeridos.
- Coordenar as atividades dos projetos de Transição entre equipes de serviços e fornecedores necessários.
- Prover suporte para as equipes alocadas no ciclo Transição de Serviço.
- Garantir que todos os envolvidos estejam adotando um modelo padronizado e reutilizável de processos e sistemas de suporte para garantir a eficiência das atividades do ciclo Transição de Serviço.
- Prover um plano claro que compreenda os projetos de mudança de serviços alinhados às atividades do ciclo Transição de Serviço.

Atividades do Planejamento e Suporte da Transição

São atividades do processo Planejamento e Suporte da Transição:

- **Definir a estratégia para a Transição**: define a abordagem para a Transição de Serviço com base no planejamento dos seguintes aspectos:

- Definição dos objetivos e do contexto da transição dos serviços como clientes, acordos e requisitos.
- Definição do escopo da transição incluindo inclusões e exclusões.
- Padrões aplicáveis como processos, requisitos contratuais e regulamentações.
- Identificação de partes envolvidas na transição como Provedores de Serviço, Fornecedores, Clientes, áreas de negócio da empresa.
- Definição de políticas, processos e práticas aplicáveis à Transição do Serviço.
- Identificação de fatores críticos de sucesso para a Transição de Serviço.
- Identificação de requisitos para novos serviços ou serviços modificados (Pacote de Desenho de Serviço).
- Definição de pessoas envolvidas na Transição com papéis e responsabilidades definidos (Matriz RACI).
- Definição do ciclo de vida da Transição de Serviço, incluindo as fases de adquirir e testar novos componentes de TI, construir e testar, liberar, implantação, suporte para período de funcionamento experimental e fechamento e revisão da Transição de Serviço.
- Definição de entregáveis da Transição de Serviço como Planos da Transição, Requisições de Mudança, Políticas de Liberação, Plano de Testes e relatórios de testes, Plano de Desenvolvimento e documentações, Plano de Implantação e relatórios, Relatório de Fechamento da Transição.
- Planejamento de requerimentos financeiros para a Transição de Serviço.

- **Preparar para a Transição de Serviço**: envolve a revisão dos insumos necessários para a Transição de Serviço oriundos de outros ciclos de vida do serviço. Inclui Pacotes de Desenho de Serviço para requisitos originados no ciclo Desenho de Serviço e Requisições de Mudança do ciclo Transição de Serviço.

- **Planejamento da Transição de Serviço individual**: cada Pacote de Desenho de Serviço ou Requisição de Serviço deve ter um Plano de Transição de Serviço individual contendo as tarefas e atividades requeridas para construir, liberar e implantar novos serviços ou serviços modificados no ambiente de teste e no ambiente de produção.

- **Prover suporte para os processos de Transição de Serviço**: os projetos de Transição de Serviço devem implementar atividades e tarefas de projeto de acordo com políticas, padrões e procedimentos descritos na atividade Estratégia para a Transição. Suporte para a Transição de Serviço envolve:
  - Administração das mudanças, riscos, ferramentas necessárias e monitoramento do desempenho da transição.
  - Planejamento da comunicação aos clientes, usuários e interessados sobre o planejamento e andamento das transições.
  - Monitoramento e relatório de progresso da transição.

Relacionamentos do Planejamento e Suporte da Transição com outros processos

- **Entradas**:
  - Proposta de Mudança.
  - Requisição de Mudança aprovada.
  - Pacote de Desenho de Serviço.
- **Saídas**:
  - Estratégia de Transição.
  - Plano de Transição.

Gerenciamento de Mudanças

Objetivo do processo Gerenciamento de Mudanças

O objetivo do processo Gerenciamento de Mudanças é garantir que métodos e procedimentos padronizados estejam sendo utilizados de maneira eficiente para minimizar os impactos no negócio causados por mudanças nos serviços de TI sem o devido planejamento, ou seja, que as mudanças sejam registradas, avaliadas, autorizadas, priorizadas, planejadas, testadas, implementadas, documentadas e revisadas de maneira controlada.

Conceitos do Gerenciamento de Mudanças

Recursos e componentes de TI estão continuamente sujeitos a mudanças. Alterações nas características dos serviços de negócio ou na forma como ele é entregue podem resultar em necessidades de mudanças nos recursos e componentes de TI para atender aos requerimentos do negócio. Falhas ocorridas em TI ou riscos iminentes de falhas também podem gerar a necessidade de mudanças nos recursos e componentes de TI em produção. Basicamente então existem três justificativas para uma mudança em TI:

- Solicitações de novos serviços, modificações ou remoções de serviços de TI por parte dos clientes.
- Identificação de falhas (incidentes) nos serviços de TI e necessidade de modificação do serviço para sua correção.
- Proposta proativa de melhoria nos serviços de TI para evitar possíveis incidentes antes que eles possam ocorrer e impactar o negócio.

Se partirmos da premissa de que todos os serviços em produção passaram pelos ciclos Estratégia de Serviço e Desenho de Serviço, onde foram avaliados, planejados, orçados, estimados, desenhados e aprovados, não podemos simplesmente alterar algo que foi muito bem planejado para atender aos requerimentos do negócio. Mudanças feitas em TI sem esse planejamento aumentam o risco do serviço de não atender às necessidades dos serviços de negócio ou podem causar impactos diretamente no negócio. Lembro-me de um professor da faculdade que nos dizia em tom de brincadeira: "Em TI, se algo está funcionando, não mexa!"

A necessidade de "mexer" em algo deve ser muito bem avaliada, planejada, aprovada e acompanhada levando em consideração os requerimentos do negócio e o Pacote de Desenho de Serviço. Do contrário, não há justificativa para a TI mudar algo por vontade própria.

Casos Reais

Uma empresa está sem acesso à Internet porque TI está instalando um novo *Proxy* no horário do expediente.

Servidor do sistema financeiro está passando por *upgrade* de memória durante o período de fechamento contábil da empresa.

Equipe comercial decide trabalhar no final de semana para cadastrar um grande pedido de vendas no sistema e a área de TI decide desligar o CPD para manutenção no final de semana sem comunicar às áreas de negócio.

Técnico de TI altera um endereço IP de um servidor sem saber que vários sistemas da empresa dependem deste servidor.

Um servidor de banco de dados que suportava três sistemas é refeito e recolocado em produção somente com as tabelas de dados de dois sistemas.

Impressora de um andar da empresa é trocada e seu endereço de mapeamento na rede é alterado sem atualização dos endereços de mapeamento da impressora nas estações de trabalho de duzentos funcionários.

Estagiário tenta descobrir qual é o cabo de rede de um servidor no *Switch* desligando os cabos do *Switch* um por um e vendo quando a luz da placa de rede do equipamento para de piscar.

Todas as mudanças em TI devem ser justificadas, avaliadas, autorizadas, planejadas e gerenciadas para garantir que a sua implementação não cause impactos nos serviços de TI que suportam o negócio. Essa abordagem permite que os riscos sejam minimizados através do planejamento da implementação das mudanças e que estas, uma vez aprovadas, sejam executadas dentro dos seguintes requisitos: custo, prazo e qualidade. Esta é uma premissa básica para o Gerenciamento de Mudanças e merece ser destacada:

Nada deve mudar no ambiente de produção de TI sem antes ser avaliado, planejado e aprovado!

Segundo o ITIL®, uma mudança de serviço é:

> A adição, modificação ou remoção de um serviço autorizado, planejado e suportado e/ou de seus componentes e documentação associada. [17]

---

[17] Reproduzido do livro ITIL® *Service Transition* sob licença do *Cabinet Office*.

Cada empresa pode definir o limite de escopo do Gerenciamento de Mudanças de acordo com categorizações de impacto das mudanças. Podemos adotar, por exemplo, um critério simples baseado em impacto e probabilidade de ocorrência de um risco proveniente da mudança, ou um critério parecido com a categorização de riscos dos fornecedores onde definimos a categoria de acordo com o impacto da mudança no negócio:

- **Mudanças Estratégicas**: mudanças que possam impactar serviços estratégicos da organização. Geralmente são serviços que, em caso de falha, causam perdas financeiras, de dados ou implicações legais à imagem da empresa. Mudanças Estratégicas devem ser originadas no ciclo Estratégia de Serviço.
- **Mudanças Táticas**: mudanças que possam impactar os serviços que atendam às atividades comerciais da organização. Mudanças Táticas devem ser originadas no ciclo Estratégia de Serviço.
- **Mudanças Operacionais**: mudanças que possam impactar serviços de suporte da empresa. Mudanças Operacionais devem ser originadas nos ciclos Desenho de Serviço e/ou Melhoria Continuada de Serviços.
- **Mudanças Técnicas**: mudanças que possam impactar componentes de TI, porém não alteram os serviços. Geralmente são mudanças necessárias para correções de componentes de TI. Se não causarem impacto nos serviços, podem ser originadas no ciclo Operação de Serviço.

Proposta de Mudança

Proposta de avaliação inicial de uma possível mudança. Pode ser elaborada como estudo prévio dos impactos, custos e riscos de uma mudança a ser solicitada futuramente. Não possui efeito de aprovação da mudança, mas sim aprovação da viabilidade da solicitação da mudança. É opcional e pode ser realizada como pré-análise da necessidade de mudanças futuras.

Requisição de Mudança (RDM)

Uma solicitação formal de uma mudança a ser analisada. Uma RDM inclui os detalhes da mudança solicitada e pode ser registrada em papel ou em formato eletrônico.

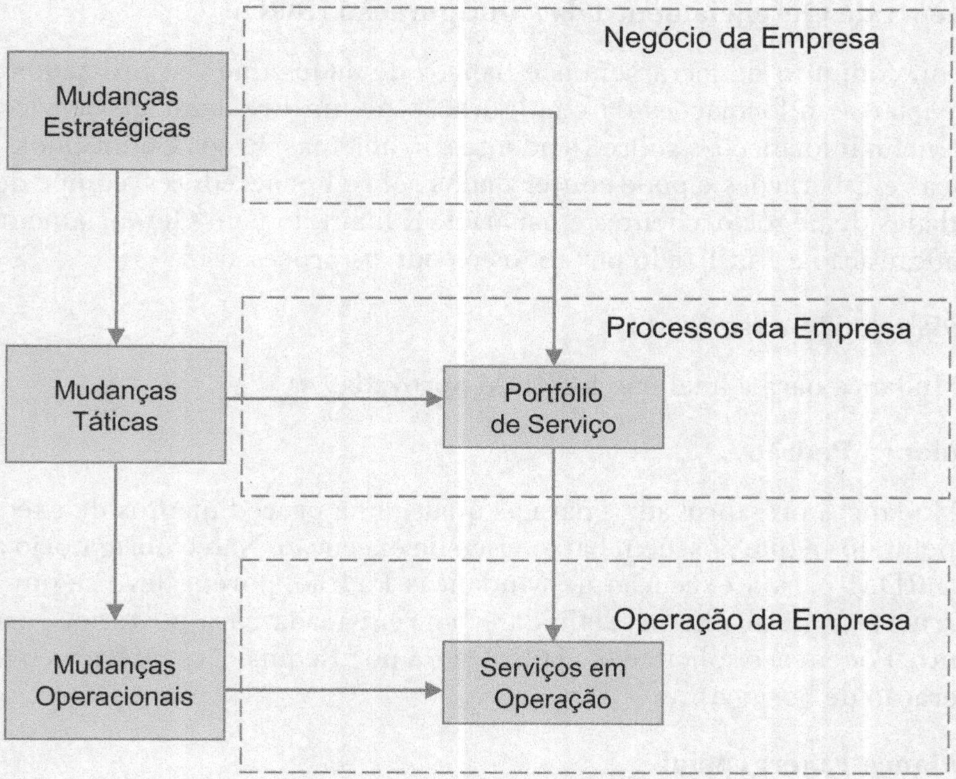

Figura 9.1. Escopo das Mudanças.

Registro de Mudança

Um registro contendo os detalhes de uma RDM. Cada Registro de Mudança documenta o ciclo de vida de uma única mudança em um serviço ou componentes de TI. Registros de Mudança devem referenciar os componentes de TI (Itens de Configuração) que serão afetados pela mudança. Registros de Mudança são armazenados no Sistema de Gerenciamento da Configuração (SGC).

Instrução de Trabalho

Documento contendo instruções detalhadas que especificam quais passos devem ser seguidos para executar uma atividade. Geralmente são documentos técnicos de procedimentos a serem seguidos para a execução de uma atividade.

Sistema de Gerenciamento da Configuração (SGC)

Um conjunto de ferramentas e bancos de dados que são utilizados para gerenciar as informações da configuração de um Provedor de Serviços de TI. Inclui informações sobre Incidentes, Problemas, Erros Conhecidos, Mudanças e Liberações e pode conter dados sobre Fornecedores, equipe de TI, unidades de negócio, clientes e usuários. É mantido pelo Gerenciamento da Configuração e é utilizado por todos os outros processos.

Mudança não autorizada

Mudança para a qual não há RDM aprovada.

Mudança Padrão

Mudanças pré-aprovadas, para as quais já há procedimentos de execução predefinidos e que possuem baixo risco de execução. Não é obrigatório abrir uma RDM para a execução de Mudanças Padrão, porém deve seguir uma Instrução de Trabalho predefinida e ser registrada para posterior rastreamento. Podem ser solicitadas via RDM ou por Requisições de Serviço (ciclo Operação de Serviço).

Mudança Emergencial

Mudanças que devem ser realizadas assim que possível. São identificadas como mudanças prioritárias para reparar uma falha nos serviços e componentes de TI que causem impactos significativos no negócio. Devem possuir um fluxo de planejamento e aprovação diferente das mudanças normais, para agilizar sua execução.

Comitê Consultivo de Mudanças (CCM)

Grupo de pessoas que aconselham o Gerente de Mudanças na avaliação, priorização e planejamento das mudanças. Este comitê deve possuir representantes das áreas de TI envolvidas nas mudanças, representantes das áreas de negócio relacionadas à mudança e Fornecedores envolvidos.

Comitê Consultivo de Mudanças Emergenciais (CCME)

Um subconjunto do CCM que toma decisões sobre Mudanças Emergenciais de alto impacto no negócio.

Modelo de Mudança

Modelos de procedimentos predefinidos para executar uma categoria de mudanças específica.

Programação de Mudança ou Programação Futura de Mudanças

Documento que lista todas as mudanças aprovadas e suas datas planejadas para implantação.

Janela de Mudança

Tempo planejado e acordado em que as mudanças serão implementadas com o mínimo impacto nos serviços. A Janela de Mudanças deve ser documentada no Acordo de Nível de Serviço e não conta no cálculo da taxa de disponibilidade dos serviços de TI (Indisponibilidade de Serviço Programada). Geralmente conhecida no mercado como "Janela de Manutenção".

Sete Rs do Gerenciamento de Mudanças

Para a realização de uma análise de impacto precisa da mudança, as seguintes questões devem ser respondidas para todas as mudanças em relação aos sete Rs:

- ***RAISED* (levantou, solicitou):** quem REQUISITOU a mudança?
- ***REASON* (razão):** qual é a RAZÃO para a mudança?
- ***RETURN* (retorno):** qual é o RETORNO requerido para a mudança?
- ***RISKS* (riscos):** quais são os RISCOS envolvidos na mudança?
- ***RESOURCES* (recursos)**: que RECURSOS são requeridos para entregar a mudança?
- ***RESPONSIBLE* (responsável)**: quem é RESPONSÁVEL por construir, testar e implementar a mudança?
- ***RELATIONSHIP* (relacionamento):** qual é o RELACIONAMENTO entre essa mudança e outras mudanças?

Segundo o Instituto de Auditores Internos, no seu "Guia de Auditoria de Tecnologia, Controle de Mudanças e Versões", há cinco riscos que podem gerar grandes impactos nos serviços de TI causados por um Gerenciamento de Mudanças pobre. São eles:

- Mudanças não autorizadas (inaceitável).
- Indisponibilidades sem planejamento.
- Baixa taxa de sucesso na implementação de mudanças.
- Alto número de mudanças emergenciais.
- Atrasos na implementação de mudanças.

Atividades do Gerenciamento de Mudanças

As atividades do Gerenciamento de Mudanças são:

- **Criar e Registrar a Mudança**: a mudança é formalizada por um solicitante.
- **Revisar a Mudança**: as mudanças devem ser filtradas e classificadas de acordo com sua relevância e seus relacionamentos com solicitações anteriores, verificando se todas as informações necessárias na RDM estão preenchidas. Em caso de inexatidão das informações ou impraticabilidade da execução da mudança, esta deve ser devolvida para o solicitante com a justificativa de rejeição da Requisição de Mudança.
- **Avaliar a Mudança**: avaliar os Sete Rs do Gerenciamento de Mudanças.
- **Autorizar a Construção e o Teste da Mudança**: autorizar a construção e o teste de cada Registro de Mudança de acordo com o tipo, categorização, impacto, unidade de negócio afetada ou grupo de TI envolvido. A cultura empresarial da empresa irá ditar a maneira como as mudanças deverão ser autorizadas na organização.
- **Coordenar a Construção e o Teste da Mudança**: a execução da construção e do teste da mudança é realizada pelo processo Gerenciamento da Liberação e Implantação. Porém, o Gerenciamento da Mudança coordena o trabalho das equipes técnicas que executarão as mudanças e monitora se as execuções estão saindo conforme planejado e acordado na RDM.
- **Autorizar a Implantação da Mudança**: após a verificação de que uma mudança foi testada com sucesso e de que todos os riscos e impactos estão tratados, uma mudança é autorizada para ser colocada em produção.

- **Coordenar a Implantação da Mudança**: o trabalho de implantar uma mudança em produção é responsabilidade do processo Gerenciamento da Liberação e Implantação, porém o Gerenciamento de Mudanças coordena esta atividade para garantir que as implantações estejam sendo realizadas conforme planejado e acordado na RDM.
- **Revisar e Fechar Requisição da Mudança**: após a implementação da mudança, os resultados devem ser registrados e comunicados para avaliação dos responsáveis pela coordenação da implantação da mudança e para o Gerente de Mudanças. Se a mudança foi concluída com êxito, devem ser concluídos também todos os registros associados à mudança como Incidentes e Problemas e devem ser solicitadas as atualizações de informações do Sistema de Gerenciamento da Configuração para o processo de Gerenciamento da Configuração.

Relacionamentos do Gerenciamento de Mudanças com outros processos

- **Entradas**:
  - Requisições de Mudança ou Propostas de Mudança solicitadas por qualquer outro processo.
  - Informações sobre os serviços atuais e futuros do Portfólio de Serviços e do Catálogo de Serviços do Gerenciamento do Portfólio de Serviços e Gerenciamento de Catálogo de Serviços.
  - Políticas e planos de transição, testes, liberação e implementação do processo Planejamento e Suporte da Transição.
  - Informações dos componentes de TI do Sistema de Gerenciamento da Configuração.
  - Informações sobre Fornecedores do Gerenciamento de Fornecedores.
  - Requisitos de segurança da informação do Gerenciamento de Segurança da Informação.
  - Requisitos de capacidade e disponibilidade do Gerenciamento de Capacidade e Gerenciamento de Disponibilidade.
  - Resultados de testes do processo Validação e Teste de Serviço.
- **Saídas**:
  - Requisições de Mudança aprovadas ou rejeitadas e Instruções de Trabalho para os Provedores de Serviços de TI executarem as mudanças.

- Propostas de Mudança autorizadas.
- Autorização para atualização do Sistema de Gerenciamento da Configuração.
- Informações sobre as RDMs e Programação Futura de Mudanças para todos os outros processos.
- Relatórios de Avaliação das mudanças para todos os outros processos.

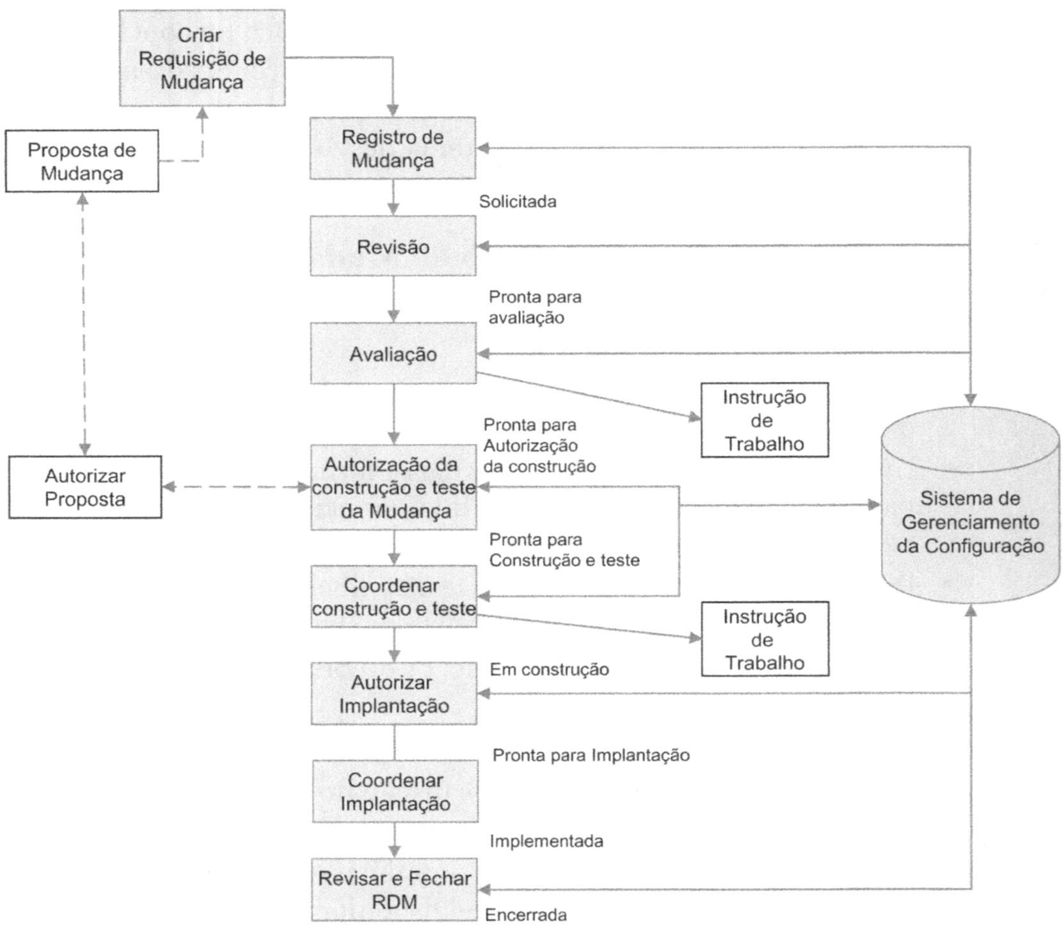

Figura 9.2. Atividades do Gerenciamento de Mudanças.[18]

[18] Reproduzido do livro ITIL® *Service Transition* sob licença do *Cabinet Office*.

Responsabilidades do Dono do Processo Gerenciamento de Mudanças

- Garantir que o processo seja adequado ao propósito.
- Definir hierarquia para autorização das Requisições de Mudança.
- Definir fluxo de tratamento das Requisições de Mudança.
- Trabalhar com outros donos de processo para garantir uma abordagem integrada do Gerenciamento de Mudanças sobre mudanças nos serviços de TI.

Responsabilidades do Gerente do Processo Gerenciamento de Mudanças

- Planejar e suportar os processos e as ferramentas do Gerenciamento de Mudanças.
- Garantir a execução das atividades do processo.
- Manter e divulgar o calendário de Programação de Mudanças.
- Coordenar as interfaces entre o Gerenciamento de Mudanças e os outros processos, especialmente o Gerenciamento de Liberações e Implantação e o Gerenciamento da Configuração e Ativo de Serviço.

Gerenciamento de Liberação e Implantação

Objetivo do processo Gerenciamento de Liberação e Implantação

O objetivo do processo Gerenciamento de Liberação e Implantação é planejar e controlar a construção, o teste e a implantação das liberações para garantir novas funcionalidades requeridas pelo negócio enquanto protege a integridade dos serviços existentes.

Conceitos do Gerenciamento de Liberação e Implantação

O conceito de "Liberação" está relacionado com a aprovação para entrada em produção de novos serviços ou modificações nos serviços atuais (mudanças). Uma Liberação é uma Requisição de Mudança construída, testada e aprovada que garante a qualidade das liberações através de validação, planejamento e teste, para garantir que sua implantação em produção não cause impactos no negócio.

Além da falta de planejamento do Desenho dos Serviços, um dos fatores que contribuem para a quantidade de incidentes em TI são as implantações realizadas nos ambientes de produção. Se as implantações não forem realizadas com qualidade, de nada adiantou todo o trabalho de estratégia, desenho e transição de serviço planejado até aqui.

Caso Real 1

Uma empresa possuía um sistema de gestão empresarial que apresentava inúmeras falhas seguidas. Essas falhas geravam inúmeros incidentes que eram corrigidos pela equipe de desenvolvimento. Os clientes pressionavam o Provedor de Serviços de TI para a redução do prazo de correção das falhas. Os resultados do desenvolvimento eram pacotes colocados em produção assim que fossem disponibilizados. Havia muitos desenvolvimentos diários, e por causa da pressão por resolução das falhas não eram realizados testes integrados entre todas as funcionalidades do sistema e dos novos desenvolvimentos. O resultado era que uma correção resolvia uma determinada funcionalidade do sistema, porém novas falhas eram identificadas em outras funcionalidades. Após uma análise apurada do ciclo de desenvolvimento do sistema de gestão empresarial, foi identificada a necessidade de realização de teste integrado nos desenvolvimentos, para garantir os testes de todas as funcionalidades do sistema em conjunto. Com isso, a janela de implantações deixou de ser diária e passou a ser semanal. Somente correções emergenciais seriam colocadas em produção sem a obrigatoriedade de realização do teste integrado. Após três meses de operação, o prazo de restauração do sistema de gestão empresarial subiu para no mínimo uma semana – em compensação, o número de incidentes foi significativamente reduzido, em função da qualidade dos testes integrados e pela identificação e correção de erros ainda no ambiente de desenvolvimento e testes. Apesar do prazo maior de restauração, os clientes ficaram satisfeitos, pois o impacto no negócio foi reduzido pelo aumento da disponibilidade e confiabilidade do sistema.

Caso Real 2

Uma empresa terceirizou sua operação de TI com um Fornecedor. Esse Fornecedor é responsável pelo desenvolvimento e suporte de uma série de sistemas da empresa. A remuneração do contrato do Fornecedor é realizada com base em pontos de função de desenvolvimento e horas de suporte realizadas. Os desenvolvimentos são realizados no modelo fábrica de software, onde o cliente solicita um desenvolvimento e o Fornecedor levanta os casos de uso e estima pontos de função para o desenvolvimento. Todos os processos do desenvolvimento são realizados nas instalações do Fornecedor e, uma vez prontos, são colocados em produção no ambiente do cliente. O controle por parte do cliente é baseado no prazo de execução e na estimativa de pontos de função feita pelo Fornecedor. Em relação ao suporte, o cliente não tinha controle das horas utilizadas para manutenção dos sistemas. Sempre havia horas extras devido à necessidade constante do Fornecedor de "apagar incêndios" causados por erros em sistemas que impactavam o negócio. Em virtude da crise mundial de 2009, a empresa se viu obrigada a enxugar os custos de TI. Em uma auditoria de custos interna, foi identificado que o modelo de desenvolvimento permitia um controle dos gastos, porém, no caso do suporte, estes não podiam ser estimados em virtude da imprevisível necessidade constante de correção dos sistemas. O auditor financeiro perguntou então ao gerente de TI se tantos incidentes relacionados aos sistemas não poderiam ser resultado de "vícios de fabricação", ou seja, desenvolvimentos feitos com erro. O gerente de TI resolveu visitar a fábrica de software do Fornecedor e descobriu que o ambiente de teste dos sistemas da sua empresa era compartilhado com outros clientes e não refletia a exatidão do ambiente de produção da empresa. Isso causava excessivos erros em produção, que consequentemente geravam incidentes de correção para os sistemas. Foi exigido que o Fornecedor separasse o ambiente de teste da empresa e disponibilizasse um ambiente de homologação semelhante ao ambiente de produção e que o cliente passasse a homologar todos os desenvolvimentos realizados, ou seja, um código somente entraria em produção se o cliente validasse que o sistema não apresentaria falhas. Os desenvolvimentos passaram a ser realizados com mais precisão e a fatura do Fornecedor nesse cliente reduziu pela metade em função da redução de incidentes atendidos em hora extra.

Unidade de Liberação

Uma Unidade de Liberação descreve uma parte de um serviço de TI que é liberado de acordo com a política de Liberação da empresa. Uma Unidade de Liberação pode variar de acordo com o seu tipo, componente de TI associado ou impacto no negócio. Um Provedor de TI pode adotar uma política de liberação com testes integrados em todo o serviço de negócio para garantir sua qualidade ou pode decidir uma Unidade de Liberação menor como somente uma funcionalidade do serviço de TI a ser liberada. Os fatores a seguir devem ser levados em consideração na hora de escolhermos qual é o melhor tipo de Unidade de Liberação a ser adotada:

- A quantidade de Registros de Mudança e Instruções de Trabalho de Mudanças necessárias para a Unidade de Liberação.
- A quantidade de recursos e tempo necessários para construir, testar, distribuir e implementar a Unidade de Liberação.
- A complexidade de relacionamentos entre a Unidade de Liberação e outros serviços e componentes de TI.
- O ambiente disponível para a construção, teste, distribuição e implementação da Unidade de Liberação.
- A Janela de Mudanças Programadas para as Unidades de Liberação.

O ideal seria sempre testar todos os componentes de TI associados a um Registro de Mudança para garantir que todo o serviço esteja funcionando. Por exemplo, se uma rota de um roteador é alterada, o ideal é verificarmos se toda a rede que passa por esta rota está funcionando perfeitamente. Se uma funcionalidade de um sistema for alterada, o ideal seria testar todo o sistema para garantir a segurança dos dados (disponibilidade, integridade e confidencialidade). O único limitador para o teste integrado é a quantidade de recursos e tempo disponíveis para teste. Muitas vezes não há janela de manutenção disponível ou o serviço não pode ser testado de maneira integrada. Nesses casos, opta-se por uma Unidade de Liberação menor. A política de testes, liberações e implantações deve levar em consideração os Padrões de Atividade do Negócio, riscos e impactos nos serviços, Pacotes de Desenho de Serviço, Políticas de Transição de Serviço e janela de Mudanças Programadas.

Identificação das Liberações

As Liberações devem ser identificadas nos atributos dos componentes de TI representadas por números de versão que identificam o tipo de Unidade de Liberação: teste, homologação ou definitiva. Exemplo: Sistema de Gestão Financeira V1.0 – versão inicial liberada, V1.1 – versão corrigida em teste, V1.2 versão corrigida liberada, V2.0 nova versão.

Pilotos

Uma parte da Liberação pode ser implantada em produção para testar a qualidade da Liberação. Pilotos podem ser realizados com determinadas funcionalidades do serviço para testar o processo de Liberação ou podemos implantar todo o serviço em um escopo menor, como usuários ou localidades determinadas para serem Piloto da Liberação.

Pacotes de Liberação

Pacotes planejados e desenhados para serem construídos, testados e implementados no ambiente de produção para atender a uma Requisição de Mudança de acordo com o Modelo de Liberação planejado.

Modelos de Liberação

O ciclo Desenho de Serviço define requisitos para implantação de novos serviços ou serviços modificados através do Pacote de Desenho de Serviço, mas não especifica como esses serviços deverão ser implantados. Existem algumas abordagens que podem ser utilizadas para colocar um serviço de TI em produção. São elas:

De acordo com a abrangência:

- *Big Bang*: serviços novos ou modificados podem ser colocados em produção de uma única vez. Exemplo: substituição de servidores por término de contrato de *Leasing* ou implantação do sistema ERP de uma única vez. É constituído de um único Pacote de Liberação.

- **Liberação por Fases**: um serviço é liberado em partes. Pode ser por localidade, funcionalidade ou por clientes. O termo muito utilizado por TI para denominar esse tipo de fases são "ondas". Exemplo: Liberação de novos notebooks para gerentes. Onda 1 – Gerentes nível A, Onda 2 – Gerentes nível B, Onda 3 – Gerentes nível C. São constituídos por vários Pacotes de Liberação.
- Ao optar por uma Liberação por fases, pode ser utilizada uma abordagem denominada como *Push and Pull* (Empurrar e Puxar). É utilizada quando um componente de serviço é "empurrado" no centro e depois "puxado" para outras partes. Constitui um meio termo entre uma liberação por *Big Bang* e por Fases. Exemplo: atualização de *Service Packs* de sistema operacional. Há um servidor de atualizações na empresa que concentra os *Service Packs* e distribui internamente para todos os servidores em uma janela programada (*Push*), e as atualizações das estações de trabalho são realizadas automaticamente assim que os usuários entrarem na rede (*Pull*).

De acordo com a forma como são implementadas:

- **Manual**: liberações físicas realizadas através de intervenção humana. É necessário medir as atividades manuais repetitivas para planejar minimizar os impactos causados por possíveis falhas em liberações incorretas. Possui capacidade limitada de liberação.
- **Automática**: utilizada para grandes quantidades de liberações repetitivas em locais distintos. Exemplo:
  - Ferramentas de *Discovery* e instalação de software.
  - Ferramentas de atualização automática.
  - Carga automática de dados.

Modelos de Liberação e Implantação

O Pacote de Liberação descreverá o modelo de liberação incluindo a abordagem, mecanismos, processos e recursos necessários para a construção e implantação da liberação. Os Modelos de Liberação e Implantação devem incluir:

- Estrutura de construção da Liberação.
- Entregáveis e documentações necessárias.

- Ambientes controlados para construção, testes e homologações de Liberações.
- Papéis e responsabilidades para cada Liberação de serviços e componentes de TI.
- Programações de Liberações.
- Sistemas de suporte à Liberação, procedimentos e documentações das atividades de Liberação.
- Atividades de aceite das Fases de uma Liberação para:
  - Verificar se a Liberação está em conformidade com o Pacote de Desenho de Serviço.
  - Garantir a integridade dos serviços e componentes de TI durante a Liberação.
  - Avaliar a capacidade de automação das Implantações para reduzir custos operacionais de Implantações manuais.
  - Gerenciar licenças de software.
  - Garantir que as Liberações estejam seguindo procedimentos de utilização do Gerenciamento da Configuração.
  - Garantir que as Liberações estejam sendo documentadas.
  - Garantir que ações corretivas estejam sendo tomadas quando forem identificados erros durante o processo de Liberação.

Atividades do Gerenciamento de Liberação e Implantação

As atividades do Gerenciamento de Liberação e Implantação são:

- **Planejamento da Liberação e Implantação**: fase de desenvolvimento dos Planos de Liberação, incluindo:
  - Definição do escopo e conteúdo da Liberação.
  - Avaliação de riscos da Liberação.
  - Identificação dos clientes e interessados afetados pela Liberação.
  - Identificação do nível de aprovação requerida para a Liberação.
  - Planejamento de alocação e utilização de recursos para a Liberação.
  - Definição dos Modelos de Implantação.
  - Definição dos critérios de aceite da Implantação.

- Plano de construção e testes da Liberação.
- Planejamento de Pilotos de Implantação.
- Plano de construção de Pacotes de Liberação.
- Planejamento de Implantação.
- Levantamento da logística necessária para a Liberação.
- Planejamento Financeiro da Liberação.

- **Construção da Liberação e Teste**: iniciada com a aprovação da construção da Liberação pelo Gerenciamento de Mudanças. O Pacote de Liberação é construído e testado de acordo com o Pacote de Desenho de Serviço e as Políticas de Teste, e os controles de versão são atualizados. Nesta fase, é proposto o Modelo V de Serviço para a garantia da qualidade da construção e teste dos serviços:

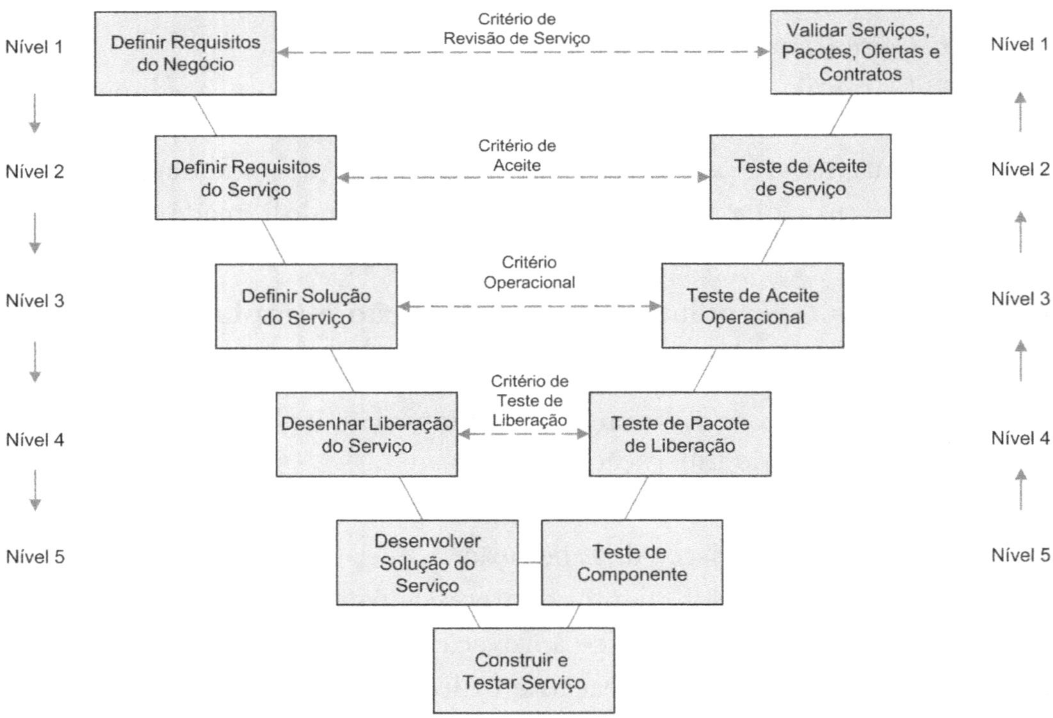

Figura 9.3. Modelo V de Serviço para Construção e Teste.[19]

[19] Reproduzido do livro ITIL® *Service Transition* sob licença do *Cabinet Office*.

- Implantação: iniciada com a autorização para implantação do Gerenciamento de Mudanças. O Pacote de Liberação aprovado é implantado no ambiente de produção e é feito o Suporte para Período de Funcionamento Experimental, onde é feito o suporte assistido durante um período de avaliação e estabilização do novo serviço ou serviço modificado em produção para suportar os usuários, clientes e negócio e tratar incidentes causados após as Implantações.
- **Revisar e Encerrar Implantação**: realizar a revisão da implantação através de:
    - Documentação de experiências e *feedbacks* dos clientes e usuários em relação às implantações.
    - Identificar oportunidades de melhoria no processo.
    - Verificar se todas as atividades e ações foram completadas.
    - Avaliar as metas de atendimento de Liberação e Implantação.
    - Verificar se não há pontos em aberto em relação à Liberação e Implantação.
    - Checar se incidentes, problemas, erros conhecidos e soluções de contorno estão documentados e aceitos pelos clientes e/ou Fornecedores.
    - Revisar os impactos identificados na Liberação e Implantação e checar se os planos de ação em caso de riscos estão documentados e são de conhecimento do ciclo Operação de Serviço.
    - Verificar se as configurações estão documentadas e se os serviços, componentes de TI e documentos associados estão nos seus devidos lugares para serem consultados pelos outros processos do ciclo de vida do serviço.

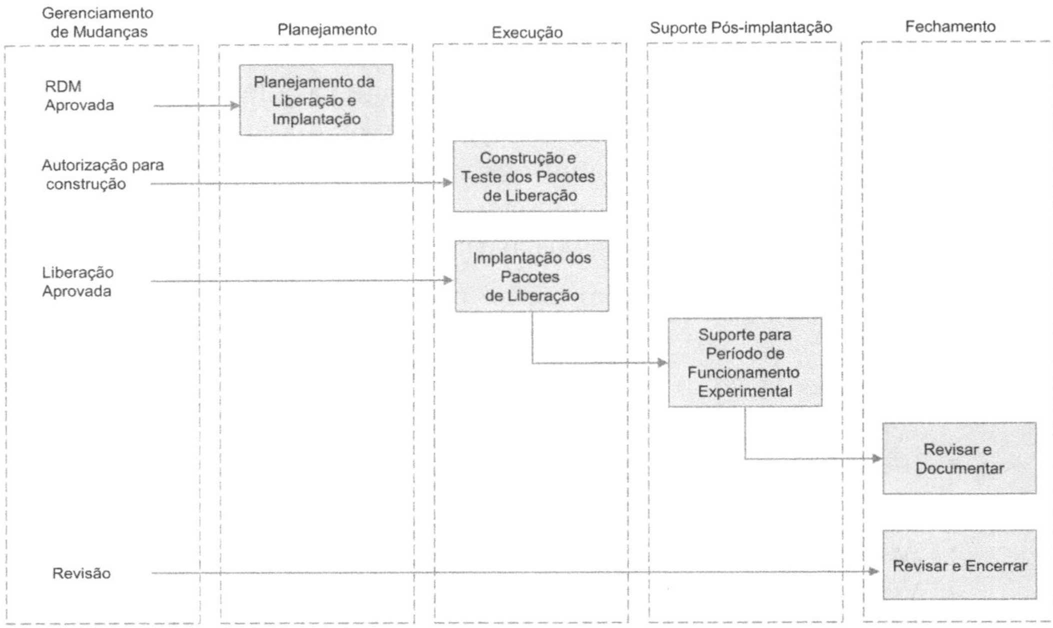

Figura 9.4. Atividades do Gerenciamento de Liberações e Implantação.

Relacionamento do Gerenciamento de Liberação e Implantação com outros processos

- **Entradas**:
  - Requisição de Mudança Aprovada do Gerenciamento de Mudanças.
  - Contratos de Serviço do Gerenciamento de Portfólio de Serviço.
  - Pacotes de Desenho de Serviço do ciclo Desenho de Serviço.
  - Plano de Continuidade de Serviços de TI do Gerenciamento de Continuidade de Serviço de TI.
  - Informações sobre Fornecedores do Gerenciamento de Fornecedores.
  - Informações sobre componentes de TI do Gerenciamento de Configuração e Ativos de Serviço.
- **Saídas**:
  - Serviços e componentes de TI novos, modificados ou removidos no ambiente de produção.

- Comunicações de Liberações para o ciclo Operação de Serviço.
- Informações para atualização do Catálogo de Serviços pelo Gerenciamento de Catálogo de Serviço.
- Informações sobre novos serviços, serviços modificados ou removidos para a revisão de Acordos e Contratos pelo Gerenciamento de Nível de Serviço.
- Informações para atualização do Sistema de Gerenciamento de Configuração pelo Gerenciamento de Configuração e Ativos de Serviço.
- Relatório de Transição de Serviço.

Responsabilidades do Dono do Processo Gerenciamento de Liberação e Implantação

- Garantir que o processo seja adequado ao propósito.
- Definir Modelos de Liberação e fluxos de trabalho.
- Trabalhar com os outros donos do processo para garantir que uma abordagem integrada esteja sendo seguida para o desenho e a implementação das mudanças nos serviços e componentes de TI.

Responsabilidades do Gerente do Processo Gerenciamento de Liberação e Implantação

- Planejar e gerenciar todos os recursos necessários e as atividades para a construção, teste e implementação das Liberações.
- Coordenar as interfaces entre o Gerenciamento da Liberação e Implantação e outros processos, especialmente o Gerenciamento de Mudanças, Gerenciamento da Configuração e Ativo de Serviços e Validação e Teste do Serviço.

Gerenciamento da Configuração e Ativo de Serviço

Objetivo do processo Gerenciamento da Configuração e Ativo de Serviço

O objetivo do processo Gerenciamento da Configuração e Ativo de Serviço é garantir que haja informação disponível precisa e confiável sobre os ativos requeridos para a entrega dos serviços e as configurações e os relacionamentos entre eles estejam devidamente controlados.

Conceitos do Gerenciamento da Configuração e Ativo de Serviço

Vimos até aqui que vários ciclos falam sobre serviços e componentes de TI. No ciclo Estratégia de Serviço, é necessário ter a visão dos serviços e componentes de TI para identificar os Serviços de Negócio e os Serviços de TI relacionados a Padrões de Atividade de Serviço, Pacotes de Serviço Principal e Pacotes de Serviço de Apoio. No ciclo Desenho de Serviço é necessária a definição do Catálogo de Serviços Visível aos Clientes e do Catálogo de Serviços de Suporte. A Análise de Impacto em Falhas de Componente, do Gerenciamento da Disponibilidade, também é realizada de acordo com o relacionamento entre os Serviços de Negócio e Serviços de TI.

Serviços de TI são constituídos de componentes de TI como hardwares, softwares, documentações e configurações. Para que um serviço de TI possa ser planejado, em qualquer ciclo, é necessário que haja o mapeamento dos serviços de TI com seus componentes, configurações e relacionamento entre eles. Mas será que as empresas conhecem seu ambiente de TI? Em caso positivo, será fácil responder aos seguintes questionamentos para auxílio à tomada de decisão:

- Qual fabricante de hardware tem apresentado mais falha nos últimos seis meses?
- Quantos sistemas operacionais precisam ser atualizados com a última versão para corrigir uma vulnerabilidade de segurança?
- Quantas licenças de um determinado software estão em uso atualmente na organização e onde estão instaladas?
- Quantas máquinas virtuais estão em produção e quantas ainda podem ser configuradas?
- Que componentes de TI suportam o sistema financeiro da empresa?
- Onde está instalado o banco de dados do sistema de folha de pagamento?

Muitas empresas possuem várias formas de controlar os componentes de TI e tentar responder a essas perguntas. As mais comuns são:

- Desenhos de mapas de rede.

- Planilhas de numeração de cabos e endereços IP.
- Relatórios de inventário de hardware e software.
- Ferramentas de monitoramento de disponibilidade e capacidade.

Essas tentativas de controle geralmente não estão integradas e sua falta de atualização compromete seriamente a qualidade das info rmações consultadas. Como diz um ditado dinamarquês: "Quando você tem um relógio, você sabe as horas. Quando tem dois relógios, não tem mais certeza".

Outro problema com essas informações é a sua atualização. Quando um incidente ocorre, uma equipe técnica de TI pode necessitar restaurar um serviço em outro *hardware* diferente do original. Após a restauração, alguém se lembra de atualizar o desenho do mapa de rede ou a planilha de endereços IP? Geralmente esses desenhos e planilhas duram até a primeira mudança. Muitas equipes ainda possuem indefinições sobre de quem é a responsabilidade de atualização das informações e, em alguns casos, passam a confiar em ferramentas automatizadas de coleta de informações, as chamadas ferramentas de *discovery*, que irão produzir um relatório do que está atualmente em produção. Se uma configuração foi alterada sem planejamento, a ferramenta de *discovery* dirá o que está instalado, mas diz o que "não deveria" estar em produção. Como pode ser visto, além de não podermos confiar em informações descentralizadas, ainda temos o problema da atualização e integridade das informações. Como diz um ditado brasileiro: "Cachorro com dois donos morre de fome."

O Gerenciamento da Configuração e Ativo de Serviço garante que todas as informações de configuração dos serviços e componentes de TI úteis para a entrega dos serviços de negócio estejam identificadas, documentadas e controladas. Para garantir a integridade das configurações, o Gerenciamento da Configuração e Ativo de Serviço possui uma premissa básica a ser destacada:

Nenhuma informação de serviços e componentes de TI gerenciadas pelo Gerenciamento da Configuração e Ativo de Serviços que possa impactar os serviços de TI pode ser alterada sem uma Requisição de Mudança que aprove a atualização.

Com isso, garantimos que as atualizações de informações do Gerenciamento da Configuração e Ativo de Serviço estejam alinhadas aos planejamentos e às aprovações do Gerenciamento de Mudanças. O Gerenciamento da Configuração e Ativo de Serviço deve refletir somente o que foi aprovado pelo Gerenciamento de Mudanças. Qualquer informação diferente é caracterizada como uma Mudança sem RDM associada, ou seja, uma mudança sem planejamento e aprovação. Conforme visto, todos os outros ciclos consultam informações sobre os serviços e componentes de TI. Se essas informações não forem controladas e confiáveis, podemos tomar decisões equivocadas que impactarão o negócio da empresa.

Item de Configuração (IC)

Conforme vimos no ciclo Estratégia de Serviço, o conceito de ativo de serviço se refere à capacidade de um serviço em gerar valor para o negócio. Um Item de Configuração é um ativo no seu sentido mais amplo, e não somente um bem físico da empresa. Um Item de Configuração é um componente físico ou lógico, com identificação única, que é útil para a entrega de serviços de TI. Existem vários tipos de ICs:

- **Itens de Configuração do ciclo de vida do serviço**: Planos de Negócio, Pacote de Desenho de Serviço, Planos de Liberação, Planos de Testes e outros planos do ciclo de vida do serviço.
- **Itens de Configuração do serviço**: processos, relatórios do serviço, bases de conhecimento, pessoas, Modelo do Serviço, Pacote de Serviço, Pacote de Liberação e outros documentos associados ao serviço.
- **Itens de Configuração da organização**: estratégia da empresa, políticas internas da empresa, leis, regulamentações e outros requerimentos da empresa que necessitem ser identificados.
- **Itens de Configuração internos**: hardware, software, configurações lógicas como máquinas virtuais, rotas, instâncias e documentação associada.
- **Itens de Configuração externos**: requerimentos e acordos com Fornecedores.

- **Itens de Configuração de interface**: necessários para entregar serviços fim-a-fim entre provedores de serviço como, por exemplo, documentos que especificam a transferência de atividades entre dois provedores de serviço.

Relacionamentos

Descreve os relacionamentos entre os diversos ICs. Podem ser utilizados tipos de relacionamento como:

- **IC é pai de outro IC ou IC é filho de outro IC**: utilizado quando um IC está fisicamente ligado a outro IC e essa ligação é exclusiva. Uma ligação entre ICs pai e filho pode ser mais bem descrita pela identificação de dependência entre os ICs. Um IC pai pode existir sem um IC filho, mas um IC filho não funciona sem um IC pai associado. Exemplo: servidor possui dois processadores ou máquina virtual está instalada dentro de um servidor.
- **IC está instalado em outro IC**: utilizado quando um IC está instalado em outro IC e essa ligação pode ser compartilhada. Exemplo: sistema está instalado em um servidor. O servidor pode ter outros sistemas instalados e o sistema também pode estar instalado em mais de um servidor.
- **IC depende de outro IC**: utilizado para identificar uma dependência lógica que não pode ser descrita pela relação de pai e filho ou instalação. Exemplo: sistema utiliza um banco de dados.
- **IC está relacionado a outro IC**: utilizado para identificar relacionamentos lógicos entre ICs. Exemplo: IC está relacionado a um Serviço de Negócio, Processo de Negócio ou a um grupo de ICs definido no Modelo de Configuração, como unidades de negócio, grupos de clientes etc.

Modelo de Configuração

É a representação dos Itens de Configuração agrupados através da identificação de seus relacionamentos.

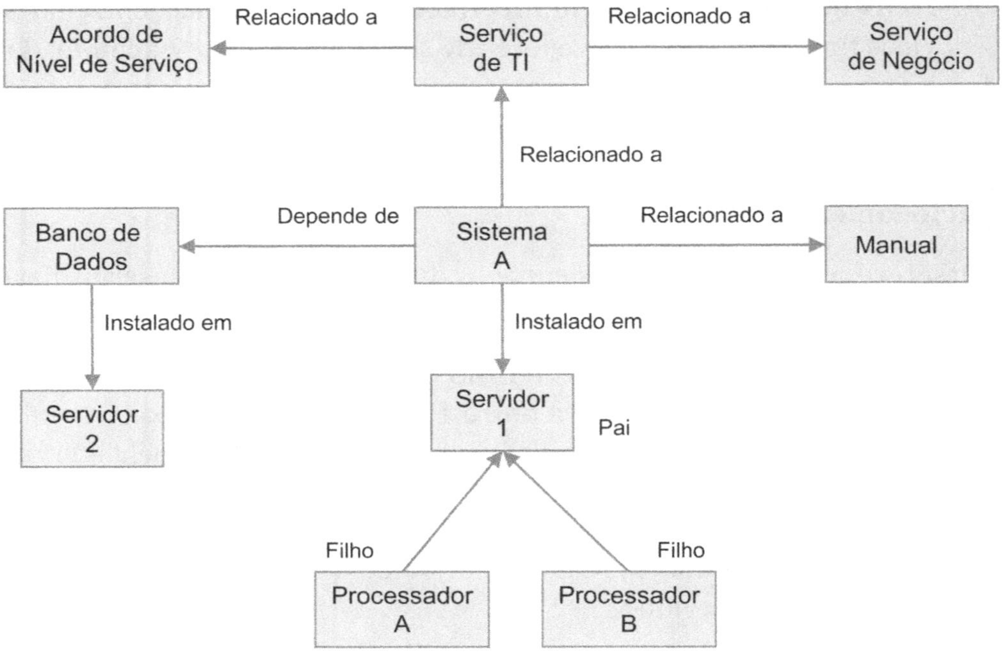

Figura 9.5. Tipos de Relacionamentos entre ICs.

Atributos

Atributos são características dos Itens de Configuração úteis para a entrega dos serviços de TI. Devem ser informações necessárias para o suporte e gerenciamento dos serviços de TI, e o seu nível de informação e granularidade deve ter um custo de manutenção de integridade justificado em relação aos benefícios para o negócio. São exemplos de atributos:

- Nome do IC
- Tipo do IC (hardware, software, documento etc.)
- Descrição do IC
- Versão
- Fabricante
- *Status* (em operação, em manutenção, descontinuado etc.)
- Local
- Responsável

- Dados históricos (trilha de auditoria)
- Nível de Serviço associado
- Etc.

Banco de Dados do Gerenciamento da Configuração (BDGC)

Banco de dados utilizado para armazenar os atributos e relacionamentos dos ICs durante o seu ciclo de vida. O BDGC faz parte de um Sistema de Gerenciamento da Configuração que pode ter mais de um BDGC associado.

Sistema de Gerenciamento da Configuração (SGC)

Conjunto de ferramentas e bancos de dados que são utilizados para gerenciar os dados de configuração de um Provedor de Serviços de TI. Além do BDGC, um SGC contém informações sobre registros de Incidentes, Problemas, Requisições de Mudanças, Liberações e pode conter também dados sobre a equipe de TI, localidades, unidades de negócio etc. Um SGC é a constituição de vários BDGCs e outros sistemas de apoio federados. Por "federação" entende-se sincronismo e equivalência de informações para evitar duplicidade de dados. O que está refletido em um BDGC ou sistema de apoio deve estar íntegro em relação ao SGC.

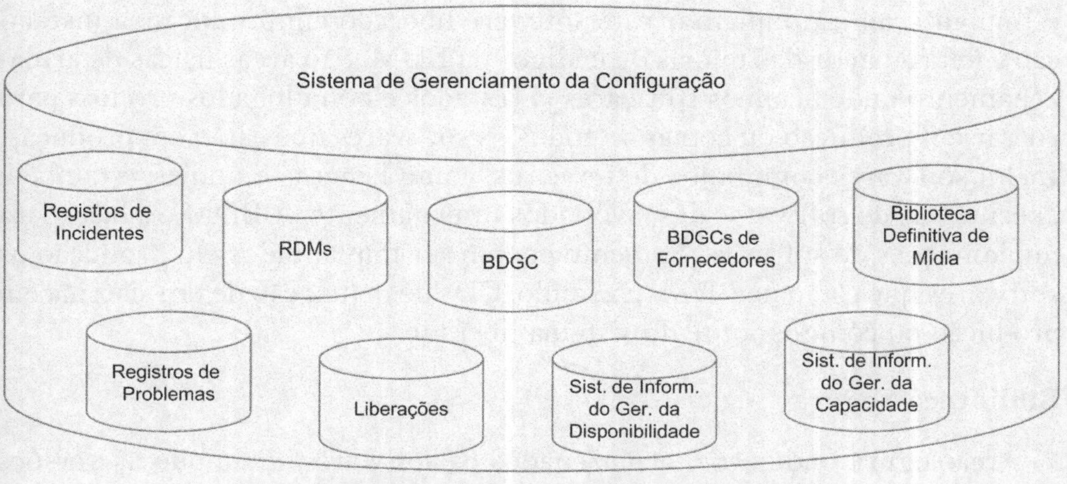

Figura 9.6. Sistema de Gerenciamento da Configuração.[20]

[20] Adaptado do livro ITIL® *Service Transition* sob licença do *Cabinet Office*.

Linha de Base

É a configuração de um IC que tenha sido revista e acordada. Uma Linha de Base somente pode ser alterada através de uma Requisição de Mudança aprovada. Serve como parâmetro para auditorias no BDGC e para ponto de retorno da configuração do IC em caso de falhas na restauração de um serviço. Exemplo: configuração de um servidor em produção.

Instantâneo

Estado atual de um IC ou conjunto de ICs. Serve para auditoria de conformidade do BDGC, comparando o estado atual com uma Linha de Base. Exemplo: após a restauração de um ambiente, foi verificado que o Instantâneo estava diferente da Linha de Base, pois as configurações do sistema estavam diferentes da configuração da Linha de Base, ou, após um Instantâneo em um Serviço de TI, foi identificado que houve mudanças nesse serviço sem Requisição de Mudança aprovada para tal.

Biblioteca Definitiva de Mídia (BDM)

Uma ou mais localidades seguras onde são armazenadas as versões aprovadas e definitivas de software. Quando o Gerenciamento de Mudanças aprova a construção e teste de um software e o Gerenciamento da Liberação e Implantação irá implantar este software liberado em produção, a instalação é feita a partir das mídias ou códigos da BDM. São áreas físicas de armazenamento onde ficam os softwares já testados e homologados prontos para entrar em produção ou cópias de todos os softwares que estão em produção. Inclui softwares comprados de terceiros, como licenças e mídias, e também executáveis de softwares desenvolvidos internamente. A BDM é a base para implantações de software. Somente podem ser implantados em produção os softwares que estão na BDM. Exemplo: CDs de instalação de um sistema em produção ou códigos-fonte do sistema liberado.

Biblioteca Segura

Área segura onde estão armazenados os softwares, incluindo as versões em testes e homologação. Exemplo: códigos-fonte de softwares desenvolvidos internamente ou aplicativos em avaliação. A Biblioteca Segura difere-se da Biblioteca Definitiva de Mídia pelo *status* do software. Quando o software está sendo avaliado ou desenvolvido, está armazenado na Biblioteca Segura. Quando o software está liberado pelo Gerenciamento de Mudanças, ele é armazenado na Biblioteca Definitiva de Mídia.

Armazém Seguro

Local físico onde são armazenados todos os hardwares da empresa antes de entrarem em produção. Exemplo: Desktops e Notebooks para serem distribuídos aos usuários.

Peças Sobressalentes

Uma área reservada para o armazenamento seguro de peças de hardware definitivo. São hardwares e peças de reposição já testados e homologados que deverão ser utilizados para reposição em caso de incidentes. Assim que o ambiente for restaurado, o hardware (ou as peças sobressalentes) deverá retornar ou ser reposto para posterior uso. Exemplo: memórias de servidores ou discos rígidos sobressalentes.

Atividades do Gerenciamento da Configuração e Ativo de Serviço

As atividades do Gerenciamento da Configuração e Ativo de Serviço são:

- **Planejamento e Gerenciamento:** a equipe de Gerenciamento da Configuração deve decidir a estratégia do processo e o nível de gerenciamento e modelo adequado para o processo de Gerenciamento da Configuração e Ativo de Serviço. Em que nível de atributos determinados ICs chegarão e que serviços ou componentes serão controlados pelo BDGC e pelo SGC.
- **Configuração e Identificação**: definição de classes, tipos e atributos de ICs, definição da sistemática de identificação dos ICs, dos tipos de relacionamentos, regras e responsabilidades dos "donos" dos ICs e atribuir ICs aos responsáveis.
- **Controle de Configuração**: garantia dos mecanismos de manutenção e registro de ICs e identificação de alterações nos atributos dos ICs.
- **Controle de Status e Relatórios**: identificação e controle dos *status* dos ICs como: registrado, em operação, em manutenção, descontinuado, etc.

- **Verificação e Auditoria**: garantir a conformidade dos ICs no BDGC com a Linha de Base e garantir a existência física dos ICs no ambiente de produção e na BMD. Após uma mudança nos serviços de TI, é sempre recomendável uma auditoria de verificação do Instantâneo do SGC e BDGC com a Linha de Base para garantir que as mudanças tenham sido atualizadas no SGC e BDGC, de acordo com a necessidade.

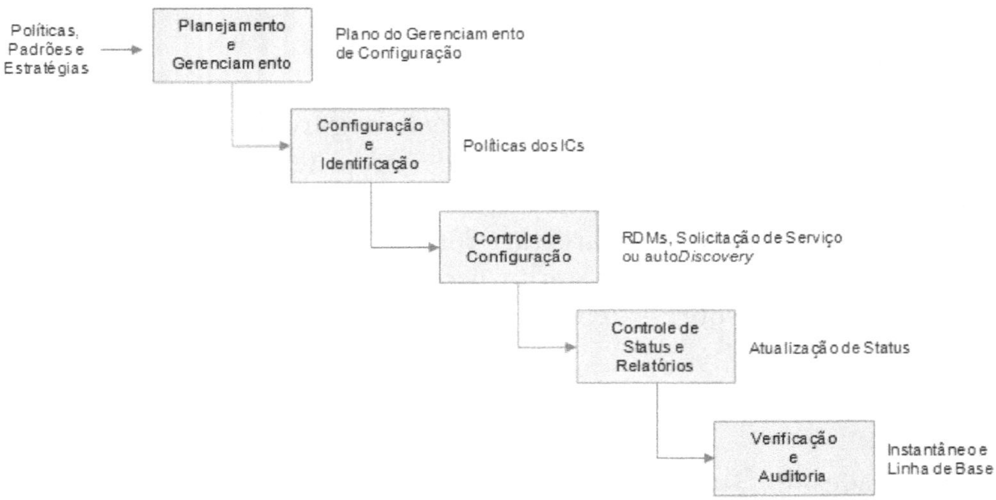

Figura 9.7. Atividades do Gerenciamento da Configuração e Ativo de Serviço.[21]

Relacionamentos do Gerenciamento da Configuração e Ativo de Serviço com outros processos

- **Entradas**:
  - Desenhos, planos e informações de configuração do Pacote de Desenho de Serviço.
  - Autorizações para atualização do BDGC do Gerenciamento de Mudanças.
  - Solicitações de informações dos ICs de todos os outros processos.
- **Saídas**:
  - Informações dos ICs para todos os outros processos.

---

[21] Adaptado do livro ITIL® *Service Transition* sob licença do *Cabinet Office*.

- Relatórios de auditoria de ICs para todos os outros processos.
- Informações sobre inventário de ativos fixos (hardware) para a contabilização de patrimônio da empresa.

Responsabilidades do Dono do Processo de Gerenciamento da Configuração e Ativo de Serviço

- Garantir que o processo seja adequado ao propósito.
- Acordar e documentar o escopo do Gerenciamento da Configuração e Ativos de Serviço, incluindo políticas sobre tratamento de ativos e ICs.
- Trabalhar junto com outros donos de processo para garantir que haja uma abordagem integrada para o desenho e a implementação do Gerenciamento da Configuração.

Responsabilidades do Gerente do Processo de Gerenciamento da Configuração e Ativo de Serviço

- Garantir a execução das atividades do processo.
- Garantir que as informações sobre configuração estejam disponíveis para suportar os outros processos do ciclo de vida do serviço.
- Planejar e gerenciar as ferramentas e os processos necessários para o Gerenciamento da Configuração e Ativo de Serviço.
- Coordenar as interfaces entre o Gerenciamento da Configuração e Ativos de Serviço e os outros processos, especialmente com o Gerenciamento da Mudança, Gerenciamento da Liberação e Implantação e Gerenciamento do Conhecimento.

Validação e Testes de Serviço

Objetivo do processo Validação e Testes de Serviço

O objetivo do processo Validação e Testes de Serviço é planejar e implementar um processo estruturado de testes e validação para garantir que as mudanças nos serviços atendam às especificações do Pacote de Desenho de Serviço e agreguem o valor requerido para o negócio.

Conceitos da Validação e Testes de Serviço

O processo Validação e Teste de Serviço provê a garantia da qualidade das Liberações através da validação de que os serviços, depois de liberados, são adequados ao seu propósito e adequados ao uso de acordo com os Pacotes de Desenho de Serviço.

O processo Teste e Validação de Serviço suporta diretamente o Gerenciamento da Liberação e Implantação, garantindo os níveis apropriados de teste durante as atividades de Liberação e Implantação. São avaliados os modelos de serviço detalhados e os resultados dos testes são utilizados pelo Gerenciamento de Mudanças para, formalmente, aprovar a Implantação dos serviços com níveis mínimos de risco aceitáveis pelo negócio.

Política de Qualidade de Serviço

Define o que é qualidade de serviço esperada em relação às expectativas dos clientes de acordo com os ciclos Estratégia e Desenho do Serviço. Geralmente definida pelos Gerentes Seniores da empresa, a Política da Qualidade do Serviço define as perspectivas de qualidade em relação à utilidade e garantia do serviço em quatro perspectivas:

- Nível de Excelência esperado.
- Melhor valor pelo capital investido.
- Conformidade com Planos, Políticas e Requerimentos.
- Atendimento ou superação de expectativas.

Política de Risco

Diferentes clientes, unidades de negócio ou serviços possuem diferentes cenários de riscos. Quando o negócio da empresa exige uma cultura forte de planejamento de riscos, a definição da Política de Riscos irá guiar os controles requeridos no ciclo Transição de Serviço, influenciando nas exigências de cenários de testes e validação. Os tipos e frequências das Liberações irão influenciar a Política de Riscos. Necessidades de Liberações diárias podem requisitar planos de testes direcionados para o reuso ou testes automatizados. Necessidades de Liberações com um prazo de folga permitem um maior controle de testes e validações. A Política de Risco influencia o nível de teste e validação requerido em relação aos impactos na utilidade e garantia dos serviços.

Estratégia de Testes

A Estratégia de Testes deve ser desenvolvida com os clientes interessados nos serviços e, em caso de serviços terceirizados, com os Fornecedores envolvidos. Engloba as seguintes atividades:

- Traduzir os requerimentos de Desenho de Serviço em modelos de testes.
- Traduzir os Critérios de Aceite do Serviço em Critérios de Aceite de Testes.
- Traduzir os riscos de impactos no negócio para requerimentos de testes.
- Gerenciar as atividades de testes.

Planos de Testes

Documento estruturado que abrange a estratégia de teste e os planos contendo informações sobre:

- Políticas, práticas e atividades aplicáveis ao teste.
- Objetivos do teste.
- Padrões aplicáveis e requisitos regulatórios.
- Contratos e acordos aplicáveis.
- Equipes do Provedor de Serviços e Fornecedores.
- Clientes e usuários envolvidos.

Técnicas de Testes

Testes podem ser realizados com uma combinação de atividades de validação, dependendo do cenário e estratégia definida. São tipos de técnicas de testes:

- Revisão de documentos.
- Modelagem e medição.
- Análise de riscos.
- Análise de conformidade com padrões de mercado.
- Análise baseada em experiência de profissionais seniores.

- Abordagem de teste baseada em métodos de desenvolvimento ágil ou em cascata.
- Simulação de cenários funcionais.
- Prototipação e testes de laboratório.
- Testes de regressão.

Tipos de Testes

Podem ser realizados os seguintes tipos de testes:

- **Teste Funcional**: testa as funcionalidades do serviço. Avalia se o serviço está atendendo às necessidades funcionais e operacionais do negócio.
- **Teste do Serviço de TI**: testa os aspectos técnicos do serviço, entre eles:
  - **Teste de usabilidade**: testa se os usuários conseguem utilizar o serviço em relação à facilidade de uso.
  - **Teste de acessibilidade**: testa se os usuários conseguem acessar os serviços de TI facilmente.
  - **Teste de processos e procedimentos**: testa se os serviços de TI estão aderentes aos processos internos e procedimentos.
  - **Teste de performance e capacidade**: testa o desempenho de um serviço de TI.
  - **Teste de escalabilidade e volume**: testa a capacidade máxima que um serviço de TI suporta. Conhecido como Teste de *Stress*.
  - **Teste de recuperação de falhas**: testa a resiliência de um serviço de TI.
  - **Teste de documentação**: testa se os serviços de TI estão íntegros em relação à sua documentação atual.
  - **Teste de segurança**: testa os critérios de disponibilidade, integridade e confidencialidade dos serviços de TI de acordo com a Política de Segurança da Informação.
  - **Teste de conformidade**: testa se o serviço de TI está em conformidade com padrões e regulamentações a que a empresa está sujeita.
  - **Teste de compatibilidade**: testa se o serviço de TI é compatível com outros serviços relacionados.

Atividades da Validação e Testes de Serviço

As atividades da Validação e Testes de Serviço são:

- **Validação e Gerenciamento de Testes**: planejar, controlar e gerar relatórios sobre as atividades de teste durante o ciclo Transição de Serviço.
- **Planejar e Desenhar Testes**: planejar e desenhar as atividades e os recursos necessários para a execução dos testes.
- **Verificar o Plano de Testes e o Desenho de Testes**: garantir que os Planos de Testes estejam adequados à Política de Riscos do Serviço e todos os procedimentos de execução dos testes estejam documentados e estejam claros.
- **Preparar o Ambiente de Testes**: a preparação de um ambiente de teste pode ser uma Requisição de Mudança para a criação de um ambiente de testes e Liberações.
- **Realizar Testes**: realizar os testes de acordo com o Modelo de Testes sugerido no Plano de Testes. Documentar os resultados dos testes.
- **Avaliar Critérios de Saída e Relatório**: comparar os resultados dos testes com os resultados esperados. Os resultados devem ser interpretados em termos de "passou" ou "falhou".
- **Teste de Limpeza e Fechamento**: garantir que os ambientes de teste estão limpos (sem informações dos serviços, códigos de software etc). Revisar os resultados dos testes para identificar melhorias nos testes futuros.

Relacionamentos da Validação e Teste do Serviço com outros processos

- **Entradas:**
  - Desenhos, planos e informações de configuração do Pacote de Desenho de Serviço.
  - Informações de Fornecedores dos Itens de Configuração envolvidos nos testes.
  - Planos de Liberação do Gerenciamento de Liberação e Implantação.
  - Requisições de Mudança do Gerenciamento de Mudanças.

- **Saídas**:
  - Linha de Base do ambiente de testes para o Gerenciamento da Configuração e Ativo de Serviços.
  - Relatório de testes.
  - Resultados de critérios de aceite dos testes.
  - Informações sobre os testes para o Gerenciamento do Conhecimento.
  - Registros de Incidentes e Problemas sobre erros nos testes.

Responsabilidade do Dono do Processo Validação e Testes de Serviço

- Garantir que o processo seja adequado ao propósito.
- Definir a estratégia de teste.
- Trabalhar com outros donos de processo para garantir que uma abordagem integrada esteja sendo adotada para o desenho e a implementação dos testes e validações do serviço.

Responsabilidade do Gerente do Processo Validação e Testes de Serviço

É importante que o papel relacionado ao Gerente de Testes seja atribuído a pessoas diferentes do Gerenciamento de Liberação e Implantação, para evitar conflitos de interesse. São responsabilidades do Gerente de Validação e Testes de Serviço:

- Auxiliar o desenho e planejamento das condições de testes e *scripts* de teste durante o Desenho do Serviço.
- Alocar recursos para os testes.
- Verificar os testes conduzidos pelo Gerenciamento de Liberação e Implantação e outras equipes.
- Gerenciar os ambientes de testes.
- Planejar e gerenciar as atividades e ferramentas dos testes.
- Prover relatórios de progresso e resultados dos testes.

Avaliação da Mudança

Objetivo do processo Avaliação da Mudança

O objetivo do processo Avaliação da Mudança é avaliar de maneira padronizada o desempenho de uma mudança de um serviço em relação à sua performance atual comparada com a performance planejada.

Conceitos da Avaliação da Mudança

As mudanças são planejadas no processo Gerenciamento da Mudança e construídas pelo Gerenciamento da Liberação e Implantação. O processo Validação e Teste de Serviço realiza os testes durante as atividades do processo Gerenciamento de Liberação e Implantação. O Gerenciamento de Mudanças provê quatro estágios de aprovação da mudança:

- Aprovação da construção da mudança após análise do Comitê Consultivo de Mudanças ou Comitê Consultivo de Mudanças Emergenciais.
- Aprovação da Liberação.
- Aprovação da Implantação.
- Aprovação para fechamento da Requisição de Mudança.

O processo Avaliação da Mudança suporta o Gerenciamento de Mudanças através da descrição formal de atividades de avaliação da mudança para suportar as decisões de aprovação ou não das mudanças durante os quatro estágios de aprovação requeridos. Os requisitos de negócio e os riscos e impactos das mudanças irão orientar sobre que tipos de mudanças deverão ser avaliadas pelo processo Avaliação da Mudança. Para as demais mudanças, estas serão avaliadas de maneira menos detalhada no próprio Gerenciamento de Mudanças. A decisão de que tipos de mudanças serão avaliadas pelo Gerenciamento de Mudanças e quais serão avaliadas pelo processo Avaliação da Mudança deverá estar documentada nos Modelos de Mudança.

Relatório de Avaliação da Mudança

Os resultados de uma mudança devem ser comparados aos resultados esperados. Esta atividade é realizada de acordo com o ciclo de melhoria contínua (PDCA). O Relatório documenta o resultado da Avaliação da Mudança e recomenda medidas para auxílio à tomada de decisão de aprovação da mudança. O Relatório de Avaliação da Mudança contém os seguintes elementos:

- **Critérios de avaliação**: níveis de utilidade e garantia dos serviços que servirão de base para a avaliação.
- **Resultados de testes**: mede a performance atual após uma mudança.
- **Contramedidas**: medidas recomendadas a serem implementadas para reduzir os riscos da mudança.
- **Relatórios de desvios**: documenta a diferença entre o desempenho previsto e o desempenho atual.
- **Riscos residuais**: identificação de riscos remanescentes depois da aplicação das contramedidas.

Atividades da Avaliação da Mudança

As atividades da Avaliação da Mudança são:

- Planejar a avaliação do serviço.
- Avaliar a performance prevista.
- Avaliar a performance atual.

Relacionamentos da Avaliação da Mudança com outros processos

- **Entradas**:
  - Pacote de Desenho de Serviço.
  - Requisição de Mudanças.
  - Resultados de testes.
- **Saídas**:
  - Relatório de Avaliação da Mudança.

Responsabilidade do Dono do Processo Avaliação da Mudança

- Garantir que o processo seja adequado ao propósito.
- Trabalhar junto com outros donos de processo para garantir que haja uma abordagem integrada para desenho, implementação, validação, teste e avaliação das mudanças.

Responsabilidade do Gerente do Processo Avaliação da Mudança

- Garantir a execução das atividades do processo.
- Planejar e coordenar os recursos necessários para avaliar as mudanças.
- Garantir que a avaliação da mudança seja realizada em tempo para suportar a tomada de decisão da aprovação das mudanças.

Gerenciamento do Conhecimento

Objetivo do processo Gerenciamento do Conhecimento

O objetivo do processo Gerenciamento do Conhecimento é compartilhar perspectivas, ideias, experiência e informação e garantir que estejam disponíveis nos lugares apropriados no momento certo para auxiliar na tomada de decisões e melhorar a eficiência dos serviços através da redução da necessidade de redescoberta do conhecimento.

Conceitos do Gerenciamento do Conhecimento

Um dos grandes desafios para as organizações é gerenciar o seu capital intelectual. Profissionais capacitados e eficientes possuem um conhecimento tácito que é resultado de suas experiências particulares. O conhecimento explícito é o conhecimento que pode ser difundido e compartilhado. As empresas devem gerenciar o seu capital intelectual para transformar o conhecimento tácito dos profissionais em conhecimento explícito.

Estrutura de Dados para Informação para Conhecimento para Sabedoria (DICS)

Dados são informações sobre acontecimentos e eventos na empresa. Não basta somente coletar dados, devemos também ser capazes de analisá-los e transformá-los em informação.

A informação deve ser gerenciada para sua utilização e aprendizado com as experiências para que os erros não sejam repetidos e que melhorias possam ser identificadas e implementadas.

O conhecimento é composto de experiências tácitas, ideias, valores e julgamentos individuais. Pessoas adquirem conhecimento através de suas próprias experiências e através da análise de dados e informação da empresa. Através da síntese desses elementos, novos conhecimentos são criados.

A sabedoria é o discernimento do julgamento do conhecimento e sua aplicação prática.

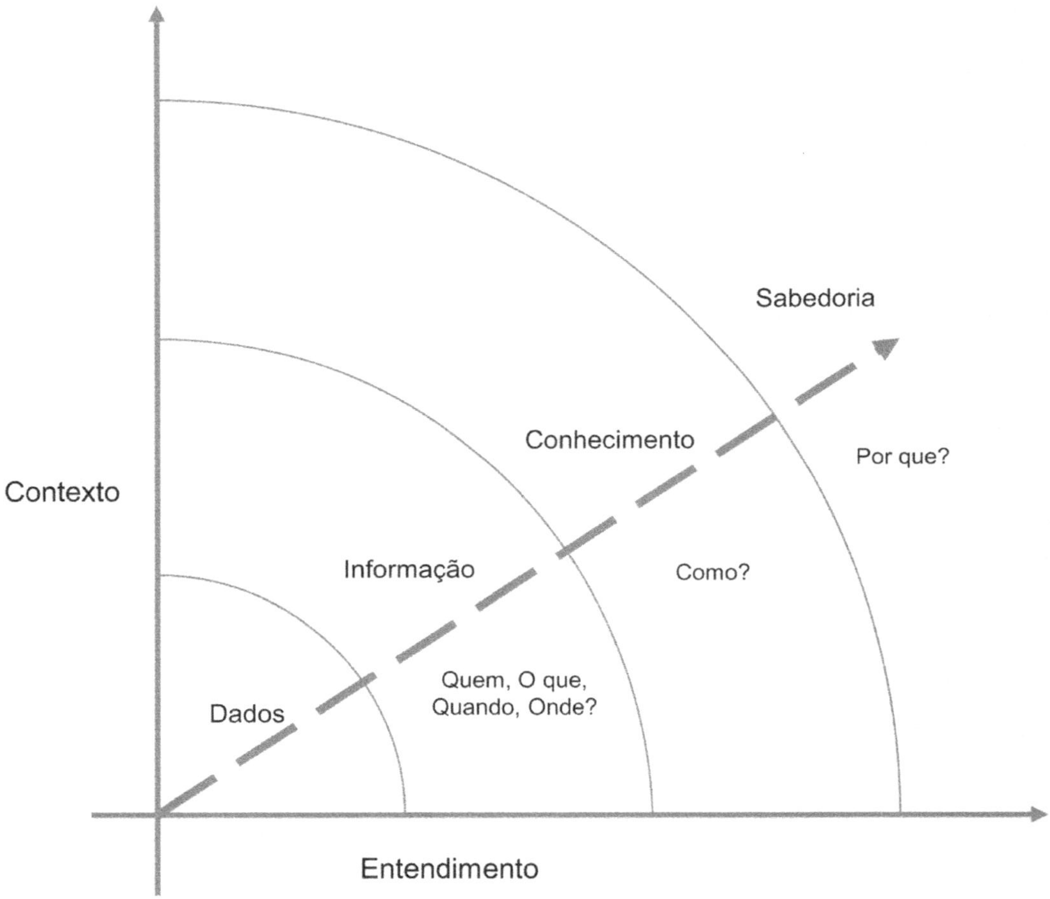

Figura 9.8. Estrutura de Dados para Informação para Conhecimento para Sabedoria.[22]

Utilizando um relatório de incidentes como exemplo da aplicação prática do Gerenciamento do Conhecimento, um incidente pode ser coletado como um dado. Muitas empresas emitem relatórios de quantidade de incidentes.

---

[22] Adaptado do livro ITIL® *Service Transition* sob licença do *Cabinet Office*.

O quantitativo dos incidentes não é uma informação útil para análise e avaliação, e sim um dado apurado. Quando cruzamos os dados de incidente com outros dados como prazo, equipes de suporte, dias da semana, serviços de TI afetados ou impactos, podemos ter as seguintes informações:

- Quantidade de incidentes resolvidos que não atenderam aos prazos descritos nos Acordos de Nível de Serviço por equipes de suporte.
- Quantidade de incidentes críticos que afetaram determinado serviço de TI nos últimos seis meses.

Quando utilizamos essas informações e conseguimos identificar a causa dos incidentes, como, por exemplo, mudanças sem o devido planejamento e aprovação que causaram os incidentes em determinado serviço crítico para o negócio, podemos afirmar que temos conhecimento.

A sabedoria é o resultado da análise dos conhecimentos para direcionamento da tomada de decisão. Sabedoria é o resultado da fase de ação do ciclo PDCA de melhoria contínua. Podemos citar como exemplo de sabedoria, a melhoria do processo Gerenciamento de Mudanças e Avaliação da Mudança para reduzir a taxa de incidentes críticos no serviço de TI.

O processo Gerenciamento do Conhecimento não executa as atividades de melhoria dos processos, somente cuida para que as informações corretas estejam disponíveis nos momentos requeridos para análise e tomada de decisão.

Sistema de Gerenciamento de Conhecimento de Serviço (SGCS)

Um repositório central de armazenamento de informação e conhecimento. O SGCS armazena, gerencia, atualiza e apresenta toda a informação que um Provedor de Serviço de TI precisa para gerenciar o Ciclo de Vida de Serviços de TI.

Um SGCS abrange o Sistema de Gerenciamento da Configuração e todos os repositórios de dados, relatórios, planos, políticas, sistemas de gerenciamento, registros e pacotes documentados gerados durante o ciclo de vida do serviço.

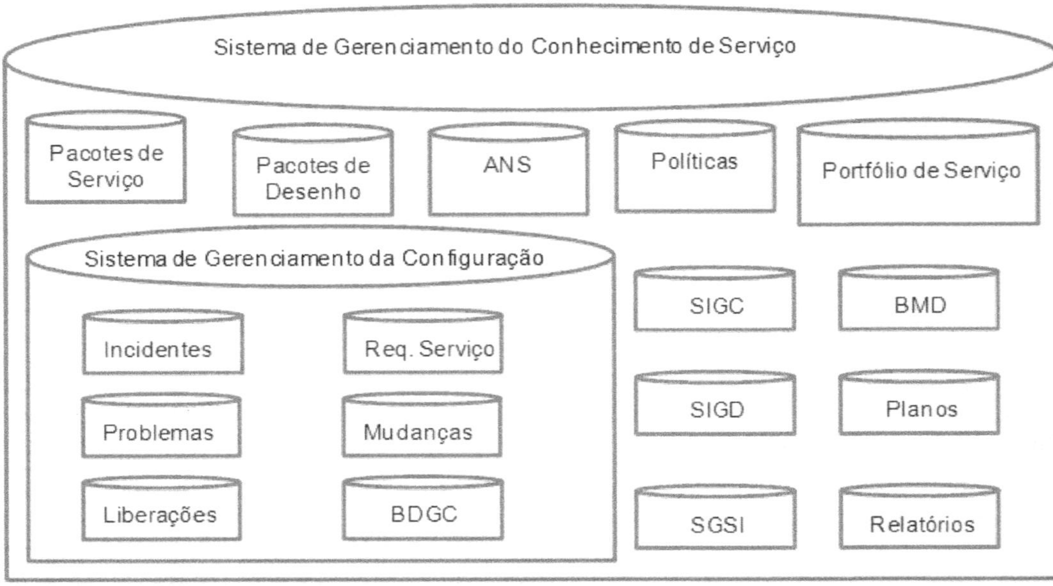

Figura 9.9. Sistema de Gerenciamento do Conhecimento de Serviço.[23]

Atividades do Gerenciamento do Conhecimento

As atividades do Gerenciamento do Conhecimento são:

- **Definir a estratégia de Gerenciamento do Conhecimento**: identifica, captura e mantém informações e conhecimento.
- **Transferir Conhecimento**: compartilha conhecimento entre as partes envolvidas no Gerenciamento de Serviços de TI durante todo o ciclo de vida do Gerenciamento de Serviços de TI.
- **Gerir Dados, Informação e Conhecimento**: estabelece os requerimentos de Gerenciamento de Dados, Informação e Conhecimento, define a arquitetura de informação e estabelece processos e procedimentos de gerenciamento de dados e Informação.
- **Utilização do Sistema de Informação do Gerenciamento de Conhecimento**: desenvolver, manter e disponibilizar os dados, informação e conhecimento para as equipes e fornecedores envolvidos no gerenciamento de serviços de TI.

[23] Adaptado do livro ITIL® *Service Transition* sob licença do *Cabinet Office*.

Responsabilidades do Dono do Processo Gerenciamento do Conhecimento

- Garantir que o processo seja adequado ao propósito.
- Criar arquitetura para identificação, captura e manutenção do conhecimento.

Responsabilidades do Gerente do Processo Gerenciamento do Conhecimento

- Garantir que o conhecimento esteja acessível de maneira efetiva e eficiente para os interessados.
- Planejar e suportar as ferramentas de Gerenciamento do Conhecimento.
- Agir como conselheiro para o negócio e equipes de TI em relação às políticas de armazenamento e disponibilização de informações do Sistema de Gerenciamento do Conhecimento.

Resumo

- O objetivo da Transição de Serviço é garantir que os serviços novos, modificados ou removidos atendam às necessidades do negócio de acordo com os ciclos de Estratégia e Desenho de Serviço.
- Os processos do ciclo Transição de Serviço são:
  - Planejamento e Suporte da Transição.
  - Gerenciamento de Mudanças.
  - Gerenciamento da Configuração e de Ativos de Serviço.
  - Gerenciamento de Liberação e Implantação.
  - Validação e Testes de Serviço.
  - Avaliação da Mudança.
  - Gerenciamento do Conhecimento.
- O objetivo do Planejamento e Suporte da Transição é planejar a transição dos serviços e coordenar os recursos necessários.
- As atividades do Planejamento e Suporte da Transição são:
  - Definir a estratégia para a Transição.

    - Preparar para a Transição de Serviço.
    - Planejamento da Transição de Serviço.
    - Prover Suporte para os processos de Transição de Serviço.
- O objetivo do Gerenciamento de Mudanças é garantir que métodos e procedimentos padronizados estejam sendo utilizados de maneira eficiente para minimizar os impactos no negócio causados por mudanças nos Serviços de TI sem o devido planejamento.
- Uma Mudança é a adição, modificação ou remoção de um serviço autorizado, planejado e suportado e/ou de seus componentes e documentação associada.
- Categorias de Mudanças de acordo com o seu impacto:
    - Mudanças Estratégicas impactam serviços estratégicos e são iniciadas no ciclo de Estratégia de Serviço.
    - Mudanças Táticas impactam serviços comerciais e são iniciadas no ciclo Estratégia de Serviço.
    - Mudanças Operacionais impactam serviços operacionais e são iniciadas no ciclo de Desenho de Serviço e/ou Melhoria Continuada de Serviço.
    - Mudanças Técnicas impactam componentes de TI, não alteram os Serviços de TI e são iniciadas no ciclo Operação de Serviço.
- Os Sete Rs do Gerenciamento da Mudança são:
    - Quem REQUISITOU a mudança?
    - Qual é a RAZÃO para a mudança?
    - Qual é o RETORNO requerido para a mudança?
    - Quais são os RISCOS envolvidos na mudança?
    - Que RECURSOS são requeridos para entregar a mudança?
    - Quem é RESPONSÁVEL por construir, testar e implementar a mudança?
    - Qual é o RELACIONAMENTO entre essa mudança e outras mudanças?
- Proposta de Mudança é uma proposta de avaliação inicial elaborada como um estudo prévio dos impactos, custos e riscos de uma mudança para aprovação da viabilidade da solicitação de uma Mudança.

- Requisição de Mudança é uma solicitação formal de uma mudança, incluindo os detalhes da mudança solicitada.
- Registro de Mudança é um registro de uma Requisição de Mudança que documenta as mudanças de um único serviço ou componente de TI.
- Instrução de Trabalho é um documento contendo instruções detalhadas dos passos a serem seguidos para uma atividade a ser executada dentro de um Registro de Mudança.
- Sistema de Gerenciamento da Configuração é um conjunto de ferramentas e bancos de dados utilizados para gerenciar as informações de Configuração, Incidentes, Problemas, Erros Conhecidos, Mudanças, Liberações, Fornecedores e equipe de TI.
- Mudança não autorizada é uma mudança na configuração de TI para a qual não há Requisição de Mudança aprovada.
- Mudança Padrão são mudanças pré-aprovadas para as quais já há procedimentos de execução predefinidos e que possuem baixo risco de execução.
- Mudança Emergencial são mudanças prioritárias para reparar uma falha nos Serviços de TI que possuem um planejamento e aprovação diferente das Requisições de Mudanças Normais para agilizar a sua execução.
- Comitê Consultivo de Mudanças é formado por representantes das áreas de TI e de negócio envolvidos nas Mudanças que aconselham o Gerente de Mudanças na avaliação, na priorização e no planejamento das mudanças.
- Comitê Consultivo de Mudanças Emergenciais é um subconjunto do Comitê Consultivo de Mudanças que toma decisões sobre Mudanças Emergenciais.
- Modelo de Mudança são modelos predefinidos para executar uma categoria de mudanças específicas.
- Programação de Mudança ou Programação Futura de Mudanças é um documento que lista todas as mudanças aprovadas e suas datas planejadas para implantação.

- Janela de Mudança é o tempo planejado e acordado no Acordo de Nível de Serviço em que as mudanças serão implementadas.
- As atividades do Gerenciamento de Mudanças são:
  - Criar e Registrar a Mudança.
  - Revisar a Mudança.
  - Avaliar a Mudança.
  - Autorizar a Construção e o Teste da Mudança.
  - Coordenar a Construção e o Teste da Mudança.
  - Autorizar a Implantação da Mudança.
  - Coordenar a Implantação da Mudança.
  - Revisar e Fechar a Requisição da Mudança.
- O objetivo do Gerenciamento de Liberação e Implantação é planejar e controlar a construção, o teste e a implantação das liberações para garantir novas funcionalidades requeridas pelo negócio enquanto protege a integridade dos serviços existentes.
- Unidade de Liberação descreve uma parte de um Serviço de TI que será liberado de acordo com a Política de Liberação da empresa.
- Identificação das Liberações são representações de versões nos atributos dos Itens de Configuração que identificam os tipos de Unidades de Liberação.
- Piloto é uma parte de uma Liberação implantada em produção para testar a qualidade da Liberação.
- Modelos de Desenho de Liberação é a especificação de como um Serviço de TI será implantado em produção através de uma das abordagens: *Big Bang*, Liberação por Fases, *Push and Pull*, Manual ou Automática.
- Modelos de Liberação e Implantação descrevem a abordagem, os mecanismos, processos e recursos necessários para a construção e implantação da Liberação.
- Pacotes de Liberação são planejados e desenhados para construção, teste e implantação de uma Liberação.
- As atividades do Gerenciamento de Liberação e Implantação são:

  - Planejamento da Liberação e Implantação.
  - Construção da Liberação e Teste.
  - Implantação.
  - Revisar e Encerrar Implantação.
- O objetivo do Gerenciamento da Configuração e Ativo de Serviço é garantir que haja informação disponível precisa e confiável sobre os ativos requeridos para a entrega dos serviços e que as configurações e relacionamentos entre eles estejam devidamente controlados.
- Item de Configuração é um componente físico ou lógico com identificação única que é útil para a entrega de Serviços de TI.
- Modelo de Configuração é a representação dos Itens de Configuração agrupados através da identificação de seus relacionamentos.
- Relacionamentos identificam e descrevem as relações físicas e lógicas de dependência entre os Itens de Configuração.
- Atributos são informações dos Itens de Configuração que são úteis para a entrega dos Serviços de TI.
- Banco de Dados do Gerenciamento da Configuração é um repositório de armazenamento dos atributos e relacionamentos dos Itens de Configuração durante o seu ciclo de vida. É parte integrante do Sistema de Gerenciamento da Configuração.
- Sistema de Gerenciamento da Configuração é um conjunto de bancos de dados utilizados para gerenciar os dados do BDGC, Registros de Incidentes, Problemas, Requisições de Mudanças, Liberações, dados sobre a equipe de TI, unidades de negócio, etc.
- Biblioteca Definitiva de Mídia pode ser uma ou mais localidades seguras onde são armazenadas as versões aprovadas e definitivas de software.
- Biblioteca Segura é uma área segura onde estão armazenados os softwares, incluindo as versões em testes e a homologação.
- Armazém Seguro é um local físico onde são armazenados todos os hardwares da empresa antes de entrarem em produção.
- Peças Sobressalentes é uma área reservada para o armazenamento seguro de peças de hardware definitivo.

- Linha de Base é a configuração de um Item de Configuração que tenha sido revista e acordada e serve como parâmetro para auditorias no BDGC e para ponto de retorno da configuração de um Item de Configuração em caso de falhas de Liberação.
- Instantâneo é o estado atual de um Item de Configuração ou de um conjunto de Itens de Configuração e serve para auditoria no Banco de Dados do Gerenciamento da Configuração comparando o estado atual com a Linha de Base.
- As atividades do Gerenciamento da Configuração e Ativo de Serviço são:
  - Planejamento e Gerenciamento.
  - Configuração e Identificação.
  - Controle de Configuração.
  - Controle de *Status* e Relatórios.
  - Verificação e Auditoria.
- O objetivo da Validação e Teste de Serviço é planejar e implementar um processo estruturado de testes e validação para garantir que as mudanças nos serviços atendam às especificações do Pacote de Desenho de Serviço e agreguem o valor requerido para o negócio.
- Política de Qualidade de Serviço define as perspectivas de qualidade em relação a utilidade e garantia do Serviço de TI.
- As atividades da Validação e Testes de Serviço são:
  - Validação e Gerenciamento de Testes.
  - Planejar e Desenhar Testes.
  - Verificar o Plano de Testes e o Desenho de Testes.
  - Preparar o Ambiente de Testes.
  - Realizar Testes.
  - Avaliar Critérios de Saída e Relatório.
  - Teste de Limpeza e Fechamento.
- Avaliação é um processo de apoio à Transição do Serviço que tem como objetivo avaliar de maneira padronizada a performance e qualidade de uma Mudança em um Serviço de TI.

- Relatório de Avaliação da Mudança documenta o resultado da Avaliação da Mudança e recomenda medidas para auxílio à tomada de decisão de aprovação da mudança.
- As atividades da Avaliação da Mudança são:
  - Planejar a avaliação do serviço.
  - Avaliar a performance prevista.
  - Avaliar a performance atual.
- O objetivo do Gerenciamento de Conhecimento é compartilhar perspectivas, ideias, experiências e informação e garantir que estejam disponíveis nos lugares apropriados no momento certo para auxiliar na tomada de decisões e melhorar a eficiência dos serviços através da redução da necessidade de redescoberta do conhecimento.
- Estrutura de Dados para Informação para Conhecimento para Sabedoria é a capacidade de capturar, analisar os dados e transformá-los em informação para que as experiências positivas sejam repetidas e as negativas possam ser melhoradas ou evitadas. O Conhecimento é a síntese das informações da empresa, das experiências profissionais e dos julgamentos individuais. A sabedoria é o discernimento do julgamento do conhecimento e sua aplicação prática.
- Sistema de Gerenciamento de Conhecimento de Serviço é um repositório central de armazenamento de informação e conhecimento.
- As atividades do Gerenciamento de Conhecimento são:
  - Definir a estratégia de Gerenciamento de Conhecimento.
  - Transferir conhecimento.
  - Gerir Dados, Informação e Conhecimento.
  - Utilizar o Sistema de Informação do Gerenciamento de Conhecimento.

10. Operação de Serviço

"Se o conhecimento pode criar problemas, não é através da ignorância que podemos solucioná-los."

Isaac Asimov

Objetivos do ciclo Operação de Serviço

Os objetivos do ciclo Operação de Serviço são manter a satisfação e a confiança nos serviços de TI por parte dos usuários e minimizar o impacto nas atividades de negócio diárias, através da coordenação de atividades requeridas para entregar serviços de TI nos níveis acordados com os clientes e usuários.

Conceitos e definições

Vimos até aqui que o ciclo Estratégia de Serviço identifica o valor requerido pelo negócio na entrega dos serviços, o ciclo Desenho de Serviço planeja e desenha os serviços apropriados para atender aos requisitos da Estratégia e o ciclo Transição de Serviço planeja a implantação dos serviços em produção, de acordo com os Pacotes de Desenho de Serviço. O ciclo Operação de Serviço contempla as atividades operacionais do dia a dia de TI necessárias para manter os serviços de TI funcionando de acordo com os níveis de serviço acordados.

Muitos profissionais e muitas empresas se preocupam apenas com os aspectos operacionais de TI. Se pensarmos que somente a parte operacional de TI é necessária para a melhoria dos serviços de TI, ou os requisitos e expectativas do negócio com relação à TI da sua empresa são muito básicos, ou a TI está no caminho errado.

O ciclo Operação de Serviço é uma fase importante do ciclo de vida do serviço. É ele que irá funcionar como interface direta entre os usuários e a área de TI. Já vimos anteriormente que a interface de comunicação dos clientes dos serviços de TI é o ciclo Estratégia de Serviço, através do Gerenciamento do Portfólio de TI e do Gerenciamento do Relacionamento com o Negócio. Já os usuários solicitam serviços ou reportam falhas na utilização dos serviços que já estão disponíveis e operacionais no Catálogo de Serviço.

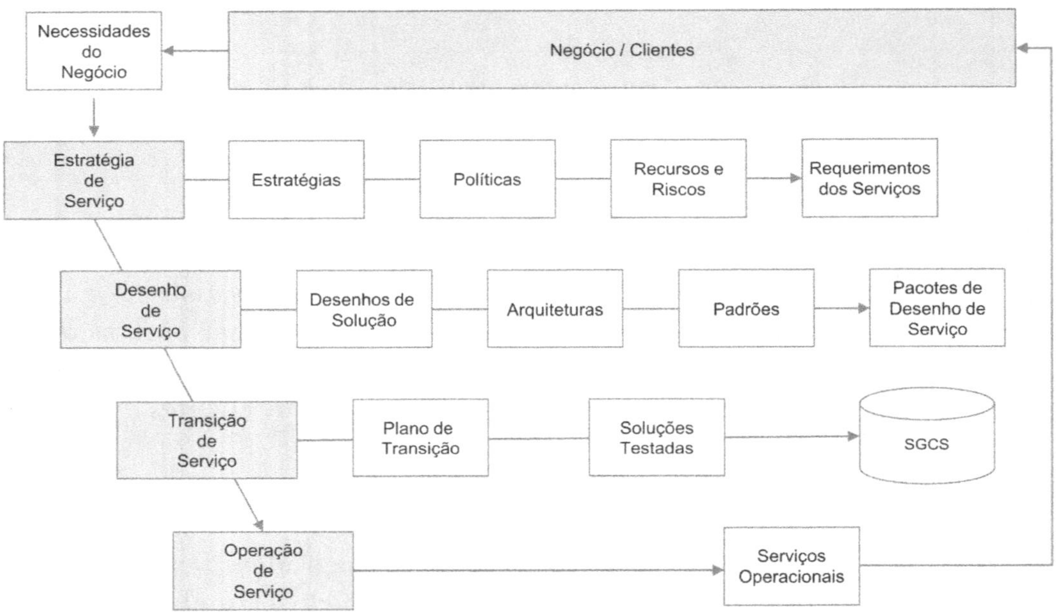

Figura 10.1. Ciclos de Vida do Serviço.[24]

Balanceamento entre visão interna de TI *versus* visão externa de negócio

Um dos pontos críticos da operação de TI é a clara identificação da visão externa de negócios (serviços) e a visão interna de TI (ICs).

É importante separar os objetivos e valores do serviço com os seus componentes técnicos. Os clientes percebem o serviço em relação à sua utilidade e garantia. A área de operação de TI enxerga todos os ICs necessários para a entrega do serviço. As duas visões devem ser balanceadas. Empresas que focam somente na visão do negócio podem não explorar todo o potencial

[24] Reproduzido do livro ITIL® *Service Operation* sob licença do *Cabinet Office*.

da sua TI por desconhecimento dos ICs existentes e realizar investimentos desnecessários, ou, na pior das hipóteses, prometer serviços que não podem ser entregues. Provedores de TI que desconhecem os requerimentos do negócio e focam somente na tecnologia estão desalinhados com o negócio da empresa. Se até hoje ainda não houve queixas com relação ao desalinhamento de TI com o negócio, algumas das opções a seguir, ou todas elas, estão ocorrendo:

- Os requerimentos do negócio não dependem fortemente de TI e a TI é vista como uma área de serviços básicos da empresa.
- As áreas de negócio já se acostumaram com serviços de TI reativos e as expectativas de que TI agregue valor ao negócio são baixas. Não imaginam que podem ser mais bem atendidos e perdem oportunidades estratégicas de crescimento pelo desalinhamento entre a TI e o negócio.
- Os clientes estão criando estrutura própria de operação de TI ou buscando alternativas no mercado para não utilizarem a operação do Provedor de Serviços de TI.
- Os serviços críticos que dependem de TI podem estar sendo executados por Fornecedores externos, e o Gerenciamento do Fornecedor está sendo feito diretamente pelo cliente.

Deve haver um balanceamento entre a visão de negócio e a visão de operação de TI, para garantir que o excessivo foco em somente uma das visões não prejudique a entrega dos serviços.

Caso Real

Um usuário ligou para a Central de Suporte de TI e informou que não estava conseguindo acessar o sistema de vendas. O técnico de TI informou ao usuário que o sistema estava *down* porque uma *trigger* que inseria um *flag* no *job* do *select* da *join* da *table field* impactou o *mirror* do *load balance* do *database* da instância de aplicação e a equipe técnica já estava fazendo o *recovery* do *backup* no *cluster* da máquina virtual que está no *rack* do *Datacenter*. O usuário perguntou se, após isso tudo, algum dia o sistema de vendas voltaria a funcionar.

Muitos conflitos entre TI e o negócio poderiam ser evitados se a visão de negócio e a visão de TI fossem claras e balanceadas. TI tem que aprender a falar a linguagem do cliente e do negócio. Não precisa entender completamente sobre o negócio, mas o suficiente para garantir a entrega dos serviços.

Balanceamento entre estabilidade *versus* responsividade

Não adianta um serviço de TI ter sido bem planejado e desenhado se os ICs que entregam este serviço não estão disponíveis ou estão com problemas de performance. A Operação de Serviço precisa garantir que os ICs estejam disponíveis e estáveis para atender aos serviços. TI deve reconhecer que os serviços de negócio são passíveis de mudanças e não podem ver essas mudanças como cenários negativos. Em vez disso, TI precisa estar pronta para as mudanças nos serviços de TI e nos ICs. Cada mudança traz oportunidades de melhoria nos serviços de TI. Por exemplo, se determinada tecnologia vem apresentando muitas falhas, uma mudança pode resolver essas falhas e melhorar a estabilidade dos serviços. Assim como a dinâmica do mercado, muitos requerimentos do negócio mudam a todo o momento, e TI deve estar pronta rapidamente para responder às mudanças. No entanto, não adianta TI ser rápida em atender às mudanças sem planejamento. Já vimos no ciclo Transição de Serviço que mudanças sem planejamentos podem causar impactos nos serviços e consequentemente no negócio da empresa.

Balanceamento entre qualidade do serviço *versus* custo do serviço

Toda a operação de TI deve ter uma cultura de custo e benefício nas suas ações. Não adiantam altos investimentos em TI se esses investimentos não forem traduzidos em melhorias da qualidade dos serviços. Também precisamos ter em mente que melhorias na qualidade podem demandar investimentos. O ponto ótimo de custos de TI deve ser atender à qualidade dos serviços de acordo com os níveis de serviço acordados.

Balanceamento entre proatividade e reatividade

Como já estudamos no capítulo 3 (TI no Divã), os Provedores de Serviço de TI podem ser proativos ou reativos. Uma organização proativa está sempre buscando melhorar os serviços de TI. Porém, uma organização proativa demais pode custar muito caro para a empresa e realizar melhorias que não eram necessárias ao negócio a um custo justificado. No meu ponto de vista, uma organização de TI deve ser reativa o suficiente para atender às necessidades de TI dentro dos níveis de resiliência acordados e proativa o suficiente para exceder as expectativas dos clientes através da agregação de valor nos serviços de TI. Agregação de valor tem a ver com a melhoria dos serviços de TI em relação a:

- Redução de prazos de entrega de serviços.
- Melhoria da satisfação dos clientes e usuários.
- Melhoria da qualidade da entrega dos serviços.

Ser reativo e atender à exigências do negócio é uma obrigação da área de TI. Para ser proativa, uma área de TI deve avaliar se essa proatividade demanda custos e investimentos. Em caso positivo, a proatividade deve ser avaliada e negociada com os clientes dos serviços de TI através dos ciclos Estratégia de Serviço e Melhoria Continuada de Serviço. Se a proatividade não trouxer custos adicionais para a TI, as iniciativas proativas podem ser realizadas pela TI, mas somente se trouxerem comprovadamente resultados de agregação de valor aos serviços de TI. Como diz um ditado popular: "em busca do ótimo não se faz o bom."

Evento

Um evento é uma mudança de *status* significativa para o gerenciamento de um serviço de TI. É um alerta de notificação criado por qualquer serviço de TI, Item de Configuração ou ferramenta de monitoração. Eventos geralmente requerem ações das equipes de Operações de TI e podem iniciar um registro de Incidente.

Incidente

Uma interrupção não planejada de um serviço de TI ou a redução de sua qualidade conforme os requisitos acordados.

Problema

Causa Raiz de um ou mais incidentes. A Causa Raiz não é conhecida no momento em que o Registro de Problema é criado e o Gerenciamento de Problemas é responsável pela investigação inicial.

Registro de Incidente

Registro contendo os detalhes de um Incidente. Cada Registro de Incidente documenta o Ciclo de Vida de um único incidente.

Registro de Problema

Registro contendo os detalhes de um Problema. Cada Registro de Problema documenta o ciclo de vida de um único Problema.

Requisição de Serviço

Uma solicitação de um usuário para informação, aconselhamento, para a realização de uma Mudança Padrão ou Acesso a um Serviço de TI. É importante diferenciar Requisições de Serviço de solicitações de atendimento de incidentes. Incidentes são falhas na operação normal de um serviço, enquanto solicitações são atividades previstas no Catálogo de Serviço para serem realizadas pelas equipes de TI e que não estão relacionadas com falhas na operação padrão dos serviços nem requerem mudanças nos ambientes de TI (RDM). Mudanças Padrão são exemplos de Requisições de Serviços. Como já visto no Gerenciamento de Mudanças, Mudança Padrão são tipos de Mudanças pré-aprovadas, para as quais já há procedimentos de execução predefinidos, testados e aprovados e que possuem baixo risco de execução. Requisições de Serviço são solicitações de usuários como dúvidas, informações ou execução de rotinas como *reset* de senhas de usuário ou qualquer solicitação de TI que não necessite de análise, teste e aprovação, e que não possua risco de impacto na operação dos serviços. Requisições de Serviços são realizadas pelo processo de Cumprimento de Requisição, enquanto solicitações de tratamento de Incidentes são direcionadas para o processo Gerenciamento de Incidentes.

Solução de Contorno

Solução para reduzir ou eliminar o impacto de um Incidente ou Problema para o qual a Resolução Completa ainda não está disponível.

Causa Raiz

A causa desconhecida de um Incidente ou Problema.

Erro Conhecido

Um Problema que possui Causa Raiz e Soluções documentadas. Erros Conhecidos são criados e gerenciados por todo o seu Ciclo de Vida pelo Gerenciamento de Problemas e também podem ser identificados pelo processo Gerenciamento de Liberações e Implantação ou por Fornecedores envolvidos nos serviços de TI.

Resolução

Ação tomada para reparar a Causa Raiz de um Incidente ou Problema, ou para implementar uma Solução de Contorno.

Processos e Funções do ciclo Operação de Serviço

Os processos do ciclo Operação de Serviço são:

- Gerenciamento de Eventos.
- Gerenciamento de Incidentes.
- Cumprimento de Requisição.
- Gerenciamento de Problemas.
- Gerenciamento de Acesso.

As funções do ciclo Operação de Serviço são:

- Central de Serviços.
- Gerenciamento Técnico.
- Gerenciamento de Operações de TI.
- Gerenciamento de Aplicações.

Processos do ciclo Operação de Serviço

Gerenciamento de Eventos

Objetivos do processo Gerenciamento de Eventos

Os objetivos do Gerenciamento de Eventos são: detectar eventos que façam sentido para o ciclo de vida do serviço, determinar a ação de controle apropriada e coordenar o direcionamento do tratamento dos eventos por outros processos e funções.

Conceitos do Gerenciamento de Eventos

Um evento pode indicar que algo não está de acordo com a operação normal do serviço ou descumprindo um nível de serviço acordado. Eventos também podem indicar uma determinada informação vital para a operação de um serviço, como uma confirmação de que um *job* rodou com êxito, ou podem indicar uma necessidade de intervenção, como a troca da mídia de *backup* ou atualização de *patch*, por exemplo.

Há uma grande diferença entre Gerenciamento de Eventos e monitoramento. Muitas empresas investem em soluções de monitoramento e montam estruturas com televisores de plasma, LCD ou telões com a imagem da ferramenta de monitoramento projetada. Porém, quando uma falha é identificada pelo monitoramento, não há um processo definido sobre o que fazer a seguir. O Gerenciamento de Eventos utiliza informações do monitoramento para indicar os passos seguintes a serem tomados após a identificação dos eventos.

O monitoramento pode acontecer de forma ativa, quando identificamos o *status* e as tendências dos serviços de TI ou ICs. Podemos configurar alertas para identificar possíveis incidentes antes mesmo que eles impactem os serviços. Como exemplo, podemos configurar um alerta de utilização de disco, CPU ou memória de um servidor crítico para que, quando esta alcance um limite máximo de 80% de uso, seja emitido um aviso para tomada de alguma ação antes da parada do servidor por falta de recursos.

Um alerta é reativo quando ele detecta uma falha que já ocorreu. Exemplo: alerta de queda de link de comunicação.

Podemos citar como exemplos de eventos a serem monitorados:

- Tentativas de acesso não autorizado aos sistemas.
- Alertas de vírus.
- Controle de uso de licença de software.
- Limites de desempenho de sistemas, aplicações, banco de dados e rede.
- Alertas de indisponibilidade em ICs.
- Condições predeterminadas como identificação de erros em *log* ou *jobs* que não rodaram em determinado momento.
- Mudanças nos atributos de um IC sem uma Requisição de Mudança autorizada relacionada ao IC.

Os eventos a serem monitorados são especificados e acordados durante o ciclo de Desenho de Serviço, especialmente nos processos Gerenciamento de Disponibilidade, Gerenciamento da Capacidade e Gerenciamento de Segurança da Informação, e no ciclo Transição de Serviço durante o processo Validação e Teste do Serviço através do desenho de mecanismos de teste das Liberações. São questões a serem consideradas no desenho do Gerenciamento de Eventos:

- O que precisa ser monitorado.
- Que tipo de monitoramento é requerido para o serviço.
- Quando precisa ser gerado um evento.
- Que tipo de informação precisa ser comunicada no evento.
- Para quem os eventos precisam ser direcionados.
- Quem será responsável pela análise, pela comunicação e pelo tratamento dos eventos.

Atividades do Gerenciamento de Eventos

As atividades do Gerenciamento de Eventos são:

- **Ocorrência do Evento**: muitos Eventos acontecem no ambiente de TI o tempo todo. É de vital importância desenhar os serviços relevantes que precisam ser detectados.

- **Notificação do Evento**: as notificações podem ser coletadas através de interrogações de *status* ou respostas como por exemplo: *up* ou *down*, *running* ou *stoped* e *complete* ou *idle*. Também podem ser geradas notificações através de programas de monitoramento (agentes) instalados nos Itens de Configuração para coletar determinadas informações e gerar alertas específicos. Existem agentes de monitoramento proprietários dos fabricantes dos ICs ou agentes baseados em software livre como o SNMP (*Simple Network Management Protocol*). Após o desenho dos Eventos a serem monitorados, as ferramentas de monitoramento e notificação devem ser escolhidas e testadas no ciclo Transição do Serviço.
- **Detecção do Evento**: após uma notificação de Evento ser gerada, ela deve ser detectada por um sistema de gerenciamento de Eventos com capacidade para concentrar os Eventos coletados e interpretar o significado do Evento.
- **Registro do Evento**: deve haver um registro ou *log* do evento na ferramenta de Gerenciamento de Eventos ou no sistema ou aplicação que gerou o evento e o registro das ações subsequentes.
- **Primeiro nível de correlação e filtro do Evento**: decide se o Evento deve ser comunicado à Operação de TI ou deve ser ignorado. Se for ignorado será registrado em uma base de informações sobre os Eventos, mas nenhuma ação será tomada. O motivo da filtragem é porque muitas ferramentas de monitoramento geram alertas desnecessários que não podem ser facilmente desabilitados. Por exemplo, se monitorarmos os processos de um sistema operacional para sabermos quando uma operação crítica estiver consumindo muita CPU, podemos também receber notificações de processos que não são críticos. Também podemos filtrar que somente o primeiro Evento, de uma série de Eventos repetitivos, será considerado. Por exemplo, se um IC está desligado e o monitoramento gera alertas a cada cinco minutos, receberemos alertas enquanto o IC não for ligado novamente. Porém, esta análise depende de IC para IC e de serviço para serviço. Pode ser necessário que em determinadas situações todos os Eventos repetidos sejam analisados, como por exemplo um ataque de DDOS (*Distributed Denial of Service*), onde queremos bloquear os pacotes IP vindos de todos os endereços identificados pelo *Firewall*.

- **Significância do Evento**: classificação dos Eventos com base em três categorias:
    - **Informativos**: Eventos que não requerem ações. São armazenados e mantidos por um período determinado. São normalmente utilizados para verificar o *status* de um IC ou confirmar se uma situação foi atendida ou executada. Também podem ser utilizados como insumo para monitorar o desempenho de ICs ou Serviços, como quantidade de transações em um período ou monitorar o acesso de usuários a um sistema.
    - **Aviso**: Evento gerado quando um serviço ou um IC está se aproximando de uma situação limite. Podemos citar como exemplos de avisos: taxa alta de colisões na rede, *Time to Live* acima do limite admissível, uso de *swap* em disco do servidor, uso de *tablespace* do Banco de Dados, proximidade de ruptura do nível de serviço acordado.
    - **Exceção**: identifica que uma determinada situação predefinida não está funcionando conforme previsto. Este evento pode estar associado a metas de níveis de serviços, perdas de funcionalidades ou baixa performance que impactem os serviços e possam vir a causar um Incidente iminente ou quando o Incidente já ocorreu.
- **Segundo nível de correlação do Evento**: se o Evento for um Aviso, a correlação do Evento geralmente está ligada aos níveis de serviços e às categorias de risco do impacto para o negócio definidas no Desenho de Serviço. De acordo com as categorias do Evento, são atribuídas informações de impacto e priorização do Evento para os serviços.
- **Selecionar Reação**: selecionar entre as opções disponíveis de reação, como:
    - Responder automaticamente ao Evento com ações automatizadas como reiniciar um sistema ou processo, iniciar um *job*, alterar um parâmetro de configuração de um IC ou bloqueio temporário de acesso.
    - Alertar para que uma intervenção humana trate o Evento.
    - Abrir um Registro de Incidente quando foi identificada uma Exceção ou quando uma quantidade considerável de Avisos indica uma falha eminente ou a perda de qualidade significativa de um serviço ou IC.

- Abrir uma Requisição de Mudança quando uma Exceção indica que é necessária uma mudança imediata. Via de regra, uma Exceção sempre deve ser encaminhada via Registro de Incidente para a Central de Serviços para análise e decisão se é necessário abrir uma RDM, porém, para Eventos em que a solução já é conhecida e sabe-se com certeza que haverá a necessidade de abertura de RDM para tratamento, é recomendável que o Evento já abra uma RDM com as devidas informações de significância e correlação para agilizar a solução da Exceção.
- Abrir um Registro de Problema ou relacionar o Incidente com um Registro de Problema já criado. Utilizado quando a Operação de TI já está madura o suficiente para automatizar as análises de falha e a análise de causa raiz do Incidente.
- Abrir uma Requisição de Serviço se for requerida alguma ação por parte das equipes de TI para tratar o Aviso.

- **Revisar Ações**: verificar se os Eventos significantes e Exceções estão sendo direcionados corretamente. Pode ser analisada a rastreabilidade de um determinado Evento como informações do Registro de Incidente gerado ou RDM e seus resultados, ou então podem ser feitos testes esporádicos de simulação de Eventos para acompanhar a notificação, a detecção, o filtro, a significância, a correlação e o direcionamento. A revisão de Eventos também é uma atividade do ciclo de Melhoria Continuada de Serviço, para garantir a execução do processo de Gerenciamento de Eventos.

- **Fechar Evento**: muitas vezes é difícil associar o fechamento da reação de um Evento com o fechamento do Evento propriamente dito. Um Evento pode ser simplesmente um *log* que não possui *status* de "aberto" ou "fechado". No entanto, é importante que haja alguma identificação do Evento com associação do direcionamento dado a ele. Podem ser gerados registros do Evento, se possível na própria informação do Evento ou em outra forma de acompanhamento adequada, para identificar a rastreabilidade do Evento. Por exemplo: Evento A foi tratado pelo Incidente 123.

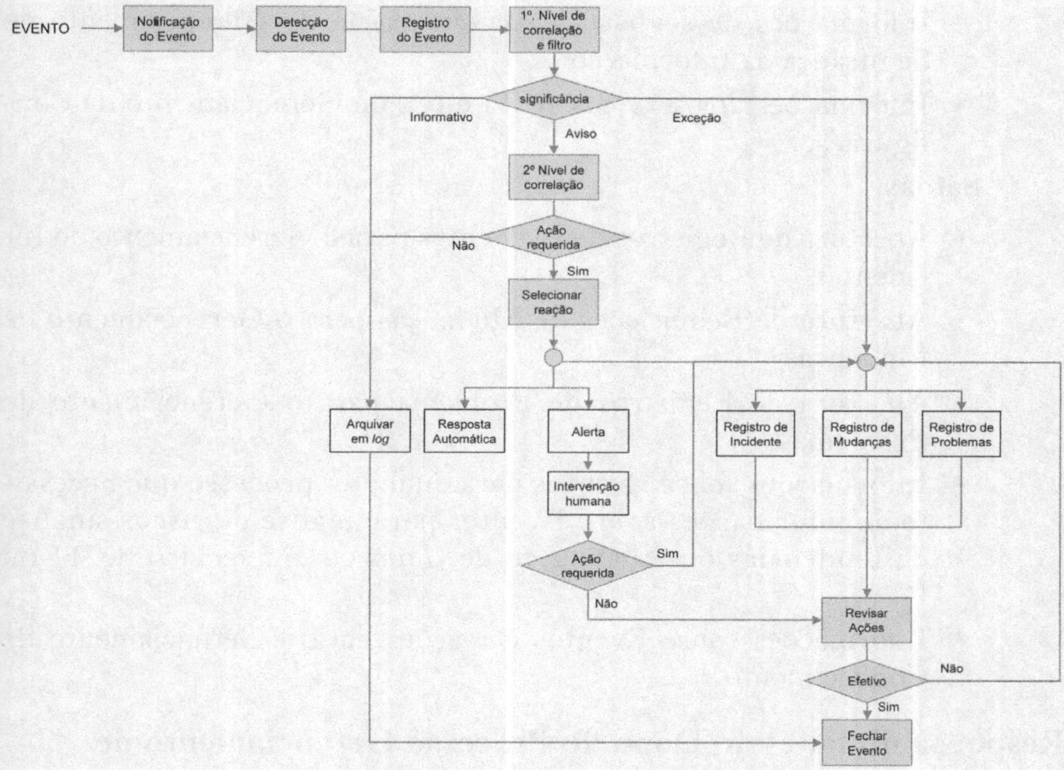

Figura 10.2. Atividades do Gerenciamento de Eventos.[25]

Relacionamentos do Gerenciamento de Eventos com outros processos

- **Entradas**:
  - Informações sobre níveis de serviço do Gerenciamento de Nível de Serviços.
  - Informações sobre serviços de negócio do Gerenciamento de Catálogo de Serviço.
  - Informações de monitoramento de disponibilidade do Gerenciamento de Disponibilidade.
  - Informações de monitoramento de capacidade do Gerenciamento de Capacidade.

---

[25] Adaptado do livro ITIL® *Service Operation* sob licença do *Cabinet Office.*

    - Informações de segurança da informação do Gerenciamento de Segurança da Informação.
    - Informações dos serviços de TI e ICs do Gerenciamento de Configuração.
- **Saídas**:
    - Abertura de Registros de Incidentes para o Gerenciamento de Incidentes.
    - Abertura de Requisições de Mudanças para o Gerenciamento de Mudanças.
    - Abertura de Registros de Problema para o Gerenciamento de Problemas.
    - Informações sobre Eventos para qualquer processo que necessite de informações sobre Eventos para análise de riscos, análise de tendências ou atualização de *status* de um serviço de TI ou IC.
    - Informações sobre Eventos e reações para o Gerenciamento de Conhecimento.

Responsabilidades do Dono do Processo Gerenciamento de Eventos

- Garantir que o processo seja adequado ao propósito.
- Trabalhar com outros donos de processo para garantir que haja uma abordagem integrada sobre o desenho e a implantação do Gerenciamento de Eventos.

Responsabilidades do Gerente do Processo Gerenciamento de Eventos

- Garantir a execução das atividades do processo.
- Planejar e suportar as ferramentas necessárias para o Gerenciamento de Eventos.
- Coordenar as interfaces entre o Gerenciamento de Eventos e outros processos do Gerenciamento de Serviços de TI.

Gerenciamento de Incidentes

Objetivo do processo Gerenciamento de Incidentes

O objetivo do processo Gerenciamento de Incidentes é restaurar a operação normal dos serviços o mais rápido possível para minimizar o impacto no negócio, garantindo que os níveis de qualidade de serviço acordados sejam mantidos.

Conceitos do Gerenciamento de Incidentes

O termo "operação normal" do serviço refere-se à operação de um serviço ou Item de Configuração conforme os níveis de serviço acordados. Um Incidente é uma interrupção não planejada em um Item de Configuração ou a redução na qualidade do serviço para abaixo dos níveis acordados.

O Gerenciamento de Incidentes é responsável por tratar as Exceções, identificadas pelo Gerenciamento de Eventos, que causam falhas na operação normal dos serviços ou qualquer interrupção não planejada que seja identificada pelas equipes de TI ou reportada pelos usuários dos serviços de TI.

Prazo de Atendimento

Com base nas prioridades de atendimento de Incidentes e nas metas acordadas dos níveis de serviços, as equipes de atendimento de Incidentes devem planejar seus horários de atendimento e prazos de resolução para atender aos prazos acordados.

Modelo de Incidentes

Incidentes ocorrem a todo o momento. O objetivo do processo Gerenciamento de Incidentes é estar pronto para atender aos Incidentes no menor prazo possível e minimizar o seu impacto no negócio. Muitas equipes de suporte não documentam e nem trocam informações sobre os procedimentos de tratamento e resolução de Incidentes, e o resultado são horas e horas gastas inutilmente tentando achar soluções que já podem ter sido aplicadas anteriormente. Para resolver essa questão, é sugerida a criação de modelos predefinidos de padrões de atendimento para Incidentes que já são conhecidos. Os modelos auxiliam na rápida identificação de ações a serem tomadas ou orientam no direcionamento de determinado Incidente à equipe competente. A Análise da Árvore de Falhas, do Gerenciamento da Disponibilidade, pode ser um indicador para ações ou encaminhamentos dos Incidentes. Geralmente encontramos os Modelos de Incidentes no formato de *scripts* de atendimento. Exemplo: usuário relata que não consegue cadastrar pedidos de vendas de produtos no sistema de vendas. Uma área de TI pode ter o seguinte Modelo de Incidentes para o sistema de vendas:

Figura 10.3. Modelo de Incidentes para falha no sistema de vendas.

Neste exemplo podemos ver claramente um *script* de atendimento de Incidentes no sistema de vendas. O tipo de Incidente é rapidamente identificado e pode ser tratado através de orientações ao usuário, encaminhamento para a equipe de infraestrutura de rede e desktop, ou através de intervenção da equipe especializada do sistema de vendas. Sem Modelos de Incidentes definidos, geralmente encontramos as seguintes situações:

- Incidentes "órfãos" sem atendimento abandonados na fila de atendimento.
- Conflitos de responsabilidade: o famoso "deixa que eu chuto!".

- Incidentes parados na fila de atendimento porque estão esperando algum "sinal dos céus" para resolvê-lo.
- Equipes realizando as mesmas atividades repetidamente. Por exemplo: entrando em contato com o usuário pela terceira vez e perguntando o que está ocorrendo.

Um Modelo de Incidente deve possuir:

- Os passos predefinidos para atender aos tipos de Incidentes.
- A ordem cronológica dos passos.
- Responsabilidades definidas.
- Prazos de atendimento.
- Procedimentos de escalação para outras equipes, se necessário.
- Todas as evidências necessárias sobre o Incidente.

Sistemas de Registro de Incidentes devem possuir capacidade de automação dos Modelos de Incidentes.

Incidentes Graves

Incidentes classificados como "graves", ou seja, que causam impactos significativos no negócio, devem ser planejados para serem atendidos com urgência. Para isso, devem ser criados procedimentos de atendimento diferenciados para os Incidentes considerados graves. A definição de gravidade e urgência dos Incidentes não é dada pelo usuário, e sim por acordos predefinidos no Desenho de Serviços onde são identificados os cenários de riscos para os serviços de TI.

Status dos Incidentes

Os Incidentes devem possuir códigos de *status* para identificar em que ponto se encontram no seu ciclo de vida. São exemplos de *status:*

- **Aberto**: Incidente registrado, mas que ainda não foi associado a um profissional de suporte para resolução.
- **Em progresso**: Incidente sendo investigado e resolvido.

- **Resolvido**: foi aplicada uma resolução para o Incidente e a operação normal foi restaurada, mas ainda não foi validada pelo usuário.
- **Fechado**: a restauração normal foi restaurada e o usuário validou a resolução do Incidente.

Ponto de Atenção

Algumas ferramentas de registro de Incidentes possuem o *status* "aguardando" ou "dependendo" de alguém para resolução. Para efeito de contabilização dos prazos de atendimento e dos níveis de serviço, não devem ser consideradas as "desculpas" de que a TI está fazendo o possível para restaurar o serviço, mas que "alguém" ainda não fez a sua parte. Os Acordos de Nível de Serviço avaliam os prazos desde a abertura do registro de Incidente até a restauração normal do serviço, ou seja, quanto tempo os serviços são impactados até que seja restabelecida a operação normal dos serviços. O que acontece durante esse prazo é responsabilidade da própria TI e deve ser tratado através dos Acordos de Nível Operacional e Contratos de Apoio, não dizendo respeito aos clientes e usuários dos serviços de TI o que acontece internamente na TI.

Atividades do Gerenciamento de Incidentes

As atividades do Gerenciamento de Incidentes são:

- **Identificação do Incidente**: os incidentes podem ser identificados através do Gerenciamento de Eventos, da identificação da própria equipe de TI ou pela solicitação de atendimento de Incidentes feita pelo usuário através de ligação telefônica, abertura de Registro de Incidentes pelo sistema disponível na Intranet ou Internet, ou qualquer outro canal de solicitação disponibilizado pela Função Central de Serviços.
- **Registro do Incidente**: todos os Incidentes devem ser registrados em um sistema de Registro e Acompanhamento de Incidentes. Todas as informações relevantes para o atendimento do Incidente devem ser registradas e os históricos dos Incidentes devem ser mantidos para posterior análise se necessário. Essas informações podem incluir:

- Número de identificação único para o Incidente.
- Categoria do Incidente de acordo com o tipo.
- Urgência do Incidente.
- Impacto do Incidente.
- Priorização do Incidente.
- Data e hora de abertura, de cada atualização, resolução e fechamento.
- Identificação do técnico e grupo de suporte que está atendendo o Incidente.
- Fonte de origem do Registro (*e-mail*, telefone, Intranet, etc.)
- Dados do solicitante com informações para contato.
- Descrição dos sintomas.
- *Status* do Incidente (aberto, aguardando em fila, sendo atendido, fechado, cancelado, etc.).
- Item de Configuração relacionado.
- Atividades realizadas para resolver o Incidente.
- Resolução aplicada.
- Metas de atendimento do Acordo de Nível de Serviço.

- **Categorização do Incidente**: os incidentes devem ser categorizados de acordo com critérios predefinidos de cada organização, podendo se basear no Catálogo de Serviços de Negócio, no Catálogo de Serviços de TI, em Pacotes de Serviços, Linhas Base de Serviços, Sistema de Gerenciamento da Configuração etc. Por exemplo, tomando como base o exemplo do sistema de vendas relatado anteriormente, uma possível categorização do incidente poderia ser:
    - **Nível 1**: Serviço de TI (Sistema de Vendas).
    - **Nível 2**: tipos de Solicitações para esse Serviço de TI (Acesso ao Sistema, Dúvidas Operacionais, Falhas do Sistema).
    - **Nível 3**: tipos de atividades requeridas para cada tipo de solicitação (Em caso de Falhas do Sistema, podem ser: erros da aplicação ou falhas de banco de dados). Para cada uma das classificações descritas, o Incidente deverá ser encaminhado para a equipe relacionada (equipe da aplicação ou equipe do banco de dados).

Não é recomendada a criação de mais de três ou quatro níveis de categorização, sob o risco de muitas possibilidades induzirem ao erro. A categorização deve deixar claro o tipo de atendimento requerido e para que equipe o Incidente deve ser encaminhado. A categorização também é um elemento importante para a geração de relatórios de acompanhamento do ciclo de vida dos Incidentes e para análise de causa raiz do Gerenciamento de Problemas.

- **Priorização do Incidente:** a priorização é definida com base em uma matriz de risco entre a urgência do tratamento do Incidente e o impacto que o Incidente causa na operação da empresa. O impacto pode ser definido de acordo com alguns dos critérios a seguir:
  - Quantidade de áreas afetadas na empresa.
  - Quantidade de serviços impactados.
  - Nível de exposição da imagem da empresa.
  - Risco de perdas financeiras.
  - Conformidade com leis e regulamentações.

A urgência é a determinação do tempo máximo que uma empresa pode suportar esses impactos sem solução. Pode ser determinada pela taxa de Sustentabilidade (Tempo Médio para Restauração de Serviço) definida pelo Gerenciamento de Disponibilidade no ciclo Desenho de Serviço e acordada no Acordo de Nível de Serviço. Como exemplo de matriz de definição de prioridade podemos utilizar a Matriz GUT (Gravidade, Urgência e Tendência):

Gravidade (impacto)	Urgência (prazo)	Tendência (agravamento)	Prioridade
Muito Alto	Imediata	Piora imediata	1
Alto	Urgência média	Piora rápida	2
Médio	Urgência baixa	Piora lenta	3
Baixo	Atendimento normal	Piora muito lenta	4
Muito Baixo	Pode aguardar	Piora estagnada	5

Figura 10.4. Exemplo de Matriz GUT de priorização.

Como resultado da escala de priorização, um Acordo de Nível de Serviço pode definir, por exemplo, que os serviços devem ser atendidos de acordo com a seguinte escala de metas de atendimento de prioridade:

- **Prioridade 1**: TMPRS = 1 hora.
- **Prioridade 2**: TMPRS = 4 horas.
- **Prioridade 3**: TMPRS = 8 horas.
- **Prioridade 4**: TMPRS = 24 horas.
- **Prioridade 5**: TMPRS = 40 horas.

Lembrando que os prazos devem estar refletidos nos Prazos de Atendimento. Se, por exemplo, foi definido no Prazo de Atendimento que a Central de Serviços e o Gerenciamento de Incidentes somente operam em horário comercial de segunda à sexta-feira, então os prazos são os seguintes:

- **Prioridade 1**: TMPRS = 1 hora.
- **Prioridade 2**: TMPRS = 4 horas.
- **Prioridade 3**: TMPRS = 1 dia útil.
- **Prioridade 4**: TMPRS = 3 dias úteis.
- **Prioridade 5**: TMPRS = 5 dias úteis.

Em função de conflitos hierárquicos por "entendimentos" de prioridade por parte dos clientes, gerentes e a equipe de TI, é recomendado que sejam identificados os clientes VIP (*Very Important Person*) da organização. Esses usuários podem ter níveis de priorização diferenciados em relação aos usuários comuns dos serviços de TI. Exemplos de usuários VIPs: usuários que trabalham com operações críticas de negócio, como fechamento financeiro, aprovações de grandes pagamentos, gerentes seniores da empresa etc.

- **Diagnóstico Inicial do Incidente**: consiste na análise do sintoma do incidente e identificação do Modelo de Incidente, se houver. Podem ser consultadas bases de informações de Incidentes anteriores e Bases de Dados de Erros Conhecidos para auxílio no diagnóstico do Incidente.

- **Escalação do Incidente**: após o diagnóstico, se o técnico não conseguir aplicar a Solução de Contorno ou Resolução, o Incidente deve ser encaminhado para uma equipe capaz de resolver o Incidente. Existem dois tipos de Escalações previstos:
    - **Escalação Funcional**: escalação para equipe com capacidade para resolver o Incidente. Geralmente são equipes especializadas com mais experiência e perfis de acesso dos serviços diferenciados das equipes de níveis inferiores. Requer Acordos de Nível Operacional entre as equipes para garantir o atendimento do Acordo de Nível de Serviço. Exemplo: equipe nível 1 de suporte a desktop, equipe nível 2 de suporte à rede, equipe nível 3 de suporte a servidores (hardware e Sistema Operacional), equipe nível 4 de suporte especializado a sistemas e aplicações.
    - **Escalação Hierárquica**: Incidentes que requerem ações de resolução mais complicadas, como aquisição de recursos adicionais, acionamento de Fornecedores ou Incidentes de prioridade 1, devem ser notificados para o Gerente de TI e outros gerentes, se previamente definido no Acordo de Nível de Serviço, para a devida tomada de decisão sobre os melhores procedimentos de resolução do Incidente. Outro tipo muito comum de Escalação Hierárquica é a resolução de conflitos no atendimento de Incidentes sobre prioridades de atendimento de Incidentes com a mesma classificação. Supondo que há três Incidentes na fila de atendimento com classificação de prioridade 2, o Gerente do processo de Incidentes poderá ser acionado para definir a ordem de atendimento dos Incidentes com mesma classificação de prioridade.
- **Investigação e Diagnóstico do Incidente**: consiste nas atividades de:
    - Identificar o que está fora da operação padrão de um serviço.
    - Entender a cronologia dos eventos que levaram ao Incidente.
    - Confirmar as informações que levem à classificação de priorização.
    - Identificar os eventos que podem ter iniciado o Incidente.
    - Analisar informações do Sistema de Gerenciamento de Conhecimento de Serviço para identificar Incidentes anteriores, re-

gistros de Problemas, Base de Erros Conhecidos, informações de Fornecedores, informações de Eventos ou Requisições de Mudanças.

- **Resolução e Recuperação do Incidente**: se for identificada uma Solução de Contorno ou Resolução para o Incidente, deve ser avaliado se essa solução altera os atributos do IC no BDGC. Se esse tipo de alteração for escopo do Gerenciamento de Mudanças, deverá ser aberta uma RDM para resolução da falha. Se esta solução pode ser aplicada sem a necessidade de abertura de RDM, a solução é aplicada, o Registro de Incidente atualizado e os Incidentes são encaminhados para a Central de Serviços para fechamento do Incidente.
- **Fechamento do Incidente**: após a resolução do Incidente pelo Gerenciamento de Incidentes ou através de uma RDM, a Função Central de Serviços verifica se o Incidente foi realmente resolvido e se o usuário está satisfeito com a solução aplicada. A Central de Serviços também verifica se todas as informações relevantes do Incidente estão preenchidas e se os níveis de detalhamento do histórico do Incidente estão de acordo com as políticas de registro de Incidentes. Caso o Incidente não esteja de acordo com a política de registro de Incidentes ou o usuário informe que o Incidente não foi resolvido, a Central de Serviços escala o Incidente de volta para a equipe que o estava tratando.

Relacionamentos do Gerenciamento de Incidentes com outros Processos

- **Entradas**:
  - Incidentes encaminhados pela Central de Serviços.
  - Eventos encaminhados pelo Gerenciamento de Eventos.
  - Informações sobre os ICs do Gerenciamento de Configuração e Ativos de Serviço.
  - Informações sobre os níveis de serviços do Gerenciamento de Nível de Serviço.
  - Informações sobre os serviços do Gerenciamento de Catálogo de Serviço.

- Informações sobre Mudanças do Gerenciamento de Mudanças.
- Informações sobre Erros Conhecidos do Gerenciamento de Problemas.
- Informações do Sistema de Gerenciamento de Conhecimento dos Serviços do Gerenciamento de Conhecimento.
- *Feedback* de usuários dos serviços para o Gerenciamento de Relacionamento com o Negócio.[26]

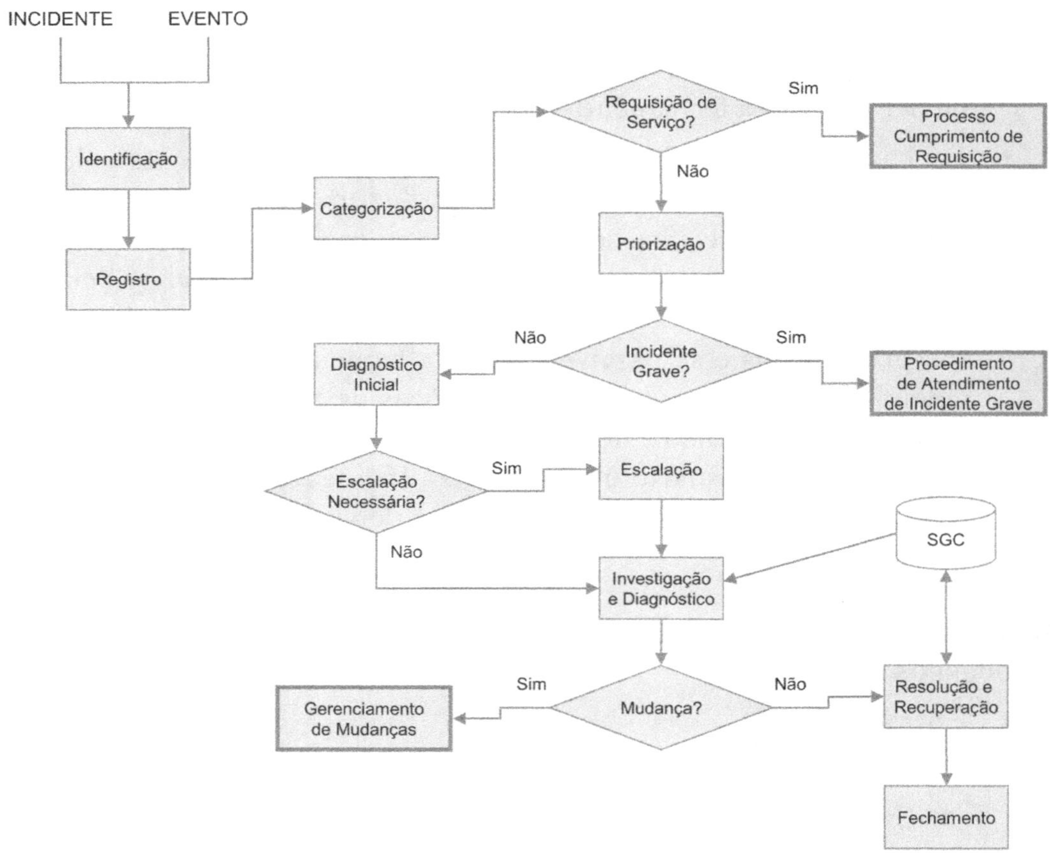

Figura 10.5. Atividades do Gerenciamento de Incidentes.[26]

[26] Reproduzido do livro ITIL® *Service Operation* sob licença do *Cabinet Office*.

- **Saídas**:
  - Informações sobre Incidentes para todos os outros processos.
  - Identificação de Incidentes relacionados com Itens de Configuração.
  - Incidentes resolvidos para a Central de Serviços.
  - Abertura de Registros de Problemas.
  - Abertura de Requisições de Mudanças.

Responsabilidades do Dono do Processo Gerenciamento de Incidentes

- Garantir que o processo seja adequado ao propósito.
- Desenhar Modelos de Incidentes e fluxo de trabalho para o tratamento de Incidentes.
- Trabalhar junto com outros donos de processo para garantir que uma abordagem integrada esteja sendo adotada para o Gerenciamento de Incidentes.

Responsabilidades do Gerente do Processo Gerenciamento de Incidentes

- Garantir a eficiência e eficácia das atividades do Gerenciamento de Incidentes.
- Prover relatórios sobre os Incidentes dos serviços de TI da organização.
- Gerenciar as equipes de atendimento de Incidentes.
- Monitorar as atividades do Gerenciamento de Incidentes e propor melhorias para o processo.
- Planejar e manter os sistemas de Gerenciamento de Incidentes.
- Gerenciar Incidentes Graves.
- Coordenar as interfaces entre o Gerenciamento de Incidentes e os outros processos, especialmente o Gerenciamento de Eventos e Gerenciamento de Problemas.
- Desenvolver procedimentos e políticas de Modelos de Incidentes, escalação, priorização e resolução de conflitos no atendimento de Incidentes.

Cumprimento de Requisição

Objetivo do processo Cumprimento de Requisição

Cumprimento de Requisição é o processo que executa as Requisições de Serviço dos usuários que não estão relacionadas a Incidentes e são serviços pré-aprovados, com baixo ou nenhum impacto na operação de TI, e que podem ser realizados sem a necessidade de planejamento e aprovação do Gerenciamento de Mudanças.

Conceitos do Cumprimento de Requisição

Nem todas as solicitações feitas à Central de Serviços são registros de Incidentes. Os usuários podem solicitar serviços que são previamente planejados, não causam impactos nos serviços de TI e já possuem procedimentos específicos para a sua execução. Geralmente não precisam de testes complexos, não consomem recursos de capital alto, nem causam indisponibilidade nos serviços de TI. Podemos citar como exemplos de Requisições de Serviços:

- Troca de senha do usuário.
- Troca de *toner* da impressora.
- Instalação de softwares já pré-aprovados, como antivírus ou ferramentas de escritório.
- Esclarecimento sobre dúvidas de uso dos sistemas.
- Solicitação de manuais dos sistemas.
- Qualquer outra solicitação que não cause impacto na operação de TI, não necessite de aprovação do Gerenciamento de Mudanças e sua execução possa ser padronizada e agilizada para não burocratizar o atendimento de TI e sobrecarregar o Gerenciamento de Incidentes e Gerenciamento de Mudanças.

Caso Real

Uma empresa possuía muitos Registros de Incidentes para a equipe de suporte do sistema financeiro da empresa. O Gerente de Incidentes estava preocupado com a quantidade crescente de Incidentes a que suas equipes atendiam e resolveu analisar a categorização dos Incidentes. Após uma análise histórica de seis meses, foi identificado que a grande maioria era solicitação de reabertura de lançamentos financeiros. Os usuários faziam lançamentos financeiros equivocados e abriam registros de Incidentes para que a equipe de suporte de terceiro nível reabrisse os períodos de lançamentos contábeis e os acertos pudessem ser realizados pelos usuários. A quantidade de solicitações desse tipo foi analisada em relação ao prazo de atendimento e o custo de execução, e foi apresentada uma proposta para os gerentes das áreas financeiras: o custo de atendimento em seis meses justificava o desenvolvimento de um módulo no sistema que permitia que os próprios gerentes financeiros aprovassem o estorno dos lançamentos errados através de uma Solicitação de Serviços que era direcionada para que a equipe de segundo nível pudesse realizar a reabertura do período contábil. Assim, os usuários tinham que solicitar aos seus gerentes que abrissem uma Solicitação de Serviço. O número de solicitações de acertos feitas à área de TI caiu drasticamente, pois, com a necessidade de aprovação do gerente, os usuários passaram a se policiar mais com relação aos lançamentos financeiros. As poucas necessidades de acertos durante o mês, depois de aprovadas pelos gerentes, eram realizadas pelos próprios usuários no sistema. As Requisições de Serviço a TI reduziram, havendo poucas solicitações nos primeiros meses e quase nenhuma nos meses subsequentes. Com isso, as equipes de suporte do sistema financeiro puderam se dedicar a novos desenvolvimentos e melhorias nos serviços financeiros da empresa.

É importante que as equipes de suporte consigam diferenciar o que é uma Solicitação de Serviço de um Registro de Incidente. Muitas equipes de TI atualmente estão superdimensionadas em função da área de TI estar continuamente "apagando incêndios" operacionais das áreas de negócio, sem contudo serem reconhecidas por isso. Uma coisa é atender Incidentes nos serviços de TI, outra coisa é acertar erros operacionais nos sistemas causados por equívocos de uso dos usuários dos sistemas. Muitas equipes de suporte de TI são solicitadas para realizar estornos de lançamentos feitos errados, acertar cadastros incompletos, realizar intervenções nos dados diretamente nas tabelas dos bancos de dados em produção (a famosa "marretada") e por aí vai. Para as empresas que são auditadas de acordo com a lei Sarbanes-Oxley, este é um ponto crítico de integridade das informações financeiras das empresas e não pode de jeito nenhum ser realizado sem a devida aprovação das áreas de negócio envolvidas e sem a devida evidência da aprovação de sua realização. Requisições de Serviço são requisições de execução de serviços que já foram planejados, pré-aprovados e constam no Catálogo de Serviços.

Atividades do Cumprimento de Requisição

Uma Requisição de Serviço pode ser solicitada através do mesmo sistema de Registro de Incidentes e fechada também pela Central de Serviços. A diferença entre Incidentes e Solicitações são as suas categorizações e os procedimentos que deverão ser seguidos para sua execução. Uma Mudança Padrão também pode ser um tipo de Solicitação de Serviço.

As atividades básicas do Cumprimento de Requisição são:

- **Receber a Requisição do Serviço**: define previamente a forma como as Requisições de Serviço deverão ser solicitadas. Segue a mesma filosofia dos Modelos de Incidentes. Podem ser criados Modelos de Solicitações de Serviços que podem informar a forma como deve ser solicitado esse serviço no próprio Catálogo de Serviços de TI.
- **Registro e Validação da Requisição de Serviço**: as Requisições de Serviço podem ser registradas com as seguintes informações:
    - Número de referência única.
    - Categorização da requisição de acordo com o seu tipo.
    - Urgência da requisição.
    - Impacto da requisição.
    - Priorização da requisição.
    - Registros de data e hora de abertura, tratamento e fechamento.
    - Nome, área e dados da pessoa que solicitou o serviço.
    - Centro de custos caso o serviço seja cobrado.
    - Descrição da solicitação.
    - *Status* da requisição (aberta, em progresso, aguardando autorização e fechada).

- ICs relacionados.
- Grupo de suporte responsável pela execução do serviço.

◆ **Categorização**: a Requisição de Serviço pode ser categorizada por tipo de atividade, por tipo de serviço, por tipo de IC relacionado ou pela função que irá executar o serviço (Central de Serviços, Gerenciamento Técnico, Gerenciamento de Aplicações e Gerenciamento de Operações).

◆ **Priorização da Requisição**: priorização de acordo com o impacto e urgência da solicitação semelhante à priorização do Registro de Incidente.

◆ **Aprovação**: define alguns casos de evidências de aprovação, quando necessário, e evidencia a devida aprovação. As aprovações podem ser meramente informativas como a ciência de um gerente de que este Serviço foi executado ou aprovações descentralizadas para gerências menores ou líderes de equipe conforme a relevância do Serviço. Exemplo: solicitação de *Datashow* para uso na sala de reunião. O uso do *Datashow* não necessita de uma RDM, mas pode haver um controle de uso ou controle de rateio de custos de utilização do *Datashow* que necessitará de uma solicitação para liberação do seu uso.

◆ **Revisão da Requisição**: depois de aprovada, a Requisição deve ser encaminhada para a função de serviço que será responsável pela execução da requisição.

◆ **Execução do Modelo de Requisição de Serviço**: a Requisição de Serviço é executada de acordo com procedimentos previamente planejados no Modelo de Requisição de Serviço, onde são descritos os passos padronizados a serem seguidos para a execução do serviço.

◆ **Fechamento**: após a execução dos serviços, a função Central de Serviços deve verificar as seguintes informações e então fechar a Requisição de Serviço:

- Se os requerimentos financeiros de cobrança estão corretos.
- Se a categorização está correta.
- Se o usuário está satisfeito com o serviço.
- Se as evidências e aprovações necessárias para a Requisição de Serviço estão corretas.

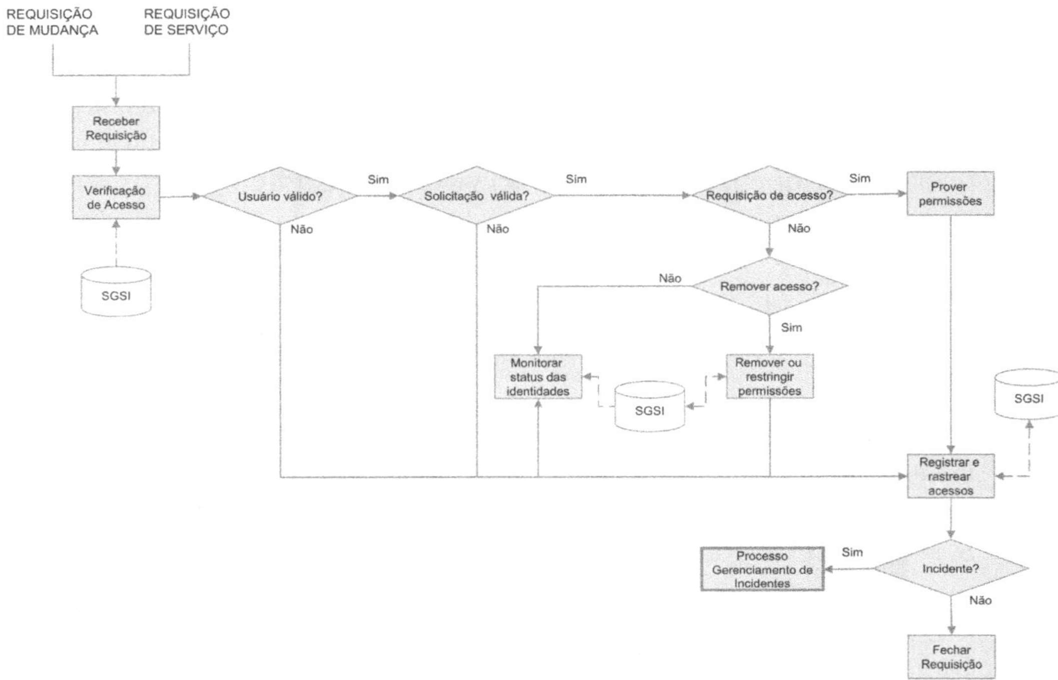

Figura 10.6. Atividades do Cumprimento de Requisição.[27]

Relacionamentos do Cumprimento de Requisição com outros processos

- **Entradas**:
  - Requisições de Serviços encaminhadas pela Central de Serviços.
  - Informações sobre os ICs do Gerenciamento de Configuração e Ativos de Serviço.
  - Informações sobre os níveis de serviços do Gerenciamento de Nível de Serviço.
  - Informações sobre os serviços do Gerenciamento de Catálogo de Serviço.
  - Informações sobre Mudanças do Gerenciamento de Mudanças.
  - Evidências de aprovação dos responsáveis por aprovar a execução do serviço.

[27] Adaptado do livro ITIL® *Service Operation* sob licença do *Cabinet Office*.

- **Saídas**:
  - Informações sobre Requisições de Serviços para todos os outros processos.
  - Requisições de Serviço executadas ou rejeitadas para a Central de Serviços.
  - Abertura de Registros de Incidentes (caso a Requisição de Serviço seja aberta errada e na verdade trata-se de um Incidente).
  - Abertura de Requisições de Mudanças (quando houver necessidade de atualização de ICs relacionados ao serviço).
  - Solicitações de atualização de atributos dos ICs para o Gerenciamento de Configuração e Ativos de Serviços (quando previamente definido que Requisições de Serviço possam atualizar tipos de ICs).
  - Relatórios sobre as Requisições de Serviço.

Responsabilidades do Dono do Processo Cumprimento de Requisição

- Garantir que o processo seja adequado ao propósito.
- Desenhar Modelos de Requisições de Serviço e fluxos de trabalho.
- Trabalhar junto com outros donos de processo para garantir que uma abordagem integrada esteja sendo seguida para o desenho e a implementação das Requisições de Serviço.

Responsabilidades do Gerente do Processo Cumprimento de Requisição

- Garantir a execução das atividades do Cumprimento de Requisição.
- Planejar e gerenciar o suporte das ferramentas e dos recursos necessários para a execução dos serviços.
- Coordenar as interfaces entre o Cumprimento de Requisição e outros processos.
- Revisar e analisar os relatórios de Requisições de Serviço para melhorar o atendimento dos serviços solicitados.
- Representar o processo Cumprimento de Requisição nas atividades do Comitê Consultivo de Mudanças.

Gerenciamento de Problemas

Objetivo do processo Gerenciamento de Problemas

O objetivo do processo Gerenciamento de Problemas é prevenir a ocorrência de Problemas e Incidentes associados através da eliminação de Incidentes recorrentes e da minimização do impacto de Incidentes que não puderem ser prevenidos.

Conceitos do Gerenciamento de Problemas

Há algumas confusões sobre a diferença entre Incidentes e Problemas. Incidentes são interrupções não planejadas nos serviços de TI e Problemas são a causa raiz de um ou mais Incidentes recorrentes ou que causem impactos significativos no negócio.

Registros de Incidentes são diferentes de Registros de Problemas. Um Incidente não se transforma em um Problema. Um Incidente gera a abertura de um Registro de Problema. São dois registros diferentes, atendidos sob atividades diferentes, com ciclos de vida diferentes e com propósitos diferentes.

Vamos ilustrar uma situação para identificarmos a diferença entre um Incidente e um Problema. Imagine que você está com uma dor de cabeça. Você então toma um analgésico e a dor passa. Após um tempo, a dor reaparece e você toma outro analgésico. Se após inúmeros analgésicos a dor não parou, decidimos então procurar um médico. O médico faz uma série de perguntas para tentar identificar a origem da dor de cabeça, como outras queixas frequentes, hábitos etc. Sem uma conclusão, o médico solicita exames específicos, como exame de vista, RX da face, tomografia computadorizada etc. Após o resultado dos exames o médico consegue identificar a causa da dor de cabeça e receita procedimentos ou medicamentos específicos para o tratamento da origem da dor, ou intervenções cirúrgicas se for necessário. Uma simples dor de cabeça pode ocultar inúmeros problemas, como: problemas posturais e musculares, problemas circulatórios nos vasos que irrigam o cérebro, problemas no sistema digestivo, no sistema ocular, entre outros.

Agora vamos contextualizar este exemplo sob a ótica de Incidentes e Problemas: a dor de cabeça é um Incidente que não faz parte da sua operação normal e impacta o seu dia a dia reduzindo a qualidade do seu bem-estar. Quando você toma um analgésico baseado na droga Paracetamol, ela age como inibidora dos mediadores celulares responsáveis pelos sintomas da dor, ou seja, você não fez a dor passar, apenas restringiu a sensação de dor. A dor não passou, ela continua lá, e quando o efeito do Paracetamol passa, o seu organismo volta a identificar a dor. Neste caso você não sabe a origem do Incidente e aplicou uma Solução de Contorno. A Solução de Contorno minimiza os impactos do Incidente e, quando o Incidente volta a ocorrer, você aplica outra Solução de Contorno. Quando Incidentes recorrentes estão acontecendo novamente, mesmo após inúmeras Soluções de Contorno, abrimos um Registro de Problema. Um Problema é um Incidente para o qual não há causa raiz identificada. A causa raiz deve ser identificada através de uma análise dos sintomas, causas, cruzamento de informações, tendências, bases de conhecimento e resultados de testes e verificações. Após a identificação da causa raiz, o Gerenciamento de Problemas aplica a solução de contorno encontrada ou abre uma RDM para aplicação da solução definitiva.

Enquanto o objetivo do Gerenciamento de Incidentes é restabelecer o serviço de TI o mais rápido possível, o objetivo do Gerenciamento de Problemas é encontrar a causa raiz do Problema e aplicar uma solução definitiva para sua resolução, evitando assim a recorrência do Incidente.

O Gerenciamento de Problemas é uma atividade geralmente realizada pelas equipes técnicas com o maior nível de conhecimento. Muitas empresas somente possuem estruturas de Gerenciamento de Incidentes e passam todo o seu tempo aplicando Soluções de Contorno continuamente. A identificação desse tipo de operação é muito fácil: geralmente as equipes de suporte estão atoladas de Incidentes e fazem muitas horas extras, sem, contudo, reduzir a taxa de Incidentes nos meses.

O Gerenciamento de Problemas consiste em duas subdivisões:

- **Gerenciamento de Problemas Reativo:** executado como parte da Operação de Serviço quando um Incidente recorrente ou com impacto significativo já ocorreu.
- **Gerenciamento de Problemas Proativo**: iniciado na Operação de Serviço, mas geralmente executado como parte da Melhoria Continuada dos Serviços de TI quando um Incidente iminente é identificado e

serão planejadas ações proativas para evitar a sua ocorrência antes que causem impactos no negócio.

Tirando o seu objetivo e suas atividades, um Problema é similar a um Incidente. Problemas podem compartilhar do mesmo sistema de Registro de Incidentes, devendo, porém, ser identificados de maneira diferente dos Incidentes através de códigos que mostrem se os registros são Incidentes, Problemas ou Requisições de Serviço.

Problemas, assim como Incidentes, também possuem Modelos de Problemas com as mesmas características de categorização, priorização, histórico etc.

O Gerenciamento de Problemas é responsável por administrar uma base de conhecimento de Soluções denominada Base de Dados de Erros Conhecidos (BDEC). Os Erros Conhecidos são soluções para as quais são identificadas as Causas Raiz e o Gerenciamento de Problemas identificou Soluções que resolvem definitivamente esses Problemas. A BDEC faz parte do Sistema de Gerenciamento do Conhecimento de Serviço e está disponível para consulta pelo Gerenciamento de Incidentes, para eventual aplicação da Solução documentada assim que identificada, para minimizar o impacto nos serviços de TI. Quanto mais Soluções estiverem cadastradas na BDEC, maior a probabilidade dos níveis inferiores atenderem aos Incidentes no menor prazo possível, desonerando as equipes mais capacitadas para realizar outras atividades que agreguem mais valor aos serviços de TI.

Caso Real

Um Gerente de TI se queixou de que sua equipe de suporte estava sempre sobrecarregada e que não sobrava tempo para envolvê-los nos projetos estratégicos da empresa. Uma alternativa a ser estudada era a contratação de mais recursos. A empresa não registrava os Incidentes e as Requisições de Serviço e os profissionais não tinham a menor ideia do volume de atendimentos realizados nem dos tipos de serviços que estavam prestando. No entanto, a alta capacitação da equipe, aliada ao pleno conhecimento das tecnologias utilizadas, fazia com que os impactos no negócio não fossem significativos e os clientes estivessem satisfeitos. Um sistema de Registro de Incidentes foi adquirido, e inicialmente a equipe de suporte passou a registrar os Incidentes e Requisições de Serviço com base em uma categorização dos tipos de atendimentos e tecnologias. Após o primeiro mês, foi possível identificar os tipos de solicitações e as áreas solicitantes. Neste momento, os profissionais foram divididos por áreas de conhecimento e tipos de serviços, de acordo com os perfis de acesso nos sistemas e níveis de conhecimento. Um dos maiores serviços solicitados era a criação de novos usuários nos sistemas, dada a grande rotatividade de colaboradores na empresa. Este serviço ficou concentrado no primeiro nível de atendimento, assim como outros serviços básicos. Os profissionais de segundo e terceiro nível prepararam manuais técnicos e os disponibilizaram para os profissionais de primeiro nível. Após o terceiro mês, somente Incidentes críticos passavam para o terceiro nível. Com a maioria dos Incidentes sendo atendida no primeiro nível, os profissionais de segundo nível realizaram treinamentos de conscientização em segurança da informação e uso básico das ferramentas de escritório para os usuários de TI da empresa. Com isso, o número de Incidentes reduziu mais ainda. Hoje a área de TI trabalha mais baseada na proatividade e com um envolvimento maior nos projetos estratégicos da empresa.

Atividades do Gerenciamento de Problemas

As atividades do Gerenciamento de Problemas são:

- **Detecção do Problema**: os Problemas podem ser identificados de maneira reativa ou proativa.
  - Um Problema pode ser identificado de maneira reativa através de:
    - Suspeita ou detecção de um ou mais Incidentes.
    - Análise de impacto de Incidentes pelas equipes de suporte.
    - Detecção automática de eventos que se caracterizem como um Problema.
    - Notificação da existência de um Problema por um Fornecedor.
  - Um Problema pode ser identificado de maneira proativa através de:
    - Análise de Incidentes eminentes que possam causar impactos significativos no negócio ou análise de tendência histórica de Incidentes.

    - Atividades para melhorar a qualidade dos serviços.

- **Registro do Problema**: de acordo com o método de detecção, os Registros de Problemas devem possuir informações relevantes para o atendimento do Problema. Quando um Registro de Problema é aberto a partir de um Registro de Incidentes, o Problema pode herdar as informações relevantes do Registro de Incidentes, como todo o histórico anterior. Em resumo, um Registro de Problemas deve conter Modelos parecidos com o Incidente, como informações de:
    - Número de identificação único para o Problema.
    - Categoria do Problema.
    - Urgência do Problema.
    - Impacto do Problema.
    - Priorização do Problema.
    - Datas de abertura e de cada atualização.
    - Identificação do técnico e grupo de suporte que está atendendo o Problema.
    - Descrição dos sintomas, incluindo descrição do Incidente.
    - Número de identificação do Incidente para rastreabilidade.
    - *Status* do Problema (aberto, aguardando em fila, sendo atendido, fechado, cancelado etc.).
    - Item de Configuração relacionado.
    - Atividades realizadas para resolver o Problema.
    - Resolução aplicada.
- **Categorização do Problema**: Problemas devem ser categorizados da mesma maneira que os Incidentes.
- **Priorização do Problema**: Problemas devem ser priorizados da mesma maneira que os Incidentes e levando também em consideração a severidade e o impacto dos Problemas em relação a custo da resolução, quantidade de pessoas afetadas, tempo para restauração e quantidade de ICs afetados.
- **Investigação e Diagnóstico**: investigações devem ser conduzidas para identificação da Causa Raiz dos Problemas. A identificação da Causa Raiz pode ser feita através da consulta da Base de Dados de

Erros Conhecidos, através da tentativa de recriação da falha para entendimento das situações que podem originar o Problema e de outras técnicas de diagnóstico como:

- **Análise Cronológica**: documentar todos os eventos em ordem de acontecimento para identificar uma relação lógica de sequência de eventos e suas possíveis ligações que levaram ao Problema.
- **Análise de Valor do Impacto**: identificar o impacto no negócio através do cálculo do valor do impacto baseado na abrangência do impacto, duração da indisponibilidade e o custo para o negócio. Esta abordagem demonstra que Problemas ou Incidentes causam maior impacto no negócio e devem ser priorizados.
- **Análise de Kepner e Tregoe**: analisar a Causa Raiz de um Problema com base nas perguntas: o que, onde, quando e qual o tamanho. Possíveis causas são propostas e cada uma das causas é testada para verificar a mais provável.
- ***Brainstorm***: pessoas discutem ideias sobre potenciais causas e propõem ações para resolução do Problema. Esta abordagem pode ser muito construtiva se bem conduzida e se utilizada em conjunto com a Análise de Kepner e Tregoe para documentar as sessões de *Brainstorm*.
- **Diagrama de Ishikawa ou Diagrama Espinha de Peixe**: é representado através de um diagrama em formato de espinha de peixe. Na "cabeça do peixe" é colocada a descrição do Problema, e através de uma sessão de *Brainstorm* são identificadas possíveis causas representadas nas espinhas do peixe. Esta abordagem permite a visualização das possíveis causas que estão contribuindo para a existência do Problema.
- **Cinco por quês**: inicia com a descrição do que ocorreu e o questionamento de "por que" isso ocorreu. A resposta então passa por mais uma pergunta de "por que" ocorreu, repetindo o processo de submeter a resposta até a quinta pergunta sobre o "por quê". Através desse modelo simples, é possível identificar a causa raiz de um Problema.
- **Isolamento da falha**: esta abordagem permite reexecutar a operação ou o evento que levou ao Problema, através do teste de cada IC, de acordo com a Árvore de Análise de Falhas, até que o IC causador do Problema seja identificado.

- **Mapa de afinidades**: técnica utilizada para organizar grandes quantidades de ideias e opiniões e agrupá-las por características comuns. Geralmente realizada em reuniões de *Brainstorm* para identificar as causas raiz possíveis.
- **Teste de hipótese**: lista as possíveis causas e determina, através de informações de Incidentes ou informações operacionais, os cenários a serem testados e aloca pessoas de suporte para testar cada cenário. Após os testes os resultados são avaliados e cada hipótese é aceita ou rejeitada.
- **Análise de Pareto**: representação das causas prováveis e suas frequências de ocorrência. São ordenadas as causas em ordem decrescente de importância. O objetivo da Análise de Pareto é concentrar os esforços onde o impacto e a importância são maiores e se baseia na regra de 80/20, na qual 20% das principais causas provocam 80% dos Problemas.

- **Soluções de Contorno**: enquanto a causa raiz do Problema é identificada, podem ser encontradas Soluções de Contorno para os Incidentes. Essas Soluções de Contorno podem ser aplicadas imediatamente para resolver o Incidente, porém o Registro de Problema continua aberto até que a Solução Definitiva seja encontrada.
- **Buscar Erro Conhecido:** assim que uma Solução for encontrada, um Erro Conhecido deve ser registrado na Base de Dados de Erros Conhecidos para permitir às equipes de Gerenciamento de Incidentes o uso da Solução assim que novos Incidentes forem abertos para minimizar o impacto nos serviços de TI.
- **Resolução do Problema**: se a solução do Problema pode ser aplicada imediatamente, as equipes do Gerenciamento de Problemas aplicam a Solução; porém, se a Solução alterar as configurações de um serviço ou IC, deve ser criada uma Requisição de Mudança para planejamento, aprovação, construção e liberação da Mudança em produção.
- **Fechamento do Problema**: quando a Solução foi aplicada pela equipe do Gerenciamento de Problemas ou através de uma RDM, o Registro de Problema é fechado, assim como os Registros de Incidente relacionados ao Problema. É verificado se as informações relevantes do Registro de Problemas estão devidamente preenchidas e se a Solução foi cadastrada na Base de Dados de Erros Conhecidos.

- **Revisão de Problemas Graves**: se o Problema for categorizado como grave, deve ser feita uma revisão mais específica para analisar se as atividades foram conduzidas apropriadamente e que pontos podem ser melhorados no futuro. Deve ser identificado se as atividades foram executadas corretamente, o que ocorreu de errado durante as atividades e se, da próxima vez, o Problema pode ser evitado. Essas informações devem ser documentadas e disponibilizadas no Sistema de Gerenciamento de Conhecimento de Serviço.

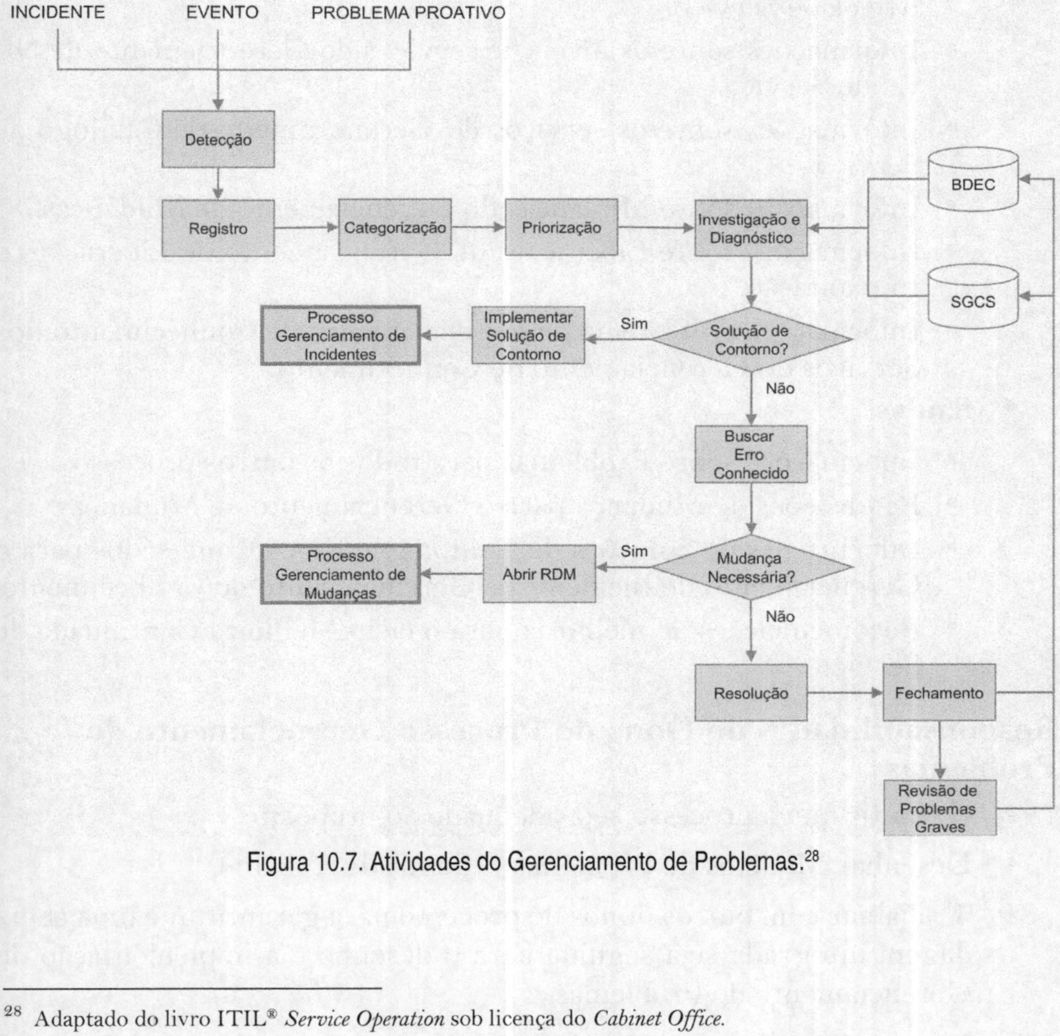

Figura 10.7. Atividades do Gerenciamento de Problemas.[28]

[28] Adaptado do livro ITIL® *Service Operation* sob licença do *Cabinet Office.*

Relacionamentos do Gerenciamento de Problemas com outros Processos

- **Entradas**:
  - Registros de Problemas pelo Gerenciamento de Incidentes.
  - Informações sobre Incidentes relacionados com os Problemas do Gerenciamento de Incidentes.
  - Informações sobre histórico e tendência de Incidentes do Gerenciamento de Incidentes.
  - Informações sobre os ICs do Gerenciamento de Configuração e Ativos de Serviço.
  - Informações sobre os níveis de serviços do Gerenciamento de Nível de Serviço.
  - Informações sobre os serviços do Gerenciamento de Catálogo de Serviço.
  - Informações sobre Mudanças do Gerenciamento de Mudanças.
  - Informações sobre Liberações do Gerenciamento de Liberações e Implantação.
  - Informações do Sistema de Gerenciamento de Conhecimento dos Serviços do Gerenciamento de Conhecimento.
- **Saídas**:
  - Informações sobre Problemas para todos os outros processos.
  - Requisições de Mudança para o Gerenciamento de Mudanças.
  - Informações de Soluções de Contorno e Erros Conhecidos para o Gerenciamento de Incidentes e Gerenciamento do Conhecimento.
  - Recomendações de melhoria para o ciclo Melhoria Continuada de Serviço.

Responsabilidades do Dono do Processo Gerenciamento de Problemas

- Garantir que o processo seja adequado ao propósito.
- Desenhar Modelos de Problemas e fluxos de trabalho.
- Trabalhar com outros donos de processo para garantir que uma abordagem integrada seja seguida para o desenho e a implementação do Gerenciamento de Problemas.

Responsabilidades do Gerente do Processo Gerenciamento de Problemas

- Garantir a execução das atividades do processo.
- Planejar e gerenciar ferramentas e recursos do processo.
- Coordenar a interface entre o Gerenciamento de Problemas e outros processos.
- Manter a Base de Dados de Erros Conhecidos e planejar algoritmos de busca.
- Garantir que as equipes de resolução de Problemas estejam trabalhando alinhadas com os níveis de serviço acordados.
- Fechar formalmente todos os Registros de Problema.
- Fornecer informações sobre os Problemas.
- Gerenciar as atividades da Revisão de Problemas Graves.

Gerenciamento de Acesso

Objetivo do processo Gerenciamento de Acesso

O objetivo do processo Gerenciamento de Acesso é prover aos usuários os direitos de uso dos serviços ou grupo de serviços de acordo com as políticas de acesso definidas no Gerenciamento de Segurança da Informação.

Conceitos do Gerenciamento de Acesso

Gerenciamento de Acesso é um processo executado pelas Funções Gerenciamento Técnico e Gerenciamento de Aplicações que gerencia os acessos dos usuários dos serviços de acordo com a Política de Segurança da Informação definida no processo Gerenciamento da Segurança da Informação no ciclo Desenho de Serviço. O Gerenciamento de Acesso responde pela concessão de acesso, alteração de privilégios de acesso e remoção de acesso através de Requisições de Serviço.

Acesso

Refere-se a um nível de funcionalidade de um serviço ou dados a que um usuário possui direito de acesso e uso.

Identidade

Refere-se à forma como o usuário é identificado dentro da organização e é único para cada indivíduo.

Direitos

Refere-se aos privilégios que o acesso do usuário tem a determinadas funcionalidades ou dados.

Serviços ou Grupos de Serviços

Conjuntos de serviços semelhantes que podem ser agrupados em perfis de acesso.

Serviços de Diretórios

Ferramenta utilizada para gerenciar os privilégios dos acessos dos usuários.

Atividades do Gerenciamento de Acesso

As atividades do Gerenciamento de Acesso são:

- **Receber Requisição de Acesso**: acessos podem ser solicitados por meio de Requisições de Mudança ou Requisições de Serviço. Os meios de solicitação de acesso a um determinado serviço geralmente estão descritos no Catálogo de Serviços.
- **Verificação de Acesso**: identifica duas perspectivas a serem verificadas antes da concessão dos acessos:
    - Se o usuário é realmente quem ele diz que é.
    - Se o solicitante tem legitimidade para solicitar o acesso e o fez da maneira correta. Exemplo: Requisição de acesso aos sistemas solicitada pelo gerente imediato do funcionário contratado com notificação do RH da empresa atestando a contratação do usuário ou Requisição de Mudança do gerente solicitando a alteração do perfil de acesso de todos os funcionários da sua área em determinado sistema.

- **Prover Permissões**: as decisões sobre conceder ou negar acesso não são tomadas pelo Gerenciamento de Acesso sozinho; o Gerenciamento de Acesso somente segue o que foi definido nos ciclos de Estratégia e Desenho de Serviço. Uma vez validados, os direitos de acesso são concedidos.
- **Monitorar *Status* das Identidades**: monitorar o ciclo de vida da identidade do usuário nos serviços de TI. Funcionários podem ser transferidos, demitidos, promovidos e suas permissões devem refletir seu *status* atual. É muito comum usuários serem transferidos de áreas e ficarem com dois perfis de acesso, um da área nova e outro da área antiga, continuando a ter acesso aos serviços da área antiga. Na pior das hipóteses, usuários podem ser demitidos e continuarem com acesso aos serviços de TI da empresa. O Gerenciamento de Acesso deve possuir uma ferramenta que permita uma auditoria e um controle das identidades, podendo permitir a alteração de perfil de uma Identidade para outro perfil quando necessário.
- **Registrar e Rastrear Acessos**: o Gerenciamento de Acesso não deve somente se preocupar em conceder ou retirar os Acessos, mas também a monitorar as atividades dos perfis nos serviços de TI. Exceções podem ser direcionadas ao Gerenciamento de Incidentes como Incidentes de Segurança da Informação. O Gerenciamento de Segurança da Informação pode detectar uso não autorizado de determinado sistema e comparar com os acessos concedidos pelo Gerenciamento de Acesso. O Gerenciamento de Acesso também pode ser convocado por investigações legais ou de auditoria para identificar evidências de acessos como datas, duração do acesso, atividades realizadas em determinado sistema, dados alterados etc.
- **Remover ou Restringir Permissões**: remover acessos de acordo com as políticas definidas pela Estratégia e Desenho de Serviços. São situações comuns de remoção ou restrição de acesso dos usuários:
  - Saída do usuário da empresa por demissão ou falecimento.
  - Afastamento temporário.
  - Quando o usuário mudou suas atribuições e não precisará mais de determinado acesso.
  - Quando o usuário está sob investigação.

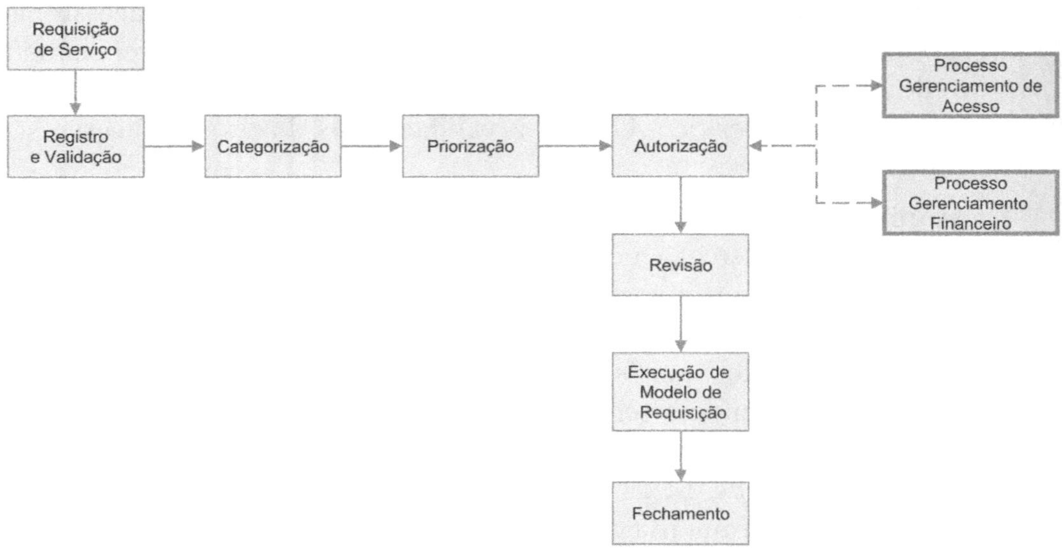

Figura 10.8. Atividades do Gerenciamento de Acesso.[29]

Relacionamentos do Gerenciamento de Acesso com outros processos

- **Entradas**:
  - Requisições de Serviços para alteração/criação de acessos do processo Cumprimento de Requisição.
  - Requisições de Mudança para alteração/criação de acessos do Gerenciamento de Mudanças.
  - Informações sobre os serviços do Gerenciamento de Catálogo de Serviço.
  - Informações sobre os níveis de serviços para as atividades relacionadas a concessão ou revogação de acesso do Gerenciamento de Nível de Serviço.
  - Políticas de Segurança da Informação do Gerenciamento de Segurança da Informação.

[29] Adaptado do livro ITIL® *Service Transition* sob licença do *Cabinet Office.*

- **Saídas**:
  - Informações sobre Acessos para o todos os outros processos.

Responsabilidades do Dono do Processo Gerenciamento de Acesso

- Garantir que o processo seja adequado ao propósito.
- Desenhar os fluxos de requisição de acesso.
- Trabalhar com os outros donos de processo para garantir que uma abordagem integrada esteja sendo adotada para o desenho e a implementação do Gerenciamento de Acesso.

Responsabilidades do Gerente do Processo Gerenciamento de Acesso

- Garantir a execução das atividades do processo.
- Planejar e suportar as ferramentas e os recursos do Gerenciamento de Acesso.
- Coordenar as interfaces entre o Gerenciamento de Acesso e os outros processos, especialmente o Gerenciamento de Segurança da Informação e Gerenciamento de Incidentes.

Funções do ciclo Operação de Serviço

Funções são equipes e ferramentas utilizadas para executar os processos. Um processo somente inicia quando uma entrada prevista ocorre, enquanto que uma função existe fisicamente independentemente das entradas do processo. Os profissionais de TI ficam alocados nas funções e, de acordo com suas atribuições, são responsáveis pelas atividades dos processos. Em grandes empresas, as funções podem ser separadas em divisões ou departamentos, enquanto em médias empresas podem ser divididas em times ou grupos e em pequenas empresas, um departamento pode ser separado em várias funções.

- **Departamentos:** são estruturas hierárquicas formais da empresa criadas para executar atividades definidas. Possuem gerentes e funcionários.
- **Divisões:** são agrupamentos de departamentos reunidos por linhas de produto, cadeias de serviços ou localização geográfica.

- **Grupos:** agrupamento de profissionais que executam atividades similares. Um grupo pode ser formado por pessoas que trabalham em departamentos diferentes, mas trabalharão em atividades similares de forma padronizada.
- **Time:** união formal de grupos que trabalham em conjunto para atingir um objetivo comum. Um time pode ser formado com pessoas que trabalham em departamentos diferentes, mas trabalharão de forma colaborativa para executar atividades temporárias, transitórias ou de projeto.

Central de Serviços

Objetivos da função Central de Serviços

Os objetivos da função Central de Serviços são: ser o ponto único de contato para os usuários de TI e restaurar a operação normal dos serviços assim que possível.

Conceitos da Central de Serviços

Quando falamos em "restaurar" os serviços, podemos inicialmente fazer uma confusão com o objetivo do processo de Gerenciamento de Incidentes. A Central de Serviços não é um processo e sim uma função. Uma função é uma equipe ou grupo de pessoas e ferramentas que são utilizados para conduzir um ou mais processos ou atividades. Sendo assim, os recursos alocados na Central de Serviços executam as atividades do processo Gerenciamento de Incidentes e Cumprimento de Requisição em primeiro nível. Quando um usuário solicita uma informação sobre um serviço e esta informação é de conhecimento da equipe da Central de Serviços ou está disponível no Sistema de Gerenciamento do Conhecimento, a Central de Serviços pode atender a esta solicitação sem a necessidade de escalação da Solicitação de informação. Nesse caso, dizemos que a Central de Serviços agiu como primeiro nível de atendimento. Caso a Central de Serviços não tenha conhecimentos ou permissões para atender a determinada Requisição de Serviço ou Incidente, então as Requisições ou os Incidentes são escalados para as equipes competentes, que podem estar alocadas em outras funções.

A Central de Serviços é o ponto único de contato para os usuários dos serviços de TI em relação às Requisições de Serviços e à abertura de Registros de Incidentes. Como ponto único de contato queremos dizer que todas as Requisições de Serviços e Incidentes devem ser encaminhadas para a Central de Serviços, porém pode haver mais de uma forma de contato com a Central de Serviços, como, por exemplo, via telefone, e-mail, *chat*, abertura de registros na própria ferramenta de Registro de Incidentes, ou até através de contato pessoal. O que não é permitido e aceitável é que nenhum atendimento seja realizado sem o devido registro no sistema de Registro de Solicitações e Incidentes. Por exemplo, um técnico pode estar realizando um atendimento local na mesa de um usuário, e outro usuário ao lado informar um Incidente. O atendente pode verificar o Incidente e, se conseguir aplicar a solução no momento, ela pode ser aplicada; mas posteriormente o registro do atendimento do Incidente deve ser criado para controle dos atendimentos feitos pelas equipes de TI. Tenha em mente que, mesmo que as práticas propostas pelo ITIL® preconizem que todo atendimento deve ser registrado pela Central de Serviços, o objetivo principal de TI é minimizar o impacto de falhas nos serviços de TI e restaurar o serviço o mais rápido possível, mesmo que para isso o registro de Incidente possa ser feito posteriormente ao atendimento. Não faz sentido negar um atendimento local sob a alegação de que a Central de Serviços é o ponto único de contato e as equipes de Gerenciamento de Incidentes somente podem agir após a Central de Serviços abrir um Registro de atendimento. Neste caso vale o bom senso do profissional ou as políticas de atendimento definidas pelo Gerente da Central de Serviços. Em todo o caso, sempre deve haver o Registro do que foi feito na ferramenta disponível para a Central de Serviços.

A Central de Serviços é responsável pelo gerenciamento do ciclo de vida dos Incidentes e Requisições de Serviço no que diz respeito ao fornecimento de informações sobre as Requisições de TI para os usuários dos serviços. Se um usuário abrir um Registro de Incidente e no dia seguinte desejar informações sobre o andamento do tratamento do Incidente, a Central de Serviços é responsável por fornecer informações sobre o andamento do Incidente aos usuários. As equipes técnicas alocadas no Gerenciamento de Incidentes e Problemas focam nas atividades técnicas de restauração dos serviços, deixando o relacionamento com os usuários para ser realizado pela Central de Serviços, assim como a avaliação da satisfação dos usuários em relação à solução aplicada de Incidentes ou Problemas.[30]

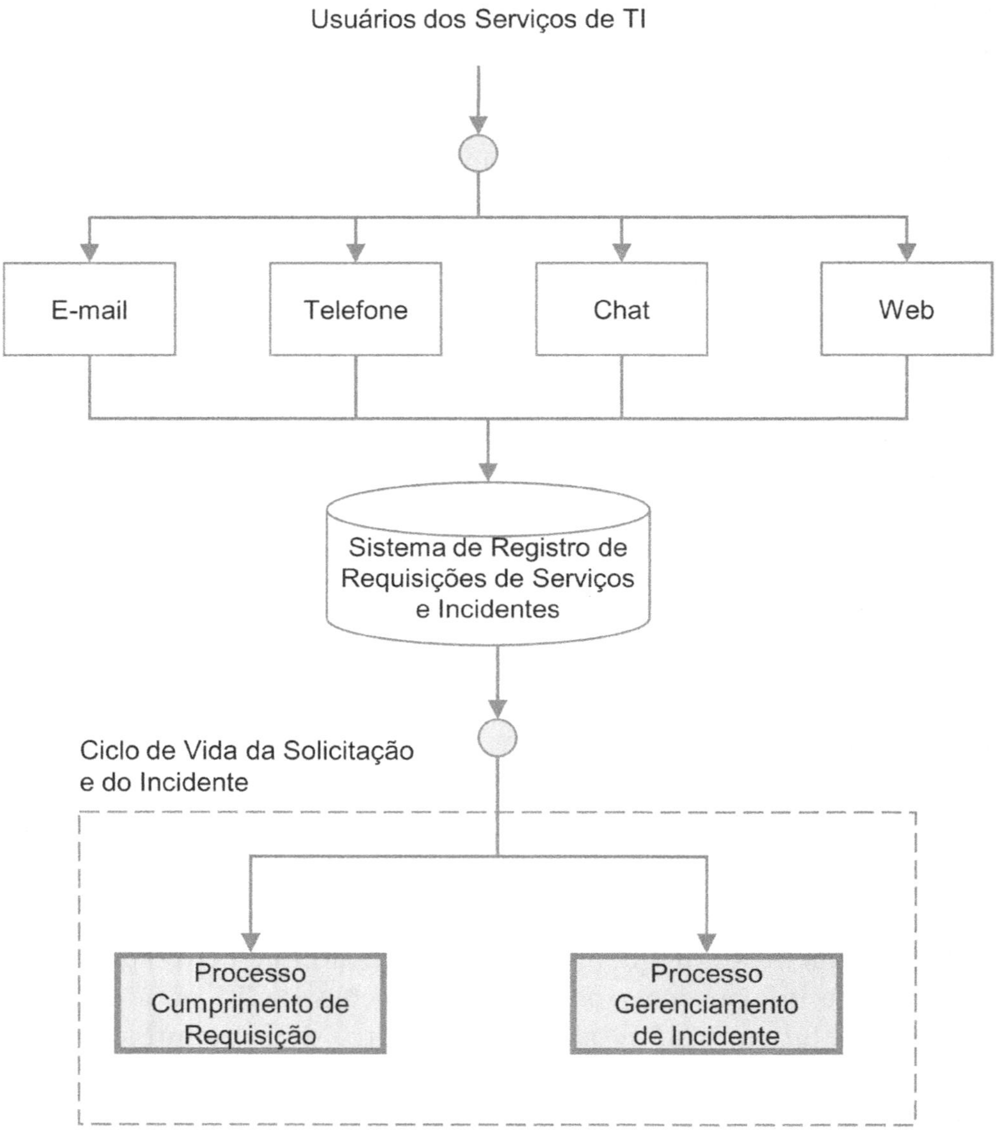

Figura 10.9. Escopo da Central de Serviços.[30]

[30] Reproduzido do livro ITIL® *Service Operation* sob licença do *Cabinet Office*.

A estrutura de uma Central de Serviços pode variar de acordo com o porte das empresas. Em empresas de pequeno e médio porte, os profissionais da Central de Serviços podem também ser profissionais alocados em outros processos, como Gerenciamento de Incidentes, Problemas e Gerenciamento de Mudanças, por exemplo. Lembre-se de que processos são como bonés. Podemos tirar um boné, colocar outro e executar as atividades de acordo com o boné que estamos na cabeça no momento. Em empresas de grande porte, geralmente a Central de Serviços é uma função onde os profissionais de primeiro nível estão sempre com o boné da Central de Serviços. O Gerenciamento de Incidentes pode ser realizado por outra equipe diferente, dados o tamanho da empresa e o volume de requisições encaminhadas à Central de Serviços.

Existem quatro tipos de Centrais de Serviço:

- **Central de Serviço Local**: Central de Serviço localizada presencialmente próxima aos usuários. Geralmente se referem a empresas que não possuem filiais ou empresas que possuem filiais e optam por manter uma Central de Serviço em cada filial por questões culturais, de linguagem ou pela estratégia de manter a proximidade de clientes e usuários para atendimento de serviços personalizados. Pode ser subutilizada se o número de Solicitações e Incidentes não justificar sua existência.
- **Central de Serviços Centralizada**: Central de Serviço que presta serviços a mais de uma localidade, como filiais diferentes, a partir de uma única Central. Tende a ser mais eficiente pois lida com um volume maior de Solicitações e Incidentes e pode adquirir maiores conhecimentos através da centralização do Sistema de Gerenciamento de Conhecimento dos Serviços de TI. Ainda assim, é necessário manter equipes de suporte local para escalação de Solicitações ou Incidentes que requeiram intervenções físicas, porém o gerenciamento das atividades fica a cargo da Central de Serviços Centralizada.
- **Central de Serviços Virtual**: geralmente utilizada no formato de terceirização da Central de Serviços com um Fornecedor. O usuário pode ter a impressão de estar sendo atendido por uma Central de Serviço Local ou Centralizada, quando na verdade está sendo atendido por um Provedor de Serviços Externo. Por exemplo, os usuários podem ligar para um número de ramal interno da empresa e, através da central telefônica, serem redirecionados para a Central de Serviços do Fornece-

dor. Assim como o Fornecedor pode ter acesso à rede da empresa para prestar atendimentos remotos através de ferramentas de emulação de telas como Terminais de Acesso Remoto.

- **Central de Serviços "Siga o Sol" (*Follow the Sun*)**: utilizada por empresas multinacionais que necessitam de suporte contínuo 24 horas por dia. As Centrais de Serviço operam de acordo com o fuso horário de determinado país ou região onde estão localizadas. Por exemplo, uma Central de Serviços no Brasil pode operar durante determinado horário e, encerrando o expediente no Brasil, ela pode ser direcionada para a Europa. Encerrando o expediente na Europa, a Central pode ser direcionada para a Índia. Essa abordagem prevê que a Central de Serviços esteja operacional mundialmente 24 horas por dia. No entanto, é necessário que as Centrais de Serviço:
  - Compartilhem do mesmo sistema de Registro de Solicitações e Incidentes.
  - Tenham processos de atendimento comuns para todas as localidades.
  - Tenham atendentes fluentes na língua nativa dos usuários de acordo com a origem da solicitação de atendimento.
  - Respeitem os aspectos culturais de cada região e compartilhem da mesma base de conhecimento.

Alguns fatores devem ser considerados para decisão do melhor modelo de Central de Serviços:

- Expectativas dos clientes dos serviços.
- Requerimentos do negócio.
- Tamanho e complexidade da estrutura de TI e do Catálogo de Serviços.
- Número de usuários suportados.
- Diferenças culturais e de linguagem.
- Níveis de conhecimento das equipes.
- Tipo de infraestrutura requerida para a Central de Serviços como telefone, vídeo, atendimento presencial, acesso remoto ou outro recurso necessário.
- Processos e procedimentos em uso.
- Padrões de uso dos serviços.

Responsabilidades da Função Central de Serviço

A Função Central de Serviço não possui um único papel, existem vários papéis e responsabilidades. São eles:

- **Gerente da Central de Serviços**
  - Gerenciar as atividades da Central de Serviços.
  - Decidir sobre os procedimentos de escalações hierárquicas necessárias.
  - Gerenciar o relacionamento com os usuários em relação à Central de Serviços.
  - Fornecer relatórios gerenciais sobre a operação da Central de Serviços.
  - Definir papéis e responsabilidades do Ciclo de Vida das Requisições de Serviço e Incidentes.
- **Supervisor da Central de Serviços**
  - Garantir a manutenção do conhecimento das equipes.
  - Supervisionar a equipe da Central de Serviços.
  - Agir como mediador em situações de necessidade de escalação hierárquica.
  - Produzir estatísticas e relatórios da operação da Central de Serviços.
  - Conduzir reuniões com as equipes da Central de Serviços.
  - Auxiliar os Analistas da Central de Serviços quando o volume de Solicitações e Incidentes são altos ou quando é necessário um nível de experiência mais alto.
- **Analistas da Central de Serviços**
  - Equipe que efetivamente atende às Requisições de Serviços e Incidentes em primeiro nível.
- **Superusuários**
  - Usuários das áreas de negócio que agem como ponto focal para dúvidas básicas sobre os serviços de TI, participam do planejamento de novos serviços de TI para a sua área e podem conduzir treinamentos internos.

Gerenciamento Técnico

Objetivo da função Gerenciamento Técnico

O objetivo da função Gerenciamento Técnico é auxiliar no planejamento, na implementação e na manutenção da infraestrutura de TI para suportar os serviços de TI.

Conceitos do Gerenciamento Técnico

As competências dos profissionais de TI devem ser identificadas para avaliação se os serviços de TI podem ser gerenciados através destas competências. A Função Gerenciamento Técnico tem a missão de mapear as competências requeridas e atuais dos profissionais de TI para garantir que os profissionais estejam sendo bem utilizados pela empresa. Um dos Quatro Ps do Desenho de Serviço, descrito no ciclo Desenho de Serviço, é Pessoas. Não adianta a empresa ter processos e sistemas de gestão se os profissionais não possuem as habilidades e os conhecimentos necessários para executar as suas atividades. Muitas empresas resolvem essas necessidades contratando recursos altamente qualificados que muitas vezes acabam sendo subutilizados e significam custos altos e desnecessários para a empresa. A identificação dos recursos certos para cada atividade deve ser realizada para fornecer informações que serão úteis na fase de Desenho do Serviço. Por exemplo: se um determinado serviço requer um nível de conhecimento em determinada tecnologia, mas a sua utilização deverá ser esporádica, vale a pena contratar um profissional que somente trabalhará esporadicamente ou contratar um Fornecedor que execute esse serviço sob demanda? Cada caso deve ser avaliado. O Gerenciamento Técnico deve responder às seguintes questões:

- Quais são as competências requeridas para o Serviço de TI?
- Temos essas competências atualmente?
- Podemos capacitar os recursos internos ou teremos que contratar?
- Qual é a relação de custo e benefício entre capacitar internamente ou contratar?
- Como garantir que os recursos certos estejam sendo utilizados nas atividades certas?

De acordo com o tamanho da empresa, dos tipos de Serviços de TI e das tecnologias envolvidas, o Gerenciamento Técnico pode ser realizado através de equipes técnicas divididas por agrupamentos de conhecimentos técnicos necessários. Por exemplo, uma empresa pode possuir as seguintes equipes técnicas:

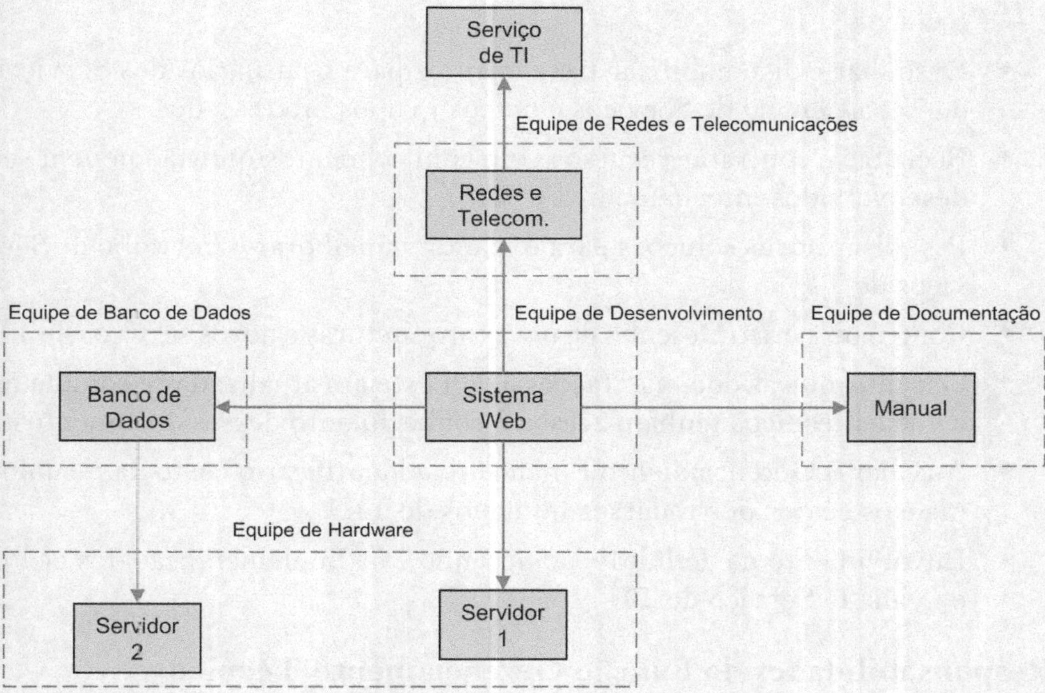

Figura 10.10. Equipes Técnicas.

Os profissionais alocados na função Gerenciamento Técnico geralmente são os profissionais técnicos de segundo e terceiro níveis de atendimento de Requisições de Serviço, Incidentes e Problemas.

Atividades do Gerenciamento Técnico

As atividades do Gerenciamento Técnico são:

- Identificar os conhecimentos necessários para gerenciar os Serviços de TI. Esta atividade é iniciada na Estratégia de Serviço, expandida no Desenho de Serviço, executada na Operação de Serviço e analisada e melhorada na Melhoria Contínua de Serviço.

- Garantir que haja documentação e gerenciamento dos conhecimentos em TI e que haja planos de desenvolvimento dos conhecimentos necessários.
- Iniciar programas de treinamento e desenvolvimento dos conhecimentos técnicos dos recursos e manter registros de conhecimentos técnicos.
- Desenhar e disponibilizar treinamentos para os usuários dos Serviços de TI, a Central de Serviços e outros grupos interessados.
- Recrutar e contratar recursos com conhecimentos que não podem ser desenvolvidos internamente.
- Pesquisar novas soluções para expandir e melhorar o Portfólio de Serviços de TI.
- Contribuir para o Desenho de novas arquiteturas e novos serviços de TI.
- Garantir que as documentações de TI estejam atualizadas e completas e que os técnicos tenham acesso e conhecimento desses documentos.
- Auxiliar o Gerenciamento Financeiro a identificar o custo da tecnologia e os custos dos recursos humanos de TI.
- Envolvimento na definição, no desenho e na implementação dos ciclos de vida do Serviço de TI.

Responsabilidades da Função Gerenciamento Técnico

A Função Gerenciamento Técnico não possui um único papel; existem vários papéis e responsabilidades. São eles:

- **Gerente Técnico ou Gerente de Equipe**
  - Liderar e controlar as equipes técnicas.
  - Prover conhecimento técnico para a equipe técnica.
  - Reportar necessidades técnicas de suas equipes técnicas.
- **Arquitetos Técnicos**
  - Liderar e controlar as equipes técnicas.
  - Auxiliar o Gerente de Aplicação e outros Arquitetos Técnicos a determinar as necessidades técnicas para atender aos requerimentos dos serviços de TI.

- Manter o conhecimento técnico da equipe.
- Realizar análise de custo e benefício para auxiliar na tomada de decisão sobre a melhor forma de atender aos requerimentos técnicos.
- Garantir que os recursos estejam sendo utilizados da melhor forma.

◆ **Operador Técnico**

- Profissionais alocados nas atividades do dia a dia da Operação de Serviços de TI, como Analistas de Incidentes e Analistas de Problemas.

Gerenciamento da Operação de TI

Objetivo da função Gerenciamento da Operação de TI

O Gerenciamento da Operação de TI é responsável por executar as atividades do dia a dia da manutenção da infraestrutura de TI.

Conceitos do Gerenciamento da Operação de TI

A função Gerenciamento da Operação de TI gerencia as atividades que não estão diretamente ligadas a um projeto de TI (Transição de Serviço) ou a uma Requisição de Serviço ou Incidente. Há várias atividades do dia a dia de TI, geralmente atividades repetitivas, que não necessitam de uma requisição para serem executadas. Tais atividades são fortes candidatas à automação devido a sua baixa necessidade de análise e baixo valor agregado nos serviços de TI. São atividades, por exemplo, de execução de rotinas diárias, trocas de *toner* de impressoras, atualização de vacinas de antivírus, limpeza de *caches,* análise de *logs,* impressão em larga escala, extração de relatórios periódicos, entre outras.

Podem ser atividades de verificação diária que serão insumos para as análises proativas de melhorias ou prevenção de Incidentes. A Função Gerenciamento da Operação de TI não trata melhorias nem Incidentes, somente realiza as atividades necessárias de coleta de informações e análises, atividades estas que são padrão de TI e não necessitam de requisições para o início da sua execução.

Caso Real

No mercado financeiro brasileiro, após o fechamento das operações diárias entre as instituições financeiras, as equipes de operação de TI executam rotinas de fechamento contábil dos lançamentos das operações do dia, imprimem relatórios financeiros e realizam *check-lists* nos sistemas e na infraestrutura para garantir que a operação esteja dentro dos requisitos técnicos de qualidade definidos. Na manhã do dia seguinte, as equipes de operação realizam o *checklist* e executam rotinas de abertura dos sistemas financeiros para garantir que os sistemas estejam prontos para realizar as operações diárias no mercado financeiro nacional. Se algo não estiver dentro dos padrões predefinidos, são abertos Registros de Incidentes para que as equipes da função Gerenciamento Técnico ou Gerenciamento de Aplicações possam resolver os Incidentes e minimizar os impactos nos serviços.

Atividades do Gerenciamento da Operação de TI

O Gerenciamento de Operações de TI consiste em duas subatividades:

- **Controle de Operações**: composto por profissionais que garantem a execução e monitoramento das atividades operacionais e eventos na infraestrutura de TI envolvendo gerenciamento de console, agendamento de *jobs*, *backup* e restauração e impressão.
- **Gerenciamento das Instalações**: composto pela parte física do ambiente de TI como *Datacenters*, sites de contingência e infraestrutura de terceiros.

Responsabilidades da Função Gerenciamento da Operação de TI

A Função Gerenciamento da Operação de TI não possui um único papel. Existem vários papéis e responsabilidades. São eles:

- **Gerente da Operação de TI**
  - Gerenciar a execução das atividades operacionais de TI.
  - Reportar as necessidades da Operação de TI.

- **Líder de Turno**
  - Responsável pelo controle da execução das atividades dentro de um turno específico.
  - Interagir com outros Líderes de Turno para garantir a continuidade e consistência das atividades durante a troca de turnos.
  - Gerenciar os Analistas de Operação de TI.
- **Analista de Operações de TI**
  - Operador de TI sênior que auxilia na determinação da melhor maneira de realização das atividades da Operação de TI.
- **Operadores de TI**
  - Executam as atividades operacionais de TI.

Gerenciamento de Aplicações

Objetivo da função Gerenciamento de Aplicações

O objetivo da função Gerenciamento de Aplicações é suportar os processos de negócio das empresas auxiliando a identificar os requerimentos funcionais e técnicos dos softwares de aplicação, desenhar, desenvolver, implementar os sistemas em produção e suportar e melhorar os sistemas.

Conceitos do Gerenciamento de Aplicações

O Gerenciamento de Aplicações auxilia o Gerenciamento Técnico na identificação e manutenção dos conhecimentos necessários para gerenciar aplicações durante o seu ciclo de vida. As atividades do Gerenciamento de Aplicações começam na fase de levantamento dos requerimentos das aplicações de TI e passam pelo desenho e pela transição das aplicações para a operação de TI. O Gerenciamento de Aplicações deve garantir que as aplicações sejam bem desenhadas para garantir o valor requerido pelo negócio e que os profissionais técnicos tenham as capacidades adequadas para suportar as aplicações de TI.

O Gerenciamento de Aplicações é envolvido em todos os ciclos de vida dos serviços. Softwares possuem particularidades que devem ser tratadas com exclusividade. O Gerenciamento de Aplicações não sobrepõe nenhuma fase do ciclo de vida do serviço visto até aqui, mas complementa suas atividades com detalhes sobre o ciclo de vida de aplicações.

O envolvimento do Gerenciamento de Aplicações com os ciclos de vida do serviço são:

- **Estratégia de Serviço**: auxilia o Gerenciamento de Portfólio de Serviço na definição de critérios para decisão de comprar sistemas prontos, customizar sistemas existentes ou obsoletos e desenvolver internamente ou terceirizar o desenvolvimento de sistemas.
- **Desenho de Serviço**: auxilia no desenho dos requerimentos funcionais dos sistemas, na definição da arquitetura das aplicações e infraestrutura necessária para hospedar os sistemas e na definição das políticas para garantir que as aplicações atendam ao negócio.
- **Transição de Serviço:** as equipes de Gerenciamento de Aplicações e equipes de desenvolvimento de software e testes de software são envolvidas para garantir a entrega dos aplicativos de acordo com os requerimentos.
- **Operação de Serviço:** auxilia na operação das aplicações e na identificação de incidentes de software.
- **Melhoria Continuada de Serviço**: auxilia na medição da qualidade e nas recomendações de melhorias das aplicações.

Se as aplicações forem contratadas de Fornecedores, o Gerenciamento de Aplicações deve auxiliar o Gerenciamento de Fornecedores no detalhamento de requisitos sobre:

- Dimensionamento e planejamento de capacidade das aplicações.
- Identificação de custos de operação da aplicação.
- Requerimentos de Segurança da Informação das aplicações.
- Requerimentos de integração com outras aplicações, se necessário.
- Estimativas de custos de integração ou customização das aplicações.
- Identificação de conhecimentos necessários para suportar a aplicação.
- Requerimentos de acesso e administração.

Caso Real

Uma empresa possuía uma estrutura de TI preparada tanto para desenvolver sistemas internamente quanto para dimensionar requerimentos para contratação de software de terceiros. No entanto, a direção executiva da empresa contratou um sistema de gestão empresarial (ERP) no mercado sem consultar a área de TI. O sistema foi instalado pelo Fornecedor e foram disponibilizadas documentações sobre o sistema para que a área de TI pudesse "conhecer" o sistema e suportá-lo após a instalação. Logo após a instalação, foram identificadas necessidades de integrações do sistema adquirido com outros sistemas internos da empresa, e o desempenho do sistema passou a apresentar lentidões sem justificativa, pois a capacidade da infraestrutura havia sido planejada com folga para o sistema. Consultando a documentação disponibilizada, foi constatado que o sistema não estava devidamente documentado. Não existia o desenho do modelo de dados do sistema e das funcionalidades. A equipe de TI teve que realizar engenharia reversa no sistema para tentar documentar como o sistema funcionava internamente e descobriu que algumas funcionalidades do sistema poderiam ter sido mais bem desenvolvidas para serem executadas com um desempenho superior. Após a modelagem do sistema e da estrutura de dados, e do *tunning* em algumas rotinas que executavam inúmeros *selects* desnecessários no banco de dados, foi enviado um documento à diretoria executiva onde constava a estimativa de que se o sistema fosse desenvolvido internamente pela equipe de TI, o custo final sairia pela metade do orçamento gasto para aquisição, otimização e documentação do sistema.

Atividades do Gerenciamento de Aplicações

As atividades do Gerenciamento de Aplicações são:

- **Definição de Requerimentos**: levantamento de requerimentos para novas aplicações baseadas nas necessidades do negócio. Esta fase ocorre durante o Desenho de Serviço. Há seis tipos de requerimentos para uma aplicação:

- **Requerimentos Funcionais**: requerimentos relativos às funções de negócio atendidas.
- **Requerimentos de Manutenção**: requerimentos relativos à disponibilidade, segurança da informação e gerenciabilidade da operação.
- **Requerimentos de Usabilidade**: requerimentos relativos à facilidade de uso das aplicações.
- **Requerimentos de Arquitetura**: requerimentos relativos à análise da necessidade de mudanças na arquitetura de TI.
- **Requerimentos de Interface**: requerimentos relativos a dependências de funcionalidades de negócio que requeiram integrações entre aplicações já existentes e a nova aplicação.
- **Requerimentos de Nível de Serviço**: requerimentos relativos à especificação dos níveis de serviços requeridos pelo negócio para a performance e qualidade das aplicações.

- **Desenho das Especificações**: tradução dos requerimentos em especificações. Inclui o desenho da aplicação e da arquitetura do ambiente onde a aplicação rodará.
- **Construção do software**: construção e testes da aplicação.
- **Implantação do software**: a aplicação é colocada em produção através do processo Gerenciamento de Liberações e Implantação. Nesta fase também são realizados testes para garantir que a aplicação será colocada em produção de acordo com os requerimentos. Também é realizado o Suporte para Período de Funcionamento Experimental.
- **Operação do software**: operação da aplicação pelos usuários, monitoramento dos níveis de serviço das aplicações e tomada de ações pelas equipes de Operação de Serviço em caso de Eventos, Requisições de Serviço e Incidentes de software.
- **Otimização do software**: análise das informações de medição de desempenho das aplicações e recomendações de melhorias no software.

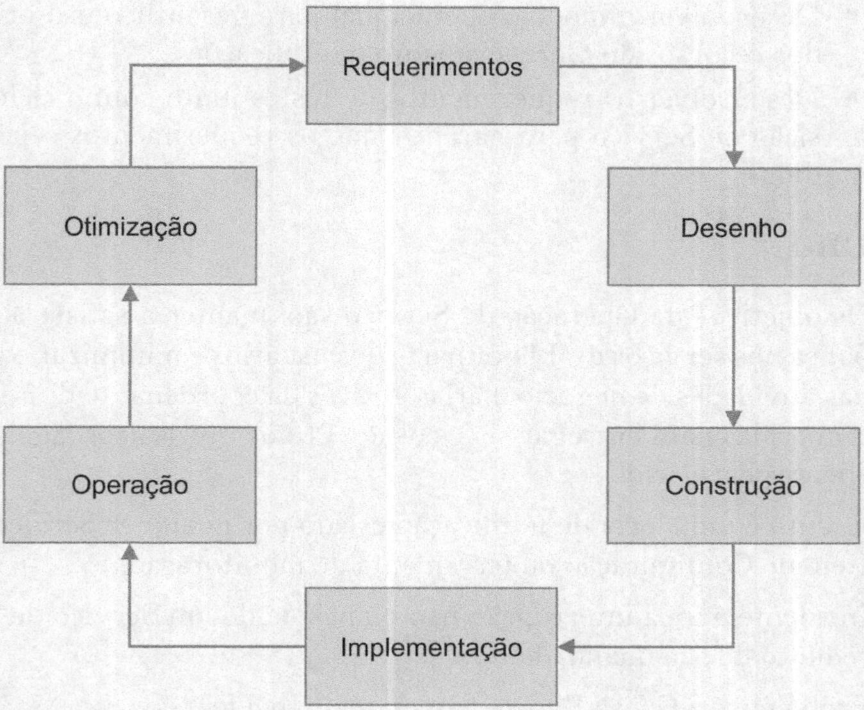

Figura 10.11. Ciclo de Vida das Aplicações.

Responsabilidades da Função Gerenciamento de Aplicações

A Função Gerenciamento de Aplicações não possui um único papel; existem vários papéis e responsabilidades. São eles:

- **Gerente de Aplicação**
  - Gerenciar e liderar as equipes de Aplicações.
  - Prover conhecimento técnico para as equipes sobre as aplicações.
  - Garantir o treinamento necessário para manter as aplicações.
  - Envolver os clientes e usuários nas questões relativas a requerimentos e performance das aplicações.
- **Arquitetos de Aplicações**
  - Auxiliar o Gerenciamento Técnico a determinar os requerimentos técnicos necessários para que as aplicações atendam aos requerimentos do negócio.

- Desenvolver o modelo operacional para garantir o uso otimizado dos recursos do Gerenciamento de Aplicações.
- Desenvolver os requerimentos de testes junto com o ciclo Transição de Serviço para garantir que os requerimentos sejam atendidos.

Resumo

- Os objetivos da Operação de Serviço são: manter a satisfação e confiança nos serviços de TI por parte dos usuários e minimizar o impacto nas atividades de negócio diárias através da coordenação de atividades requeridas para entregar serviços de TI nos níveis acordados com os clientes e usuários.
- Evento é um alerta de notificação criado por qualquer Serviço de TI, Item de Configuração ou ferramenta de monitoração.
- Incidente é uma interrupção não planejada de um Serviço de TI ou a redução de sua qualidade.
- Problema é a Causa Raiz de um ou mais Incidentes.
- Solicitação de Serviço são solicitações de atividades que não estão relacionadas com falhas na operação padrão dos serviços e nem requerem Requisições de Mudanças.
- Solução de Contorno é uma solução para reduzir ou eliminar o impacto de um Incidente ou Problema para o qual a Resolução Completa ainda não está disponível.
- Causa Raiz é a causa desconhecida de um Incidente ou Problema.
- Erro Conhecido é um Problema para o qual já há Causa Raiz identificada e Solução documentada.
- Os processos do ciclo Operação de Serviço são:
  - Gerenciamento de Eventos.
  - Gerenciamento de Incidentes.
  - Cumprimento de Requisição.
  - Gerenciamento de Problemas.
  - Gerenciamento de Acesso.

- As funções do ciclo Operação de Serviço são:
  - Central de Serviços.
  - Gerenciamento Técnico.
  - Gerenciamento de Operações de TI.
  - Gerenciamento de Aplicações.
- Os objetivos do Gerenciamento de Eventos são: detectar eventos que façam sentido para o ciclo de vida do serviço, determinar a ação de controle apropriada e coordenar o direcionamento do tratamento dos eventos por outros processos e funções.
- As atividades do Gerenciamento de Eventos são:
  - Definição das Ocorrências de Eventos.
  - Notificação do Evento.
  - Detecção do Evento.
  - Registro do Evento.
  - Primeiro nível de correlação e filtro do Evento.
  - Significância do Evento.
  - Segundo nível de correlação do Evento.
  - Selecionar reação.
  - Revisar ações.
  - Fechar Evento.
- O objetivo do Gerenciamento de Incidentes é restaurar a operação normal dos serviços o mais rápido possível para minimizar o impacto no negócio.
- Modelos de Incidentes são modelos predefinidos de padrões de atendimento para Incidentes que já são conhecidos.
- Incidentes Graves são Incidentes que causam impactos significativos no negócio e devem ser planejados para serem atendidos com urgência através de procedimentos de Modelos de Incidentes diferenciados.
- As atividades do Gerenciamento de Incidentes são:
  - Identificação do Incidente.
  - Registro do Incidente.

  - Categorização do Incidente.
  - Priorização do Incidente.
  - Diagnóstico Inicial do Incidente.
  - Escalação do Incidente.
  - Investigação e Diagnóstico.
  - Resolução e Recuperação do Incidente.
  - Fechamento do Incidente.
- O objetivo do Cumprimento de Requisição é executar as Requisições de Serviço dos usuários que não estão relacionadas a Incidentes e são serviços pré-aprovados, com baixo ou nenhum impacto na operação de TI.
- As atividades do Cumprimento de Requisição são:
  - Receber a Requisição de Serviço.
  - Registro e Validação da Requisição.
  - Categorização
  - Priorização da Requisição.
  - Aprovação.
  - Revisão da Requisição.
  - Execução do Modelo de Requisição de Serviço.
  - Fechamento.
- O objetivo do Gerenciamento de Problemas é prevenir a ocorrência de Problemas e Incidentes associados através da eliminação de Incidentes recorrentes e da minimização do impacto de Incidentes que não puderam ser prevenidos.
- Base de Dados de Erros Conhecidos é uma base de conhecimento de soluções para as quais são identificadas as Causas Raiz e as soluções resolvem definitivamente esses Problemas. A BDEC faz parte do Sistema de Gerenciamento do Conhecimento de Serviço.
- As atividades do Gerenciamento de Problemas são:
  - Detecção do Problema.
  - Registro do Problema.
  - Categorização do Problema.
  - Priorização do Problema.

- Investigação e Diagnóstico.
- Soluções de Contorno.
- Buscar Erro Conhecido.
- Resolução do Problema.
- Fechamento do Problema.
- Revisão de Problemas Graves.

- O objetivo do Gerenciamento de Acesso é prover aos usuários os direitos de uso dos serviços ou grupo de serviços de acordo com as políticas de acesso definidas no Gerenciamento de Segurança da Informação.
- Acesso é um nível de funcionalidades de um serviço ou dados a que um usuário possui direito de acesso e uso.
- Identidade é a forma como o usuário é identificado dentro da organização e é único para cada indivíduo.
- Direitos refere-se aos privilégios que o acesso do usuário tem a determinadas funcionalidades ou dados.
- Serviços ou Grupos de Serviços são conjuntos de serviços semelhantes que podem ser agrupados em perfis de acesso.
- Serviços de Diretórios é uma ferramenta utilizada para gerenciar os privilégios dos acessos dos usuários.
- As atividades do Gerenciamento de Acesso são:
  - Receber Requisição de Acesso.
  - Verificação de Acesso.
  - Provimento de Permissões.
  - Monitoramento de *Status* das Identidades.
  - Registrar e Rastrear Acessos.
  - Remover ou Restringir Permissões.
- Os objetivos da Função Central de Serviço são: ser o ponto único de contato para os usuários de TI e restaurar a operação normal dos serviços assim que possível.
- Tipos de Centrais de Serviço:
  - Central de Serviço Local.

- Central de Serviço Centralizada.
- Central de Serviços Virtual.
- Central de Serviços Siga o Sol.

- O objetivo da Função Gerenciamento Técnico é auxiliar no planejamento, na implementação e na manutenção da infraestrutura de TI para suportar os serviços de TI.
- As atividades do Gerenciamento Técnico são:
  - Identificar os conhecimentos necessários para gerenciar os Serviços de TI.
  - Garantir que haja documentação e gerenciamento dos conhecimentos em TI e que haja planos de desenvolvimento dos conhecimentos necessários.
  - Iniciar programas de treinamento e desenvolvimento dos conhecimentos técnicos dos recursos e manter registros de conhecimentos técnicos.
  - Desenhar e disponibilizar treinamentos necessários.
  - Recrutar e contratar recursos com conhecimentos que não podem ser desenvolvidos internamente.
  - Pesquisar novas soluções para expandir o Portfólio de Serviços de TI.
  - Contribuir para o desenho de novas arquiteturas e novos Serviços de TI.
  - Garantir que as documentações de TI estejam atualizadas e completas.
  - Auxiliar o Gerenciamento Financeiro a identificar o custo de tecnologia e dos recursos humanos de TI.
  - Envolvimento no Ciclo de Vida do Serviço de TI.
- O objetivo da Função Gerenciamento da Operação de TI é executar as atividades do dia a dia da manutenção e infraestrutura de TI.
- As Atividades do Gerenciamento da Operação de TI são:
  - Controlar a execução e monitoramento das atividades operacionais e eventos na infraestrutura de TI.
  - Gerenciamento das instalações físicas de TI.

- O objetivo da Função Gerenciamento de Aplicações é suportar os processos de negócio das empresas auxiliando a identificar os requerimentos funcionais e técnicos dos softwares de aplicação, desenhar, desenvolver, implementar os sistemas em produção e suportar e melhorar os sistemas.
- As atividades do Gerenciamento de Aplicações são:
    - Definir os Requerimentos.
    - Desenhar as Especificações.
    - Construir o software.
    - Implantar o software.
    - Operar o software.
    - Otimizar o software.

11. Melhoria Continuada de Serviço

"Somos o que repetidamente fazemos,
portanto a excelência não é um feito e sim um hábito."

Aristóteles

Objetivo do ciclo Melhoria Continuada de Serviço

O objetivo do ciclo Melhoria Continuada de Serviço é melhorar continuamente o alinhamento dos serviços de TI com o negócio e com os requerimentos de mudanças no negócio. A Melhoria Continuada de Serviço foca em como melhorar a eficiência e eficácia dos processos do Gerenciamento de Serviços de TI e otimizar os custos dos serviços.

Conceitos e definições

No período pós-segunda guerra mundial, o Japão iniciou um programa de reconstrução do país com o auxílio de dois professores e consultores em qualidade: William Edwards Deming e Joseph Moses Juran. Deming contribuiu com o Ciclo PDCA e Juran com os princípios de Controle da Qualidade Total, que resultaram na definição do Modelo KAIZEN de Melhoria da Qualidade.

A palavra KAIZEN em japonês significa "KAI" = mudança e "ZEN" = melhor, ou seja, mudança para melhorar. O conceito de Melhoria Contínua se baseia em evoluir constantemente e buscar aprimorar a execução das atividades com economia de recursos, prazos e custos. A filosofia KAIZEN japonesa tinha como lema:

"Hoje melhor do que ontem, amanhã melhor do que hoje."

Melhoria contínua *versus* melhoria continuada

O ciclo do ITIL® que trata sobre melhoria da qualidade é denominado Melhoria Continuada de Serviços. A diferença, segundo o ITIL®, entre "contínua" e "continuada" se refere a dois exemplos extraídos do livro "Melhoria Continuada de Serviços":

> "Contínuo denota a continuidade ou união de partes ininterruptas, como um fluxo de água corrente".
>
> "Continuada identifica uma seção de partes que implicam em repetições com possíveis interrupções ocasionais."

Podemos concluir então que a diferença básica entre os termos "contínua" e "continuada", segundo o ITIL®, é a uniquidade das atividades e a frequência da execução das ações. Se pensarmos em uma Melhoria Contínua sob esses termos, teríamos que obrigatoriamente melhorar todo o conjunto de processos do ciclo de vida dos serviços de TI de uma vez e sempre. Enquanto que a "Melhoria Continuada" prevê melhorias no sistema de Gerenciamento de Serviços de TI. Um sistema, por definição, é um conjunto de elementos interconectados de modo a formar um todo organizado. Sendo assim, a Melhoria Continuada pode ser aplicada a partes dos ciclos de vida do serviço de TI, como processos e atividades, e não necessariamente em todo o conjunto e em momentos específicos, que podem obedecer a políticas de melhoria pré-planejadas ou mudanças nos requerimentos do negócio.

Há também outra justificativa para o termo "Melhoria Continuada", identificada como resultado de pesquisas da consultoria internacional Gartner Group. Segundo pesquisas da Gartner, a Melhoria Contínua auxilia as empresas a mudarem, porém devem existir mecanismos que identifiquem os resultados após a Melhoria Contínua. Ou seja, a própria Melhoria Contínua também deve ser medida e aprimorada. Quando uma empresa se restringe a melhorar os processos, ela está aplicando a Melhoria Contínua, porém quando avalia os resultados no Retorno do Investimento (ROI) das iniciativas de melhoria em relação ao negócio da empresa, estamos aplicando a Melhoria Continuada.

Motivadores da Melhoria de Serviços

Existem dois motivadores básicos para a Melhoria de Serviços:

- **Motivadores de Negócio:** necessidade de alinhamento dos serviços de TI com os requerimentos do negócio, atendimento aos componentes de Governança Corporativa necessários, otimização da qualidade de entrega dos serviços de TI e valor agregado ao negócio.
- **Motivadores Técnicos:** requerimentos de novas tecnologias, otimização do desempenho dos serviços de TI, garantir o melhor uso da tecnologia alinhado ao "estado da arte" dos serviços de TI do mercado.

Caso Real

Infelizmente este não é um caso, e sim vários casos comuns identificados no mercado:

As empresas estão continuamente buscando a "qualidade total" dos seus produtos ou serviços. Atualmente, a maioria das empresas busca atestar sua qualidade através de alguma certificação de mercado, sendo as certificações ISO as mais procuradas. As chamadas "áreas de qualidade" nas empresas são departamentos (muitas vezes ligados diretamente à diretoria da empresa) responsáveis por levantar, desenhar, implementar, treinar os usuários e auditar a realização dos procedimentos internos e das atividades de trabalho de cada área da empresa em relação ao escopo da certificação ISO pretendida. Os "auditores líderes", como são chamados os auditores capacitados para trabalhar na área de qualidade, trabalham em uma estrutura matricial se reportando à sua diretoria e auditando as demais áreas da empresa. Infelizmente temos percebido nos últimos tempos um aumento do número de "auditores líderes" que somente são interpretadores das normas ISO e não conhecem o negócio da empresa ou não possuem experiência prática na operação da área auditada. Mesmo assim, desenham processos operacionais visando a adequação à norma, deixando os objetivos do negócio para segundo plano. Aliado a isso, ainda temos os seguintes fatores:

- Os departamentos da empresa trabalham de forma errada ou poderiam melhorar seus procedimentos internos.
- Os departamentos da empresa não possuem habilidades (nem tempo disponível) para desenhar e documentar os seus processos internos.
- O departamento de qualidade geralmente é designado para desenhar os processos internos de uma área.
- No desenho dos processos, os auditores líderes entrevistam os profissionais dos departamentos da empresa e desenham a forma de trabalho atual, que pode estar errada ou poderia melhorar.
- Como os auditores líderes não possuem habilidades de propor melhorias, o máximo que fazem é dar "uma arrumada" nos processos desenhados para atender aos requerimentos de conformidade da norma.

Se uma atividade atual é realizada com erro ou se poderia melhorar, ela será desenhada da maneira como está. Neste caso, o processo com erro foi documentado e será realizado por todos de acordo com o "manual da qualidade" publicado. Às vezes uma área desempenha uma atividade em cinco horas e o negócio da empresa tem como requisito que este prazo seja reduzido. Como o objetivo da área de qualidade é gerar evidências para atender à norma, novas atividades são criadas para que as evidências sejam geradas e documentadas. Neste caso, o prazo de cinco horas pode subir para dez horas, por exemplo. Em relação à TI, muitas vezes os "auditores líderes" não conhecem a operação de TI nem os detalhes técnicos e qualquer coisa que os profissionais de TI disserem nas entrevistas de levantamento de processos e que seja "evidenciável" estará no manual de qualidade. Qualquer procedimento, errado ou sujeito a melhorias, passará despercebido e será publicado. Muitas vezes o pessoal de TI não tem tempo para ser entrevistado, e, na pior das hipóteses, os processos de TI são desenhados pelos próprios "auditores líderes", visando evidenciar conformidades com a norma.

Este exemplo ilustra que um processo com erro pode ser documentado e desenhado em uma ferramenta de desenho de processos que gerará uma figura bonita cheia de caixinhas, balõezinhos e setinhas e será disponibilizada para que todos sigam o processo errado. A análise dos Quatro Ps do Desenho de Serviços recomenda que a TI planeje o desenho dos seus processos, a capacitação das pessoas, a análise de produtos e fornecedores no mercado visando garantir a qualidade dos serviços entregues aos clientes e até garanta a conformidade com leis, regulamentações e normas a que a empresa está sujeita ainda na fase de planejamento e desenho dos serviços, e não somente próximo à época de certificação ou manutenção do certificado.

O ciclo de Melhoria Continuada tem o objetivo de medir a qualidade e efetividade dos processos desenhados no ciclo de vida do serviço para garantir sua eficácia e eficiência e propor melhorias para os processos e serviços.

Identificação de resultados da Melhoria Continuada

Há quatro elementos que podem ser identificados como variáveis de medição da Melhoria Continuada de processos e atividades do Gerenciamento de Serviços de TI:

- **Melhorias**: resultados que podem ser quantificados e comparados em relação a prazo e quantidade. Exemplo: uma melhoria reduziu o número de incidentes de aplicações críticas ou o prazo de entrega dos projetos de software foram reduzidos.
- **Benefícios**: resultados que podem ser tangibilizados como melhorias nos custos diretos ou indiretos dos serviços. Exemplo: uma melhoria em um serviço de TI reduziu os custos de operação em 20% ao ano.
- **Retorno do Investimento (ROI)**: resultados monetários em relação ao investimento realizado e o retorno financeiro que essa melhoria trouxe. Exemplo: uma melhoria em um serviço de TI custou $10.000, mas trouxe uma redução de custo anual de $500.000.
- **Valor do Investimento (VOI)**: valor agregado ao serviço que pode ser benefícios ou ROI. Exemplo: a redução do número de Incidentes de uma determinada aplicação permitiu que a equipe de TI focasse na melhoria dos processos de desenvolvimento, reduzindo os prazos de implantação de novas funcionalidades e permitindo que a empresa estivesse pronta para atender rapidamente às necessidades de mudanças no negócio.

Escopo da Melhoria Continuada de Serviços

Há três áreas de escopo para a Melhoria Continuada de Serviços:

- Melhoria dos ciclos de vida do serviço.
- Melhoria do alinhamento do Portfólio de TI com os requerimentos atuais e futuros do negócio e os Serviços de TI em produção.
- Aumento da maturidade das entregas dos processos em cada serviço de TI.

A Melhoria Continuada pode ser sumarizada em seis passos:

- Adotar uma visão do entendimento dos objetivos de alto nível do negócio e dos requerimentos dos serviços de TI.
- Identificar a situação atual para obter um Instantâneo de onde a organização está agora.
- Identificar as prioridades de melhoria baseadas no desenvolvimento dos princípios definidos pela Estratégia de Serviços.
- Detalhar o Plano de Melhoria dos Serviços para implementar processos de Gerenciamento de Serviços de TI com qualidade.
- Verificar se as métricas e mecanismos de medição estão em conformidade com os requerimentos de identificação de resultados de processos, níveis de serviços e objetivos de negócio.
- Garantir a manutenção da qualidade das melhorias na organização mesmo depois de implantadas.

Plano de Melhoria do Serviço

Plano formal de recomendação e implementação de melhorias de um processo ou serviço de TI. O Plano de Melhoria de Serviço deve identificar os recursos necessários para a execução do plano, como:

- Pessoas envolvidas na Melhoria do Serviço.
- Necessidades de treinamento em ferramentas ou processos.
- Sistemas de monitoramento, processamento, análise e apresentação de dados.

- Estudos e pesquisas internos ou *benchmarks* externos.
- Equipe de gerentes seniores para avaliar e aprovar o Plano de Melhoria de Serviço.
- Campanhas de comunicação de benefícios das melhorias.

Monitoramento e Controle

Monitoramento e Controle são baseados em um ciclo contínuo de monitoramento, geração de relatórios, análise das informações e tomada de ações. As atividades de monitoramento são realizadas no ciclo Operação de Serviços, porém são insumos básicos para o ciclo Melhoria Continuada de Serviço.

O Monitoramento consiste em observar e coletar informações sobre determinada situação que se queira evidenciar (Evento). Em termos de Melhoria Continuada de Serviços, o monitoramento implica em:

- Monitorar o *status* dos serviços de TI, ICs e atividades operacionais.
- Identificar se determinadas condições foram atendidas ou não e gerar Eventos para o devido tratamento.
- Garantir os níveis de serviço de um serviço de TI ou ICs e gerar Eventos para o devido tratamento.

As informações e os Eventos coletados devem ser devidamente interpretados para que seja construído o Plano de Melhoria de Serviço e que este seja endereçado às pessoas apropriadas para a devida tomada de decisão.

O Controle consiste em gerenciar a utilização e comportamento de um IC ou um serviço de TI. Para que haja realmente controle, devem ser atendidas três condições:

- O comportamento do IC ou do serviço de TI deve estar em conformidade com uma política de utilização.
- As condições de disponibilidade devem ser definidas, entendidas e confirmadas.

- As ações da Operação de TI, requeridas para este IC ou serviço de TI, devem ser definidas, apropriadas e aprovadas de acordo com as outras duas condições.

Ciclo de Controle Monitorado

Modelo de definição de controle de monitoramento que avalia a execução das atividades em determinado momento (Instantâneo) de um processo e compara os resultados da situação atual com os resultados esperados em relação a políticas, padrões e requerimentos (Linha de Base). De acordo com os resultados, podem ser iniciadas ações devidas de controle ou geração de Eventos para análise dos desvios.

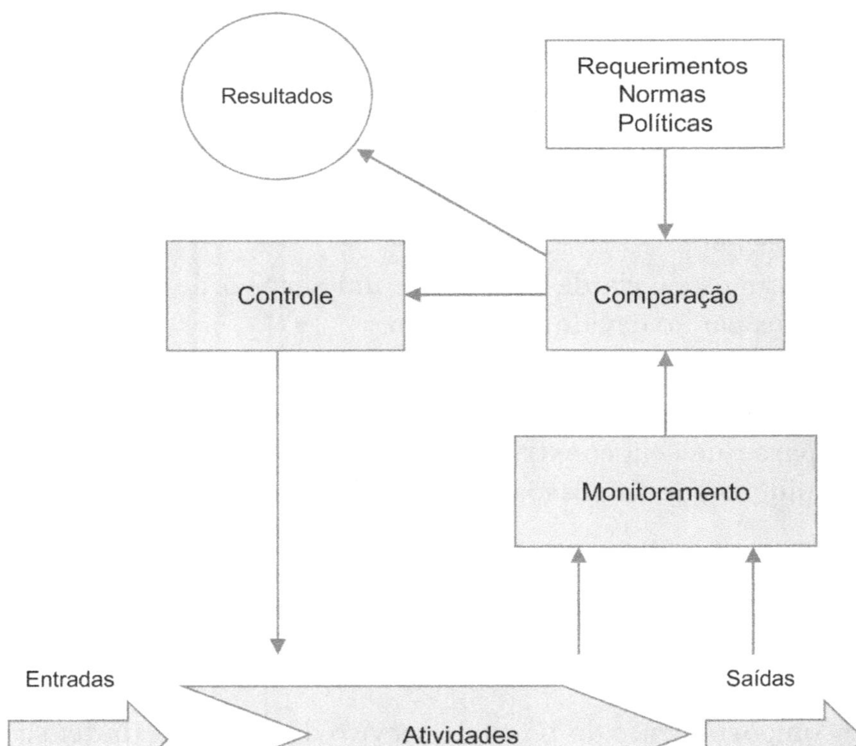

Figura 11.1. Ciclo de Controle Monitorado de uma Atividade.[31]

[31] Reproduzido do livro ITIL® Continual *Service Improvement* sob licença do *Cabinet Office*.

Como as atividades fazem parte de processos, e os processos agrupados formam serviços, o Ciclo de Controle Monitorado das atividades pode ser expandido para Ciclos de Controle Monitorado de Processos.

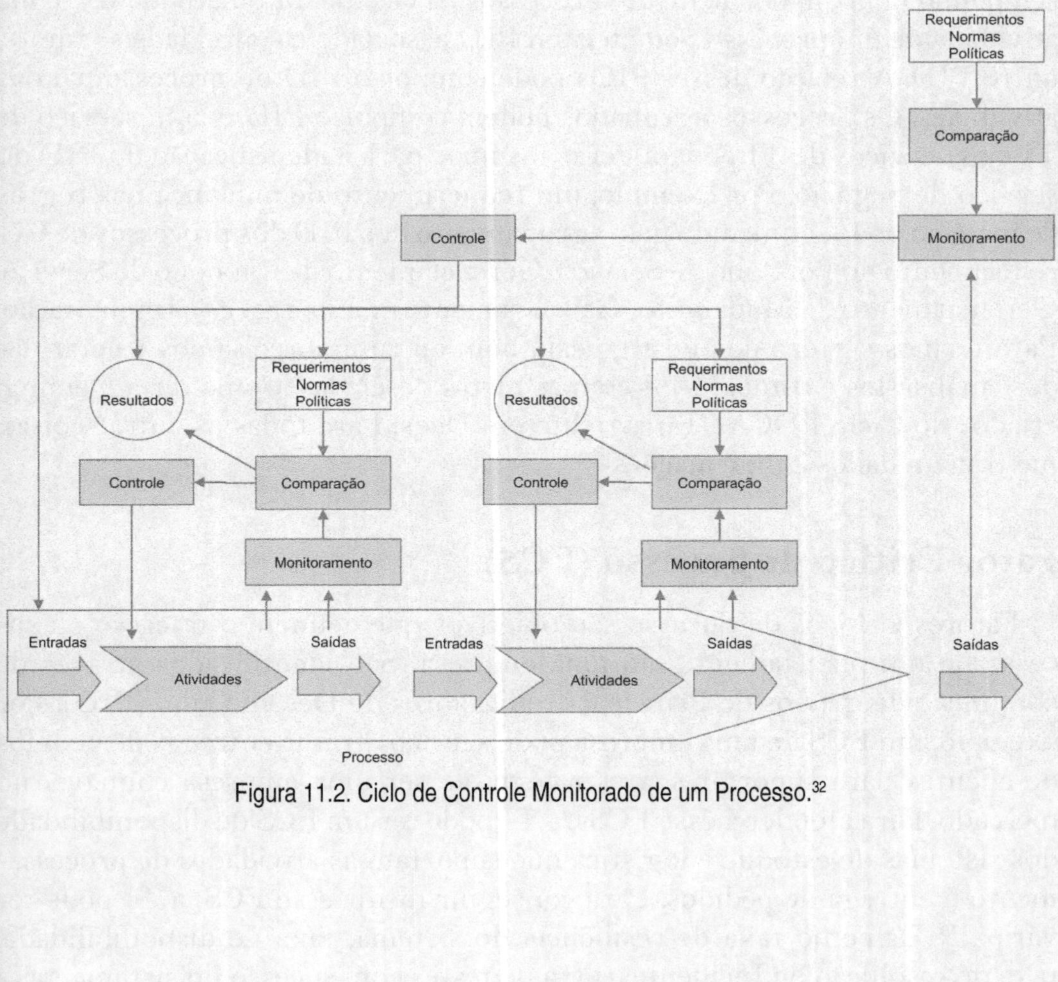

Figura 11.2. Ciclo de Controle Monitorado de um Processo.[32]

[32] Reproduzido do livro ITIL® Continual *Service Improvement* sob licença do *Cabinet Office*.

Principal Indicador de Desempenho (PID)

O termo "PID" é a tradução do termo em inglês "KPI", que quer dizer *Key Performance Indicator*. O PID é uma métrica utilizada para identificar o desempenho ou a qualidade de um processo, serviço de TI ou atividades. Uma atividade de um processo pode ter um PID associado e a atividade seguinte, outro PID. A relação desses PIDs pode compor o PID do processo pai das atividades. Os processos agrupados podem compor o PID de um serviço de TI e os serviços de TI podem gerar insumos para a identificação do PID do serviço de negócio. Por exemplo, um requerimento de mudança nas regras de negócio pode ser medido pelo agrupamento dos PID dos processos de Gerenciamento do Portfólio de Serviço, Gerenciamento de Catálogo de Serviço, Gerenciamento de Mudanças e Gerenciamento de Liberações e Implantação. Para termos certeza de que algo está bom ou ruim, precisamos coletar dados, analisá-los e compará-los com as metas desejadas. Como diria Deming, criador do Ciclo PDCA: "Eu acredito em Deus! Para todas as outras coisas, me tragam dados e informações."

Fator Crítico de Sucesso (FCS)

Fatores Críticos de Sucesso são objetivos que definem o fracasso ou sucesso de um planejamento em uma empresa. São identificados através da conjunção de grupos de Principais Indicadores de Desempenho (PID). Por exemplo, um FCS de uma empresa pode ser não atrasar entregas de pedidos de clientes para suportar sua estratégia de ser uma empresa confiável no mercado. Para atender a esse FCSs, a TI pode ter um FCS de disponibilidade dos sistemas de estoque e logística que suportam as atividades de processamento e entrega de pedidos. Para conseguir medir esse FCS, a TI pode ter vários PIDs como taxa de resiliência do sistema, taxa de disponibilidade, taxa de resolução de Incidentes, taxa de testes com sucesso do sistema, taxa de mudanças feitas no prazo etc.

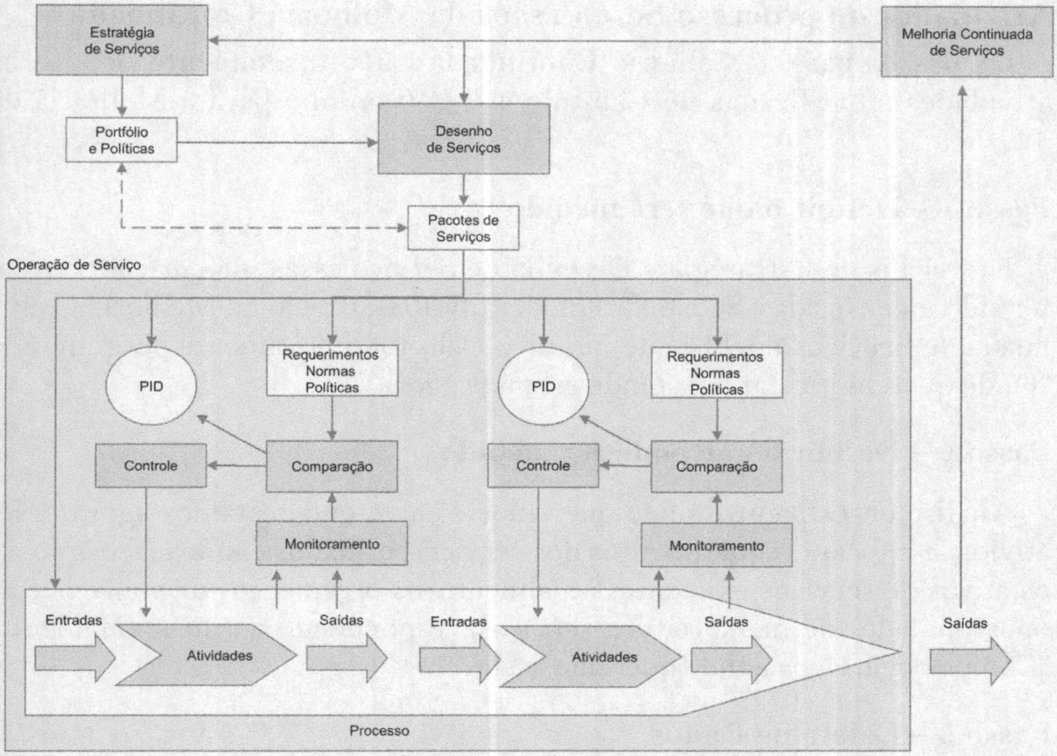

Figura 11.3. Ciclo de Controle Monitorado do Gerenciamento de Serviços de TI.[33]

Sete Passos da Melhoria Continuada

Objetivo do processo Sete Passos da Melhoria Continuada

O objetivo do processo Sete Passos da Melhoria Continuada é definir e gerenciar os passos necessários para identificar, definir, coletar, processar, analisar, apresentar e implementar as melhorias.

[33] Reproduzido do livro ITIL® Continual *Service Improvement* sob licença do *Cabinet Office*.

Atividades do processo Sete Passos da Melhoria Continuada

Os passos para a Melhoria Continuada estão diretamente ligados às atividades identificadas no Capítulo 4 – O Caminho para a Melhoria de TI.

Passo 1 – Definir o que será medido

Nos ciclos de Estratégia e Desenho de Serviço essas informações devem ter sido identificadas. Se não forem identificadas, o ciclo de Melhoria Continuada de Serviços de TI pode iniciar o ciclo todo novamente perguntando "Onde queremos estar?" e "Onde estamos agora?".

Passo 2 – Definir o que pode ser medido

Análise de *Gap* entre onde queremos estar e onde estamos agora. Esta atividade indicará requerimentos dos serviços, os dados e informações sobre os ativos de serviços existentes atualmente, os orçamentos disponíveis e as oportunidades de melhoria dos serviços, respondendo ao questionamento: "Como chegaremos aonde queremos estar?".

Passo 3 – Coleta de Dados

Dados e informações medidos no ciclo Operação de Serviço devem ser coletados.

Passo 4 – Processar os Dados

Os dados coletados devem ser processados para identificar os Principais Indicadores de Desempenho (PDIs) e os Fatores Críticos de Sucesso (FCS). Esta fase somente processa os dados coletados.

Passo 5 – Analisar os Dados

Os dados são analisados e transformados em informações e conhecimento para identificação de *Gaps* entre objetivos de serviços e Instantâneos das métricas coletadas. Também são analisadas tendências futuras de impacto no negócio e oportunidades de melhoria. Se esta etapa não for bem realizada, pode comprometer todo o ciclo de Melhoria Continuada de Serviços através da má interpretação dos dados coletados.

Passo 6 – Apresentar e Utilizar a Informação

Nesta fase deve ser respondida a pergunta: "Chegamos aonde queríamos estar?" através da apresentação dos relatórios de resultados e do planejamento dos próximos passos a serem seguidos para as ações de melhoria em função dos resultados.

Passo 7 – Implementar as Ações Corretivas

Corrigir, otimizar e melhorar os serviços através da implementação de ações necessárias para melhorar os serviços.

Uma vez concluídos os sete passos, é estabelecida uma nova Linha de Base para os serviços e o ciclo retorna novamente ao passo 1.

O ciclo de Melhoria Continuada de Serviços não é responsável pela implementação das melhorias. De acordo com o tipo de serviço e política definida, as melhorias podem ser encaminhadas via:

- Registros de Eventos, Incidentes ou Requisições de Serviço no ciclo Operação de Serviço.
- Requisições de Mudança para o ciclo Transição de Serviço.
- Novos requerimentos de serviços de TI ao ciclo Estratégia de Serviço para o Gerenciamento do Portfólio de Serviço.

Responsabilidades do Gerente de Melhoria Continuada de Serviço

- Desenvolver e comunicar o domínio e visão de Melhoria Continuada na organização.
- Desenhar as atividades de Melhoria Continuada.
- Trabalhar com outros donos e gerentes de processos e funções para identificar e gerenciar oportunidades de melhoria.
- Garantir que as ferramentas de monitoramento estejam coletando os dados.
- Garantir que as Linhas de Base estejam sendo capturadas para medir as melhorias.

- Definir e criar relatórios de Fatores Críticos de Sucesso, Principais Indicadores de Desempenho e métricas de atividades da Melhoria Continuada de Serviço.
- Desenvolver o Plano de Melhoria dos Serviços.
- Identificar outros *frameworks*, modelos e padrões de mercado que suportam as atividades de Melhoria Continuada de Serviço.
- Garantir que as atividades de Melhoria Continuada de Serviço sejam coordenadas através de todo o ciclo de vida do serviço.
- Apresentar recomendações de melhoria para os gerentes seniores da empresa.
- Liderar e gerenciar os projetos de melhoria de serviço.
- Treinar, orientar e suportar os profissionais envolvidos nos serviços de melhoria.

Responsabilidades do Dono do Processo Sete Passos da Melhoria

- Garantir que o processo seja adequado ao propósito.

Responsabilidades do Gerente do Processo Sete Passos da Melhoria

- Garantir que as atividades do processo estejam sendo executadas.

Resumo

- O objetivo da Melhoria Continuada de Serviço é melhorar continuamente o alinhamento dos Serviços de TI com o negócio e com os requerimentos de mudanças no negócio. A Melhoria Continuada de Serviço foca em como melhorar a eficiência e eficácia dos processos do Gerenciamento de Serviços de TI e otimizar os custos dos serviços.
- Os Motivadores da Melhoria de Serviços são dois: Motivadores de Negócio e Motivadores Técnicos.
- Há quatro elementos identificados como variáveis de medição da Melhoria Continuada de Serviços de TI:
  - Resultados comparados em relação a prazo e quantidade.

    - Benefícios tangibilizados como melhorias nos custos dos Serviços de TI.
    - Retorno do Investimento.
    - Valor do Investimento agregado ao Serviço.
- Os Serviços de TI podem ser melhorados em relação ao seu Ciclo de Vida do Serviço, no alinhamento do Portfólio de TI com os requerimentos atuais e futuros e com o aumento da maturidade das entregas dos processos em cada Serviço de TI.
- Plano de Melhoria do Serviço é um plano formal de recomendação e implementação de melhorias de um processo ou Serviço de TI.
- Monitoramento e Controle é baseado em um ciclo contínuo de monitoramento, geração de relatórios, análise das informações e tomada de ações.
- Ciclo de Controle Monitorado é um modelo de definição de controle de monitoramento que avalia a execução das atividades em determinado momento e compara com os resultados com os resultados esperados. De acordo com os resultados, podem ser iniciadas ações devidas de controle ou geração de Eventos para análise dos desvios.
- Principal Indicador de Desempenho é uma métrica utilizada para identificar a performance ou qualidade de um processo, Serviço de TI ou atividades.
- Os Sete Passos da Melhoria Continuada são:
    - Definir o que será medido.
    - Definir o que pode ser medido.
    - Coleta de Dados.
    - Processar os Dados.
    - Analisar os Dados.
    - Apresentar e Utilizar a Informação.
    - Implementar as Ações Corretivas.

12. Simulado da Prova de Certificação ITIL® Foundation

1) Informações de quais processos podem ser consideradas pelo Gerenciamento de Nível de Serviço ao negociar Acordos de Nível de Serviço (ANS)?

   a) Todos os outros processos ITIL®.

   b) Gerenciamento de Capacidade e Gerenciamento de Disponibilidade apenas.

   c) Gerenciamento de Incidente e Gerenciamento de Problemas apenas.

   d) Gerenciamento de Mudança e Gerenciamento de Liberação e Implantação apenas.

2) Qual das declarações a seguir sobre uma mudança padrão está INCORRETA?

   a) Elas são pré-autorizadas pelo Gerenciamento de Mudança.

   b) Elas seguem um procedimento ou instrução de trabalho.

   c) Elas têm baixo risco.

   d) Elas devem ser implementadas o mais rápido possível.

3) Quais das seguintes declarações sobre a Central de Serviço estão CORRETAS?

1. Ela oferece um ponto único de contato entre o provedor de serviço e os usuários.
2. Ela gerencia incidentes e requisições de serviço.

3. Ela é um processo do gerenciamento de serviço.
4. A equipe da Central de Serviço tenta restaurar o serviço o mais rapidamente possível.

   a) Todas as anteriores.
   b) 1, 2 e 4 apenas.
   c) 2 e 4 apenas.
   d) 2 e 3 apenas.

4) Quais das seguintes declarações sobre funções estão CORRETAS?

1. Elas podem incluir ferramentas.
2. Elas são grupos que usam recursos para desempenhar uma ou mais atividades.
3. Uma pessoa ou grupo pode executar múltiplas funções.
4. Elas são mais custosas para implementar quando comparadas aos processos.

   a) 1, 2 e 3 apenas.
   b) 1, 2 e 4 apenas.
   c) Todas as anteriores.
   d) Nenhuma das anteriores.

5) Qual das seguintes é a MELHOR descrição das atividades desempenhadas pelo Gerenciamento de Instalações?

   a) O Gerenciamento dos Serviços de TI que são vistos como "serviços básicos", como impressoras ou acesso de rede.
   b) Aconselhamento e orientação para operações de TI da metodologia e ferramentas para gerenciamento de serviços de TI.
   c) Gerenciamento do ambiente físico de TI, como um centro de processamento de dados ou sala de computadores.
   d) A compra e a manutenção de ferramentas que são usadas pela equipe de operações de TI para manter a infraestrutura.

6) Qual processo auxiliaria na identificação e resolução de quaisquer incidentes e problemas associados com o desempenho dos serviços ou componentes?

   a) Gerenciamento de Capacidade.
   b) Gerenciamento de Fornecedor.
   c) Gerenciamento da Tecnologia.
   d) Gerenciamento de Mudanças.

7) Qual das seguintes declarações sobre o Banco de Dados de Erro Conhecido (BDEC) é a mais correta?

   a) O BDEC é o mesmo banco de dados que o sistema de gerenciamento de conhecimento de serviço (SGCS).
   b) O BDEC deve ser usado durante a fase de diagnóstico de incidente para tentar acelerar o processo de resolução.
   c) Deve-se tomar cuidado para evitar a duplicação de registros no BDEC. Isso pode ser feito dando acesso à maior quantidade possível de técnicos para criar novos registros.
   d) O acesso ao BDEC deve ser limitado à Central de Serviço.

8) Quais das seguintes declarações sobre os principais indicadores de desempenho (PIDs) e métricas estão CORRETAS?

1. Métricas de serviço medem o serviço de ponta a ponta.
2. Cada PID deve estar relacionado a um fator crítico de sucesso.
3. As métricas podem ser usadas para identificar oportunidades de melhoria.
4. PIDs podem ser tanto qualitativos como quantitativos.

   a) 1 apenas.
   b) 2 e 3 apenas.
   c) 1, 2 e 4 apenas.
   d) Todas as anteriores.

9) Qual dos seguintes mantém os relacionamentos entre todos os componentes de serviço?

   a) O plano de capacidade.
   b) A biblioteca definitiva de mídia.
   c) O sistema de Gerenciamento de Configuração.
   d) Um Acordo de Nível de Serviço.

10) Uma requisição de um cliente para um novo serviço deve ser SEMPRE cumprida?

   a) Sim – se forem clientes externos, pois estão pagando pelo serviço.
   b) Não – se forem clientes internos, pois nem sempre estão pagando pelo serviço.
   c) Não – é responsabilidade do provedor de serviço executar a devida diligência antes que as requisições sejam cumpridas.
   d) Sim – o provedor de serviço deve garantir que todas as requisições para novos serviços sejam cumpridas.

11) Quais das seguintes declarações está/estão CORRETAS?

1. O Gerenciamento de Problema pode dar suporte à Central de Serviço fornecendo os erros conhecidos para acelerar a resolução de incidentes.
2. O Gerenciamento de Problema é a única fonte de informações para o Gerenciamento de Nível de Serviço sobre o impacto das mudanças.

   a) 1 apenas.
   b) 2 apenas.
   c) Ambas as anteriores.
   d) Nenhuma das anteriores.

12) Ocorreu uma falha em um sistema e ela foi detectada por uma ferramenta de monitoração. Este sistema dá suporte a um serviço de TI de produção. Quando um incidente deve ser registrado?

   a) Apenas quando os usuários notarem a falha.

b) Um incidente não deve ser registrado se os técnicos tiverem visto isso antes e conhecem uma solução de contorno.

c) Apenas se a falha resultar na violação de um nível de serviço.

d) Imediatamente, para limitar ou evitar o impacto nos usuários.

13) Quais das seguintes podem ser consideradas partes interessadas em um projeto do gerenciamento de serviço?

1. Usuários.
2. Clientes.
3. Fornecedor.
4. Funções.

a) 1 e 2 apenas.

b) 3 e 4 apenas.

c) 2 e 4 apenas.

d) Todas as anteriores.

14) Quais das atividades o Gerenciamento de Configuração e Ativo de Serviço garante que sejam executadas?

1. Os itens de configuração (ICs) são identificados.
2. As linhas de base dos ICs são criadas.
3. As mudanças aos ICs são controladas.

a) Todas as anteriores.

b) 1 e 2 apenas.

c) 1 e 3 apenas.

d) 2 e 3 apenas.

15) Quais dos seguintes aspectos do Desenho de Serviço devem ser considerados ao desenhar uma solução de serviço?

1. Métodos e métricas de medição.
2. Sistemas de informações de gerenciamento e ferramentas.

3. Arquiteturas de tecnologia.
4. Os processos requeridos.
   a) 1 e 2 apenas.
   b) 2 e 3 apenas.
   c) 2, 3 e 4 apenas.
   d) Todos os anteriores.

16) Qual a declaração a seguir está CORRETA para TODOS os processos?
   a) Eles definem funções como parte do seu desenho.
   b) Eles entregam resultados para um cliente ou parte interessada.
   c) Eles são executados por um provedor de serviços externo no suporte de um cliente.
   d) Eles são unidades de organizações responsáveis por resultados específicos.

17) Qual processo é o principal responsável por empacotar, construir, testar e implantar serviços?
   a) Planejamento e Suporte da Transição.
   b) Gerenciamento de Liberação e Implantação.
   c) Gerenciamento de Configuração e Ativo de Serviço.
   d) Gerenciamento de Catálogo de Serviço.

18) Qual dos seguintes é o MELHOR exemplo de uma solução de contorno?
   a) Um técnico implementa um código para desviar temporariamente as impressões para uma impressora alternativa até que uma correção permanente seja aplicada.
   b) Um técnico tenta solucionar um incidente de várias maneiras. Uma delas funciona, embora não se saiba qual.
   c) Depois de reportar um incidente para a Central de Serviço, o usuário trabalha em tarefas alternativas enquanto o problema é identificado e resolvido.

d) Um dispositivo trabalha de maneira intermitente, permitindo que o usuário continue trabalhando em níveis degradados de desempenho enquanto o técnico diagnostica o incidente.

19) Quais das seguintes áreas podem ser auxiliadas pela tecnologia?

1. Cumprimento de Requisição.
2. Gerenciamento de Catálogo de Serviço.
3. Detecção e monitoração.
4. Desenho e modelagem.

a) 1, 2 e 3 apenas.
b) 1, 3 e 4 apenas.
c) 2, 3 e 4 apenas.
d) Todas as anteriores.

20) Qual das seguintes é a lista CORRETA das etapas do Ciclo de Deming?

a) Planejar, medir, monitorar, reportar.
b) Planejar, verificar, refazer, implementar.
c) Planejar, executar, agir, auditar.
d) Planejar, executar, verificar, agir.

21) Quais dos processos estarão MAIS envolvidos na negociação dos contratos para o fornecimento de habilidade e recuperação que suportará o Plano de Continuidade?

a) Gerenciamento de Nível de Serviço e Gerenciamento de Capacidade.
b) Gerenciamento de Fornecedor e Gerenciamento de Nível de Serviço.
c) Gerenciamento de Continuidade de Serviço de TI e Gerenciamento de Nível de Serviço.
d) Gerenciamento de Continuidade de Serviço de TI e Gerenciamento de Fornecedor.

22) Qual das seguintes é a MELHOR definição de um modelo de incidente?

a) O modelo que define o formulário de registro de incidente usado para reportar incidentes.
b) Um tipo de incidente envolvendo um tipo padrão (ou modelo) de item de configuração (IC).
c) Um conjunto de etapas predefinidas a serem seguidas ao tratar um tipo de incidente conhecido.
d) Um incidente que é fácil de resolver.

23) Quais papéis são definidos no modelo RACI?

a) Responsável, prestados de contras, consultado, informado.
b) Responsável, proprietário, consultado, informado.
c) Realista, prestador de contas, consultado, informado.
d) Responsável, prestador de contas, corrigido, informado.

24) Qual etapa do ciclo de vida de serviço decide quais serviços devem ser oferecidos e para quem serão oferecidos?

a) Melhoria Contínua de Serviço.
b) Operação de Serviço.
c) Desenho de Serviço.
d) Estratégia de Serviço.

25) Para qual dos seguintes a Melhoria Contínua de Serviço oferece orientação?

1. Como melhorar a eficiência e eficácia do processo.
2. Como melhorar os serviços.
3. Melhoria de todas as etapas do ciclo de vida do serviço.

a) 1 e 2 apenas.
b) 1 e 3 apenas.
c) 2 e 3 apenas.
d) Todos os anteriores.

26) Qual dos seguintes é um tipo de Acordo de Nível de Serviço descrito no livro Desenho de Serviço do ITIL®?

a) ANS baseado em prioridade.

b) ANS baseado em tecnologia.

c) ANS baseado em localidade.

d) ANS baseado em cliente.

27) Qual das seguintes é a MELHOR definição de um evento?

a) Uma ocorrência em que um limiar de desempenho foi excedido e um nível de serviço acordado foi impactado.

b) Uma mudança de estado que tenha significado para o Gerenciamento de um Serviço de TI.

c) Um defeito conhecido do sistema que gera vários relatos de incidentes.

d) Uma reunião planejada de clientes e equipe de TI para anunciar um novo serviço ou programa de melhoria.

28) Qual das seguintes é a parte interessada MAIS adequada para definir o valor de um serviço?

a) Clientes.

b) Gerenciamento sênior de TI.

c) Gerenciamento Financeiro para Serviços de TI.

d) Fornecedores.

29) Qual dos seguintes deve ser tratado como um incidente?

1. Um usuário não consegue acessar um serviço durante o horário de serviço.
2. Um membro autorizado da equipe de TI não consegue acessar um serviço durante o horário de serviço.
3. Um componente de rede falha, porém o usuário não está ciente de nenhuma interrupção do serviço.

4. Um usuário entra em contato com a central de serviço sobre o desempenho lento de um aplicativo.

   a) Todas as anteriores.

   b) 1 e 4 apenas.

   c) 2 e 3 apenas.

   d) Nenhuma das anteriores.

30) Qual das declarações a seguir sobre um modelo de mudança está CORRETA?

   a) Um modelo de mudança NÃO deve ser usado para mudanças emergenciais.

   b) Um modelo de mudança deve ser montado quando uma mudança significante é necessária.

   c) Um modelo de mudança define as etapas que devem ser seguidas para tratar de um determinado tipo de mudança.

   d) Os procedimentos de escalada estão fora do escopo de um modelo de mudança.

31) A abordagem de melhoria contínua usa diversas técnicas. Qual das seguintes técnicas ajudaria MAIS um negócio a entender "onde estamos agora"?

   a) Revisão dos fatores críticos de sucesso.

   b) Entendimento da visão do negócio.

   c) Execução de uma avaliação de linha base.

   d) Verificação do registro de melhoria contínua.

32) Quais processos de Operação de Serviço estão faltando na lista a seguir?

1. Gerenciamento de Incidente.

2. Gerenciamento de Problema.

3. Gerenciamento de Acesso.

4. ?

5. ?

a) Gerenciamento de Evento e Cumprimento de Requisição.
b) Gerenciamento de Evento e Central de Serviço.
c) Gerenciamento de Instalação e Gerenciamento de Evento.
d) Gerenciamento de Mudança e Gerenciamento de Nível de Serviço.

33) Qual etapa do ciclo de vida de serviço oferece uma estrutura para avaliar habilidades de serviço e perfis de risco antes que serviços novos ou modificados sejam implantados?

a) Estratégia de Serviço.
b) Melhoria Contínua de Serviço.
c) Transição de Serviço.
d) Operação de Serviço.

34) Quais das seguintes atividades o dono do serviço deve fazer?

1. Representar um serviço específico para toda a organização.
2. Atualizar o sistema de gerenciamento de configuração depois de uma mudança.
3. Ajudar a identificar melhorias de serviço.
4. Representar um serviço específico em reuniões do comitê consultivo de mudança (CCM).

a) 2, 3 e 4 apenas.
b) Todas as anteriores.
c) 1, 2 e 3 apenas.
d) 1, 3 e 4 apenas.

35) Qual dos seguintes NÃO é um propósito ou objetivo do Gerenciamento de Disponibilidade?

a) Monitorar e informar sobre a disponibilidade de componentes.
b) Garantir que a disponibilidade de serviço atenda às necessidades acordadas do negócio.
c) Avaliar o impacto das mudanças no plano de disponibilidade.

d) Garantir que os planos de continuidade do negócio estejam alinhados aos objetivos do negócio.

36) Qual das seguintes é a descrição CORRETA dos quatro Ps do Desenho de Serviço?

a) Um processo em quatro etapas para o desenho de um gerenciamento de serviço eficaz.

b) Uma definição das pessoas e dos produtos necessários para um desenho bem sucedido.

c) Um conjunto de perguntas que devem ser feitas ao revisar especificações do desenho.

d) Quatro áreas principais que precisam ser consideradas durante o desenho de serviço.

37) Qual dos seguintes MELHOR descreve uma revisão de problema grave?

a) Conduzido pelo gerente de problema, uma revisão de problema grave é desenhada para distribuir a culpa depois que a resolução do problema tiver sido encontrada.

b) Uma revisão de problema grave é executada como parte do comitê consultivo de mudança pelo gerente de mudança. É conduzida depois que a requisição de mudança para resolver o problema tiver sido aceita.

c) Uma revisão de problema grave é conduzida pelo gerente da Central de Serviço para que as lições possam ser aprendidas depois que um problema grave tiver sido resolvido.

d) Conduzido pelo gerente de problema, a revisão é conduzida para que se aprendam as lições geradas a partir do problema grave e para fornecer treinamento e conscientização para a equipe de suporte.

38) Qual das declarações a seguir sobre o Gerenciamento de Fornecedor está INCORRETA?

a) O Gerenciamento de Fornecedor negocia Acordos de Nível de Serviço.

b) O Gerenciamento de Fornecedor garante que os fornecedores atendam as expectativas de negócio.

c) O Gerenciamento de Fornecedor mantém informações em um sistema de informações de Gerenciamento de Fornecedor e de Contrato.

d) O Gerenciamento de Fornecedor negocia acordos externos para dar suporte à entrega de serviços.

39) Qual dos seguintes é um propósito importante do Gerenciamento de Relacionamento de Negócio?

a) Execução de atividades operacionais para dar suporte aos serviços.

b) Garantia de que todas as metas estabelecidas nos acordos de nível de serviço sejam atendidas.

c) Maximização do valor do contrato e da eficiência operacional dos serviços que são entregues.

d) Entendimento das necessidades do cliente e garantia do seu atendimento.

40) Qual das seguintes declarações é um objetivo do processo de Coordenação de Desenho?

a) Garantir que as metas de disponibilidade de serviço sejam atendidas.

b) Definir, documentar, acordar, monitorar, medir e revisar níveis de serviço.

c) Fornecer e manter uma única fonte de informações consistente em todos os serviços operacionais.

d) Monitorar e melhorar o desempenho da etapa de Desenho de Serviço do ciclo de vida.

13. Respostas do Simulado da Prova de Certificação ITIL® Foundation

Questão	Resposta	Explicação
1	A	As opiniões dos responsáveis por todos os outros processos devem ser consultadas para garantir que objetivos realistas sejam atingidos.
2	D	Mudanças Padrão normalmente não precisam ser implementadas o mais rápido possível. Mudanças Emergenciais são implementadas o mais rápido possível.
3	B	Central de Serviço é uma função, não um processo.
4	A	Funções não custam mais do que processos. Isso vai depender de como a função ou o processo serão adotados e implementados.
5	C	Gerenciamento de Instalações refere-se ao gerenciamento do ambiente físico de TI, tipicamente sala de servidores e *Datacenter*.
6	A	Questões de performance referem-se ao escopo do Gerenciamento da Capacidade.
7	B	A – O BDEC é parte do SGCS e não a mesma coisa. B é correta. C – Duplicação pode ser evitada através da restrição de acesso e não fornecendo acesso à maior quantidade possível de técnicos. D – A Central de Serviço deve utilizar a BDEC, mas o uso não é limitado somente à Central de Serviço.
8	D	Todas estão corretas.
9	C	O Sistema do Gerenciamento de Configuração (SGC) é responsável por manter os relacionamentos entre várias fontes de dados.
10	C	O provedor de serviços deve garantir a análise dos requerimentos dos clientes, independentemente se são internos ou externos.

11	A	Gerenciamento de Problemas é a fonte de Erros Conhecidos, mas o impacto das Mudanças pode ter várias fontes de informação em outros processos.
12	D	A – Um incidente deve ser tratado proativamente mesmo antes que um usuário perceba o impacto. B – Mesmo que uma solução de contorno esteja disponível, o incidente deve ser registrado para medir o impacto do incidente e a análise de recorrência. C – Todos os incidentes devem ser registrados. D – Correta. Um incidente deve ser registrado imediatamente para prevenir perdas e para que a restauração possa ser feita o mais rápido possível.
13	D	D é correta. Interessados podem ser tanto partes internas quanto externas relacionadas ao serviço.
14	A	Todas as atividades são parte do escopo do Gerenciamento de Configuração e Ativo de Serviço.
15	D	Todos os itens são aspectos do Desenho de Serviço.
16	B	A – Desenho do processo envolve alocação de atividades e para as funções executarem, não a definição de funções. B – Correta. C – Nem todos os processos são executados por provedores externos. D – É a descrição de uma função.
17	B	As atividades são executadas pelo Gerenciamento de Liberação e Implantação.
18	A	A é um bom exemplo de solução de contorno. Não é uma solução permanente, mas permite que o usuário consiga imprimir até que o incidente seja resolvido. B é uma resolução de incidente "na sorte" e é bem provável que não consiga ser repetida. C não permite que o usuário continue executando o serviço. D é um incidente sob investigação.
19	D	Todas as áreas podem ser auxiliadas pela tecnologia.
20	D	Os quatro estágios do ciclo são: planejar, executar, verificar e agir.
21	D	Gerenciamento da Continuidade fornece conhecimento sobre habilidades necessárias e o Gerenciamento de Fornecedores negocia e seleciona fornecedores. O Gerenciamento de Nível de Serviço também tem um papel importante nos contratos de apoio, mas não é mais significante que os outros dois processos.
22	C	C atende à descrição de um modelo de incidente.
23	A	Os papéis são: responsável, prestador de contas, consultado e informado.

24	D	Decidir que serviços serão oferecidos e para quem são parte integral da Estratégia de Serviço.
25	D	Melhoria Contínua oferece orientação sobre melhorar processos, serviços e o ciclo de vida dos serviços.
26	D	Prioridade, tecnologia e localidade não são discutidos no Desenho de Serviço.
27	B	A e C podem causar um evento. D é uma reunião. B atende à definição de um evento na operação de serviço.
28	A	Valor é visto como o nível de atendimento às expectativas dos clientes e estes têm a decisão na definição de valor de um serviço.
29	A	Um incidente é uma interrupção não planejada em um serviço de TI ou a redução da qualidade de um serviço. A inabilidade em acessar um serviço de TI é uma interrupção não planejada na perspectiva do usuário.
30	C	A – Modelo de mudança pode ser utilizado para mudanças emergenciais. B – Modelos de mudança não devem ser criados rotineiramente quando mudanças significativas são feitas. C – Correta. D – Procedimentos de escalação podem ser incluídos nos modelos de mudança.
31	C	Entendendo "onde nós estamos agora" requer uma linha base criada pela área de negócio.
32	A	A é a correta. B – Central de Serviço é uma função. C – Gerenciamento de Instalação é uma subatividade da função Gerenciamento de Operação. D – Não são processos da Operação de Serviço.
33	C	Transição de Serviço é responsável pela implantação de novos serviços.
34	D	1, 3 e 4 são responsabilidades do dono do serviço. Opção 2 é responsabilidade do administrador da configuração.
35	D	D é responsabilidade do Gerenciamento da Continuidade de Serviço de TI.
36	D	A – Os quatro Ps não são processos. B – Pessoas e produtos fazem parte dos quatro Ps, mas não todos. C – Os quatro Ps não são perguntas.
37	D	A – O papel do gerente de problema está correto, mas o objetivo não é distribuir a culpa. B – Está errada. C – É plausível, mas não é executada pela Central de Serviço. D – Está correta.

38	A	Todos são objetivos do Gerenciamento de Fornecedor, com exceção da A, que é executada pelo Gerenciamento de Nível de Serviço.
39	D	Para identificar necessidades dos clientes e garantir que o provedor de serviços seja apto a atender essas necessidades.
40	D	D é a opção correta. C é objetivo do Catálogo de Serviço. B é objetivo do Gerenciamento de Nível de Serviço. A é objetivo do Gerenciamento de Disponibilidade.

14. Próximos Passos Após a Certificação ITIL® Foundation

Se você está se preparando para a realização da prova ou se já possui a certificação ITIL® Foundation, você apenas iniciou um caminho rumo à melhoria dos Serviços de TI. Antes que fique chateado por eu te dizer que é só o começo, sinta-se feliz por fazer parte de um grupo minoritário da área de TI, que conhece as práticas propostas pelo ITIL® e compreende as vantagens da sua aplicação. Infelizmente, como em toda certificação, há pessoas que irão fazer a prova cientes de que estão aptas tanto para passar na prova quanto para iniciar melhorias nos Serviços de TI em suas organizações e há pessoas que tentarão decorar os conceitos e aplicações e podem até passar na prova, com o mínimo de acertos necessários, sem ao menos terem entendido direito a importância do Gerenciamento de Serviços de TI para a estratégia de negócio das empresas. Em ambos os casos, quem realmente dirá se os conceitos e aplicações de Gerenciamento de Serviços de TI baseado nas práticas do ITIL® foram absorvidos serão os desafios do dia a dia. Vejo frequentemente profissionais que dizem que conhecem ITIL® cometendo os mesmos erros que estão claramente descritos nos livros. Portanto, conforme informado no início do livro, a leitura dos livros originais não só é recomendada como obrigatória para um profundo aprimoramento nas práticas propostas pelo ITIL®. Uma vez lidos, somente precisamos consultá-los caso tenhamos alguma dúvida. Recorro a eles pelo menos uma vez por semana para tirar alguma dúvida mais profunda sobre algum tópico.

Decidi escrever este capítulo porque em 2005, quando tirei minha certificação ITIL® *Foundation*, gostaria de ter lido essas dicas. Teriam sido muito úteis e evitariam algumas descobertas que tive na prática ao longo desses anos trabalhando em projetos de adoção das práticas do ITIL®:

- ITIL® é só uma ferramenta, e não um objetivo a ser alcançado. Tanto as organizações quanto os profissionais devem ter em mente que o objetivo é a melhoria dos Serviços de TI através de práticas de Gerenciamento de Serviços de TI. ITIL® é somente um guia de recomendações para atingir esse objetivo.
- Os níveis de certificação ITIL® não foram criados com o intuito de ser uma corrida onde você deve chegar rápido no todo da pirâmide de certificações. Os níveis de certificação são feitos para serem buscados de acordo com a sua atuação. Se você atua em um projeto de adoção ou em uma organização que utiliza as práticas de Gerenciamento de Serviços de TI propostas pelo ITIL®, independentemente do seu conhecimento técnico, seu nível de certificação deve ser o *Foundation.* O nível ITIL® *Foundation* permite que um profissional esteja apto a entender os conceitos e aplicar as práticas, sem, contudo, ser responsável pelo projeto de implementação de Gerenciamento de Serviços de TI ou responsável por desenhar processos. Para este perfil de profissional, existem os outros níveis *Intermediate* de certificação ITIL®. O nível *Intermediate* permite que o candidato ateste, através da prova de certificação *Intermediate*, que é capaz de implantar o conjunto de processos no qual deseja se certificar. O ciclo de Estratégia de Serviço é mais recomendado para gerentes, o ciclo de Desenho de Serviço é mais recomendado para arquitetos de soluções, o ciclo de Transição de Serviço é mais recomendado para gerentes de projetos, profissionais do escritório de projetos, desenvolvedores e testadores. O ciclo de Operação de Serviço é recomendado para toda a equipe técnica de TI e o ciclo de Melhoria Continuada é recomendado para o pessoal de auditoria e qualidade de TI. O nível de certificação *Expert* não deve ser buscado se o candidato não for consultor sênior na área de Gerenciamento de Serviços de TI ou Gerente de Serviços de TI. Caso opte por buscar este nível de certificação maior sem ser um destes dois perfis, o profissional pode cair em duas armadilhas:
    - Não conseguir obter êxito na prova por falta de vivência prática em gestão.

- Não obter o retorno do investimento na certificação ITIL® *Expert*. Mesmo que passe na prova, as portas do mercado de trabalho não se abrirão automaticamente porque você acabou de obter essa certificação. É claro que ela ajuda, mas as organizações estão mais interessadas em sua experiência prática e em quais benefícios você pode agregar aos Serviços de TI dela do que propriamente no seu nível de certificação. Conheço profissionais excelentes com experiência prática de mais de vinte anos em projetos complexos de TI que simplesmente leram os livros do ITIL® e dão dicas aos que se certificaram e ao mesmo tempo conheço profissionais que são ITIL® *Expert* e não se sentem seguros para liderar um projeto de melhoria de Serviços de TI.

- Infelizmente não há receita mágica para a implementação das práticas propostas pelo ITIL® nem um guia rápido para implementação ITIL®. Nos fóruns e listas de discussão vejo pessoas a todo o momento perguntando sobre modelos de documentos. Nos próprios livros há modelos de requisições, planos, formulários e indicadores de processos, porém todos eles devem ser adaptados para a realidade das organizações onde estarão sendo implementados. Às vezes o que funciona para um pode não ser suficiente para outro, ou pode ser demais. Tudo tem que ser analisado antes – ou quando você vai a uma loja de calçados leva qualquer sapato sem saber se é do seu tamanho?

- Não tente implementar tudo ao mesmo tempo. Identifique a maturidade da organização e respeite suas limitações e restrições. Um passo de cada vez! Gerenciamento de Serviços de TI é um processo de melhoria contínua.

- Se você não sabe por que processo ou ciclo começar a implementação do Gerenciamento de Serviços de TI, os próprios livros ITIL® dão uma dica: comece por onde tem mais reclamação!

- Existe um provérbio que diz que temos dois ouvidos e uma boca para utilizá-los nessa proporção. Portanto, devemos ouvir mais as áreas de negócio! Todos os requisitos, expectativas e até planos inteiros de melhoria podem ser facilmente identificados se sairmos mais do nosso mundinho tecnológico e buscarmos a aproximação com as áreas de negócio.

- Além dos conhecimentos técnicos de TI, é extremamente recomendado que busquemos outros conhecimentos como Marketing, Finanças, Estratégias, sobre o negócio da organização e principalmente relacionamento interpessoal. Um projeto ITIL® muda a cultura e a forma de trabalho de uma organização de TI, e será muito comum encontrarmos conflitos pessoais na organização, por resistências a mudanças ou por falta de visão de alguns profissionais. Algumas vezes nos deparamos com situações em que os benefícios para o negócio estão claramente identificados, porém não conseguimos aprovar uma melhoria em um Serviço de TI. Aí é que entram as outras competências para nos ajudar a trabalharmos esses conflitos. Particularmente, estudei muito Psicologia para me apoiar na condução das mudanças culturais nas empresas.
- Dado o cenário complexo de outras competências necessárias, aliado a um profundo conhecimento técnico requerido e à experiência adquirida em outros projetos, poucos profissionais no mundo são realmente capazes de conduzirem grandes projetos ITIL® em grandes organizações. Porém, existem inúmeros profissionais que olham para as práticas do ITIL® como a salvação da área de TI e falam sobre frases decoradas dos livros quase que profetizando os Serviços de TI, sem ao menos trazerem algum benefício para as organizações onde trabalham ou prestam serviços.

Diretores e gerentes que fogem da transparência e são inseguros se esconderão atrás de frases como: "aqui é diferente" ou "já tentamos e não deu certo". Já liderei projetos onde o mesmo gestor que me contratou era o principal interessado em que o projeto não desse certo e depois afirmava: "viu, não falei que não iria dar certo aqui?". Para você que leu o livro inteiro, entendeu o que é Gerenciamento de Serviços de TI e está buscando ou já conseguiu a certificação ITIL® *Foundation*, não se desmotive se a empresa onde você trabalha ainda é avessa à melhoria dos Serviços de TI. Saiba que há empresas que não se prendem a paradigmas e buscam melhorar continuamente. Minha dica pessoal é: busque empresas que se identifiquem com sua forma de pensar e agir e não deixe somente o salário orientar suas decisões profissionais. Melhoria de Serviços só é possível se os Diretores e Gerentes "compram" e patrocinam a ideia. Se eles não são capazes de aceitar a mudança, não adianta uma consultoria – nesses casos só terapia resolve! Você é livre para buscar outra empresa que te agrade, assim como a sua empresa é livre para te substituir. O mercado está cheio de oportunidades para profissionais competentes e preparados. Cabe a você se preparar para essas oportunidades!

Mesmo com todos os desafios citados, estamos fazendo parte de uma revolução na maneira como TI será vista nos próximos anos. Já identificamos que temos muito que melhorar, mas aceitar que precisamos melhorar é o grande passo rumo ao sucesso. A cada atividade do ITIL® implementada com sucesso que traz um benefício para o negócio é um caso de sucesso a ser compartilhado nos eventos, seminários e encontros de profissionais. Estamos aprendendo com os nossos erros e tentando fazer da área de TI o que se espera que façamos: estar integrada à estratégia da empresa. Espero profundamente que possamos deixar um legado de melhorias nos Serviços de TI para as gerações futuras.

Como a imagem na capa do livro, a Gestão de Serviços de TI deve ser uma gota que produz ondas que se propagam por toda a empresa melhorando continuamente os serviços e agregando valor ao negócio.

> "É melhor atirar-se à luta em busca de dias melhores, mesmo correndo o risco de perder tudo, do que permanecer estático, como os pobres de espírito, que não lutam, mas também não vencem."
>
> Theodore Roosevelt

> "Torna-te aquilo que és!"
>
> Friedrich Nietzsche

Bibliografia

APM Group. Disponível em: <www.apmgroup.co.uk>

Business Process Modeling Notation. Object Management Group. Disponível em: <www.omg.org>.

Cabinet Office. Continual Service Improvement. 2011. The Stationery Office.

Cabinet Office. Management of Risk: Guidance for Practitioners. 2010. The Stationery Office.

Cabinet Office. Service Design. 2011. The Stationery Office.

Cabinet Office. Service Strategy. 2011. The Stationery Office.

Cabinet Office. Service Transition. 2011. The Stationery Office.

Cabinet Office. Service Operation. 2011. The Stationery Office.

Cabinet Office. The Introdution to the ITIL Lifecycle. The Stationery Office.

Carr, Nicholas G. Does IT Matter? Information Technology and the Corrosion of Competitive Advantage. 2004. Harvard Business School Press.

Cartilha de Governança Corporativa da Comissão de Valores Mobiliários. Disponível em: <www.cvm.gov.br>.

CMMI – Capability Maturity Model Integration. Disponível em: <www.sei.cmu.edu/cmmi>

Coase, Ronald. The Nature of the Firm. 1937. Economica.

COBIT 4.0. Control Objectives, Management Guidelines and Maturity Models. 2005. IT Governance Institute.

Código das Melhores Práticas de Governança Corporativa do Instituto Brasileiro de Governança Corporativa. Disponível em: <www.ibgc.org.br>.

COSO - Committee of Sponsoring Organizations of the Treadway Commission. Disponível em: <www.coso.org>.

EXIN Exams. Disponível em: <www.exin-exams.com>

Glossário ITIL de Definições, Termos e Acrônimos. Disponível em: <http://www.itil-officialsite.com/InternationalActivities/TranslatedGlossaries.aspx>

Hill, Janelle B; Kerremans, M. Continuous Process Improvement Needs Full-Time Attention. 2007. Gartner.

Hunter, Richard; Westerman, George. O Verdadeiro Valor de TI. 2011. Harvard Business Press.

Information Technology Service Management Forum. Disponível em: <www.itsmfi.org>

Institute of Internal Auditors Global Technology Audit Guide 2: Change and Patch Management Controls: Critical for Organizational Sucess. 2005. Institute of Internal Auditors.

ISO 9001:2008 – Uma Ferramenta de Gestão Empresarial. 2009. ABNT.

ISO/IEC 20000-1:2008 – Tecnologia da Informação – Gerenciamento de Serviços Parte 1: Especificação. ABNT.

ISO/IEC 20000-2:2008 – Tecnologia da Informação – Gerenciamento de Serviços Parte 2: Código de Prática. ABNT.

ISO/IEC 27001:2006 – Tecnologia da informação – Técnicas de Segurança – Sistemas de Gestão de Segurança da Informação – Requisitos. ABNT.

ISO/IEC 27002:2005 – Tecnologia da Informação – Técnicas de Segurança – Código de Prática para a Gestão de Segurança da Informação. ABNT.

ISO/IEC 38500:2009 – Governança Corporativa de Tecnologia da Informação. ABNT.

ITIL Official Site. Disponível em: <http://www.itil-officialsite.com>

Juran – The Source for Quality. Disponível em: <www.juran.com>

Kaplan, Robert S; Norton, David P. A Estratégia em Ação – Balanced Scorecard. 1997. Campus.

Kaplan, Robert S; Norton, David P. Mapas Estratégicos – Balanced Scorecard. 2004. Campus.

Kotler, P. Administração de Marketing. 1998. Atlas.

Norma 3.380 do Banco Central do Brasil. Disponível em: <www.bcb.gov.br>.

Office of Government Commerce. Disponível em: <www.ogc.gov.uk>

Office of Government Commerce. Introdution to ITIL. 2005. The Stationery Office.

Office of Government Commerce. Introdution to the ITIL Service Lifecycle. 2007. The Stationery Office.

Office of Government Commerce. Service Delivery. 2001. The Stationery Office.

Office of Government Commerce. Service Support. 2000. The Stationery Office.

OGC Best Management Practice. Disponível em: <www.best-management-practice.com>

PMI. Disponível em: <www.pmi.org>

PMI. A Guide to the Project Management Body of Knowledge. 2004. Project Management Institute.

Sarbanes-Oxley Act. Disponível em: <www.sec.gov>

The W. Edwards Deming Institute. Disponível em: <www.deming.org>

Weinberg, G. The Secrets of Consulting. 1998. Dorset House.